江苏高教评论

2020

江苏省高等教育学会 编

南京大学出版社

图书在版编目(CIP)数据

江苏高教评论. 2020 / 江苏省高等教育学会编.
—南京：南京大学出版社，2021.10
　　ISBN 978 - 7 - 305 - 25024 - 8

　　Ⅰ.①江… Ⅱ.①江… Ⅲ.①高等教育－江苏－文集
Ⅳ.①G649.285.3 - 53

中国版本图书馆 CIP 数据核字(2021)第 200604 号

出版发行　南京大学出版社
社　　　址　南京市汉口路 22 号　　邮　　编　210093
出 版 人　金鑫荣

书　　名　**江苏高教评论 2020**
编　　者　江苏省高等教育学会
责任编辑　刁晓静　　　　　　编辑热线　025 - 83686531

照　　排　南京开卷文化传媒有限公司
印　　刷　广东虎彩云印刷有限公司
开　　本　787×960　1/16　印张 21.25　字数 386 千
版　　次　2021 年 10 月第 1 版　2021 年 10 月第 1 次印刷
ISBN 978 - 7 - 305 - 25024 - 8
定　　价　57.00 元

网　　址:http://www.njupco.com
官方微博:http://weibo.com/njupco
官方微信号:njupress
销售咨询热线:(025)83594756

目录

一、特　稿

四、教学科研评估的现状与问题研究

五、研究生论坛

六、其他

一、特 稿

　　江苏省高等教育学会2020年学术年会于12月4日至5日在南京举行。本次论坛主题为"高等教育现代化：评价改革与高等教育发展"。会议邀请到数十位嘉宾莅临会议现场分享学术报告,既有教育行政领导,也有知名学者专家。专家学者围绕如何构建科学的教育评价体系、如何办人民满意的高等教育,贡献真知灼见。其中,中国高等教育学会副会长、教育部原副部长林蕙青,江苏省委教育工委书记、省教育厅厅长葛道凯,江苏省高等教育学会会长丁晓昌,江苏省教育考试院院长、党委书记袁靖宇等参会并作主题报告,引发共鸣。囿于篇幅,学会根据录音整理了部分嘉宾的报告内容。特稿部分按报告的时序呈现,不分先后。

多元评价　重视贡献　精准激励

——关于高校评价改革的思考和建议①

乔　旭②

一、问题思考

评价体系是什么？评价体系是高等教育的"指挥棒"和"风向标"，有利于引导高校规范办学，也能起到引导并激励发展的作用。评价体系应包括机构评价、科研成果评价、人才评价、人才培养质量评价、校誉评价、办学资源评价等。高等教育评价体系是否科学？评价结果运用是否适度？在评价结果上，当前存在着这样一些问题，如机构评价注重"身份至上"、人才评价以"帽子"为王、成果评价以数量为先。即便国家主导着"三评"体系——人才评价、机构评估和项目评审——发挥了"头雁效应"，强化了竞争，但是在现实生活中，"唯论文、唯帽子、唯奖项、唯职称、唯学历"的现象依旧存在。这样的评价体系产生的后果很严重，以南京工业大学为代表的工科学校为例："五唯"的评价指标将会导致部

①　本文为南京工业大学校长乔旭在江苏省高等教育学会 2020 年学术年会书记校长论坛上所作的学术报告，文章根据现场报告内容整理，部分有删减。

②　作者简介：乔旭，南京工业大学校长，江苏如东人，工学博士，教授，博士生导师，享受国务院政府特殊津贴专家。担任第十三届全国政协委员，第九、十、十一届江苏省政协常委，第十五、十六届南京市人大常委，第十二届南京市政委，江苏省和南京市党外知识分子联谊会副会长、会长，中国化工学会副理事长，江苏省化学化工学会理事长，江苏省"333 工程"中青年科技领军人才和江苏省"青蓝工程"学术带头人，2018—2020 年教育部创新创业教育指导委员会委员，《高校化学工程学报》等期刊编委。长期从事化学工程与工艺专业教学工作和反应分离耦合集成、废弃物资源化、绿色化工、本质安全等领域的研究工作，主持和参加国家自然科学基金、"863 计划"、国家科技支撑计划、重点研发计划等国家和省部级项目 30 余项，承担企业委托或成果转化项目 80 余项，主持建设工信部工业催化公共服务平台，发表学术论文 150 余篇，国家发明专利获授权 50 余件。曾获国家技术发明二等奖、中国石化协会技术发明一等奖、江苏省科学技术进步二等奖、国家优秀教学成果二等奖、江苏省优秀教学成果一、二等奖，获第三届江苏创新创业人才奖和新中国成立以来江苏省"十大杰出科技人物"提名奖等，先后被评为江苏省十大杰出专利发明人、江苏省优秀科技工作者等。

分研究人员不愿面向国民经济主战场和国家重大需求研究；周期长、难度大、不好发论文的创新研究没有人愿意做；学术研究"虚假繁荣"；社会亟待解决的"卡脖子"技术、颠覆性技术难以突破等。高等教育评价怎么办？目前，通过中央到地方顶层设计、改革现行的评价体系、形成明确的导向机制、落实具体的执行举措等办法"破五唯"，但效果并不明显。

二、谋局观势

（一）谋局，即谋国家、地区、产业发展之大局

第一，在 2019 年的全国教育大会和 2016 年的全国科技创新大会上，习近平总书记提到要对教育评价进行改革："要深化教育体制改革，坚决克服唯分数、唯升学、唯文凭、唯论文、唯帽子的顽瘴痼疾，从根本上解决教育评价指挥棒问题"（2019 年 9 月全国教育大会讲话）；"要改革科技评价制度，建立以科技创新质量、贡献、绩效为导向的分类评价体系，正确评价科技创新成果的科学价值、技术价值、经济价值、社会价值、文化价值"（2016 年 5 月全国科技创新大会讲话）。

第二，如果把高等教育的评价体系比作一口井，那么目前，我们正处于"坐井观天"状态，具体表现为高校内向化的运行和评价体系与创新活动市场化运行和评价体系对接不紧密；国家、地区、产业发展要求和社会大众的期望没有充分反映在高校评价体系中。我们要走出"坐井观天"的状态，看看"井外之天"，跳出高校"自说自话""内向循环"的"深井"，鼓励高校到国家、区域、产业等外部发展的广阔天地中办学；以需求为导向改革评价体系，重新认识大学的发展定位和任务。

第三，要在分析国际环境、国内环境、江苏环境的基础上，使得学校和人才评价因时而变、因地制宜，与当下时代背景紧密对接。

（二）观势，即观中国高教发展之大势

第一，"扎根大地办大学"成为明确要求和发展趋势，近年来国家多次制定和发布关于"破五唯"的指导性意见以改进高校办学，如《关于规范高等学校 SCI 论文相关指标使用，树立正确评价导向的若干意见》《关于破除科技评价中"唯论文"不良导向的若干措施》《关于深化高等学校教师职称制度改革的指导意见（征求意见稿）》《关于完善学术评价制度的若干意见》《关于完善高校学科评估

制度,促进教育治理体系和能力现代化的提案》等。

第二,一流学科监测指标体系也能体现出改革导向,共有学科建设进展、培养拔尖创新人才、建设一流师资队伍、提升科学研究水平和社会服务 5 个监测项目,涵盖 14 个监测要素、42 个监测点。一流学科监测指标体系是高校学科建设风向标,从中我们可以看到高等教育更加注重人才队伍高水平导向、更加注重科学研究高质量导向、更加注重社会服务高贡献导向。

第三,从南京工业大学自身来看,学校确立了建成国内一流、国际知名的创业型大学的总目标,具体目标包括准确把握时代赋予大学新功能与新定位,努力将知识转化为实践、学术转化为服务,从社会支撑机构升华为经济社会发展的动力站。南京工业大学以实际行动,深入推进创业型大学建设,改革评价体系,鼓励人才走出"象牙塔",把论文写在车间里、写在装置上、写在产品中。

三、改革举措

南京工业大学作为省科技体制机制改革综合试点单位,修订各类政策 60 余项,涵盖科研、财务、产业、人才等方方面面。

第一,评价导向要坚持立德为先。在思想政治教育工作中,要牢牢把握立德树人根本任务。在实践中,南京工业大学不断强化制度建设,编印《南京工业大学教师师德手册》;强化师德师风评价在关键环节中的运用,把好引进关、项目关和职称关,列好负面清单;发挥师德师风正面评价的引领作用,重点做好师德师风建设月工作,发挥师德十佳榜样引领作用,培训和评价相结合扎实做好新进教师培训。

第二,人才评价体系要追求多元。在引才评价方面,学校注重人才实绩以及学科契合度,采用多种形式柔性引才,推动校内头衔"帽子"流动机制。在目标评价方面,学校树立贡献为先、绩效为先的导向,将目标要求和完成度考核全周期衔接——引进考核、过程考核和结果考核。在职称评价方面,学校重视岗位差异:对于教学型和教研型人才,评价突出人才培养成果和效果;对于教研型和研究型人才,评价突出科研的创新力、影响力、引领力;对于社会服务型人才,评价突出服务社会实际效果。在团队建设与评价方面,一方面,学校重视多维度、一体化的创新团队建设,提倡围绕一个领军人物、构建一个创新团队、支撑一个优势学科、培养一批优秀学生、服务一个特色产业;另一方面,学校坚持对创新团队进行整体考核,努力完善基于团队的成果共享认定、组织管理、评价激励机制等。

第三,成果评价体系注重贡献。首先,学校确立了一个学科面向一个行业、一个学院面向一个集团公司、一个课题组面向一个大型企业的"三个面向"评价导向,引导社会服务能力提升。其次,学校强调建立"0—1—N"的成果产出机制,构建了全过程完整创新链。再次,学校正在建立协同创新平台,鼓励校地融合发展。最后,围绕发展的重点难点任务,学校开出了"攻坚任务单",鼓励教职员工围绕清单挑选适合项目攻坚克难,并在绩效评价时形成每个学院、每个教师的贡献成绩单。

第四,绩效评价体系体现激励。该体系包括:项目方面实施横向科研项目奖励,薪酬方面实施协议工资、年薪工资、岗位绩效工资等,股权方面实施标志性成果奖励和技术所占股份的90%归发明人、技术转让时70%净收入奖励给完成人等。

第五,评价体系夯实责任。学校建立了学术道德管理体系,具体包括加强覆盖科研活动全流程的科研诚信管理,提高相关责任主体的信用意识,规范科研伦理管理,将科研人员诚信档案作为科研人员项目推荐、绩效考核及相关评聘的重要依据。

四、感想建议

第一,"破五唯"要掌握"度",关注"效",不能陷入新的"唯",例如唯"同行评价"、唯"面面俱到"、唯"三高成果"。

第二,要完善分类评价体系。随着我国高等教育的普及化,学校的办学更趋多样性,面向部属院校、地方院校等,面向综合性院校、工科性院校、医科型院校等,面向创业型大学、研究型大学、教学型大学等,我们不能用一个评价体系去衡量所有的学校,因此,我国亟须完善分类评价体系。

第三,高校要坚持产出为"王",要控制马太效应,真抓实干进行深化改革。在坚持产出为"王"方面,要进一步细化人才评价指标,把"投入产出比"纳入人才考核体系,综合考量人才帽子、平台载体、项目经费等"投入"要素的体量,以及获得支持后,人才在基础研究、技术应用和转移转化等领域取得的成果质量、创新性和成果效益等"产出"水平,将实际贡献确立为评价导向。在控制马太效应方面:一是考虑适当调整评价成果使用的频率、范围,评审时适当增加对结果叠加运用的限制;二是调整评价和资源投入的关系,可以成正向关系,但最好不要成正比关系,否则会对高校和个人后续发展起到极端影响;三是国家是否能对有发展潜力的人才,发展速度较快,有一定办学特色的高校进行扶持培养,设立一部分单列评价或培育项目,限定评价对象,用多元化的评价系统稀释马太效应,给予发展空间。深化改革要真抓实干,一方面要为改革的推进加大宣传力度,营造良好氛围;另一方面,要切实改变目前人才评价和科研项目领域"计划""工程"满天飞的现状。最关键的是切实完善"表格导向",要在体现评价导向的各类考核与评价表格中,真切做出应对和改变,不能出现改革半天后,体现新评价体系的表格原封不动或改变不大的情况。

"扎根中国大地办大学"是新时代的必然要求,高校办学、科技人才使用、科技成果产出必须要符合新时代社会主义建设的实际需要,服务国家重大战略需求,服务社会经济发展,培养社会主义建设者和接班人。希望能够逐步建立体现"中国特色"的高等教育评价体系,进一步促进教育科技事业的健康发展。

(文字整理:南京信息工程大学马克思主义学院 2019 级硕士研究生王紫荆)

落实立德树人根本任务
保障本科人才培养质量的思考与探索[①]

陈　群[②]

质量是一种特征,其外部特征和内部特征的总和构成了"产品"的适用性,即产品在使用过程中能不能成功地满足客户目标的程度。我们定一个目标,怎么判断这个目标适合,它是有一个值的。所以质量是我们当前值和目标值之间的一个偏差,既然是偏差就可以进行测量。人才培养过程质量的目标就是实施教育和发展科学技术文化过程中,满足要求的教育系统自身功能,包括组织、过程、程序、资源、管理等质量模态中的所有相关参量,它是多维度的。本科人才本身的质量就是我们人才目标的质量,即在一定社会条件下能够进行创造性的劳动,对社会发展、人类进步做出某种较大贡献。我们最后培养的人才或者培养过程,它有没有达到我们的一个目标,这中间的偏差值就代表了质量的大小和好坏。所以,首先我们要有一个标准,现行状态和标准之间的差距越小,就表示质量越好。《高等教育法》规定了不同类型的人才,它有不同的标准,比如说专科生要有基本技能和初步能力,本科生要有研究工作的初步能力,研究生还有其他的要求,所以我们不能说专科的人才质量就比本科人才质量差。联合国教科文组织在《21世纪展望和行动》里讲到质量是不容易定义的,而且是多维度的,所以质量不能用一个指标来确定。习近平总书记在全国教育大会上说我们培养的是德智体美劳全面发展的社会主义建设者和接班人,德智体美劳都有具

[①]　本文为江苏省高等教育学会副会长、常州大学党委书记陈群教授在江苏省高等教育学会2020年学术年会书记校长论坛上所作的学术报告,文章根据现场报告内容整理,部分有删减。

[②]　作者简介:陈群,常州大学党委书记,江苏太仓人,研究员,博士生导师。历任常州大学精细化工研究所所长、设计研究所所长和化学化工学院院长、常州大学副校长、常州大学校长等,主要从事化工清洁生产工艺研究和教育管理工作。其主持或主要参与的项目获2006年国家科技进步二等奖、2005年江苏省科技进步一等奖、2015年中国石油和化学工业联合会科技进步一等奖、2013年江苏省教学成果一等奖、2014年国家级教学成果一等奖等。在国内外期刊上发表论文200余篇。曾获得"全国教育系统先进教育工作者"、江苏省"有突出贡献中青年专家"、"高校优秀共产党员"、"优秀教育工作者"等荣誉称号,曾入选江苏省"333高层次人才培养工程"中青年领军人才、江苏省高校"青蓝工程"科技创新团队负责人,享受国务院政府特殊津贴。

体的表述,这就是我们的目标和标准。OBE成果导向的教育强调了目标、需求、过程、评价和改进五个问题。具体到教育,分别也是五个问题:① 我们想让学生取得的学习成果是什么? ② 我们为什么让学生取得这样的学习成果? ③ 我们如何有效帮助学生取得这样的学习成果? ④ 我们如何知道学生已取得了这些学习成果? ⑤ 我们如何保障学生能够取得这些学习成果? 教育过程首先要根据需求定一个目标,有了这个目标才有一套培养的过程,然后通过评价和改进来看看目标实现如何、中间有没有偏差。如果很容易达到目标,说明目标定得太低了,需要把这个目标往上提一下,提到使用者认可和期待的一个目标,然后再进行过程评价改进、实现螺旋式上升,这就是OBE教育实现高质量的过程。在人才培养的五个维度中,最大的难点就是德,难点二是智,难点三是质量怎么管理,怎么达到所制定目标的要求。

一、人才培养质量之本——德育

习近平总书记指出要把立德树人的成效作为检验学校一切工作的根本标准,并在全国教育工作大会上明确了我们怎样培养接班人和建设者,为人才培养带来了一个很好的机遇,当然挑战是非常严峻的。总书记出席清华大学活动时指出,教育就是要培养中国特色社会主义事业的建设者和接班人,而不是旁观者和反对者。另外,存在专业教育归专业教育、德育教育归思政工作的现象,我们把德育教育和专业教育隔开了,形成了自己的封闭系统,导致培养过程中出现教育"两张皮"的现象。目前教育质量不高的原因就在于培养目标有缺陷,专业人才培养方案中培养目标设定的德育目标不明确,在毕业要求里对德育要求描述笼统,导致课程没有与毕业要求形成相切合的支撑、没办法形成逻辑关系,所以无法精准地设置思政课程的内容,德育教育各类活动时效率非常差,形成了闭环。

目前中央对于立德树人有了新的要求,这是国家事业发展的要求,我们的培养目标必须要改。因为外部有了新的变化,所以我们教育也要有新要求,尤其是在德育维度。常州大学关联毕业要求,开展德行专项评价,设定了四个二级能力指标——德育认知、德育情感、德育意志和德育行为,设置了相应的观测点——德育知识、文化自信、国家意识、政治认同、理想信念、公民人格、心理素质、奋斗精神、行为习惯、风险精神、责任意识、品德修养等,每个观测点对应了相应的课程模块——中国近代史纲要、毛泽东思想和中国特色社会主义、马克思主义基本原理、理论课程思政、形式与政策、思想道德修养与法律基础、实践课程思政、大学生心理健康教育、纪律教育、志愿服务、公益活动等,最后通过不同的机构(教务处、团委、学工处等)来进行评价。对于其中一些无法进行定量评价,我们做了一些改革。如,思政课改革"15551 工程"——1 个常州大学马克思主义学院建设实施意见,5 项深化思政课综合改革的配套政策保障方案,5 门本科生思政课程改革,5 门研究生思政课程改革,选取 1 个学院(华罗庚学院)作为试点;如,红色文化"十红"格局——立红馆、办红刊、编红书、组红联、建红库、创红社、拓红基、开红培、上红课、演红剧,挖掘自己的思政课程资源,成立了红院,把中国革命的红色资源通过线上形式进行挖掘整理,变成课程模块,建立了实践平台——红馆,编辑红剧和刊物来传递红色要素,发挥红色资源。另外,学校系统推进课程育人的顶层设计,出台意见、制定计划、实施方案,做了一些立项,对思政的一些改革进行中期检查。思政改革的关键是教师,要对他们进行相应培训,如成立教师工作坊。

二、人才培养的质量之要——创新

习近平总书记在政治局集中学习时讲到一句话:"创新是引领发展的第一动力,保护知识产权就是创新。"创新不只是引领动力,还涉及到知识产权的保护问题。结合创新能力的特质和解决复杂工程问题的需要,专业教育要培养学生解决复杂问题的能力。聚焦解决复杂问题,常州大学采取了一些措施:一是通过跨学科的项目制教育解决复杂问题,比如智能制造专业学生,通过项目制课程来引领,把机械电子、控制信息等跨界学科进行融合;比如化工专业通过项目制的教育来解决化工过程中的复杂问题;比如智能制造专业通过不同层次的论文项目设计模块来开展教学,一年级时是论文项目Ⅰ、选择三个学科知识的综合,四年级时要求更多学科的交叉。二是打造双创示范专业。学校现在认定了 11 个双创示范专业,这些专业与企业进行合作,聘一批产业教授,培养具有双创能力的学生。三是创办现代产业学院。围绕产业链上的复杂工程问题,依托产业学院,培养创新人才,如学校成立了阿里云大数据学院、智能制造产业学院,运行模式不仅将人才培养的终点定义在创新能力培养上,还扩大到创业上,以创新驱动创业,实现人才创新能力培养的蝶变。四是助力学生科创实践。学生科创实行"一院一赛",每个学院都要有一个学科大赛,通过学生的科创实践来提升学生解决复杂问题的能力。我们对人才培养的目标做了不断的改进和修订,强调以德为先,特别是强调工程技术能力的培养,强调把专业技术转化为生产力,强调在商业和产业领域里成为一个好的经营者,培养管理者的潜能,强调学科之间的交叉融合。学校对学生创新能力设定了三个目标——通识创新能力、专业创新能力、实战创新能力,确定了一系列的观测点——理论认知、实验动手、问题分析、科学研究、设计开发、项目管理、现代工具、项目参与度、竞赛获奖率,然后在具体专业中形成了相关的课程支撑。

三、人才培养的质量之器——管理

教育管理的难点有很多,尤其是我们目标达成的情况,因为做目标达成需要大量的数据统计,包括课程考核制度和学生能力表现相关性等问题,所以我们通过全面参与、聚焦德育、全面覆盖来打通最后 1 公里,就是课程的评估。我们形成了一套自己的质量文化,所以我们的质量观是学生为中心、成果为导向、持续改进的质量理念,然后形成了体系机制,教育观测点形成了从课程目标到毕业要求再到培养目标达成情况来进行评教和评选的系统。分界的教育质量评价,对课程、专业、学院、学校整体的水平进行评价,实现了全覆盖专业认证式的平台,按照专业认证的指导体系来进行专业评价。校内政策极大规范了专业建设,这就是我们管理的基本核心思想,也让学校在学生创新创业方面取得了一些成效。

2020 年 10 月,党中央、国务院印发了《深化新时代教育评价改革总体方案》,特别提到了改革学生的评价来促进德智体美劳全面发展,其中有 7 条是关于学生的,也是对学生培养目标设定的要求。我们要梳理人才培养目标,同时设定相应的毕业要求、优化课程体系。质量要与时俱进,因为你的目标也在变化,中央对人才培养的定位有新的变化,我们要跟着变,始终把质量跟踪在国家的需要上、人民的满意上。

(文字整理:南京信息工程大学管理工程学院 2019 级硕士研究生张露)

从评价到治理

——高职教育质量发展范式变迁研究[①]

薛茂云[②]

当今世界正在经历着百年未有之大变局,我国经济社会发展处于重要战略期和高质量发展关键期的新阶段,高职教育必须适应新变化、新要求,转变发展理念,坚持质量第一、效益优先,推动质量变革、效益变革、动力变革,深化高职教育供给侧改革,办人民满意的高质量高职教育。

一、回顾:高职教育质量发展范式变迁的历程

高职教育发展历程中,积极回应时代发展需求,探寻独具特色的服务域与发展域,质量发展范式在不同发展阶段表现出不同的价值取向。

第一,社会需求导向的高职教育质量发展范式。十一届三中全会后,国家确立了大力发展高职教育的战略方针,以职业大学和高等专科学校为主要办学形式,逐步确立法律地位。此时的高职教育质量发展范式可以称之为社会需求导向的高职教育质量发展范式,该范式注重规模、强调扩张效益,其发展特点是利用一切可能的资源,多出人才、快出人才,于是就催生了花钱少、见效快、学制短的职业大学。教育主管部门及高职教育办学者对高职教育的认识不一致,统筹规划和设计不到位,致使高职教育发展几经反复。"六路大军办高职"造成了高职教育办学质量良莠不齐,办学定位和人才培养模式模仿普通本科教育,被

---

① 本文为江苏省高等教育学会副会长、江苏经贸职业技术学院薛茂云教授在江苏省高等教育学会2020年学术年会书记校长论坛上所作的学术报告,文章根据现场报告内容整理,部分有删减。

② 作者简介:薛茂云:江苏经贸职业技术学院党委副书记、院长、教授。担任全国高等职业技术教育研究会副会长、中国商业经济学会副会长、江苏省高等教育学会副会长、全国现代服务业职业教育集团理事长、江苏省高等教育学会高职研究会理事长、江苏省商业经济学会会长、江苏省财经商贸行指委副主任等职务。学术成果丰硕,荣获国家级教学成果奖二等奖2项、江苏省教学成果奖特等奖1项,主持省部级以上课题15项,主编国家级规划教材3部,获国家发明专利5项,发表高水平学术论文50余篇,多次受邀在《光明日报》《中国教育报》等媒体上发表署名文章。

诟病为"压缩饼干"式本科教育,没有形成高职教育特色的发展观和质量观。

第二,教学评估导向的高职教育质量发展范式。伴随着高职教育快速发展和规模迅速扩张,教育主管部门对高职教育发展政策作出重要调整,推动高职教育由规模扩张向内涵提升转型。此时,教学评估导向的高职教育质量发展范式产生。该范式的发展特点是:高职教育发展注重人才培养规格、专业结构与岗位适应需求的内涵质量观转变,由外部性需求向内部性建制转变,实施了两轮人才培养工作评估,注重深化教育教学改革和提高人才培养质量,全面提高教育教学质量,彰显高职教育类型特色,扩大高职教育影响力和辐射力。

第三,重大项目导向的高职教育质量发展范式。近 20 年来,高职教育发展与国家重大项目建设紧密联系,形成了重大项目导向的高职教育质量发展范式。"大型项目建设"已经成为高职教育政策实施、推动高职院校发展的重要手段。

第四,多元治理导向的高职教育质量发展范式。随着 2014 年《国务院关于大力发展职业教育的决定》的发布,高职教育质量管理进入管办评分离实施阶段,以评估形式为主要手段的外部质量评价逐步向权力分化、评价主体多元化、协商协同的治理模式转型。多元治理导向的高职教育质量发展范式应运而生。该范式的发展特点是:高职院校外部质量治理主要形式有高职院校人才培养数据采集、高职院校适应需求能力评估、高职质量年度报告、社会主导的高职院校排名;内部质量治理主要形式有推进内部治理能力现代化、高职院校内部质量保证体系诊断与改进制度。

高职教育质量发展范式经历了扩大规模发展、重视内涵发展、强化特色发展、坚持高质量发展四个阶段,并且高职院校质量治理主体日趋多元化,高职院校质量治理的方式也日趋多样化。

二、反思:高职教育质量发展范式的现实困惑

第一,高职教育质量治理体系有待进一步健全。在高职院校外部,存在着一些问题,如缺乏统筹规划、协调与规范;行业企业、学生、社会在高职教育发展中的话语权仍处于弱势或"失语"状态;社会评价组织发展迟缓,权威性和独立性较弱,社会中介组织缺乏资格认可和行业规范,社会参与空间有限。在高职院校内部,同样也存在着一些问题,如决策机制有待完善;行业企业有效参与治理渠道不畅、机制不健全;教师参与办学积极性不高。

第二,高职教育质量治理类型有待进一步增强。当前,高职教育发展模式

和教育评价模式类型特征不明显,对人才培养过程重视不够,对"三教改革"重视不够,对专业课程考核不深入;学校的社会服务、文化传承与创新质量等保障机制提及较少;现代职业教育不同层次之间衔接对接机制不畅,本科层次职业教育发展不充分;对专业教师的专业能力和教学质量缺乏科学评价标准,受"五唯"影响较深,苦不堪言,职称晋升竞争激烈,严重挫伤了教师的积极性,影响了人才培养质量。

第三,高职教育质量治理机制有待进一步增强。一方面,高职教育质量外部评价由多个政府有关职能部门和第三方评价组织,管理多头,职责模糊,忽视高职院校特点,评价指导缺乏针对性和有效性。另一方面,高职院系内部质量保证诊断与改进以学校为质量治理主体,旨在深化"质量自治",由于没有政府力量的"保驾护航",推行效果不尽如人意,学校仍将精力放在争取政府的项目与资金支持上,对内部质量管控仍处于粗放管理阶段。

第四,高职教育质量治理效能有待进一步提升。在外部治理上,高校依法自主办学负面清单管理尚未建立,围绕扩大高校办学自主权,以制度建设为重点优化治理体系,仍是一项长期任务。在内部治理上,需要完善治理结构特别是二级治理结构;需要提高学术委员会学术地位和依法全面履职的职能;制度建设需要关注质量、合法性审查和校本特色;需要加强学分制改革和加强校际资源共享、协同育人等机制;需要拓宽师生参与民主管理渠道、发挥社会多元主体作用;需要加强效能导向治理意识和治理绩效评价机制。

第五,高职教育质量治理内生动力有待进一步激发。高职教育政策引导自上而下的发展逻辑和专项驱动外发型发展模式,导致高职教育过分依赖政策和政府专项投入,使得高职教育质量提升的内生动力不足。

三、展望:高职教育质量发展范式的优化策略

第一,完善制度体系,优化高职教育发展政策。首先,完善制度体系,包括理顺高职教育管理体制、创新产教融合校企合作制度、改革职业教育考试招生制度、完善高职教育质量保障制度、构建技术技能人才评价制度、优化技术技能人才就业制度。其次,需制定法律法规,从法律法规层面确保高职教育的法律地位,包括教师人才的工作环境、收入分配、社会地位、劳动条件、福利待遇和学历限制。最后,需建立资历框架,如建立"1+X"证书制度、推进国家学分银行等。

第二,深化管理体制改革,释放多元势能。首先,要扩大高职院校办学自主

权,在招生、设置调整专业、招聘、机构、绩效、职称、科研管理、管理使用经费、对外交流合作方面增加自主性。其次,要完善办学质量监督评价机制以实现共治共享。在政府监管方面要完善国家督导评估办法,建立符合职业教育规律的考核体系;在社会监督方面要巩固国家、省、校三级质量年报制度,进一步提高质量年报编制水平和公开力度;在行业自律方面要完善标准体系,充分发挥行指委在专业目录、教学标准等制(修)定中的重要作用;在院校主体方面要加强队伍建设,完善以章程为核心的校内制度体系,健全教学诊断与改进制度,切实发挥学校质量保证主体作用。最后,开展元治理,建立协同治理监督评价机制。

第三,要加强多元协同共治,增强治理效能。首先,要建立有角色定位、功能发挥、价值取向、运行机制四个维度,政府、企业、专业组织、学校、教师、学生六方组成的"四维整合、六方参与"治理体系。其次,要加大第三方社会评价组织建设力度。最后,要健全多方参与的质量评价机制,综合评价学习者的职业道德、技术技能水平和就业质量,以及职业教育的产教融合、校企合作水平,坚决破除"五唯"。

第四,深化体制机制,激发高职院校办学活力。首先,要深化产教融合、校企合作机制。其次,要优化高职院校内部治理结构。再次,要完善现代大学制度,深化内部治理结构体系改革。最后,要以"双高计划"为引领,助推高职教育整体质量提升。

第五,深化教育教学改革,助推高质量发展。首先,要推动高职教育课堂教学革命。借助人工智能、大数据、云计算等技术,不断创新高职教育资源结构,创新高职教育教学方式,打造以学习者为重心、以职业能力为本位、以任务驱动为取向、以工学结合为突破口、注重工作过程系统化的课程体系,推进课堂教学革命。其次,要健全德技并修、工学结合的育人机制。一方面,要深化人才培养模式改革,坚持工学结合、知行合一,把专业精神、职业精神和工匠精神融入国家教学标准。另一方面,要总结推广现代学徒制试点经验,校企共同研究制定人才培养方案,及时将新技术、新工艺、新规范纳入教学标准和教学内容,强化学生实习实训。再次,要打造德艺双馨的"双师型"队伍。一方面,高职院校将师德师风建设、大国工匠精神、回归教育教学本质融入师资队伍建设,不断提升教师思想政治素质、职业道德情操和教育教学能力。另一方面,要有效利用产教融合发展的校企合作平台、公共技术服务平台、协同创新平台和高新技术转移平台,形成校企协同促进教师创新发展的动力机制;聘请大国工匠、产业教授,吸引企业能工巧匠,打造高素质"双师型"教师队伍。最后,要坚持立德树人,以人为本,助力学生价值增值。高职教育教学要研究学生特点、需求、成长规律,研究教育教学方式,实施差别化教学和小班化教学,因材施教,兼顾统一性和差别性;突出扬长教育和特长培养;注重实践操作能力培养,探索"思政导师"和"教学导师"双导师制,形成全员、全过程和全方位的立体化育人体系。

办好公平且有质量的教育,需要有更优制度以形成高职教育类型制度,需要更全体系以建成纵向贯通、横向融通的现代职业教育体系,需要更高质量以搭建学生多元成才高端平台,需要更有活力以形成政行校企命运共同体,需要更加开放以推动人类命运共同体的构建。面向新未来,我们将继续坚持"中国特色、世界一流",不断提升治理能力,不断探索高职教育高质量发展范式,为世界高职教育发展贡献中国智慧、中国经验、中国方案。

（文字整理:南京信息工程大学马克思主义学院 2019 级硕士研究生王紫荆）

疫情之下的江苏高校创新创业教育调查研究[①]

孙俊华[②]

一、研究设计

对高校创新创业教育学情及其效果的调查研究,能够为创新创业效果评价及其调整优化提供理论基础和实证经验依据,从而促进创新创业教育的持续良性发展。

2020年大学生创新创业学情调查(CIEES)基于 CIPP 模型来构建指标体系,具体包括:创新创业教育情境(Context),即学校对创新创业的支持、创新创业课程设置;创新创业教育投入(Input),即创新创业教育开展、参与情况、课程师资、学习投入;创新创业教育过程(Process),即教学方法、教学内容、课堂秩序、课程满意度、专创融合,2020年的调查新增了疫情之下的线上学习模块;创新创业教育结果(Product),即整体效果、职业能力/素养、创业意向、工匠精神、领导力、批判性思维、创业心智。

调查对象为高校全体在校生,采取线上问卷调查的形式,由各合作高校的学工部门或创新创业学院向在校生推送问卷链接和二维码,动员在校生参与问卷调查。本研究仅涉及 2019 年 6 月 16 日至 2019 年 8 月 31 日期间,从15 所参加调查的江苏高职院校中所采集到的 2 万余份有效学生问卷数据的分析结果。

---

① 本文为南京大学教育研究院孙俊华副教授在江苏省高等教育学会 2020 年学术年会上所作的专题报告,文章根据现场报告内容整理,部分有删减。

② 作者简介:孙俊华,南京大学教育研究院副教授、南京大学教育经济与管理研究所副所长,现兼任中国高教学会院校研究会理事、江苏省高教学会教育经济研究委员会常务理事、KAB 全国推广办公室微创业导师、南京大学生涯研究中心顾问,英国约克大学和美国堪萨斯大学访问学者。主要从事教育管理、创业管理与创业教育、战略规划等方面的研究。

二、主要研究发现

(一) 创新创业教育情境

有关创新创业支持的调查结果显示,江苏高职院校向学生创新创业提供较多支持(高于 25%)的依次是职业发展建议、技能培训、导师指导、创新创业的场所或设施、工作实习机会、资金支持、产品创意建议和融资建议。

有关创新创业课程设置的调查结果显示,江苏高职院校在课程设置上(学分要求、选修限制和课程类型)存在较大差异,在校生对创新创业类课程的学分要求和选修限制不清楚的比例虽然有所下降但依然很高(分别为 37.09%/44.5%和 24.99%/32.3%),需进一步做好相关宣传和推广工作。

(二) 创新创业教育投入

有关课程具体特点的调查结果显示,江苏高职院校的创新创业类课程以《创新创业基础》为主(83.39%),开课时间以大一为主,授课时间少于半学期的比较多,这可能与具体的课程类型以及师资力量投入有关。

有关在校生双创教育经历的调查结果显示,83.52%的江苏高职院校在校生修过创新创业类课程,其中二年级的比例最高;29.33%的江苏高职院校在校生参加过创新创业项目,其中三年级的比例最高;15.28%的江苏高职院校在校生参加过创新创业竞赛,其中二年级的比例最高。江苏高职院校在校生有较多机会参与创新创业课外活动,其中参与最多的是大学宣传创业精神和价值的活动、成功企业家讲座以及企业参观实习。同时,江苏高职院校在校生创新创业类课程的学习投入较上一年有大幅提高(学习投入为"较多"或以上的比例由30.2%提高到 74.9%)。

有关创新创业类课程的师资和班级规模的调查结果显示,江苏高职院校创新创业类课程的师资以本校为主,其中经济管理类院系的教师占比最高(57.65%)。值得关注的是,有相当部分(20.749%)的在校生不知道授课教师的来源。江苏高职院校创新创业类课程的班级规模以 31~50 人(52.35%)和 51~100 人(32.98%)为主,班级规模在 50 人以下的比例超过 2/3,较上年有所提高。

有关创新创业类课程的授课方法和授课内容的调查结果显示,课程常用的教学方法为课堂讲授、网络课程、分组学习/研讨、课后答疑和案例教学,课程涉及较多的内容是新企业创建、创意与创业机会、营销与销售、创业团队管理和商业计划书。

（三）创新创业教育过程

有关创新创业类课程满意度和双创教育效果的调查结果显示，江苏高职院校在校生的课程满意度较上年有所提高，由上一年的 4.68 提高到 5.13(6 点量表)；双创教育的总体效果较好，各题项均值都高于 4.67，较上年有所提高(4.31，6 点量表)。

有关疫情之下的线上学习情况调查结果显示：2020 年春季学期，江苏高职院校创新创业类课程在线教学平台的选择呈现多样化的特征，其中使用较多的是中国大学 MOOC、超星尔雅、QQ 群、校内自有网络教育平台、腾讯课堂。在校生创新创业类课程的线上学习情况良好，学生对教师线上教学技能的评价很高("较好"或以上选项占比为 90.61%)。

（四）创新创业教育结果

有关创新创业教育结果的调查，包括创业意向、通用能力/素养、工匠精神和创业心智等内容，调查结果显示：

江苏高职院校在校生具有较强的创业意向，准备毕业后 2 年内、毕业 3～5 年内和毕业 5 年后的创业的比例分别为 5.88%、11.19 和 18.91%，但较上一年有所下降。

江苏高职院校在校生的创新创业素养培养效果较好：八项通用能力/素养较上一年有所提高，各项得分均大于 4.20(6 点量表)，团队合作能力的得分最高(4.47)；工匠精神的各项得分均高于 4.45(6 点量表)，责任担当和精益求精的得分最高(4.59)；创业心智较上一年有所提高，各项得分均大于 4.40(6 点量表)，成就动机和乐观倾向的得分最高(4.59)。

比较而言，修过创新创业类课程、参加过创新创业训练项目、参加过创新创业竞赛以及有企业实习经历的学生，其通用能力/素养、工匠精神和创业心智显著高于没有相关创新创业教育经历的学生。仅在 2020 年春季学期选修过创新创业类课程的学生，其通用能力/素养、工匠精神和创业心智显著高于仅在 2019 年及之前选修创新创业类课程的学生，因此 2020 年春季学期创新创业类课程的具体特点有待进一步研究。

三、结论与展望

首先，江苏高职院校的创新创业教育在持续改进和提高。创新创业类课程

一、特稿

的覆盖面提高,83.52％的学生修过相关课程,每个年级的比例相对一致。江苏高职院校积极支持学生参与创新创业活动,提供了较充足的课外活动、训练项目和竞赛的参与机会。创新创业类课程的课堂秩序较好,学生满意度进一步提高,专业课比较重视对创新创业素养的培养,创新创业教育的整体效果较好。比较而言,具有创新创业教育经历的学生的通用能力/素养、工匠精神以及创业心智更高。

其次,可能是受新冠疫情的影响,江苏高职院校在校生的创业准备活动、创业意向和正在创业的比例均有所下降。2020 年春季学期,67.57％的学生依然修了创新创业类课程,在校生的创新创业素养均有所提高。比较而言,仅在 2020 春季学期选修创新创业类课程的学生,其创新创业素养显著高于仅在 2019 年及之前选修创新创业类课程的学生。

最后,创新创业教育依然存在较大的提升空间,需要得到进一步的重视和支持。虽然江苏高职院校在校生的各项能力/素养不断提高,但依然存在很大的提升改进空间(均值在 4.30～4.60 之间,6 点量表)。创新创业教育体系需要进一步完善提升,包括明确创新创业教育的定位、课程设置和具体目标要求,建立相应的资源投入保障机制;加强师资队伍建设,调动教师参与创新创业教育的积极性,不断提升教师的教育教学能力;关注在校生的职业发展意向和学习动机,通过教学策略的调整,调动学生的学习兴趣,提高学生的学习投入,从而全面提升创新创业教育的效果。

(文字整理:南京信息工程大学马克思主义学院 2020 级硕士研究生朱瑶瑶)

相反相成到内向而生：教师教育质量保障的人文主义阐释[①]

王　坤[②]

一、珍视对立的补充者：教师专业知识生产逻辑的清理

考察并完善教师专业的知识生产逻辑是增进其专业性的必由之路。教师专业不只是大学里学科的教与学，关键是直面育人的行动学问。现代教师专业化的主要途径是教师教育大学化，是在大学里以学科教育为基础，专业教育、通识教育与实践教育共同作用，生产新知并培育教师的专业领域。知识来源、形态与质量是专业存在的依据，也是衡量专业品质的指标。而在大学知识生产的市场化效能愈发受到重视，以及不同学科门类（方向）的知识在近乎标准化、统一化、技术化的学术竞争和学术绩效评价系统中发展。在这一态势下教师专业不断生产有竞争力的"高深知识"并提升专业认同度和专业敬畏度，同时切实培养好教师，则会遇到许多矛盾、悖论与张力。美国圣地亚哥大学教授乔丹则认为，教育学之所以不能像医学为医生提供可靠的理论，独立地为教师提供帮助的主要原因，并不是麦克纳所认为的那样缺少观察结果，而是因为教育学缺少一个可以组织大量关于人类成长、发展、记忆、情感、学习和行为的知识原则。在通过"专业标准"衡量并增强教师专业性莫衷一是的情况下，有必要探讨支撑教师专业的"知识原则"，由此检验、追问、改进教师专业的知识生产逻辑，助力教师专业性提升和更大范围内的教师质量提升。教师专业的知识生产逻辑即

① 本文为南京信息工程大学王坤副教授在江苏省高等教育学会 2020 年学术年会上所作的专题报告，文章根据现场报告内容整理，部分有删减。

② 作者简介：王坤，南京信息工程大学教师教育学院副教授，教育学博士，主要研究方向为教师情感、情感教育、教师教育。教育部部编初中《道德与法治》教材九年级下册核心作者、教师用书核心作者，主持教育部人文社科项目，参与田家炳基金会与北京师范大学教师教育研究中心合作支持项目；在《中国教育学刊》《教师教育研究》《华南师范大学学报》（社会科学版）《课程·教材·教法》《中国教育报》等期刊报纸发表论文十余篇。

是在高等教育视阈中建构教师专业的多主体,依据"不证自明"的事实与推理原理相互影响、作用,建构、发展教师专业的事实基础与推理原理,并使之成为教师的正确信念。

作为职业的知识生产逻辑,迈克尔·扬阐述了三种职业知识取向,"三种不同的职业知识取向可被视为依照历史顺序依次出现。我将它们称为知识本位取向、标准本位取向和联结本位取向"。知识本位取向是师范生培养以及教师培训的学科知识化,大学里的学科教师以及教育学和心理学教师是知识提供者与演绎者。教师教育课程与教材表现为固定的学科知识推演逻辑,课程与教学评价侧重标准与程序对照以及以确定知识符号为证据的终结性测量,鲜少追踪性回应。按照迈克尔·扬的理解,此种"学院本位"课程取向的特征是:它们的有效性均建立在不同的专家共同体所共享的观念与价值的基础之上;它们依赖确定的外部考试与专家共同体的内部信任来保障质量,并不依靠任何正式的、明确的、细化的关于结果的标准。标准本位取向是应对知识本位取向弊端而出现的"替代方案",以结果或工作能力为导向的知识生产逻辑。20世纪中叶,受行为主义心理学的影响,教师被看作客体进行研究,以统计数据的形式来抽取教师实践中最好的表现,并将之划分为一系列具体的、可观察和可操作的能力,通过标准化培训让所有教师掌握这些能力,并据此对教师进行"表现为本"或"能力为本"评估。以此为基础,在20世纪80年代世界性课程改革促使世界性教师专业标准应运而生。当各种专业标准与专业工作方案成为一种强有力的政策力量自上而下推进时,本来可作为一种教师专业学习平台的标准很容易被相关教师教育机构异化或窄化为生硬的条款,教师专业的发展因此窄化为机构对照标准条目和数字进行物质和条件建设;教师对照各种纲要搜索准备教材、讲义和各种教学资源并应对种种行政检查;教师培养的专业性停留在对相关教学事件描述基础上的教学行为的探讨、教学程序与方法的分析。教师的深度学习、感受与思维发展常常被系统性的而且是根深蒂固的对标思维(机械式的)与表现习惯所遮蔽。联结取向是一种修正知识本位与标准本位之于从业人员培养的不足并将二者融合的知识生产逻辑。宏观的学科学院与专业学院的联结、大学与基础教育学校的联结,中观的学院课程、知识体系的联结及其与教育实际、实践的联结,微观的师生日常经验与各类知识的联结。层层联结相互纠缠、影响,在特定时空作用于师范生或教师的认知与情感系统,构成教师独特知识的成长脉络与内在基因,也成为特定教师群体共享的知识图景。

教师专业知识生产的困境:首先,机械主义表现为教师培养过程中过分注重确定知识的传与考察,但忽视对知识复杂性、情境性以及历史性的延伸与考量;关注教学技能的行为标准性与可训练性,忽视教学技能的个体性、知识性与丰富性;关注教师知识的学科逻辑培育以及运思逻辑的缜密性,忽视教师知识的知觉培育以及基于生命体验的交互理解力培育;教师教育管理侧重紧扣标准进行技术操作,依据易见的证据表征质量与教师素养,忽视教师培养的生活要素、成长底色以及个体独特性,忽视教师教育管理中对话的价值以及绩效考核的引导发展功能。其次,表现主义既指在管理过程中的自上而下的标准引导,以及自下而上的唯数字和唯行为准则建设的现象,也指教育过程中学习者主体性失落,进而过度唯权威的理解或唯大众趣味去表达的现象以及刻意迎合与表现的肤浅现象。再次功利主义主要指侧重依据知识的外在功效引领知识生产,而这种外在功效更集中在资源获得、地位提升以及权益占据的维度,忽视知识生产的内在召唤和专业逻辑以及知识育人功效。最后,本位主义相对联结取向而言,如何使相关区域的教师教育主体集中专攻教师专业的知识生产,不断增进知识生产共识,增强培养、培育好教师的合力,始终是教师专业应当面对和攻坚的问题。

二、教师专业进化:教师教育的质量逻辑

教师素养观是教师教育质量观的前提与基础。核心素养理论是推动当前中国教育改革与发展的重要中介理论和理论支点。教师素养是专业本质的直观与能力的积累,依据朱旭东教授关于教师"全专业属性"的论述,从学习素养、教授素养与学科素养三个度分析和建构教师核心素养,而情感能力和认知能力是积淀每种素养所必备的一般能力,在不同的素养领域中相互建构产生关键的能力特征,而每一种关键能力中又都应指向和内含具有正确价值定位的品格特征,予以深度阐释核心素养中具体的关键能力。

课程与教学制度逻辑可以捍卫学习权利并激发生命潜能。人们的学习会愈加便捷、高效,学习面愈加宽广,感受与理解也愈加多元。问题的关键在于,丰富多元的课程制度以及有益的教学制度,探索能否关注到尽可能多的学习者的学习需求,通过满足学习需求捍卫每位学习者的学习权利,保证每位学习者能在安全、宽容与信任的学习情境中自在学习,鼓励知识、情感、思维与技能的素养在不同人身上有不同程度的突围,进而引导人的全面发展。这个过程与状态进一步表现为,课程与教学制度的实施能够激活师生的学习生命,人们彼此信任与依赖,能够坦诚地相互补给不足与缺陷,个体乐于学习,在共同学习的基础上,自主创设适合自己的学习任务,在情感、思维与技能的不同方面挑战自

我、悦纳他人，共同改善环境、共创学习意义。

三、一种教师教育质量保障制度分析

演讲者在与周钧教授的一项合作研究中发现：教师教育课程质量保障制度是依据相应的教师教育质量观以及组织与权利协作理念，对课程建设、实施与课程内容的评估与调整，以期唤醒并增进教师教育课程相关主体的质量意识，持续推动质量提升。新管理主义是 20 世纪 80 年代在英国公共管理研究领域兴起的一种哲学理念，兴起之初是为应对政府部门公共行政的科层化、官僚化引起的创新力不够、效率低下、效益不高等弊病，表现为政府在公共服务部门引入私营部门的管理模式，推进其市场化或准市场化改革。80 年代以来，新管理主义思潮助力 Z 大学形成依托教育问责维护并提升教育绩效的教育质量保障制度架构。"问责—绩效"取向的外部质量控制、"沟通—理解"取向的质量保障制度、"自我反思—改进"取向的质量保障制度、"规范—发展"取向的质量保障制度，通过外部课程质量问责达成课程绩效核证，倡导课程利益相关者间的沟通进而扩充理解、寻求共识，推进课程建设者与实施者的自我反思进而激发潜能、不断改进，推动制度系统规范进而支撑课程发展。教师教育课程质量保障制度应当避免"表演"，积淀质量维护定力，持续激发质量保障善意与动力，与其他绩效激励或问责制度融合形成课程质保合力。

1. 学校管理者优先发展教学

优先发展教学不仅要在加大经费投入、学习环境改造、学习条件改善、学习组织创新、培养方式改善、课程与教学改革、学习评价改变等方面有更多的关注与侧重，更为关键的是，学校管理者应当始终以人才培养定位与人才培养质量为求索原点，以此整体关注并检视这些推进策略的联动性及其落实在教育教学活动中与学校日常生活中的微观教育效用。

2. 学习组织释放学习活力

从科层嵌套走向人人乐学。通过自上而下和自下而上的努力，在学习组织建设中形成合力，学会破除绝对的权威意识和"等级森严"的沟通格局。在交往中全情关注人的成长，从对不同人的差异性与成长价值感受中不断增强作为教育者的使命感，"以教人者教己"，学习知识与学习情感并举，以教育者的自我学习与自我改变引起学习环境的改变与良序学习文化的构建，因此解放更多学习者的学习权利并释放学习组织的活力,使得学习组织真正成为学习者的学习主体性存在和张扬的交往平台,在其中人人乐于表达、内心无顾忌,乐于学习与帮助,不断追求自我超越。

3. 教师增强教育教学热忱

在师生交往中生长良好的学习关系。教师增强教育教学热忱并不是易事,不仅仅是将关注与行动重点从科研、权利与资源转移到教学、学生等育人方面那么简单,这个转移一定会在教师内心经历与快速发展、追逐可见效果等主流观点背离的误解和裂变,甚至出现反复、随波逐流,需要自上而下的引导、社会文化改变与教师积极改变的较长时间磨砺。只有当教师扎实沉入学术研究,心无旁骛地增强自我专业能力与素养,师生交往与课堂教学才会有更多的感受与理论生长点;感受学生,承认并接受不同学生的学习方式与发展定位,学生的学习兴趣与学习生命才可能因老师的关注与信任而被激发;热爱学生,乐于在不同学生的学习与发展基础上有针对性地指导与教育,同一的课堂才可能变成多元知识体系交互进阶与发展的时空,人的创造性思维和创造力才可能在课堂上得以淬炼;专注师生关系的教育性,理解学生的成长与发展是教师最根本的道德责任,教师才能坦诚地接受师生交往中的挫败感,更进一步关爱学生,在持续、深入的关系磨砺中,彼此建立支持与信任的学习关系,从中共同建立与感受知识学习、价值观进步与技能成长的教育美。

(文字整理:南京信息工程大学马克思主义学院2020级硕士研究生许文静)

一、特稿

依托信息技术,强化过程评价,完善评价机制[①]

周玉泉[②]

一、教学质量考核与评价存在的主要问题

从宏观层面来看,我国高校保证体系的建设还未全面展开,很多院校仍处于建设初始阶段或试点阶段,仅仅是在关注质量成果、使用质量工具的层面上,还未形成体系化、规范化的质量保证体系。有些高职院校还仅仅停留在教学督导阶段,没有设立独立的教学质量监控部门,教学质量监控的职能还远远没有落实。

从微观层面来看,许多高校的内部质量保证体系并没有在学校快速发展规模扩大后而得到重视和加强,高校缺乏对内外部结合的教学评价及教学质量监控意识,同一区域的高校间缺少开放、交流、合作的机制,教学监督"各自为政",不同程度地存在教学督导受其专业、学校结构等方面的影响。

主要问题包括:第一,学校教学质量监控力量严重不足。没有建立独立的质量监控机构或质量监控机构弱小、督导力量安排不尽科学合理。督导专家的专业与教学水平参差不齐,对教学质量监控中发现的问题不能及时果断处理,教学评价缺乏一定的客观公正性。就某个高校自身来看,由于受到本校教学督导资源的限制和督导机制的制约,短时间内解决问题的难度是比较大的。第二,本校督导容易出现走过场、讲情面、回避矛盾。有些督导的尺度比较宽松,不利于对教师的教学水平进行判断和教学质量的提升,单一封闭的督导组织形式容易受校内人际关系等人为因素影响,进而影响到学校整体教学质量监控水

---

① 本文为南京工业职业技术大学周玉泉处长在江苏省高等教育学会 2020 年学术年会上所作的专题报告,文章根据现场报告内容整理,部分有删减。

② 作者简介:周玉泉,南京工业职业技术大学质量监控与评价处处长,教授。现担任中国职教学会职教质量保障与评估分会理事、江苏省高教学会评估委员会副秘书长,从事职业教育教学 36 年,在教学质量监控与评价方面积累了一定的经验,曾获中国职教学会职教质量保障与评估研究会论文评选一等奖、江苏省高教学会评估委员会论文评选一等奖。

平的提升,本校督导专家在教学质量监控管理执行过程中往往容易出现的"人治"现象。第三,学校督导队伍结构不尽合理。目前由于教学督导体制的不完善和重视程度不够,各高校的教学督导队伍较不合理,有些学校督导人员队伍是由清一色的体育教师或退居二线的领导组成。部分督导人员,精力不足,敬业精神和创新精神不够,必将影响教学督导的质量。本校的教学督导专家成员在一定时间内是相对固定的,"督"与"导"的能力和水平也相对稳定,对引导教育教学质量提升的空间也相对有限。如果能扩大教学督导专家范围,引入校外督导资源,督导质量就会发生质的改变和提升。第四,监督与评价的信息化水平不高,评价结果反馈不及时。一方面学校管理者没有建立有效的质量监控信息交流平台和问题处理机制,利用信息化技术进行常态化监测不够;另一方面部分教师的质量监控意识淡漠,缺乏质量主体责任意识,使教学和评价之间信息不对称,评价结果不能有效地推动教学效果的改善与教学质量的提升。

二、完善教学质量考核的基本原则

在教育部关于深化本科教育教学改革、全面提高人才培养质量的意见中,强调全面推进质量文化建设。完善高校内部教学质量评价体系,建立以本科教学质量报告、学院本科教学评价、专业评价、课程评价、教师评价、学生评价为主的全链条多维度高校教学质量评价与保障体系;在教育部印发"新时代高教 40 条"中,提出要加强大学质量文化建设;在国务院印发的"职教二十条"中,强调要建立健全职业教育质量评价和督导评估制度,尤其是完善政府、行业、企业、职业院校等共同参与的质量评价机制;中共中央、国务院印发的"总体方案"是新中国第一个关于教育评价系统改革的文件,也是指导深化新时代教育评价改革的纲领性文件。这标志着我国向建设富有时代特征、彰显中国特色、体现世界水平的教育评价体系,迈出了关键一步,提出主要原则是坚持立德树人、坚持问题导向、坚持科学有效、坚持统筹兼顾和坚持中国特色。坚持把立德树人、师德师风作为教师考核评价的第一标准,督导听课和学生评价都把师德师风作为首要指标。坚持统筹兼顾,分类设计,多元评价,提高教育评价的科学性。坚持科学有效,改进结果评价,强化过程评价。传统的教学评价模式为期末教评(结果性评价),现行的即时评价模式为日常教评(过程评价),这一评价模式可以及时了解教学过程中的问题与不足,在教学过程中针对问题进行改进,大大增加了教学评价的实效性,使教学评价促进教学改进的作用真正得以落实。

三、基于信息技术的内部质量监控与评价的体系建设

首先,要不断完善质量监控与评价体系。质量监控与评价体系是学校内部质量保证体系的重要组成部分,是将教育教学运行和信息反馈的整个过程中影响教学质量的一切因素控制起来,形成一个有明确目标任务、质量标准、监测预警、协同联动、互相促进的质量管理有机整体。目前,我国的高等教育形式已经发生了深刻的变化,各级各类学校组织的复杂化、结构的多样化、水平的差异化以及公众对教育诉求的个性化都在不断增强,对高等教育教学质量监控的要求也越来越高,新形势下的高校内部质量保证体系建设需要创新的监控与评价手段,需要我们全面、及时了解各类办学模式的教学状况和特点,研究制定出有较强针对性的科学的分层分类评价与考核标准。

其次,要积极探索校级联动教学质量监控工作机制,进行项目合作。如创新质量监控体系建设,构建校际联合听课机制,主要教学环节质量标准的借鉴与融合,共同参与校内专业评估,共同参与校内公开课评价,共同参与毕业设计与答辩环节等的专项检查。注重组织开放性、监控客观性、评价专业性和资源共享性。平台设计的全部角色包括院分管学生工作领导、院分管教学领导、全校领导、质控中心领导、督导、班主任、教学秘书、任课教师、辅导员、学生。任课教师要进行课堂考勤,缺勤记录查询,教师评学,督导听课记录查询,学生评教记录查询。学生要做好学生评教,查看课程表,查看缺勤记录,进行教学反馈等。质控中心领导要关注全校出勤情况,全校学生评教情况,全校教师评学情况,全校教师考勤情况,全校督导听课情况,全校督导巡查报告等。

四、结　语

教学质量考核与评价工作是一项严肃而神圣的工作,但同时也是一项"得罪人"的工作。要当好一名教学督导,首先应树立以人为本的督导理念,其次加强自身的学习,不断地接受教育领域中新的教育理念和教学思想。这样,才能使教学督导工作有明确的目标指向,才能有效地督导教师的教学工作,才能真正提高教学督导工作的有效性。"督要严格、导要得法、评要客观、帮要诚恳",考核与评价不能束缚教师的手脚和创新能力,监督要有尺度,辅导要有方法,要使教师们心悦诚服地接受指导,改进教学和提高教学水平。在教学督导工作中,教学督导员与教师应建立起平和、宽容、平等、合作、信任的关系。

(文字整理:南京信息工程大学马克思主义学院 2020 级硕士研究生朱瑶瑶)

产教融合:高职院校特色办学模式形成的强劲动力①

何万一②

一、产教融合是什么

产教融合是一个老现象、老问题,也是一个新概念,有新内涵。1926 年,中华职教社的创始人黄炎培在《提出大职业教育主义征求同志意见》指出,只从职业学校做功夫,不能发达职业教育;只从教育界做功夫,不能发达职业教育;只从农工商职业界做功夫,不能发达职业教育。那怎样才好呢?办职业学校的,须同时和一切教育界、职业界进行努力沟通和联络。提倡职业教育的,同时须分一部分精神,参加全社会的运动。这就是所谓的"大职业教育观",与我们今天所提出的产教融合有着内在性。

产教融合这个概念,在我国最先是由职业教育界率先提出,后来逐步进入国家政策话语体系,进而广泛应用于普通高等教育和职业高等教育这两种类型教育。2007 年,《中国职业技术教育》《中国劳动保障报》对紫琅职业技术学院、青岛技师学院等院校进行报道,首次使用"产教融合"这一概念。2013 年,党的十八届三中全会通过了《中共中央关于全面深化改革若干重大问题的决定》:加快现代职业教育体系建设,深化产教融合、校企合作,培养高素质劳动者和技能型人才。从此,产教融合正式进入政府文件。2018 年,国务院办公厅印发了《关于深化产教融合的若干意见》,产教融合扩大到各类学校和行业企业。

我们可以从三个层面理解产教融合:一是在宏观层面上,产业与教育在体

---

① 本文为南京铁道职业技术学院何万一所长在江苏省高等教育学会 2020 年学术年会上所作的专题报告,文章根据现场报告内容整理,部分有删减。

② 作者简介:何万一,安徽凤阳人,南京铁道职业技术学院高职教育研究所所长、副研究员,主要研究方向为高等职业教育。获得国家级教学成果奖二等奖 2 项,江苏省教学成果奖一等奖 2 项、二等奖 1 项,江苏省教育科学研究成果奖二等奖 1 项。主笔代拟江苏省高职教育实训基地建设政策文件 2 次。兼任江苏省高等教育学会高职教育研究会副秘书长、产教融合研究会副秘书长等职务。

一、特稿

系上的融合,是由政府通过统一规划、标准制定、部际协同、出台政策、制定法律等手段,引导产业与教育协同发展;二是在中观层面上,企业与学校在组织上的融合,从单一学校办学变为校企双元办学,由"两家人"逐渐成为"一家人";三是在微观层面上,产学研创活动的融合,以工作任务或项目为驱动,实现教学与生产一体化,产学研创一体化。

产教融合主要解决三个问题:一是人力资源的高质量供给问题,要解决高素质技术技能人才总体上供给不足,存在一定的结构失业、岗位过渡期长的现象;二是职业教育资源与产业资源集聚共享问题,要解决在财政经费投入相对不足的情况下如何利用社会资源办学,以及中小微企业开展在职员工培训和生产管理一线技术难题;三是高职教育类型认可和特色彰显问题。放眼世界,我国的高职教育还是一个比较独特的类型。如职业性本科与应用性本科有什么区别?人才培养定位是什么?应该开展什么类型的科研……这些问题如果不能回答清楚的话,其合法性就受到质疑。

二、产教融合是如何塑造高职院校特色办学模式的

1. 一个分析框架

产教融合蕴含至少五种力量——政府、行业、企业(含科研院所)、学校(学生、教师)、社会中介(第三方);三种逻辑——政治(行政)、市场、学术。其中,政府对我国高职教育一直都是主导力量。行业、企业是塑造我国高职教育体系的重要力量。学术是最为薄弱的一方力量,未来随着职业技术大学的发展,这支力量将得到加强。

2. 产教融合是职业教育办学的一个修正力量

我国职业院校的办学大体经历"行业企业计划办学—改制后面向市场办学—行业企业与学校联合办学"这样一个过程。这是一个否定之否定的螺旋上升过程,也是在职业教育内在规律作用下的一种必然现象。在此过程中,国家政策发挥着重要的推动作用。

1999年,党的十五届四中全会《关于国有企业改革和发展若干重大问题的决定》提出"分离企业办社会的职能,切实减轻国有企业的社会负担。位于城市的企业,要逐步把所办的学校、医院和其他社会服务机构移交地方政府统筹管理"。2005年,《国务院关于大力发展职业教育的决定》"大力推行工学结

合、校企合作的培养模式"。2014年,国务院颁布《关于加快发展现代职业教育的决定》"鼓励行业和企业举办或参与举办职业教育,发挥企业重要办学主体作用"。2017年党的十九大报告,"完善职业教育和培训体系,深化产教融合、校企合作"。

3. 产教融合型塑造高职独特的办学形式

首先,特色办学制度。多元主体办学(政府、行业、企业、中介、社区等),最为主要的是合作企业参与学校办学。企业作为重要利益相关方全面介入办学过程,推动高职院校的治理革命,形成具有高职特色的办学制度,如双元治理制度、校企联合招生制度、联合培养制度、联合考核制度、企业奖教金奖学金评选制度、学徒管理制度、双师型教师团队管理制度等。

其次,特色办学载体。形成一系列的办学联合体,如校中厂、厂中校、企业学院、产教融合实践平台、职教集团、科技园、产业发展研究院、产教融合型企业等。

最后,特色办学项目。比如现代学徒制,中国特色的校企双元育人机制,解决了"学生学会了没有?""学的知识有什么用?""需要具备什么样的职业素养"等问题。再比如"1+X"证书制度,这是行业企业标准快速成为职业教育与培训标准,培养一专多能人才,提升学生就业能力的有效途径。

三、案例分享:校企一体化办学

南京铁道职业技术学院与南京地铁集团公司自2002年开始探索地铁专业订单人才培养,先后历经订单班、冠名班、地铁学院、辅修组班和现代学徒制试点等发展阶段,人才培养向员工培训、标准开发等合作领域逐步深入。凭借双方紧密的合作,南铁院成功立项教育部学徒制专业4个、城轨专业"1+X"证书制度试点项目3个,南京地铁获批省产融合型企业,为推动"轨道上的新江苏"建设提供了有力的人才支撑。地铁学院项目获得国家教学成果。特色做法如下:

一是管理一体化。实行理事会领导下的院长负责制。每年至少召开一次理事会会议,每学期至少召开一次地铁学院院长办公会。地铁学院办公室负责日常管理与协调,实现校企对办学过程的统一管理。

二是育人一体化。校企联合招生,共同组织面试,企业有否决权。联合培养:学生学徒双身份,实行校企双导师制度;联合评价:企业督导进课堂,核心课程由企业命题考核。

三是资源一体化。组建混编教学团队,共同开展教学和技术研发等活动。学校与南京地铁共建途径学校正门的南京地铁 11 号线"南京铁道学院站",将其建成全国唯一、集真实运营与教学为一体的设备集中站,开创国内校企共建地铁真实实训车站的先河。

四、结语:高职院校类型化的可能走向

目前,我国高职院校有 1 400 多所,办学水平不同,地区差异明显。高职教育体系建设是一个热点话题,但不可能所有的高职院校都办本科教育,甚至研究生教育,他们会因产教融合的方向、深度、广度不同而分道发展,形成各自的办学特色和办学生态。大体上,未来我国高职院校会向三个方向发展:一是坚守专科职业教育,以学校教育为主、企业教育为辅的职业教育,它们仍然是高职院校的大多数,这也是由现代产业体系发展对人才结构所决定的;二是职业技术大学,向职业教育体系的上层进行攀升,将开展有别于传统学术型高校的人才培养与科研,在人才培养方面定位于高层次技术技能人才,在科研方面定位于应用技术研发与服务;三是类社区学院,服务全民终身教育,以服务于所在社区居民的技能培训和终身学习为办学目标。

(文字整理:南京信息工程大学马克思主义学院 2020 级硕士研究生许文静)

探索高职专业认证的实践与思考[①]

徐胤莉[②]

专业认证——对高校专业培养方案的定期认证活动,它由经过培训且独立的来自行业和学术界的代表所组成专门的认证机构实施,根据公认标准对专业教育进行定期质量认证,是国际上通行的教育质量外部保障制度。

一、专业认证在高职的发展

(一) 发展历程

普通高等教育专业认证发展经历了学习、吸收、创新、提升四个阶段。2005年前后开始学习《华盛顿协议》,探索建立工程教育专业认证体系,至2016年成为《华盛顿协议》的正式成员国;2008年开始建立临床医学专业认证体系;2015年启动首批经管类专业认证试点;2017年建立师范类专业认证制度。经过不断发展,到2018年发布了《普通高等学校本科专业类教学质量国家标准》,并基于此开展三级认证。

2014年国际工程教育专业互认体系《悉尼协议》引入国内,高等职业教育开始了解工程教育专业认证;2016年12月《悉尼协议》应用研究高职院校联盟在南京成立,对高职工程教育专业认证的研究和探索逐步开展,专业认证这一专业建设质量的外部保障制度逐渐为高职教育界所熟悉。2020年9月,教育部等九部门印发《职业教育提质培优行动计划(2020—2023年)》,提出"探索高职专业认证"的任务。

---

① 本文为南京信息职业技术学院徐胤莉处长在江苏省高等教育学会2020年学术年会上所作的专题报告,文章根据现场报告内容整理,部分有删减。

② 作者简介:徐胤莉,南京信息职业技术学院发展规划处处长、高职教育研究院院长,副研究员。主要研究领域为高职教育专业建设、校企合作、质量保障等。先后获得国家级教学成果2项、江苏省教学成果4项。2015年以来,从事《悉尼协议》的研究和实践,牵头开发了基于国际工程教育专业认证范式的专业建设流程和规范,并在全校专业实施,已带领两个专业通过了IEET专业认证。

（二）发展现状

当前高职教育界对专业认证的认知尚处于启蒙阶段，实践尚处探索和试点阶段，发展前景广阔。主要存在的问题和误区有：① 议论观望多，研究实践少；追热点多，持之以恒少。② 误认为《悉尼协议》就是专业认证。③ 完全依托台湾地区认证机构中华工程教育学会（IEET）开展专业认证。

二、南京信息职业技术学院探索专业认证的实践

（一）建设概况

建设的核心理念：以学生为中心，这是建设所遵循的价值取向；以成果为导向，这是建设所参照的教育理念和实施逻辑；质量持续改进，这是建设的质量要求。

建设研究的过程：2016 年，学校牵头省内共 10 所高职院校承担江苏省高等职业教育创新发展课题《悉尼协议标准体系研究与实践》；2017 年，该课题又立项为江苏省高等教育教改研究立项"重中之重"课题，现已结题。主要研究成果有《江苏高职工程教育专业建设评价标准（建议稿）》《基于悉尼协议范式的专业建设实施路径与实务指南》。2017 年，学校主持国家社科基金教育学一般课题《基于悉尼协议的高职工程教育专业认证标准研究》。

建设实践的过程：2017 年，学校在通信技术、电子信息工程技术、工业机器人 3 个专业试点建设，依托实践逐步形成相关路径、机制、流程。2018 年，在物联网应用技术等 9 个专业试点建设；通信技术、电子信息工程技术在省内率先接受 IEET 认证现场访评，并顺利通过。2019 年，基于工程教育专业认证规范的专业建设范式在全校所有专业推开；开发课程和教学持续改进机制，并在 37 门课程中试点。2020 年，发布《课程教学实施管理办法》，课程、教学持续改进机制在全校推开。2019—2021 年，自主开发配套信息化管理系统，目前学生活动、课程管理、OBE 专业建设管理模块已上线试运行。

（二）建设成果

落实成果导向理念，重构专业建设流程，实现培养目标从人才培养方案到课堂教学活动的一以贯之。落实持续改进理念，以专业培养目标、专业毕业要求、课程教学目标、单元教学目标四个层次目标的达成度为依据，建成教育教学

活动"四循环"质量保障体系。落实学生中心理念,推进多项教育教学和服务机制改进,建立了《专业学业指导手册》编发制、课程大纲首课宣讲制、学业及时补救机制等。

(三)建设收获

教师反馈:① 教育教学目标更为明确,培养目标能一以贯之落到教育教学活动中,各项教育教学活动以核心能力培养为指向形成合力。② 建设的过程也是教师学习的过程,教师的教育理念、教学方法、质量意识均得到提升,教师团队凝聚力增强。

学生反馈:教学在教师的作用、课堂的作用、学习的评价上均有所改进。

以上为专业培养质量的提升夯实了基础。

三、探索高职专业认证的思考

(一)关于专业认证

专业认证是一种有效的外部质量保障机制。通过外部认证促进专业认真开展各环节的教育教学建设和活动,从而提升培养质量。

"不唯认证,重在建设"是在专业认证中需要坚持的导向。认证标准是质量底线,不是高线;对质量的追求应是内生需求,不是外力强加。

(二)关于探索高职专业认证

必要性:高职专业认证是推进高等职业教育高质量发展,完善质量保障体系的需要;是推进高等职业教育标准化建设和落地的需要。

可行性:普通高等教育的专业认证实践为探索高职专业认证提供了方法借鉴;职业教育国家标准体系的建设为探索高职专业认证提供了标准开发基础;高职院校前期的实践为探索高职专业认证提供了认知基础。

(文字整理:南京信息工程大学马克思主义学院 2020 级硕士研究生徐楠)

二、大学评价的目的、内容、方法与功用

　　2020年10月，中共中央、国务院印发《深化新时代教育评价改革总体方案》，首次从国家层面对新时代教育评价改革作出全局性、战略性部署。这份指导新时代教育评价改革的纲领性文件，对于推动我国教育落实五中全会精神，实现新阶段高质量发展，加快教育现代化，建成教育强国具有重大指导意义。落实《深化新时代教育评价改革总体方案》要求，需明确方向、抓好关键、夯实保障，真正通过评价改革将立德树人根本任务落到实处。"教育评价事关教育发展方向，有什么样的评价指挥棒，就有什么样的办学导向"。当前基于科学主义评价范式的大学排名，有其弊端，以破除"五唯"顽疾为突破口、聚焦立德树人、突出诊断功能、强化分类评价、彰显中国特色的教育评价改革，是建构中国特色世界水平教育评价体系的最新尝试，也是推进中国高等教育治理体系和治理能力现代化的重要抓手。本部分内容聚焦大学评价改革，既有学理性的批判，也有新型评价的构建。

高校在教育评价中的主体性回归

——格特·比斯塔教育思想对我国高等教育评价的启示

罗　晶①

摘　要:质量评价在我国高等教育发展中发挥了不可忽视的作用,成为高校提质增效的重要抓手。然而随着竞争的加剧以及绩效管理理念的深度介入,量化评价被广泛采用,高等教育评价工作出现了过度量化甚至唯量化的极端倾向,影响了高等教育的健康发展。如何把控测量在高等教育评价体系中的效用与张力,更好凸显高校的主体性地位,是值得探讨的课题。本文通过对荷裔学者格特·比斯塔教育思想的引介,考察测量至上的高等教育评价对高校主体性地位的影响,以求透过工具理性,审思高等教育评价中的价值意义。

关键词:高等教育评价;高校主体性;教育测量

　　随着教育的普及化和全民化,教育评价突破了象牙塔,愈来愈体现着学生、教师、学校、政府乃至整个社会多元张力的制衡,蕴含着“牵一发而动全身”的联动效应与利益博弈,成为一项复杂的系统工程,也成为政府乃至整个社会关注的焦点问题。习近平总书记在全国教育大会讲话中提出要坚决破除“唯分数、唯升学、唯文凭、唯论文、唯帽子”的顽瘴痼疾,破“五唯”成为近年我国教育评价改革的核心关键词。2020 年,教育部、科技部联合印发《关于规范高等学校 SCI 论文相关指标使用树立正确评价导向的若干意见》,旨在探索更加科学合理的评价体系,推动我国高等学校回归学术初心,做出了我国高等教育评价破“五唯”的有力举措。② 同年,中共中央办公厅、国务院办公厅印发了《关于深化新时代教育督导体制机制改革的意见》,中央全面深化改革委员会第十四次会议审议通过了《深化新时代教育评价改革总体方案》。陆续出台的关于教育评价的重要指示和重磅政策,从国家层面对新时代教育督导、教

二、大学评价的目的、内容、方法与功用

---

　　① 　罗晶,淮阴师范学院讲师、苏州大学教育学院博士生,主要从事高等教育管理与评价、历史与比较研究。

　　② 　关于规范高等学校 SCI 论文相关指标使用树立正确评价导向的若干意见.教育部.http://www.moe.gov.cn/srcsite/A16/moe_784/202002/t20200223_423334.html,2020 - 02 - 20/2021 - 07 - 08.

育评价改革作出全局性、战略性制度安排①,教育评价改革的顶层设计和四梁八柱基本构建,如何在具体实践中领会好、贯彻好、落实好,成为教育评价改革的关键。

评估是一种工具,借助它,不仅可以对观测到的社会变革进行终结性的测量、分析和评价,也可以为过程的合理调控生成形成性的数据。② 经过40年的探索和实践,质量评估成为我国高等教育提质增效的重要抓手,对我国高等教育发展起到了不容忽视的工具作用。然而,工具一旦喧宾夺主,甚至跃升为教育教学的"目的",功利化便在所难免,如此不仅违背了教育评价的初衷,也使得教育本身产生异化。本文将聚焦高校在高等教育评价中的主体性发挥,考察测量至上的教育评价对高校主体性地位的影响,透过工具理性审思高等教育评估的价值目的,还原教育评价的本来意义,以期在深化教育评价改革大背景下,探索更加有益于高校主体性的高等教育评价体系。

一、问题的提出

我国自20世纪80年代开始的高等教育评价理论研究和实践探索,为高等教育的快速、稳健发展保驾护航。评价理念和评估体系的不断完善,也有力地推动了高等教育质量提升和内涵建设。然而,在取得巨大成绩的同时,高等教育评价也存在着不少问题,其中,纷繁的测量数据裹挟之下,高校主体性地位的缺失便是一个重要"症结"。

评估的本意是通过条分缕析的指标体系,测量高校各项工作的具体情况,对照高等教育目标和标准作出价值判断,旨在为高校教育工作的改进提供依据,从而不断提高教育质量。然而近年来随着高校间竞争的不断加剧,绩效管理理念在高校管理中大行其道,强调效率和产出,采用精确化计量的量化评价工具被广泛采用,出现了过度量化甚至唯量化的极端倾向,不仅影响了高校的健康发展,也产生了不良的社会影响。如何把握测量在高等教育评估体系中的效用与张力,更好地凸显高校的主体性地位,是值得探讨的课题。

---

① 林蕙青.加快形成中国特色高等教育评估制度体系[J].中国高教研究,2020(9):1.
② [德]赖因哈德·施托克曼(Reinhard Stockmann).评估学[M].北京:人民出版社,2012:2.

二、量化评估与高校主体：工具与价值的博弈

(一) 关于量化评估的批判与反思

随着各国高等教育陆续进入普及化阶段，基于测量统计的各类评估以及大学排行榜层出不穷，已经成为全球性的教育现象，名目繁多的统计数据成为判断"好"大学的直接依据。国内外学术界对此进行了深刻的理论反思。美国于20世纪70年代率先进入高等教育普及化阶段，但紧随着高速扩张而来的是高等教育的"本体论危机"，甚至危及了高等教育的"合法性"[1]，高等教育盛行的实证主义也被新保守主义猛烈批判。美国学者古贝和林肯对以测量、描述、评判为特征的前三代评估理论进行深刻批判，并以建构主义思想为基础，提出了以协商为特征的第四代评估理论，强调运用质性研究方法、突出发展性和人本化，以规避过度量化和单一评价。2006年在柏林召开的大学排名国际专家组会议上通过了"柏林原则"，对高等教育评价指标的恰当性和有效性提出了质量原则和操作规范。

过度量化现象也引起我国关于高等教育评估的理论反思。阎光才认为，当前人们对高等教育评价的负面争议，主要源于对"经验上可观测、可量化乃至主观判断的要素化与指标化成为获得合法性的基本依据"的质疑。[2] 高江勇考察了当下大学教育评价过度量化的现象，认为过度量化给大学造成了严重的负担，需要超越量化评价模式，在教育评价价值观、方法论和本体论上进行反思和修正。[3]

(二) 高校：高等教育评估的应然主体

目前全球高等教育领域的评价大致分为盎格鲁-撒克逊体系和罗马体系，前者奉行自由主义，推崇鼓励自由竞争的改进性评估，后者遵循行政逻辑，强调政府主导的问责性评估。[4] 从评估主体来看，2009年世界高等教育大会公报强调，当代高等教育质量保障必须包括所有利益相关者，而高校的主体地位也越来越受到重视。美国的大学评价基本上是通过标准认定形式由大学自主组织

---

① ［美］约翰·S·布鲁贝克.高等教育哲学［M］.王承绪等译.杭州：浙江教育出版社，2001：2.
② 阎光才.谨慎看待高等教育领域中各种评价［J］.清华大学教育研究，2019(2)：1.
③ 高江勇.大学教育评价中的过度量化：表现、困境及治理［J］.中国高教研究，2019(10)：61.
④ 周光礼等.世界一流大学的建设与评价：国际经验与中国探索［J］.中国高教研究，2019(9)：22.

实施的。英国在过去几十年经历了从教师到大学,从大学到政府,从政府又回到大学的演进过程,发现政府的"重点介入与把关"不仅不能提高质量保障效果,反而会使质量保障成本大为增加。日本、韩国政府虽仍是评估的主导者,但不再直接介入评估的具体工作,更加强调高校在评估中的主体性,如日本强调高校要厘定定位、使命与教育教学目标,主要考察学校发展与自身目的结合的紧密度。

我国高等教育的性质决定了政府主导高等教育评估的必然性。随着评估理念的更新,国家也鼓励多主体协同参与,但在实际评估过程中行政行为和管理色彩较浓,高校的积极性和主体性仍有待加强。刘尧指出,高等教育评估主体单一是我国高等教育评估的主要问题之一,较强的政府行为及评估主体的单一化阻碍了其他评估力量的实质性参与,评估的指导思想和价值取向多体现政府的愿望,未能兼顾社会需要的多样性。① 王红认为,要树立多元主体、共同治理的高等教育评估理念,采用新的方法、创新评估模式,发展和完善高等教育评估制度。② 刘振天认为,我国高等教育评价还存在着评价主体单一、评价标准单一、评价主体利益表达机制不畅以至利益冲突等问题,应从治理的角度,建立各主体间更加紧密和有效的合作对话机制,进一步完善评价体系。③

事实上,评价体系永远没有标准答案,质疑也一直与评价如影随形;正是在不断地质疑与修正中,大学评价的理念日臻成熟,评价体系也渐趋科学完善。相较于对具体指标的批判,作为教育哲学研究者,格特·比斯塔更专注于对隐藏在评价背后的教育观的追问,在教育测量文化风靡全球的时代,对评价"热"进行"冷"思考。

三、超越工具,回归价值
——格特·比斯塔对测量时代"好教育"的追问

格特·比斯塔(Gert Biesta)是荷兰籍教育学者,聚焦西方教育哲学和教育理论研究,2011 年当选美国教育哲学会主席,曾任《哲学与教育研究》主编,现任美国《教育理论》副主编、英国《不列颠教育研究》联席主编,被聘为爱尔兰、挪威、荷兰、爱丁堡等数所大学的客座教授,在欧美教育学领域具有较高的活跃度

① 刘尧.中国高等教育评估的问题、对策与发展趋势[J].高教发展与评估,2006(11):1.
② 王红.以高等教育评估促高等教育治理能力提升[J].中国高等教育,2015(20):24.
③ 刘振天.完善高等教育评价体系提升高等教育治理能力[J].大学教育科学,2020(1):37.

和影响力。① 比斯塔继承发展了杜威、德里达、列维纳斯、阿伦特、朗西埃等哲学家的教育思想,将结构主义融入教育研究,探寻教育与人的主体性、教育与民主的关系,发展出自成体系的教育理论,并敏锐地针对当代西方乃至世界的教育问题和议题,发表了大量极具独创性的研究成果。② 他的著作《测量时代的好教育——伦理、政治和民主的维度》便针对全球范围内日益普遍的教育测量现象提出了解构性批评,并指出:测量已经从工具僭越成为教育的核心、测评结果成为决定教育政策的主要参照、教育也从促进生命成长的活动变成了僵化的管理行为,如果任其发展,将会导致教育价值和目的的失语,对此,比斯塔提出应时刻牢记教育的本质和目的,并从资格化、社会化、主体化三个维度重新界定教育的功能,重新找回"好教育",对于当前教育质量评价具有深刻的启示意义。

(一) 工具理性凌驾价值理性,作为教育核心的"好教育"问题被边缘化

19 世纪末 20 世纪初,受心理测量的影响,教育进入测量时代。随着高等教育普及化阶段的到来,各式各样的测量和评价风靡全球,高等教育评价以及由此产生的大学排行榜层出不穷。毋庸置疑,排行榜促进了各国政府对代表国家竞争力的高等教育的重视,也激励各高校在你追我赶中奋起发展。然而,绩效评价以及名目繁多的指标排名也一度成为饱受争议的社会现象,在政治、经济、社会的博弈中不断调适。因此,对高等教育评价的批判与反思不仅是有意义的,而且是必要的。比斯塔认为,教育过度测量最大的问题在于测量从工具僭越为教育事业运行的核心,测评结果成为指导政府制定教育政策的主要参照,教育从促进生命成长的活动变成了僵化的管理行为。比斯塔深刻洞察了"证据为本"和"绩效问责"对教育质量的损害,叩问究竟应该"重视我们测量的,还是测量我们重视的",他认为问责制的盛行看似强化了教育,实际上反而弱化了教育最重要的"应然价值"的实现。对教育"成果"的测量不能取代对教育目的的回答,因此教育评价不仅关涉技术与管理,更应关切教育的内在价值属性,尤其要在测量占主导地位的情况下,对"好教育由什么构成"这样的问题重新进行思考。③

① 格特·比斯塔个人主页简介:https://www-gertbiesta-com.jimdosite.com/.

② 格特·比斯塔.测量时代的好教育——伦理、政治和民主的维度[M].张立平、韩亚菲译.北京:北京师范大学出版社,2019:序言(赵康.在欧陆传统和英美传统的教育学之间穿行——教育哲学家格特·比斯塔).

③ 格特·比斯塔.测量时代的好教育——伦理、政治和民主的维度[M].张立平、韩亚菲译.北京:北京师范大学出版社,2019:12-15.

二、大学评价的目的、内容、方法与功用

(二) 透过教育语言深析教育哲学,揭示"过度测量"背后的原因

关于教育目的思考被边缘化,而对教育过程和教育实践的讨论却方兴未艾,究其深层次原因,在于"学习语言"取代了"教育语言"。具体表现为将教学定义为"促进学习",将教育定义为"提供学习机会或学习机会",频繁使用"学习者"而不是"学生","终身教育"转变成了"终身学习",不一而足,比斯塔将这类现象称为教育的"学习化"。作为一名分析哲学教育学者,比斯塔尤其关注语言的力量,他认为学习的话语在教育领域中的兴起不是简单的语言现象,而是折射着不同的教育哲学:"学习语言"是基于个人主义的概念,即人作为个体的所作所为,而"教育语言"则表示教育者对自己的行动有明确的目的感;此外,"学习"更多的是一种描述过程的术语,而"教育"则必须向学生详细说明学什么和为什么学。[①] 不同的教育哲学,必然带来迥异的教育评价观,对教育评价背后的教育理念进行剖析,也就不难理解教育评价指标背后的寓意了。反而言之,若想改革高等教育评估,必须实现"哲学—语言—工具"三位一体、同向而行。

(三) 主体化、资格化、社会化——重构教育目的的三个维度

批判是为了更好的建构,比斯塔对测量的批判性思考并非意味着回到过去的"美好时代",而是在承认现状的同时,建设性地提出了测量时代讨论教育目的的框架,他称之为教育的资格化、社会化和主体化功能。比斯塔认为教育过程和实践大致是为以上三个教育目的服务的,三个目的并非孤立,而是错综复杂的整体。其中,"主体化"目的指的是教育通过促成个体的主体化过程,使得受教育者成为更加独立自主的思想者和行动者。比斯塔将教育的"主体化"置于民主主义范畴中加以讨论,将其理解为一个社会的、主体间的、政治的过程。[②]对教育目的进行伦理学、政治学、社会学意义上的探讨,将教育作为启蒙的现代方式,赋予了教育更重要的价值与使命。从这样的高度来认识教育,再进行教育评价实践,能够更加从容地使用绩效、测量等工具,而不至于为工具本身所累。

---

① 格特·比斯塔.测量时代的好教育——伦理、政治和民主的维度[M].张立平,韩亚菲译.北京:北京师范大学出版社,2019:17-19.
② 格特·比斯塔.测量时代的好教育——伦理、政治和民主的维度[M].张立平,韩亚菲译.北京:北京师范大学出版社,2019:104.

四、比斯塔的教育评价思想对我国高等教育评估工作的启示

（一）我国高等教育评估对高校主体地位的关注

我国高等教育评估工作的具体实践同样在关注"过度测量"和"院校主体"两个重要概念，高等教育评估的发展历程也体现了对其不断深入地思考与认识。我国本科教育教学评估始于 20 世纪 80 年代，1985 年中共中央出台《关于教育体制改革的决定》，第一次提出了评估的概念，同年，原国家教委颁布《关于开展高等工程教育评估研究和试点工作的通知》，在一些省份开始了高校办学水平、专业、课程的评估试点工作。1990 年颁布了《普通高等学校教育评估暂行规定》，提出建立、健全包括"合格评估""办学水平评估"和"选优评估"本科教育教学评估体系和评估制度。从此，有计划、有组织地开始了"合格评估"（1994年）、"优秀评估"（1996 年）和"随机性评估"（1998 年）等的试点工作。1995 年《中华人民共和国教育法》颁布，使教育督导和评估制度建设进入了法律化轨道。进入新世纪，我国高等教育进入大众化阶段，2002 年颁布的《普通高等学校本科教学工作水平评估（试行）》，将合格评估、水平评估、随机评估合并统一，并与 2003 年开始快速推进评估工作，到 2008 年为止，共评估了 589 所学校。2011 年，出台了《关于普通高等学校本科教学评估工作的意见》，提出了以"学校自我评估为基础，以高等教育评估、专业认证及评估、国际评估和教学基本状态数据常态监控"为主要内容的"五位一体"普通高校本科教学评估制度，这个阶段的高等教育评估形成了"合格评估"（始于 2009 年）和"审核评估"（始于 2013年）相互承接的体系。2013 年开始的审核评估主要基于"多元主体相互协商"的第四代评估理论，是对唯测量的"纠偏"，更是充分调动高校在评估中的主体地位的制度设计。

（二）新一轮审核评估对高校主体性的观照

为落实中央关于教育评价改革的指示精神，服务普及化阶段高等教育发展的新需求，2021 年初，教育部发布新一轮审核评估方案，即《普通高等学校本科教育教学审核评估实施方案（2021—2025 年）》，并将在部分高校开展试点评估。新方案的一大亮点是提供了"评估套餐"，将评估指标体系分为两类四种方案，第一类和第二类分别设一级指标 4 个和 7 个，二级指标 12 个和 27 个，审核重点37 个和 78 个；同时将定性指标进行"模块化"设计，创造性地设置了"统一必选

项""类型必选项""特色可选项"①,由高校根据自身办学实际进行自主选择,将评估的选择权、主动权还给高校,鼓励高校深耕特色发展与内涵建设。

目前,新一轮审核评估试点工作已经展开,对于高校如何用好选择权、主动权,教育部高等教育评估中心主任范唯认为,高校首先要做好战略层面的准备,解决好选择归类这一关键问题。② 评估不再是政府与高校的"猫鼠游戏",而是以"政府—高校—专家—社会"等组成的"质量共同体",引导学校找准定位,涵养质量文化。

(三) 启示及发展方向

在教育普及发展的时代,评价的意义早已超越了分等级、评优劣,而更在于分析现状、以评促建、以评促改,使得质量意识内化为教育主体的生命自觉。教育评价的核心意义在于通过对教育"事实"的呈现来认识和判断教育的"价值",这种呈现既包括量化表述的客观数据,也包括评价主体的主观感受。

基于国际教育评价发展趋势,结合我国教育评价改革方向和评估实践,今后我国高等教育评估必将更加注重定性与定量的结合,更加客观地评价高校人才培养工作,形成对标世界先进水平、适合本土实际的评估体系;评估过程中将更加关注如何发挥办学多元主体的协同作用,尤其是高校的主体作用。作为教育哲学思考者,比斯塔虽然没有在具体的指标体系和操作层面对高等教育评估进行解剖,却从更深刻的"道"的层面,启发我们重新审视高等教育评估的价值意蕴。首先,要超越对量化指标的过度依赖,注重教育评价的价值研究和内涵研究。其次,要结合普及化阶段高校发展的实际和新一轮审核评估的现实需求,构建激励高校办学主体性的评估体系,形成科学健康的评价导向。最后,高校要更加注重自身质量文化建设,形成自我驱动、持续改进的质量保障体系。

---

① 教育部教育督导局负责人就《普通高等学校本科教育教学审核评估实施方案(2021—2025 年)》答记者问[EB/OL].http://www.gov.cn/zhengce/2021 - 02/07/content_5585686.htm,2021 - 02 - 07/2021 - 07 - 08.

② 新一轮审核评估试点高校如何做准备[N].中国教育报,2021 - 04 - 12(5).

大学职能协同度评价研究

崔祥民[①]

摘　要：大学职能呈现出日益多样化和复杂化特征，多职能协同发展，对于防止大学职能异化现象，促进各职能相互影响、相互提升，提高大学整体办学水平具有重要意义。本研究借鉴复合系统协同度模型，构建由人才培养、科学研究和社会服务构成的大学职能协同度评价模型，以江苏省 17 所高水平大学为研究对象，计算各个大学职能发挥的协同系数。研究发现：科学研究与社会服务协同系数低于人才培养和科学研究以及人才培养与社会服务协同度，三职能协同水平处于较低水平且具有逐年下滑的发展趋势，可从"构建以人才培养为核心的职能体系、实行融合式发展策略、改革高校评价体系"三个方面提升大学职能协同度。

关键词：大学职能；协同度；人才培养

一、引　言

大学职能为大学应承担的社会职责和履行这种职责的能力统一体[②]，大学职能定位是大学发展的逻辑起点，是大学正确办学方向的保障[③]。随着经济社会的不断发展，政府和社会对大学的期待越来越高，大学职能呈现出日益多样化和复杂化特征。欧洲中世纪时期，社会急需大量医学、艺术学、神学等各类人才，"培养良好的社会公民"[④]成为现代意义的大学成立的主要目的。而随着工业革命的兴起，科学技术的重要性得到西方的高度重视，洪堡提出应建立具有人才培养与科学研究的双职能大学。在开放办学理念的影响下，大学逐渐走出

① 作者简介：崔祥民，江苏科技大学发展规划处副处长，副教授，硕士生导师，博士，从事高等教育管理与创业管理研究。

② 侯银怀.高等教育学[M].太原：山西人民出版社，2007.

③ 史秋衡，季玟希.中华人民共和国成立 70 年来大学职能的演变与使命的升华[J].江苏高教，2019(6)：1-7.

④ ［英］约翰·亨利·纽曼.大学的理想（节本）[M].徐辉等译.杭州：浙江教育出版社，2001.

了"象牙塔",直接服务当地经济社会发展,社会服务也逐渐成为大学的职能之一。

学界不仅对大学职能的内容以及演化过程进行了系统分析,而且还对职能内部结构进行了系统阐述。顾建民(2001)认为高校的三项职能具有目的一致性和手段互补性特征,因此在本质上是一个有机整体[①],教学、科研和社会服务乃至大学的其他职能之间并非彼此孤立存在,它们相互联系、渗透,共同构建了大学全方位的职能体系[②]。虽然,理论上大学职能具有统一性,而大学实践并未按照理论设想的那样发展,大学职能发挥出现"重科研轻教学""学术性与应用性割裂""目标多元""功利色彩浓厚"[③]等诸多异化问题。大学职能异化的本质是职能的不均衡、不平衡发展,不同职能之间未实现有效协同,未达到相互促进、相辅相成、共同发展的目标。而先前研究仅重视大学职能多元化的存在及演化过程分析,对大学各个职能协同度研究,尤其是协同度定量评价研究明显不足,致使对大学职能发挥缺乏深入认识。美国卡内基高等教育委员会曾建议,任何高等学校都要对其所发挥的职能定期进行检查。[④]

本研究基于大学职能有机整体的基本认识,借鉴复合系统协同度模型,构建由人才培养、科学研究和社会服务构成的大学职能协同度评价模型,以江苏省 17 所高水平大学为研究对象,计算各个大学职能发挥的协同系数,从而发现大学职能发挥存在的问题,进而提出针对性的措施,实现大学职能的协同发展。

二、大学职能发挥协同度评价模型构建

大学的三大职能之间进行着物质、能量、信息的交换,如果能够相互协调、相互促进,产生着复杂的非线性相互影响和非线性耦合作用,实现"1+1>2"的协同发展目标,那么就会产生良好的整体协同效应。人才培养、科学研究和社会服务三大职能之间的协同发展是大学职能整体协同的基础,大学职能发挥协同度的实质就是大学的人才培养、科学研究和社会服务三大职能在动态发展演变过程中的一致性程度。大学职能发挥协同度评价是通过时间序列的三大职

---

① 顾建民.大学职能的分析及其结构意义[J].全球教育展望,2001(8):68-72.

② 夏焰,郜丹丹.现代大学社会职能的演变、动因及有效履行[J].沈阳师范大学学报(社会科学版),2017,41(5):114-118.

③ 汤建.大学精神培育对大学职能实践困境的现实关照[J].扬州大学学报(高教研究版),2017(6):10-14.

④ Carnegie Commission on Higher Education. The Purposes and the Performance of Higher Education in the United States[M]. Carnegie Press,1973.

能有序度的变化来分析判断大学职能发挥协同状态。本文借鉴孟庆松、韩文秀等提出的协调模型[①]，构建大学职能协同度测度评价模型。

（一）大学职能协同度评价指标体系

2012年教育部出台的《关于全面提高高等教育质量的若干意见》明确提出，"大力提高人才培养水平、增强科学研究能力、服务经济社会发展、全面提高高等教育质量"，该《意见》明确了三大职能在提高高等教育质量的重要基础性作用。人才培养职能发挥的衡量可从手段和效果两个方面进行，手段是指教育教学手段创新取得的显著成就，效果是指培养的学生取得的突出成果。科学研究职能发挥的测量可以从时间逻辑顺序展开，主要包括科研项目和科研获奖两个方面的指标。社会服务职能发挥测量从社会服务的性质角度出发，区分为直接指标科技成果与技术转让经费和间接指标专利授权数。

表1　大学职能协同度评价指标体系

职能	序参量	单位	性质
人才培养	教学获奖	项	正向
	学生获奖	项	正向
科学研究	科研项目	项	正向
	科研获奖	项	正向
社会服务	科技成果与技术转让经费	万元	正向
	专利授权	项	正向

（二）大学职能发挥协同度评价过程

1. 序参量有序度计算

序参量是一种相变转向另外一种相变的集体协同行为，是系统发展演化的主导因素。设高校三个职能系统分别为：$S_i(i=1,2,3)$，其序参量为 $e_{ij}=(e_{i1},$ $e_{i1}...,e_{in})$，其中，$n \geqslant 1$，$\alpha_{ij} < e_{ij} < \beta_{ij}$，$i=1,2,\cdots,n$，$\alpha_{ij}$、$\beta_{ij}$ 分别为系统稳定临界点上序参量分量 e_{ij} 的上限和下限，α_{ij} 可用某年最小值的0.9倍代替，β_{ij} 可用某年最大值的1.1倍代替。由于所有参序量均为正向指标，子系统 S_i 的序

---

① 孟庆松，韩文秀.复合系统协调度模型研究[J].天津大学学报，2000(4)：444－446.

参量分量 e_{ij} 的系统有序度公式为：

$$U_i(e_{ij}) = \frac{e_{ij} - \alpha_{ij}}{\beta_{ij} - \alpha_{ij}} \tag{1}$$

$U_i(e_{ij})$ 越大，表明序参量分量对子系统有序度的贡献越大。各职能子系统有序度可以通过各序参量分量 e_{ij} 的有序度线性加权求和的方法计算得出。

$$U_i(e_i) = \sum_{j=1}^{n} U_{ij}(e_{ij}) \times w_j \tag{2}$$

2. 职能系统协同度计算

复合系统协同度计算是基于时间序列的动态分析过程，假设 T_0 时刻，各个职能子系统的有序度为 $U_i^0(e_i)$，当系统演化到 T_1 时刻时，各个职能子系统的有序度为 $U_i^1(e_i)$，则各个职能子系统之间的协同度为：

$$C = \delta \times \sqrt[n]{\left| \prod_{i=1}^{n} U_i^1(e_i) - U_i^0(e_i) \right|} \tag{3}$$

其中 C 为系统协同度，$C \in [-1,1]$，$\delta = \begin{cases} 1, & U_i^1(e_i) - U_i^0(e_i) > 0, \\ -1, & 其他。 \end{cases}$

协同度 C 大于零说明协同处于协同演进状态，并且协同度越大，协同发展程度越高；协同度 C 小于零，说明处于非协同演进状态。

三、江苏高水平大学职能发挥协同度实证研究

（一）研究样本

本文以 17 所江苏省高水平大学建设高校作为研究对象，针对教育部出台的《关于全面提高高等教育质量的若干意见》确定了高校三大职能的基础性地位后的五年，即 2014—2017 年四年面板数据进行考察分析。数据来源于青塔全景云数据平台，该平台通过收集、整理官方数据的方法，收录了 9 大类，150 余个指标，具有数据准、资料全的特征。

（二）两职能协同度计算与分析

按照式(1)、式(2)和式(3)，分别计算人才培养与科学研究协同度、人才培养与社会服务协同度、科学研究与社会服务协同度。计算结果见表 2。

表2 两职能协同度计算结果

学校	人才培养与科学研究				人才培养与社会服务				科学研究与社会服务			
	2014	2015	2016	2017	2014	2015	2016	2017	2014	2015	2016	2017
常州大学	0.052	−0.107	−0.110	−0.134	0.210	0.239	0.124	0.056	0.080	−0.221	−0.313	−0.140
江苏大学	0.189	−0.153	0.066	−0.211	0.112	−0.329	−0.003	0.133	0.142	0.142	−0.018	−0.253
江苏科技大学	−0.282	0.232	−0.383	−0.359	−0.204	0.270	−0.112	0.381	−0.113	0.143	0.102	−0.520
江苏师范大学	−0.275	−0.238	−0.224	0.176	−0.055	−0.139	0.309	−0.117	−0.083	0.183	−0.375	−0.112
南京财经大学	−0.408	0.160	−0.331	−0.156	−0.425	0.216	0.322	−0.136	−0.373	0.241	−0.298	−0.298
南京工业大学	0.108	−0.067	0.071	−0.033	0.232	−0.122	−0.021	−0.095	0.100	−0.206	−0.149	0.012
南京林业大学	0.175	−0.191	0.455	−0.331	0.181	−0.245	0.110	−0.605	0.090	−0.114	0.109	0.316
南京师范大学	−0.509	−0.520	−0.239	0.089	0.349	−0.457	−0.183	−0.065	−0.274	−0.494	−0.303	−0.074
南京信息工程大学	0.240	−0.462	−0.245	−0.454	0.435	−0.321	0.212	−0.073	0.252	0.374	−0.117	−0.089
南京医科大学	0.224	0.004	−0.221	−0.100	−0.135	0.157	−0.130	−0.106	−0.092	0.010	−0.228	−0.084
南京艺术学院	−0.372	−0.409	−0.462	−0.247	0.000	0.000	0.408	−0.251	0.000	0.000	0.408	−0.251
南京邮电大学	−0.297	−0.260	−0.093	0.326	0.298	−0.170	−0.272	−0.128	−0.171	−0.116	−0.182	−0.133
南京中医药大学	0.038	0.125	−0.095	−0.368	0.036	−0.119	−0.050	−0.379	0.037	−0.236	−0.080	0.359
南通大学	−0.254	0.082	−0.082	0.449	−0.221	0.052	0.036	0.359	0.404	0.084	−0.239	0.424
苏州大学	−0.012	−0.201	−0.260	−0.242	−0.079	−0.131	0.265	−0.105	−0.055	0.189	−0.231	−0.204
徐州医科大学	0.183	−0.494	0.000	−0.505	0.364	−0.403	0.000	0.455	0.187	−0.557	0.000	−0.505
扬州大学	−0.168	−0.168	−0.136	−0.412	0.217	−0.139	−0.093	−0.238	−0.132	0.406	−0.194	0.332

1. 人才培养与科学研究协同度分析

由计算结果可以看出,人才培养和科学研究的协同度不高。从横向比较维度看,17所高校中无一所高校实现连年协同增长,四年中具有三年协同增长的也仅有南通大学。从纵向比较维度看,正向协同学校数量逐年下滑,2014—2018年,实现正向协同的高校数量分别为:10所、5所、6所、7所,人才培养和科学研究割裂趋势愈发明显。

大学没有实现人才培养和科学研究有效协同的主要原因是高校单纯开展与人才培养没有任何关联的科学研究。单纯科学研究的目的仅仅是解决具体的科学技术问题,而并未嵌入人才培养的动机,并未向教学领域进行转化,发挥科学研究在人才培养方面的引领、启发作用。单纯的科学研究以教师为主体,学生是配角,参与的范围较窄,参与的层次不够深,未能通过在参与科学研究过程中获得素质提升和经验积累。

2. 人才培养和社会服务协同度分析

由计算结果可以看出,高校人才培养与社会服务协同度也处于较低水平。从横向比较维度看,常州大学、南通大学较好地实现了人才培养和社会服务的协同,而其他高校未能实现人才培养和社会服务的有效协同。从纵向比较维度看,2014年和2016年人才培养和社会服务协同度较好,2015年和2017年人才培养和社会服务协同度较差,没有实现稳定的协同作用。

大学没有实现人才培养与社会服务的协同,一方面是由于社会服务具有功利化倾向,服务社会成为资源交换为主要特征的利益最大化行为,没有将人才培养嵌入到社会服务过程中去,这种"非教育式"的社会服务不仅无助于提高人才培养质量,而且还会挤占人才培养所需要的时间、精力和资源,从而弱化了大学人才培养职能的发挥;另一方面是由于大学人才培养过于重视课堂教学,而忽略了教育支边、科技普及等社会实践教学活动,没有将人才培养职能与社会服务进行有效链接,从而无法实现两者的协同效应。

3. 科学研究与社会服务协同度分析

由计算结果可以看出,科学研究与社会服务协同度明显低于人才培养与科学研究协同度以及人才培养与社会服务协同度。从横向比较维度看,仅南京林业大学、南通大学两所大学科学研究和社会服务协同度较高。从纵向比较维度看,2016年和2017年大学科学研究和社会服务协同度明显低于2014年和

2015年。

科学研究和社会服务协同度较低的原因主要是大学考核受新自由主义的发展催生的"市场文化"、审计文化背景下的"数字崇拜"的影响,出现了"唯论文、唯帽子、唯职称、唯学历、唯奖项"倾向[1],科学研究以"拿项目、发论文、获奖项"为根本目的,科学研究与社会需要相背离,呈现出"为了论文而论文"的不良倾向。

(三) 人才培养、科学研究和社会服务三职能协同分析

协同对象越多,协同难度越大。由计算结果可以看出,三职能协同系数明显低于两职能协同系数。从横向比较维度看,较好实现三职能协同的高校为常州大学,有的高校甚至连续四年协同系数为负数。从纵向比较维度看,三职能协同呈现出连年下滑趋势,2017年仅有两所高校实现三职能正向协同。

表3 人才培养、科学研究、社会服务协同度

学　校	2014	2015	2016	2017
常州大学	0.096	−0.178	0.163	0.102
江苏大学	0.144	−0.192	−0.016	−0.192
江苏科技大学	−0.187	0.208	−0.163	−0.414
江苏师范大学	−0.108	−0.182	−0.296	−0.132
南京财经大学	−0.402	0.202	−0.317	−0.185
南京工业大学	0.136	−0.119	−0.061	−0.033
南京林业大学	0.141	−0.175	0.176	−0.399
南京师范大学	−0.365	−0.490	−0.237	−0.075
南京信息工程大学	0.297	−0.381	−0.183	−0.143
南京医科大学	−0.141	0.018	−0.187	−0.096
南京艺术学院	0.000	0.000	0.408	−0.251
南京邮电大学	−0.247	−0.172	−0.166	−0.177
南京中医药大学	0.037	−0.152	−0.073	−0.369
南通大学	−0.283	0.071	−0.089	0.409

① 操太圣."五唯"问题:高校教师评价的后果、根源及解困路向[J].大学教育科学,2019(1):27-32.

学　　校	2014	2015	2016	2017
苏州大学	−0.038	−0.171	−0.252	−0.173
徐州医科大学	0.232	−0.480	0.000	−0.488
扬州大学	−0.169	−0.212	−0.135	−0.319

三职能协同度较低的原因之一在于三大职能呈现出"三驾马车"并驾齐驱的并列关系[①],三大职能之间相互独立、相互割裂,甚至相互竞争,职能之间没有相互嵌入、相互兼容、相互促进,从而无法实现有效协同。另外一个原因在于人才培养的核心地位没有得到确立,人才培养作为大学的首要职能没有得到真正落实,科学研究、社会服务并未围绕人才培养这个职能开展,与人才培养没有任何关联的单纯科学研究与社会服务挤占人才培养资源,从而导致科学研究与社会服务产生所谓"负教育效应"[②]。

四、大学职能协同发展对策分析

(一) 构建以人才培养为核心的大学职能体系

大学应改变"三驾马车"并驾齐驱的大学职能观,辩证看待大学职能之间的关系,形成"一心两翼"大学职能体系,重新确立大学人才培养的核心地位,将提高学生素质水平,提高人才培养质量作为学校一切工作的出发点和落脚点。坚持人才培养的核心地位并不是否认大学科学研究和社会服务的重要性,而是要辩证看待三个职能之间的关系。当学校开展的科学研究与社会服务有助于引领、促进、支承、反馈人才培养时,应大力鼓励这样的科学研究和社会服务发展,而当学校开展的科学研究与社会服务挤占教育资源,阻碍、排挤、侵害教育职能发挥,威胁到人才培养核心地位时,这样的科学研究和社会服务应该得到制止和纠正。因此,基于以人才培养为核心的大学职能体系,需要改变目前单纯的科学研究和社会服务模式,需要将人才培养植入科学研究和社会服务体系之中,使科学研究和社会服务发挥原有作用的基础上,体现出在人才培养方面的贡献,从而有别于单纯科学研究机构和社会服务机构,彰显出教育机构科学研

---

　　① 陈伟,葛金国,周元宽.服务社会:现代大学的核心职能——兼论大学三大社会职能的内在关系[J].高等理科教育,2017(4):8-13.

　　② 周川.怎样的科研才能有益于教学[J].江苏高教,2017(3).

究和社会服务特色。

（二）实行融合式发展策略

促进大学职能的协同度提升，需要改变各职能独立发展模式，克服高校职能发挥的"三张皮"现象，统一谋划、整体推进，促进各职能的相互嵌入、相互融合。大学职能融合式发展主要包括人才培养与科学研究的融合、人才培养与社会服务的融合以及科学研究与社会服务的融合。

人才培养与科学研究、社会服务的融合，需要从改变人才培养模式和调整科学研究和社会服务的功能两个方面做起。高校应该改变单纯依靠课堂教学的人才培养模式，充分利用实验室、实习基地、社会实践基地、爱国教育基地等资源优势，积极组织开展调研、实验、体验、服务活动，鼓励学生从科学或社会问题出发，开展项目化、自主式的调研、调查、研究等学习活动，实现学习由"教室到实验室、由课内到课外、由理论到实践"的转变，在推动学习由简单的信号学习、刺激反应学习向问题解决式学习不断迁移和深化的同时，履行科学研究和社会服务的职能。高校还应改变单纯科学研究和社会服务模式，推动科学研究、社会服务与人才培养职能的连接，拓展科学研究与社会服务的功能。首先，应强化科学研究、社会服务育人功能，科学研究、社会服务职能发挥应嵌入人才培养的功能，应明确提出学生参与具体要求，应服务于专业建设、学科建设，应体现大学科学研究、社会服务的特征；其次，应建立科学研究、社会服务对人才培养的反哺机制，高校应将科学研究的成果、社会服务案例进行总结、提炼，形成系统化的知识体系，将科学研究的最新成果和社会服务最新实践反映到教学资料中，实现教学教材和教学资源的不断迭代更新；最后，应建立科学研究、社会服务对人才培养的反馈机制，高校应在科学研究、社会服务过程中发现科学技术发展趋势、社会需求变化趋势，并将这些信息及时向学校反馈，学校根据这些信息及时开展专业结构优化、培养方案重构、课程内容更新等活动，从而促进人才培养与社会需求的精准对接。

实现科学研究与社会服务的协同，高校首先需要树立科学的科研观，反对以论文、项目费用为导向的科研观，反对闭门造车脱离实际的科研活动，鼓励以科学问题导向，面向社会需求和国家战略需要的科研活动，将科学研究工作与社会需要相结合，树立以人民为中心的科研观，把满足人民对美好生活向往作为科研活动的根本出发点和落脚点，"把论文写在祖国大地上"。实现科学研究和社会服务的协同，还应将发挥社会服务对于科学研究的检验和发现功能，科学研究的理论成果需要在社会服务过程中得以应用，从而才有机会得以检验、修正和完善。"科学和知识的增长永远始于问题"①,丰富的社会服务活动蕴含了大量没有解决的问题,而这些问题正是科学研究的逻辑起点。因此,应反对单纯的社会服务活动,应将社会服务过程中遇到的现实问题,总结、提炼出科学研究的课题,从而促进科学研究和社会服务的协同。

(三) 改革高校评价体系

促进大学职能协同发展需要改革高校评价体系,充分发挥考核评价的指挥棒作用。基于职能协同的高校评价体系改革可从以下三个方面做起:一是实行分类考核,可根据各大学办学定位的侧重,将大学类型区分为人才培养科学研究型、人才培养社会服务型和综合型三种类型,不同类型大学实行不同的评价指标体系,提高评价的针对性和精准性,使各高校能够依据自身资源禀赋推动职能发挥;二是突出人才培养职能,构建包括人才培养全过程的考核指标体系,实行"正向激励和守住底线"相结合的考核方式,当人才培养得分低于最低要求标准时,实行一票否决,确保高校守住人才培养的底线,突出人才培养的核心地位;三是实行乘数计分法,不同于传统加权平均式总分计算方法,乘数计分法以三项职能得分的乘积计算总得分,这种方法既可确保人才培养的核心地位,又可考察三职能发挥的叠加效应,从而有利于推动三职能协同融合发展。

---

① [奥地利]卡尔·波普尔.猜想与反驳[M].傅季重译.上海:上海译文出版社,1986.

大学评价的象征意义及理念重申

——治理改进的视角[①]

李海龙[②]

摘　要:现代社会中,评价的流行已经成为组织获得合法性的源泉。从功能上看,大学评价作为价值塑造工具与治理手段同时存在。对评价结果的追逐也使得大学评价的象征意义超过了对组织行动的引导作用。对政府来说,评价机制带来的问责与目标控制效果更受到关注。但实践中,通过对精英主义符号的生产,评价机制强化了高等教育系统内部的等级序列。利用评价结果,部分大学又能以超量的"象征性资本"进而占有更大的资源。大学评价与现代大学治理在主体上的互斥带来的是高等教育活动的价值撕裂。只有将大学评价与治理的主体重新整合,明确评价机制的供给方式,才能真正引导大学嵌入到社会经济发展的系统中。

关键词:大学评价;象征意义;大学治理;治理改进

现代社会中,评价是一种基于价值判断的社会行为,其发起、进行和结果带有广阔的象征意义。因为对正式组织实施评价及结果验收彰显的是特定的权威认可机制,只有完整参与这个过程,组织活动的合法性才能被赋予。因此,国家对教育活动的评价也从追求测验结果,转向由权威机构对学校办学质量的确认与监督。从这个意义上看,无论是选优还是合格,教育评价的最终目的是"求同"大于"存异"。比如 2020 年推出的《深化新时代教育评价改革总体方案》(以下简称《总体方案》)中强调"教育评价事关教育发展方向,有什么样的评价指挥棒,就有什么样的办学导向"这样的方向性目标,各类学校的活动依据是统一的"指挥棒"。从哲学层面理解,评价并不只是为了引导和刺激社会活动的方向,而是作为价值生产方式存在,"评价判断是对一种价值可能性的判断,对一种尚

---

　①　本文在江苏省高等教育学会 2020 年学术年会上作了专题报告。本文系江苏省教育科学"十三五"规划 2018 年度课题重点资助项目:"双一流"背景下高校学科调整的制度生成机制研究(B-a/2018/01/01)、扬州大学 2019"青蓝工程"资助项目。

　②　作者简介:李海龙,扬州大学教育科学学院副教授,教育学博士,从事高等教育管理研究。

未存在的、有可能通过活动而被创造出来的价值承载者的判断。评价判断的首要功能就是创造,首要特点也是创造。"①在实践层面,评价主要起对组织的"目标—责任—绩效"达成效果的衡量,并树立起更广阔的传播效应。参与评价也是一个获得并增加组织价值的过程。在我国,对正式机构的评价往往由国家层面积极推动发生,并由各级政府负责组织实施。对过程、机制、绩效和手段的强调彰显了一种权力特性,特别是面对像大学这样的"多相关利益群体组织"②时,期间会伴有权力之间的嵌入、互构与限制,还包含利益的划分,故而评价也是治理问题。社会中对各类组织实施的评价"不是独立存在、独立实施的,而是作为特定管理机制或管理技术中的一个环节,实践中的例证包括目标责任制、社会服务承诺制、效能监察、效能建设、行风评议,等等"③。这就让大学评价制度的形成兼具市场与行政双重性质。一种新的评价制度设立,就会建立一套新的"象征性身份"。然而,作为治理问题的大学评价过程却并不简单。表面上,评价是一种价值预设,规定了组织活动要达成的目标,实质上大学评价所反映的是政府对高等教育治理的绩效刺激过程,"政府和社会对高等教育的要求和期望也越来越大,并通过各种手段来促进高等教育机构进行竞争和发展,提高高等教育的效率和贡献,而大学评价就是其中最重要的手段之一。大学评价不仅促进了大学间的竞争,而且也扩大了大学的影响。"④但令我们疑惑的是,评价到底是驱动大学未来行为的起点,还是对一个时期组织绩效的终结?是为了激发高等教育发展的活力,还是为治理主体建立一套绩效与象征意义的供给机制?作为一种价值判断,唯有使大学评价的价值生产体系变革,才能使其真正回归理性。

一、大学评价的象征意义制造

评价意味着社会组织朝向将来的价值导向,评价理念的设置就代表着一种新的价值生产模式出现,杜威就认为:"无论何时,只要对事物的鉴定与评估是根据它们作为手段的适宜性与有用性而做出的,那么,就存在一种独特类别的价值命题,因为这类命题并不是关于已经发生的事情或已经存在的事物的,而

---

① [美]约翰·杜威.评价理论[M].冯平,余泽娜,等译.上海:上海译文出版社,2007:译者序 19.
② 闫凤桥.大学组织与治理[M].北京:同心出版社,2006:60.
③ 周志忍.公共组织绩效评估:中国实践的回顾与反思[J].兰州大学学报(社会科学版),2007(1):27.
④ 李越,叶赋桂.大学评价述评——兼论中国创建世界一流大学的差距及策略[J].清华大学教育研究,2001(3):37.

是关于准备要实现的事情的。"①作为生产新价值的工具,高等教育领域内的评价大概从 20 世纪 60 年代开始兴起,通常指向大学内的具体职能,比如课程设置和教学质量,或者是对科研绩效实施测量,其目的是为了探究更公允的质量表达方式。到了 70 年代末,大学评价首次作为一个完整的概念出现并被使用,并且是以大学自我评价为核心,"对于大学的充实和提高说来,自我评价是一个不可缺少的前提。"②经过几十年的发展,今天的大学评价是作为一种符号存在的,评价过程则意味着特定仪式的确立。评价意味着象征性权威的再生产,生产这种权威的重要性甚至超过了对评价结果的审视,"多数社会科学家将权威定义为具备正当性的权力。正当性指的是在特定的准则、价值、信仰及定义下的社会构造体系中,确立系统中的实体行动的可接受性、恰当性及合宜性的一种普遍认识或认定。"③我国的大学评价兼具对机构的过程监控与质量问责两项职能,且将树立典型、塑造标杆作为生产象征意义的制造流程嵌入到高等教育发展中,评价所衍生的话语与符号环境也在改变大学。

(一) 大学评价的价值迷思

评价意味着价值秩序的确立,现代大学格外追求这种价值秩序。因为这种价值秩序不仅决定了大学所处的社会等级,而且与资源的再分配密切相关。表面上看,大学评价关注的是高等教育组织运作的质量与绩效,实际上还是离不开价值秩序的生产与确认,这也源自普遍知识人格的本能,兹纳涅茨基就认为:"只有那些接受并遵循价值秩序和规范秩序的人,才能理解宇宙秩序;在他们的概念里,没有独立于道德评价与价值评价(不仅关于文化而且关于自然界)的客观理论真理。"④从 19 世纪人们开始探索教育评价的方法开始,评价经历了从测量、描述、判断到价值建构的理念转换。尤其是现代教育变革在融入了多重价值观和多样化认知方式后,评价也逐渐脱离了对学习成绩的诊断,逐渐进入到塑造教育组织的治理策略之中。通过监控、问责、权力调控与资源分配决定评价对象的价值地位,通过不断翻新的评价标准与指标体系,大学内外各种活动的逻辑都被重置了,满足评价目标也取代了组织目标成为其发展的主要方向。甚至可以说,确立并维护评价语境塑造的价值标准要比寻找组织活动本身的价

---

① [美]约翰·杜威.评价理论[M].冯平,余泽娜,等译.上海:上海译文出版社,2007:60.
② 袁韶莹,早田幸政.日本新的大学评价体系的形成[J].吉林教育科学,1997(9):40.
③ [美]W.理查德·斯科特,杰尔拉德·F·戴维斯.组织理论——理性、自然与开放系统的视角[M].高俊山,译.北京:中国人民大学出版社,2011:235.
④ [美]弗洛里安·兹纳涅茨基.知识人的社会角色[M].郑斌祥,译.南京:译林出版社,2012:49.

值更重要,就像赵汀阳认为的:由缺乏知识所导致的理性局限虽然可以接受,"可是失去价值标准的生活却忍无可忍。虽然价值难以找到事实根据,可是价值却必须看护存在。"①更直接地说,在外部权力强势介入中,评价体系的设立是为了制造达成治理目标,对高等教育的各类参与机构进行"赋值"。在这个意义上,"评价大学"的叙事语境已经超过了"大学评价"。

变革评价的语境设置只是对大学治理的第一步,更重要的是设计出另一套高等教育的运行逻辑,将大学、政府与社会纳入到新的时空序列中重新生产价值。对我国来说,高等教育评价理念的变革所展现的是以大学为核心的社会关系"脱域"的过程。"脱域"一词来自吉登斯对现代社会变迁的反思,主要指"社会关系从彼此互动的地域性关联中,从通过对不确定的时间的无限穿越而被重构的关联中'脱离出来'"②。评价机制的变迁与更替正是为了让大学达到"脱域"的效果:一方面将组织从自身的时间与空间范畴中分离,形成新的叙事方式;另一方面通过换取新的"符号筹码"使其参与到这种叙事游戏中,"所谓符号筹码是指通用的信息媒介,在我国发起并推动的这场高等教育全球化运动中,学历、论文和奖项便扮演着学术符号筹码的功能。"③仔细看来,中国大学在评价的价值体系制造上先后进行了两次"脱域"过程。第一次是由内向外,第二次则是由外向内。如果说从 20 世纪 80 年代起,中国大学发展要求与国际接轨,将自己纳入到以西方为主体的评价体系内,是完成了第一次对本土的"脱域"的话,第二次"脱域"则是在匆忙中到来。进入新时期后,随着经济的高速发展,中国在国家与社会完成了语境重建后,迫切要求大学评价在情境和方法上重新回归本土。特别在 2015 年发布的《统筹推进世界一流大学和一流学科建设总体方案》中,对"构建完善中国特色的世界一流大学和一流学科评价体系""建立健全具有中国特色、中国风格、中国气派的哲学社会科学学术评价和学术标准体系"尤为重视。只不过第一次是通过接纳外部的评价体系获得价值筹码,而第二次则是由本土高等教育的管理系统来发放筹码。当这种评价语境由单一的价值系统来设置时,行政绩效与问责的游戏规则就会取代大学的发展质量。对一门学科而言,完成这种语境转换尚且需要几十年以上的时间,而对大学来说,在短时间内需要同时完成行政任务、社会评判和机构价值标准再造几项评价任务,无疑让大学在新的评价语境下陷入到价值迷思之中。

---

① 赵汀阳.第一哲学的支点[M].北京:生活·读书·新知三联书店,2017:109.

② [英]安东尼·吉登斯.现代性的后果[M].田禾,译.南京:译林出版社,2011:18.

③ 罗燕."五唯"学术评价的制度分析——兼论反"五唯"后我国学术评价的制度取向[J].复旦教育论坛,2020,18(3):13.

(二) 精英主义标签的生产

评价为现代大学带来了一次价值再生产的机会。普及化时代,决定大学声誉的并非是评价指标,而是其所拥有的各种资本。借助评价工具,各种声誉标签被制造出来,其背后代表了一系列资源供给机制。新评价带来对组织绩效的监控与问责,更要满足人们对于高声誉大学的需求。大学评价表面上看是对所有高等教育组织的绩效进行衡量,初衷是激发不同政府与不同大学间的竞争。然而随着高等教育普及化时代的到来,大学系统内部的等级序列并没有瓦解,反而因为评价获得了强化,就像布迪厄所言:"竞争,作为这些变化的根源,实际上是由每时每刻在这些名牌大学之间建立起来的力量关系的结构决定的;任何一个机构为了确保或者改善自己的位置所能够施展的策略,都取决于学校所拥有的特殊资本的总量,而这种特殊资本与社会资本和学业资本是紧密结合在一起的。"①借助推陈出新的评价工具和排行榜,传统意义上的大学自治和责任体系也产生了巨大的分裂。受教育人群的增加和新公共管理运动的兴起让商业评价理念移植入高等教育系统中。传统大学的声誉与现代商品的质量观相结合,原本不存在的标签借助流行的评价工具登堂入室,成为大学吸引外部资源的新策略,"在讨论评估过程的绩效结果时,另一个重要的变化正在发生——大学的资本主义重新设计。这种重新设计与改善公司董事会的管理有关,目的在于市场和解决体制问题。一旦发现了问题,以及更具竞争性的问题,就会制定出相应的战略。这些策略在内部指向效率和有效性的边界,以'少花钱多办事'为中心,在外部指向新的公众和机构的市场知名度。"②实际上,评价策略的设置与其说是一种监控高等教育质量的手段,不如说在用精英标签诱惑大学及其办学者参与竞争,实现对大学发展的治理动员。评价结果不是将所有大学的实力公允展示出来,而是刻意创造出差异,使部分大学身上的标签更加显眼,正如周雪光所言:"声誉必须建立在产品或人们行为的差异之上,这种差异必须是人们共同承认的,也就是说,人们必须共享这些评价产品行为的标准。声誉之所以有意义,正是因为人们对于其行为或品质无法加以确定无疑的评估,而必须得到与声誉持有者有社会距离的其他群体成员的承认。"③在商业逻辑的支配

---

① [法]布尔迪厄.国家精英:名牌大学与群体精神[M].杨亚平,译.北京:商务印书馆,2018:340.

② Leite D. Institutional Evaluation, Management Practices and Capitalist Redesign of The University: A Case Study[M]// The Higher Education Managerial Revolution. Springer Netherlands, 2011:253.

③ 周雪光.组织社会学十讲[M].北京:社会科学文献出版社,2003:238.

61

下,看似公允的评价工具生产出高低不均的等级标签,这也成为所有大学不得不面对的现实。

对现代人来说,评价制造的是一种稀缺性符号。利用设立的目标,评价权会制造出进入精英序列的机会,正如欧文斯所说的:"一个人拥有权力,不仅表现在其控制了一些奖惩资源,如金钱、给下属更多权力的机会(如参与决策)。也表现在他对组织的未来拥有一套自己的思想,令人们为之兴奋,想'迈进'组织。"①人们需要大学评价并非是因为其对高等教育组织起到问责与绩效测量的效果,而是因为通过统一的评价手段,可以满足更多社会成员对精英学校身份标签的追逐。近年来受到追捧的各类排行榜就反映了从政府、大学到普通民众对精英标签的需要,"精英大学开始彼此竞争以争夺更好的生源及捐赠人更多的财力资源。普通大众也开始对大学活动、大学成就及大学间的比较结果感兴趣。来自社会各个层面的兴趣促进了高等教育排名系统的形成。"②商业排行榜的评价指标以看似"公允"的面貌塑造出新等级差异。有多少大学及成员能被贴上"精英"的标签,社会公众能看到自己国家大学在排行榜上位次的提升显得更重要,"通过强制推行对学校进行评价的一种统一标尺,这些排行榜使得人们对具体学校的了解脱离了学校具体的背景,并忽视学校之间可能存在的大量差别,比如各校入学人群类别上的差别等。通过建立学校之间明确的等级性关系,以及暗化它们之间可能存在的异质性形式,学校排名榜强化了相关组织场域的存在。"③在排行榜所设立的标签生产模式面前,大学不再因悠久历史和人文底蕴受到欢迎,只要有尽可能多的本国大学进入排行榜前列,每个人心中的精英主义情结就会被放大。也正是因为这种心态的驱动,办学者一方面会对高声誉大学加大投入,巩固精英大学的数量,另一方面则会利用生产出来的标签诱导其他大学向精英模仿。这样一来不仅普通大学,连原来的精英大学都会因为评价系统的规训而变得更加平庸。

(三)符号化与象征资本的塑造

伴随着高等教育的普及化,评价思维成为支配大学发展的主要逻辑,从大学到社会公众,一切行为活动都随着评价过程逐步"符号化"。现代网络社会加速了行政取向、商业活动与评价工具对大学发展的介入。通过各种质量评估、

---

① [美]罗伯特·G·欧文斯.教育组织行为学[M].窦卫霖,等译.上海:华东师范大学出版社,2001:313.

② [韩]郑俊新,[美]罗伯特·陶克新,[德]乌尔里希·泰希勒.大学排名:理论、方法及其对全球高等教育的影响[M].涂阳军,译.长沙:湖南大学出版社,2018:2.

③ [比]于戈·德拉朗,易克萨维耶.学校身份[M].汪凌,译.上海:华东师范大学出版社,2020:68.

专业认证和排行榜建构公众对大学的认知。评价就是对大学的分层,各个层级的大学因为评价逻辑而变得虚拟与符号化,而且各类大学也以获得更高层级的符号作为目标,"有一种特殊但极其重要的客体化,这就是符号化,即人类社会对符号的生产。与其他的客体化相比,符号的独特性在于它把刻画主观意义当作自己的明确任务。"①符号成为了全社会判断各类大学价值的唯一方式,建设一流大学就成为对照评价指标寻求符号的过程。评价原本是一种后置行为,是对组织发展一个阶段质量的判断与总结。但在符号化中,评价行为却被前置,作为诱惑大学发挥各项职能的目标,此时的评价会以各类"重点建设项目"的面貌提前出现。比如从我国最初在实施"985 工程"时,《"985"工程建设管理办法》中虽没有提到建设成效的绩效评价,然而项目遴选事实上已经将评价提前了,入选即为获评通过。触碰"最低标准"获得"冠名"成了大学最现实的选择,而完成这一"符号化"过程之后,部分大学利用符号取得"象征资本"从而具备先发优势。

因为有了"象征资本"的诱导,大学所追求的就不再是高等教育的公共性,而是尽量让评价体系、符号生产与象征资本变得排他,就像布迪厄所说的:"经过仔细选拔之后录取的学生被构建成了一个被分离的群体;当人们将这一过程当作合法化的选择来理解和认同的时候,它本身就会孕育出一种象征资本;如此构建起来的群体限制越严,排他性越强,其象征资本的意义就越大。"②由于大学对象征资本的依赖,外界就会借助各类评价指标、影响因子强化对其控制。对绩效的监控和强化问责反过来又是为了维护象征资本的排他性,也形成了高等教育发展的低端循环,"20 世纪 90 年代以来,文献计量学的专家们一直呼吁警惕使用影响因子评价个体科研人员的荒谬性,但这并没有阻止决策者以及许多被认为理性的科学家组成的评价委员会对影响因子的不当使用。许多国家(如巴基斯坦、中国、韩国和日本)的政府官员和研究机构,甚至建立了直接以期刊影响因子为基础的经济激励措施。"③象征资本的持有量就成为全社会判断大学价值的主要依据,也成为高等教育市场唯一的博弈资源。

总之,评价措施本身并不能起到问责与监控大学绩效的作用,但评价却能

① [美]彼得·伯格,托马斯·卢克曼.现实的社会建构:知识社会学论纲[M].吴肃然,译.北京:北京大学出版社,2019:47.

② [法]布尔迪厄.国家精英:名牌大学与群体精神[M].杨亚平,译.北京:商务印书馆,2018:129.

③ [加]伊夫斯·金格拉斯.大学的新衣?——对基于文献计量学的科研评价的反思[M].刘莉,董彦邦,王琪,译.上海:上海交通大学出版社,2019:40.

二、大学评价的目的、内容、方法与功用

63

制造出足够的符号与象征资本,利用这些来刺激办学者和大学为产出绩效而竞争,正如王建华所说的:"问责制和绩效评价满足了利益相关方对于高等教育发展的关切,也刺激了高等教育的快速发展;但实质上,以测量为主要方式的绩效评价和以绩效评价为基础的问责制强化了政府对于高等教育的控制以及高等教育之于经济社会发展的工具性,而忽略了高等教育之于人的主体性形成的重要性。"①大学评价重要的功能并不是导向与问责,而是能够让大学组织完成集体的"脱域",进入到另外设计的叙事语境中。对评价的需求并非是管理部门的一厢情愿,而是社会、国家、市场与大学多个利益主体的共同认知所决定的。

二、大学评价机制运行对治理的挑战

大学评价不仅对高等教育机构具有符号象征意义,而且对高等教育治理也会产生一定影响。作为一种治理工具,设计者期待评价能为大学提供目标导向,并且用问责和绩效控制其行为。各级政府利用评价机制实现管理层级向下延伸的"增责",同时又实现了本层级行政组织"卸责"效果,进而降低管理成本。在我国,评价并非是高等教育领域单独设置的制度系统。从 20 世纪 80 年代开始,地方党政工作就建立起一套"目标管理责任制"的形式,这种制度"就是将上级党政组织所确立的行政总目标逐次进行分解和细化,形成一套目标和指标体系,以此作为各级组织进行'管理'(如考评、奖惩等)的依据,目标管理责任制是以指标体系为核心,以责任体系为基础,以考核体系为动力,辐射形成目标管理网络,以期获得最佳行政效能的一套综合管理方法。"②无独有偶,在《深化新时代教育评价改革总体方案》中依然强调了"各地根据国家层面确立的评价内容和指标,结合实际进行细化,作为对下一级政府履行教育职责评价的依据"。根据评价指标进行责任的逐级下发也成为大学评价主要的运行逻辑。作为象征意义的大学评价也会产生"象征性治理",具体说也就是"一种趋近于理想治理的方式及状态。其对事务的处理力度较低、成效较差,但因含有初始的治理理念和目标,在一定程度上对增进组织及治理活动的合理性具有积极意义"③。评价能为大学创造符号、标签,生成象征资本,也面临着治理系统上的冲突和挑战。

---

① 王建华.对高等教育中问责与绩效评价的反思[J].现代教育管理,2020(7):1.
② 王汉生,王一鸽.目标管理责任制:农村基层政权的实践逻辑[J].社会学研究,2009,24(2):61.
③ 郭书剑,王建华.大学章程的象征意义及其改进——象征性治理的视角[J].高等理科教育,2016(3):39.

（一）评价机制生产与治理目标的冲突

评价的需求来自对高等教育治理目标达成。作为对高等教育发展成效的阶段性总结，评价机制的生产需要反映最初目标。尤其在建设世界一流大学的过程中，除了要求获得足够的象征性符号之外，对绩效的要求同样重要。此外，到达一个时间阶段后，从政府到大学都会对自身所承担的责任与建设目标进行对照。在这个过程中，组织的选择是淡化责任而强化绩效，或者说用绩效抵消过失。设立新的评价机制就是为了纠正这种偏差，并降低对大学的治理成本。尤其像我国拥有超大体量和规模的高等教育机构，在经历了一个发展阶段时，就会渴望借助新的技术手段解决治理面临的负荷。事实上这种来自规模扩张的挑战在短时间内是无法利用管理技术改进克服，利用责任分解与项目评估加速了大学内部目标责任的分裂，"公共服务'实质上正在变成以项目评估和项目管理为中心的治理体制'，这种项目式治理所体现的，仍然是经济竞争、运营的逻辑，更重要的是，由政府推行的这种经营性运作，会多方展开，从而侵蚀公共领域，将其逐渐产业化。"现代政府在面临高等教育的问题时，需要同时兼顾绩效产出与责任控制两个治理目标。而在科层组织本能的行动逻辑下，责任控制的意图会超过绩效产出。通常会借助一系列主导性政策实现"权威、价值和控制"[①]的手法释放治理意图。这样一来在评价机制与治理目标之间就会产生矛盾。

首先是权威设置与评价目标之间的矛盾。在《统筹推进世界一流大学和一流学科建设总体方案》中，评价机制改革目的是伴随着"简政放权""第三方评价"的介入来实施的。评价机制的生产主体是"各级党委和政府"，其意图是对评价主体权威的强化，驱动下级组织对大学展开评价行动。但不可避免的是，在具体的执行过程中，这种主体权威会被一套符号化的管理行为取代，进而成为一种"象征性权威"。后者由一套仪式、符号、测量工具和制度化程序构成，通过对评价的动员、组织、运行和实施所建立起来的仪式强化这种"象征性权威"。按照治理原则，程序权威应该增强。然而评价目标的仪式化，增强的反而是"象征性权威"。这种"象征性权威"又会根据层级的递减逐步取代治理主体，对大学教学和科研增加流程仪式控制，进而使其走向治理的空心。

其次是价值设置与绩效产出的矛盾。价值设置是指意图通过评价而产生实体与符号获益。大学评价的初衷是为了实现《总体方案》中"引导不同类型高

二、大学评价的目的、内容、方法与功用

---

① 涂端午.高等教育政策生产[M].北京:北京大学出版社,2012:3.

校科学定位,办出特色和水平"。在这个过程中,评价机制既承担了驱动大学产生效益,尤其是在知识产出与人才培养上实现规模与质量提升。在符号价值上,大学评价又承担了筛选工具的职能,也就是根据大学发展的绩效对其进行分层同时贴上标签,"发展评价程序需要面对入学人数增长、教育创新等问题时,要使用各种形式的因素分析。还需要面对不同人群的可教育性,整个地区的学业诊断测试,学习者的角色,知识的本质等问题。如果教育评价要做出积极的贡献,它就必须与已经在运行的教育项目的基本假设保持一致。"①除去要设置的各类价值,还要看评价的使用能够为其发起者带来什么。虽然国家层面渴望利用评价将各级政府与大学在责任上融为一体,但评价机制一旦运行起来,行政系统的本能还是会被唤醒。各级行政组织最终会使评价工具的价值最大化,并以工具价值取代大学组织的价值。到了具体的高等教育活动中,评价工具驱动大学进行产出会成为主体,就像布雷格曼质疑的:"他们的焦点全都放在能力上,而不是价值上;放在教学法,而不是理想上;放在'解决问题的能力',而不是哪些是需要解决的问题上。一切都围绕着一个问题转:今天的学生需要掌握什么样的知识和技能,才能在明天的就业市场上找到工作——2030年的就业市场?"②这种绩效的替代也会使大学的治理产生扭曲。

最后是责任控制与行政卸责之间的矛盾。评价机制的运行是针对各类大学组织绩效的考量,也意味着一套新的责任控制模式的诞生,上级行政组织采用评价的问责工具对下级组织进行约束,"评论理论的一个重要意义就在于:有效控制后来的欲望和目的的构建,并进而控制新的评价的构建。"③原本看,评价机制的出台是为了消除大学与政府之间的责任模糊的边界,进一步明确各级政府对大学的治理责任,这是最高党政部门期待的目标。但在现实中,评价机制的运行伴随着"分配、规制与倡导"④等行政行为使得责任控制的逐级增强。评价主体都力图对本级责任向下逐级"分包"。《总体方案》特别强调了"各地根据国家层面确立的评价内容和指标,结合实际进行细化,作为对下一级政府履行教育职责评价的依据",而且还强调引入社会评价机构监督,为大学组织的发展制造出一个新的竞争市场。但责任的"分包"没有使市场的服务机制更健全,反而强化了计划性控制的目标。大学的整体性被行政机构的责任细分切割,作为

---

① Tyler, Ralph W. Changing concepts of educational evaluation[J]. International Journal of Educational Research, 1986, 10(1):1.

② [荷]鲁特格尔·布雷格曼.现实主义者的乌托邦:如何建构一个理想世界[M].曾小楚,译.北京:中信出版集团,2018:136.

③ [美]约翰·杜威.评价理论[M].冯平,余泽娜,等译.上海:上海译文出版社,2007:译者序21.

④ 涂端午.高等教育政策生产[M].北京:北京大学出版社,2012:4.

对上级分包责任的对应与配合,"与发达国家相比,我国是公共服务市场化改革更侧重于政府责任的市场化,许多改革源于政府财政拮据的大背景,因而具有政府'卸载'的味道。与政府责任市场化同时存在的,是服务提供机制市场化方面着力不足,管理体制和服务提供机制相当的'计划'。"①在责任控制与行政卸责的矛盾中,由评价主体所带来的责任系统就被稀释了。很显然作为一类社会组织,大学的运行绩效并不完全由垂直的责任控制逻辑来实现,而是由其本身的历史、职能特点与主体活力释放出来,"组织的成功和生存有赖于其构成要素,而不是完全依赖于对有效的协作和对生产活动的有效协调与控制。"②如果无法克服控制与卸责之间的矛盾,对大学的评价就很难产生效果。

(二) 大学评价与治理的主体互斥

理论上,评价主体与大学治理的主体是重叠的,二者都会对大学发展产生影响。事实上,两种主体表现出分离状态,而且产生了互斥效应。就目前来看,评价是一种管理形式,利用评价制度可以监控从政府到大学的组织绩效,利用评价结果调动问责功能,并向下一级行政组织和大学施压。但目前大学评价的理念依然是在提升行政绩效,增强行政问责的基础上形成的。也就是说,今天所提倡的大学评价依然是在以行政逻辑为核心实施构建的,评价的过程属于行政任务,"现有的评价体系从任务的视角将大学要素划分为人才培养、科学研究、服务社会和文化传承,以任务划分进行分类是目前各种评价体系的基本分类方式。虽然这种分类方式从大学的任务(目标)出发,通过评价比较全面地反映出任务的达成度,但由此建立的评价体系基本是以任务结果为核心的。对于结果的评价比较全面,而对于过程却往往容易忽略。"③而实际上,评价是一种价值生产方式。评价能释放何种价值,这种价值能供谁所用则是由治理体系决定的。具体看,大学评价不仅反映从国家到每个社会成员对高等教育的价值判断,这种普遍意义上的价值判断带有"用脚投票"的特征,即个体通过自身对大学机构的质量产生判断,向办学者施加影响,促使其改进绩效。评价行为的发起方向决定了评价工具能否发挥效果和怎样的效果,"利益相关者,如研究资助机构、政府部门及企业的标准也会影响评估和影响评价机制的设计与使用。在

① [美]唐纳德·凯特尔.权力共享:公共治理与私人市场[M].孙迎春,译.北京:北京大学出版社,2009:总序11.

② [美]沃尔特·鲍威尔.保罗·迪马吉奥.组织分析的新制度主义[M].姚伟,译.上海:世纪出版集团,2008:57.

③ 刘苗苗,刘盛博.基于知识维度的一流大学评价指标体系构建[J].中国高校科技,2019(10):43.

某些情况下,标准并不总是与高校职能一致,而在试图确保将结果反馈到国家政策和机构战略时,必须对这个因素加以考虑。"①所以说在一定程度上,"由谁来评"比"怎样去评"更重要。但现实层面,评价制度却取代了高等教育的公共治理,对大学治理主体的需求自然就减弱了。

大学治理的结构安排决定了其内外部运作的流程和效率,治理并不是由行政机构根据评价结果来强化对各层级的问责,而是需要从一开始理清评价在治理系统内部运作的空间范围。决定大学治理能力来自"治理目标专项化、权责运作条线化、程序规范技术化是值得关注的核心特征"②,决定评价效果的则来自评价工具和过程的公允性。对大学来说,评价带来的问责与绩效衡量只能在一部分高等教育流程上起作用,并不能取代诸多主体成为新的治理能力,更不是现代大学治理的核心。设置评价制度的能力也不等于治理能力高,充其量只是对评价工具运用得更加熟练。但如果评价机制被作为治理流程的核心,那么所有的行为都只会服务于评价,而不为提升大学的发展质量。更何况,如果无法克服评价绩效和管理成本之间的悖论,最终会使治理效果受损,"无论是企业还是大学的管理,都是建立在最新和准确的信息基础上的。一系列评价机制已经建立,从而对资源产生了新的需求,需要熟练的管理。这是一个小悖论,但管理和评估之间的关系不是简单的线性关系,它是相互的。评估需要管理,管理需要评价。"③但实际上,评价不仅作为引导管理行为的"风向标",而且据此决定了大学内外部的管理成本。评价的权力意志超越了其带来的信息和价值,而且排斥大学治理多个权力主体的介入。

总之,大学评价机制的生产不仅会影响治理目标,而且会产生评价与治理之间的主体互斥。通过大学评价的政策生产,评价主体可以实现权威、价值与控制的互动关系的制度性安排,并逐渐影响全社会对大学价值的认知。大学评价不仅反映高等教育组织的价值展现方式,而且可以用问责和资源分配控制大学内外部的权力系统。目标设置与主体上的矛盾已经影响到了大学发展质量。评价的时间朝向是后溯的,侧重于对已有时间过程的价值测量,但大学内外部治理形态的安排是前溯的,为的是提升大学各项职能的发展质量。大学评价与治理能否获得融合,关键看制度与权力主体是否符合高等教育规律,如果评价

---

① 经济合作与发展组织.知识三角:加强高等教育与研究机构对创新的贡献[M].上海市科学学研究所,译.上海:上海交通大学出版社,2019:94.

② 陈家建,张琼文,胡俞.项目制与政府间权责关系演变:机制及其影响[J].社会,2015,35(5):2.

③ Robert, Cowen. The Management and Evaluation of the Entrepreneurial University: The Case of England[J]. Higher Education Policy, 1991(4):11.

取代大学治理主导了其发展逻辑,就会造成高等教育价值结构的分裂。

三、超越大学评价象征性意义的治理改进

大学评价真正需要的是从理念到范式的转型,重新将评价与治理融合起来。大学是使命驱动的组织,这意味着其发展并不是一个技术问题。真正生产高等教育价值的是大学与其他社会组织的有效互动。今天的人们更多关注大学评价的工具表现,并将评价结果作为指导大学的唯一目标。其实我们更应该关注评价本身所投射出的价值,也就是评价的过程质量是否先进和公允,低效的评价杠杆反而会对大学形成误导,"评估机构实际上可能会导致效率低下,不能依据评价绩效提高大学发展的效率,因为衡量学术产出的质量本身就是含糊不清的。例如,在教与学的成绩衡量方面,质量措施的选择可能受到评价者本身的偏见的指导,而不是考虑对更大社会利益的可衡量的产出。"[①]此外,评价制度设计和评价结果并不能决定大学的发展质量,这二者反映的是各类组织影响大学的治理能力。评价真正的衡量对象不是大学机构,而是整个社会在知识生产和人才培养的协作流畅度。换言之,大学的功能发挥靠的并不是评价和问责,而是看其治理系统安排能否得到持续发挥对大学的激励和监督作用,"如果大学将提升质量视为排名带来的挑战,则绩效评价就会失去其本应有的复杂性,因为高等教育必须服务于促进知识系统和知识社会发展的目标。"[②]所以说,不仅是大学发展的水平,评价机制的水平也是由治理系统的改进来实现的。

(一)大学评价机制该由谁来供给

大学评价反映的是高等教育的价值判断,更是全社会质量观的体现。评价机制一旦启动,其背后必然展示出一套完整的运行逻辑。从目前来看,我国大学评价机制的供给者和需求者都是政府,行政绩效与办学质量并没有被严格区分开来。而且我们尚不清楚的是:大学评价究竟是服务于行政系统的组织绩效,用以对行政系统内部进行问责,还是对大学发展质量进行提升?虽然公立大学组织绩效的需求者来自其举办方——现代国家政府,但大学质量的真正需求者却是全体社会公民。二者在理念上、出发点上也完全不同,在精英化阶段,

---

① Dill D D. Evaluating the Evaluative State: Implications for Research in Higher Education[J]. European Journal of Education,1998,33(3):363.

② [韩]郑俊新,[美]罗伯特·陶克新,[德]乌尔里希·泰希勒.大学排名:理论、方法及其对全球高等教育的影响[M].涂阳军,译.长沙:湖南大学出版社,2018:50.

二、大学评价的目的、内容、方法与功用

69

大学的绩效来源就是达成合格标准,"高等教育生产者确定培养质量的逻辑基点是'合格即质量'。这与物资匮乏、生产力水平相对落后的发展阶段,工业产品只要贴上质量合格标签就能正当合法地在市场上销售类似。"①到了普及化阶段后,全社会都在追求高质量的高等教育,于是偏重于市场需求的大学评价机制就应运而生,其中尤其以各种形式的排行榜为代表。不论是传统意义上的组织绩效评价,还是各类大学排行榜,都无法反映大学与社会经济发展之间的真实关系。人们对大学评价的态度依然处于声誉需求阶段,这使得大学评价的功能仅被限制在制造符号与问责上,这些功能也无法真正传导到大学内部的各项职能,难以使其满足变革时代社会对知识和人才的需求,就像有人所说的:"'经济合作与发展组织'1997年成立的'国际学生评估方案'(PISA)给教师带来了更大的工作压力——他们期待学生在考试中表现出色,而这种压力往往是徒然的。世界各地的教育治理和检查机构增加了教师的行政负担,但并不总是能够提高教学和学习的有效性。"②实际上,大学评价应该由声誉需求转向质量供给,由对仅仅做出价值判断转向对大学各项职能进行激励。这就需要对现有大学治理的框架与状态进行改进。

传统的大学评价定位在组织规模的扩张与生产绩效的增长上,也就是以"增长思维"为核心确立的主导理念。而现代意义的大学评价则要求质量与创新,强调从大学、政府、企业与评价机构的多方协同,推动大学质量理念发生转型,不论是对现代政府还是大学,"绩效指标的涵盖范围应充分广泛,以体现机构的多样性"③。从重塑治理理念的角度看,评价不只是行政系统内部测量绩效的工具,应该成为多元利益主体用以激励大学进行质量创新的手段。评价是联系国家、大学与社会公众的中介系统,使得各方能够实现有效协作,帮助大学识别未来的发展问题,"建立一种更具参与性的治理形态并不表示现实中政府的权力正在变得越来越小。相反,它意味着在形成治理的过程中,国家和社会被捆绑在了一起。"④改进治理的目的是为了重新激发大学的使命意识。如果说曾经的大学使命是由高深知识和真理来提供的话,今天这种使命则要由有效的治理系统和对未来社会问题的认知来提供。

现代化的治理系统是模糊组织公私界限的,要求高效的政府行政能力与识

① 彭拥军.质量观演进与高等教育评价的耦合[J].江苏高教,2020(10):10.

② [英]安东尼·塞尔登,奥拉迪梅吉·阿比多耶.第四次教育革命:人工智能如何改变教育[M].吕晓志,译.北京:机械工业出版社,2019:53.

③ 经济合作与发展组织.知识三角:加强高等教育与研究机构对创新的贡献[M].上海市科学学研究所,译.上海:上海交通大学出版社,2019:前言5.

④ [瑞典]乔恩·皮埃尔,[美]盖伊·彼得斯.治理、政治与国家[M].上海:格致出版社,2019:45.

别不同时期大学发展的命题。这就要求国家在"收权"和"授权"之间重新设计治理理念。这种治理系统还要求提供各方参与大学发展质量的激励性制度,打破由政府和大学构成的单一的"自我中心主义"。换言之,只有由未来面临的问题主导大学评价,治理系统的权力来源就不能仅是政府和大学,而是由多种社会组织共同组成,"国家权力正在由'掌控权力'转变为'赋予权力',这种观点强调公私齐心协力,跨公私边界的共享与集聚资源、合作而非对抗的政策战略与工具、有清晰管辖权界限的宽松制度关系、国家与公民社会在生产与提供服务上的制度化联系,以及表明公共机构'多组织化'性质的制度性适应。"①由单一的行政隶属关系走向合作,从管理权力变为解决经济社会发展问题的权力,将大学由承担发展任务的组织变革为识别发展问题并提出创新策略的系统,这应该成为未来大学评价生产方式变革的方向。

(二)大学评价的性质改革与公共利益保障

高等教育内涵式发展需要的是内涵式的评价机制,也就是变监管、问责为互动激励。减少大学评价的"工具性",使之逐步走向"工具理性"也是治理改进的目标。大学评价需要改变以科研为导向的价值设定,将各项职能重新组织成为一体。也就是说,作为改革工具的评价需要整合的是大学的核心职能,使大学能够根据外部环境的变化及时调整在科学研究、人才培养以及社会服务方面的目标,评价也不是为了对大学组织增加负担,而是识别世界性发展问题。真正的改革是那些改变核心任务的变革,大多数变革仅仅增加或改变了外围任务。这些外围的改革往往是针对部门的外部环境要求做出的一种反应。利用评价,大学的职能拓展就不再局限于组织内部,而是与参与大学治理的主体融为一体。只有评价主体和治理主体相结合,大学未来要面临的发展问题才会更清晰,而且每个社会组织可以从创新的角度重塑大学职能。只有所有治理的参与者都从关注声誉转向大学发展的整体质量,评价才是有意义的,就像德鲁克所说:"每个组织都需要有办法记录和评估创新的绩效。在对创新的绩效进行记录和评估的企业中,其出发点不是企业自己的绩效,而是要在特定的时期内详细记录整个领域的创新活动。"②换句话说,评价制度的设定与政策的出台应该立足在激励组织与个体创新意识上,尤其是使大学的知识开发与人才培养服务于这种创新创业理念,利用创新来引导评价机制实现再生产。

大学评价所追求的是公共性特征。只有治理体系与能力的提升,评价的作

---

① [瑞典]乔恩·皮埃尔,[美]盖伊·彼得斯.治理、政治与国家[M].上海:格致出版社,2019:169.

② [美]彼得·德鲁克.巨变时代的管理[M].朱雁斌,译.北京:机械工业出版社,2019:111.

用才能获得最大化利用。对治理主体权力的承认同时也意味着对评价专业性和公允性的认可,评价过程与结果不应仅仅指向大学,而是全社会的公共利益。大学评价的发起应该从整个社会经济发展的各个流程上来进行,由此唤醒各方对大学治理建立公共价值的认同,有效的价值认同能为大学赋予更坚定的发展使命,"价值认同度是人们对于制度'无知之幕'后所蕴含的社会价值的认可和接纳程度,这些社会价值是规则和制度订立的前提,是指导社会行为的基本道德法则,是社会所达成的隐形契约。人们对制度的价值认同度越高,表明对制度的遵从程度越高。"①在建立价值认同的过程中,现代社会的大学评价需要的不是严格,而是专业,且对专业的评价机制要求越来越高。传统意义上的行政监管与问责对今天的大学组织已经不适用,只有评价的专业性才能释放出大学职能的质量与效率,"由于商业活动的国际化和生产过程的复杂性,监管能力已成为国家'竞争优势'的一部分,监管的专业性越来越强,对接监管机构人员的能力要求相应越来越高,而监管机构经常缺乏制度记忆和专业人员。"②实际上,大学的繁荣是离不开政策推动,政府和其他社会组织是大学创新的来源。大学质量的公共性来源应该从提升行政能力,激发更大的公共利益基础上重新开发各个治理组织的协作关系。评价的意义不光是为了检视学术组织本身的质量,也是观察各个组织对大学的变革是否可以有效衔接,进而形成协同创新能力。不论是评价机制的重新设定,还是治理体系的整合,最终的目的都应该着重在协同发展上。只有这样,大学评价与治理才能有效结合起来,从而产生更大的公共效益。

综上来看,大学评价应该从提供象征意义转向公共利益,从出资人和办学者受益转向治理主体受益。这就要求评价的主体由更广的治理系统来构成,评价机制的改进说到底应该从重塑大学治理的主体开始,从制度上使大学与外部社会的关系更加密切。另外,评价需要从单一的行政绩效转向追求更大的公共价值,将评价的"科研化"取向转向大学职能的整体性衡量。只有将评价放在更广的公共视域内,大学组织才能被作为整体对待,从而发挥其应有的作用。

---

① 李怀瑞.制度何以失灵?——多重逻辑下的捐献器官分配正义研究[J].社会学研究,2020,35(1):187.

② [英]马丁·洛奇,凯·韦格里奇.现代国家解决问题的能力:智力挑战与行政能力[M].徐兰飞,王志慧,译.北京:中国发展出版社,2019:译者序 3.

一种新兴高等教育类型的创新与变革

——新中国成立70年中国高职教育发展研究①

赵惠莉②

摘　要:我国高等职业教育从小到大、从弱到强、创新变革,实现了从教育的补充手段到教育类型的不可替代,成为高等教育大众化和普及化的生力军。回首高职教育不断凸显类型特征、发挥不可替代作用的光辉历程、总结高职教育创新发展的实践经验,高职教育未来的发展将不断完善高职教育国家政策体系、建立分类管理体系、优化高职教育布局结构、深化教育教学改革、深化体制机制改革,助推高职教育高质量发展。

关键词:高等职业教育;创新;变革;发展

70年风雨兼程,70年春华秋实。建国70年,是我国高等职业教育从无到有、从弱到强、筚路蓝缕、披荆斩棘、风雨兼程、锐意进取、跨越发展的70年;是探索中国特色高等职业教育发展道路,不断重建、不断调整、不断创新、不断变革的70年;是推动区域经济社会发展、阻断贫困代际传递、促进教育公平、做出卓越贡献的70年!

"物竞天择,适者生存"。中国高等职业教育宛如高原上的"格桑花",具有顽强的生命力和不可替代的竞争力。中国高等职业教育创造了新的价值体系,创造了独特的生存法则和生存之道,并且不断改良进化、不断创新变革,现已形成了独具特色的高等教育类型。高等职业教育是创新变革和时代发展的产物,是解放思想、改革创新的智慧结晶,具有独特的社会价值和强大的生命力,是高

① 基金项目:江苏省教育科学"十三五"规划2016年度重点资助项目:"江苏省高职院校布局结构调整与优化对策研究"(课题编号:C-a/2016/03/09);江苏高校哲学社会科学研究项目:"人工智能时代高职教育创新发展路径研究"(课题编号:2019SJA2279);中国高等教育学会2020年度高等职业教育研究专项课题"构建多层次一体化现代职业教育体系研究"(课题编号:2020GZYB03);江苏经贸职业技术学院重点课题:"基于人工智能的高职院校人才培养模式创新研究"(课题编号:JSJM18016);江苏经贸职业技术学院杰出青年优秀青年管理骨干基金项目(项目编号:JSJMJQGL7)。
② 赵惠莉,江苏经贸职业技术学院副研究员。

二、大学评价的目的、内容、方法与功用

等教育领域变化最大、成效最显著、最具有创新意识的高等教育类型。高职教育从无到有、从小到大、从弱到强、从星星之火到燎原之势、从教育的补充手段到教育类型的不可替代,实现了历史性的跨越式发展,建成了世界上规模最大的高等职业教育体系,创造了中国高等教育的奇迹,为我国成为世界第二经济体提供了坚实的智力支撑,闯出了一条中国特色的高等职业教育发展道路,向世界高等职业教育贡献了"中国智慧"和"中国方案"。

一、高等职业教育发展历程

高职教育经过近代高职教育的孕育、新中国成立后高等专科教育的起起落落、20 世纪 80 年代高职教育类型的诞生、90 年代法律地位的确立、世纪之交规模扩张和跨越式发展、内涵提升并逐步走向高质量发展,经历了"孕育—诞生—探索—跨越—转型—提升"的创新变革之路。

1. 中国高等职业教育的孕育期

我国高等职业教育发轫于 1866 年福建马尾船政局附设的船政学堂。1903 年颁布的癸卯学制首次制订了现代学校教育学制体系,将实业教育与普通教育作为两个相互平行的教育体系。1912—1913 年《壬子癸丑学制》和《专门学校令》的颁布,把高等实业学堂改为专门学校。1929 年教育部公布《专科学校组织法》,将专门学校改为专科学校。随后,抗日战争爆发,职业教育发展遭遇新的困难,在此后的近 20 年时间里,基本处于停滞不前的状态。

2. 高等专科教育的起起落落(1949—1978 年)

1950 年的《专科学校暂行规程》和 1951 年的《关于学制改革的决定》对原有专科进行整顿改造。1952 年,学习苏联经验,全面实行院校调整,由于苏联学制中没有高等专科这一层次,因此就大量压缩专科,发展中等专业教育,大多数专科被拆并至本科院校或改办中专。"大跃进"期间,专科学校又实现了跨越发展。1961 年国民经济调整时期,专科学校纷纷下马。"文革"时期,高等专科教育基本停滞。1978 年,恢复和新建了一批专科学校。

3. 高职教育类型的诞生及法律地位的确立(1978—1998 年)

从 1978 年恢复已停办 10 年之久的专科学校开始,以 1980 年江苏率先在全国创办第一所职业大学——金陵职业大学为标志,高等职业教育呱呱坠地、破土而出。1985年,全国建立了126所职业大学。1994年,全国教育工作会议明确了"三改一补"的高等职业教育发展途径。1996年颁布《中华人民共和国职业教育法》,在我国历史上第一次确立了高等职业教育和高等职业学校的法律地位。1998年颁布《中华人民共和国高等教育法》,进一步明确了高等职业教育和高等职业学校在我国高等教育体系中的法律地位。1997年,国家教委印发《关于高等职业学校设置问题的几点意见》,实现职业教育、高等教育、成人教育的"三教统筹"。1998年,教育部提出"三多一改"的方针,提升人才培养质量。

4. 高职教育规模扩张和跨越式发展(1999—2005年)

1999年全国教育工作会议提出"大力发展高等职业教育",招生计划增量主要用于高职教育,实行"三不一高"政策,形成"六路大军"办高职的局面,拉开了高职教育规模扩张的序幕,高职教育实现了超常规、跨越式发展。

2002年,我国高等教育毛入学率超过15%,进入国际公认的高等教育大众化阶段。截止到2005年,高等教育毛入学率达到21%,全国高职院校数量达到1 091所,占高校数量的60.9%;招生268.09万人,在校生平均规模达到7 666人,在校生712.96万人,占高等学校在校生数量的46%,实现了跨越式发展,已成为高等教育"半壁江山"。

5. 高职教育内涵提升和高质量发展(2006年至今)

高职教育发展重心由规模扩张的外延式发展向质量提升的内涵式发展转型。2006年,教育部颁布《关于全面提高高等职业教育教学质量的若干意见》《关于实施国家示范性高等职业院校建设计划加快发展职业教育改革与发展的意见》等一系列提升高职教育内涵与质量的政策文件,实施国家示范(骨干)高职院校建设项目,共建设了200所高职标杆院校,为高等职业教育创新发展发挥了示范引领作用,有力促进了高职教育事业的改革发展与全面提高。

2015年,教育部实施《高等职业教育创新发展行动计划(2015—2018年)》,2019年教育部对建设结果进行检查,认定了一批卓有成效的项目和任务。2019年5月,启动高职院校"双高计划",集中力量建设50所左右"高水平高职学校"和150个左右"高水平专业群"。首轮"双高计划"开启了高职教育追求卓越和全面高质量发展的新征程。

二、高等职业教育的贡献与成就

高职教育已占高等教育的"半壁江山",实现了高职教育规模的跨越,促进了高等教育从"精英化"向"大众化"的跨越,还将在高等教育普及化阶段发挥更大作用;实现了从"本科压缩饼干"教育模式向工学结合、校企合作人才培养模式的跨越,更重要的是确立了一种全新的高等教育类型;实现了从"异军突起"到"半壁江山"的跨越;实现了从国民教育体系的"补充"到高等职业教育"类型"的跃迁,创造了21世纪世界高等教育发展史上的奇迹,成为中国高等教育发展史上的一个重要里程碑,引起了国外特别是发展中国家的强烈关注,对世界高等教育发展产生了重要影响。

1. 对世界贡献:为世界高职教育发展贡献中国方案

高等职业教育是中国的原创,中国是高等职业教育的发源地。若以立法为标志,世界上第一个明确提出高等职业教育概念的国家是中国。目前,中国已经建立了世界上规模最大的高等职业教育体系。中国高等职业教育以其独特的内涵和形式,屹立于世界高等教育之林。中国对世界教育所做出的贡献,特别是能为世界上大多数发展中国家树立榜样的,一定是中国的高等职业教育。

21世纪高职教育相继在境外办学、服务境外企业等方面取得了新的突破,开始走向国际化发展的新征程,输出高职教育中国方案、中国模式,形成多渠道扩大国际影响的新态势,与世界分享我国高职教育经验。2018年,30所中国高职院校在境外设立了33个实体办学机构;"鲁班工坊"成为中国高职教育国际交流合作的新名片;高职院校全日制来华留学生规模达1.7万人;1 400余名专任教师在国(境)外组织担任职务;由中国高职院校制定的595个专业教学标准落地国(境)外,得到国际社会的广泛认可。

2. 对社会贡献:有效阻断了贫困代际传递

普通高等教育奉行精英教育理念,通过选拔和淘汰机制,培养社会精英。高等职业教育以"学校无不用之成才,社会无不学之执业,国无不教之民,民无不乐之生"为目标,不排斥精英的培养,但不强调选拔和淘汰,而致力于人人成功、人人成才的平民教育和民生教育,强调高等教育的大众性和普及性。高职教育具有教育功能的全面性、教育对象的全民性、教育过程的全程性、教育体系的全通性、教育形式的全方位性。

近年来,我国高等职业教育为全国千万个家庭实现了高等教育学历"零"的突破,通过教育实现代际向上流动,打破阶层固化,阻断了贫困的代际传递,促进阶层流动,实现了人类社会追求体面和更有尊严生活的梦想,对国家和民族的未来有着重要的意义。近年来,2011届高职毕业生中88.1%为家庭第一代大学生,并且连续三届稳定在这一比例,2014届高达91%。高职院校毕业生家庭背景为"农民和农民工"的占比保持在50%以上,高于本科院校,比例呈总体上升趋势。

近五年来,高职院校学生毕业半年后的平均月收入持续增加,2014届为3 200元、2015届为3 409元、2016届为3 599元、2017届为3 860元、2018届为4 112元。

高职院校毕业生三年后月收入增长明显,2010届至2015届高职毕业生三年后收入分别为4 640元、4 812元、5 020元、5 312元、5 636元、6 005元,约为毕业半年后的1.8倍。

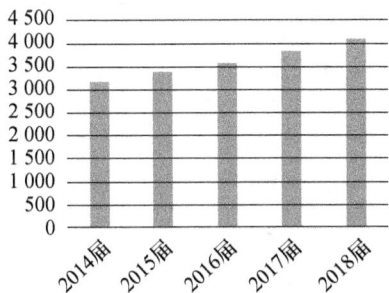

图1　2014届—2018届高职毕业生半年后月均收入

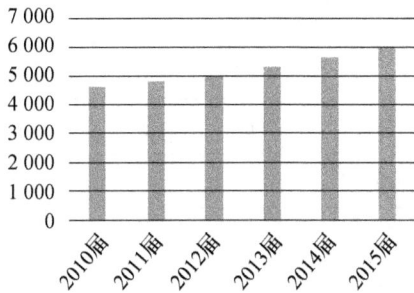

图2　2010届—2015届高职毕业生三年后月均收入

2015届农民和农民工家庭背景的高职毕业生半年后的月收入比同期农民工的工资高不到300元,但毕业三年后,却比农民工工资高2 000元左右。超过六成学生三年内有过职位晋升。2011届至2015届毕业生三年内职位晋升的比例分别为60%、59%、60%、61%、62%,越来越多的高职毕业生在职业发展中获得了更大的上升空间,具有更大的发展潜力,在社会发展中发挥更重要的作用。

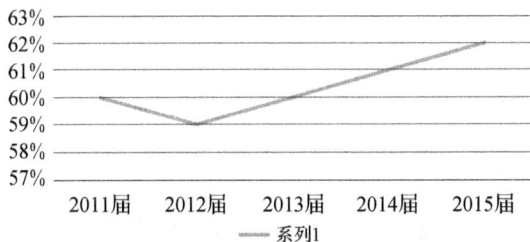

系列1

图3　2011—2015届毕业生三年内职位晋升

3. 对教育系统贡献:诞生了一种新型高等教育类型

我国高等职业教育是为了适应工业大生产需要应运而生的教育类型,机器工业规模的快速发展成为高职教育发展的社会动因。高等职业教育作为大学发展进程中出现的一种新型高等教育,是一种独居风格的大学,有着不同的教育体验、不同的创意人生和不同的缤纷未来。高职院校的学生低进高出、人尽其用,使被传统高等教育边缘化的青年找到了人生与事业成长的天地。

表 1　建国 70 年中国高等职业教育院校数量

年份	高职院校学校数量(所)	占普通高校比例	年份	高职院校学校数量(所)	占普通高校比例
1998	431	0.42	2009	1 215	0.53
1999	474	0.42	2010	1 246	0.53
2000	442	0.44	2011	1 280	0.53
2001	628	0.51	2012	1 297	0.53
2002	767	0.55	2013	1 321	0.53
2003	908	0.59	2014	1 327	0.52
2004	1 047	0.60	2015	1 341	0.52
2005	1 091	0.61	2016	1 359	0.52
2006	1 147	0.61	2017	1 388	0.53
2007	1 168	0.61	2018	1 418	0.53
2008	1 184	0.52			

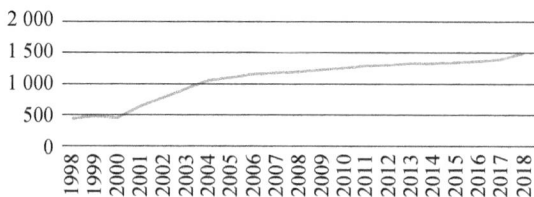

图 4　1998—2018 年高职院校数量变化图

高职教育的发展,为我国实现高等教育大众化作出了重要贡献。1996 年高等教育毛入学率仅为 6％,2002 年达到了 15％,实现了高等教育由精英化向大众化的跃迁。1996 年全国高职院校招生 46 万人,2005 年招生 268.1 万人,十年增长了 5 倍。2005 年,全国高职院校在校生为 713 万人,占全国高校在校生总数的 45.7％,比 1996 年提高 5.1 个百分点;独立设置的高职院校 1 091 所,是 1996 年的 3.2 倍,占全国高校总数的 60.9％。高职教育规模的迅速增长,为高等教育进入大众化奠定了坚实的基础。2018 年,高等教育毛入学率 48.1％,正向普及化阶段快速迈进,高职院校数量 1 418 所,招生 368.83 万人、在校生 1 133.7 万人,分别占全国普通高校的 53％、46％和 40％。

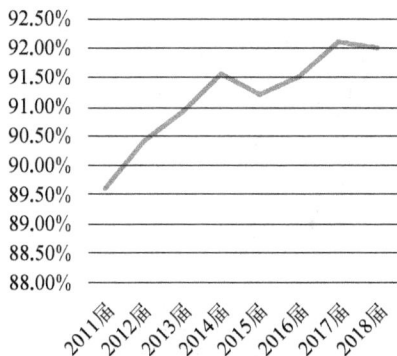

图 5 高职院校毕业生就业率

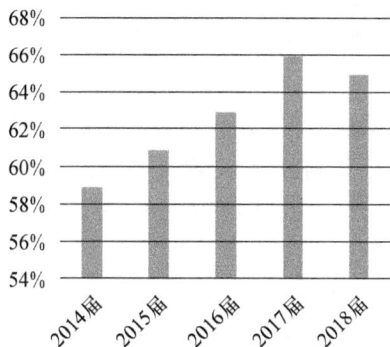

图 6 毕业半年后对就业现状的满意度

近年来,高职院校毕业生就业率持续上升。2011 届高等职业学校毕业生半年后的就业率为 89.6％,2012 届为 90.4％、2013 届为 90.9％、2014 届为 91.55％、2015 届为 91.2％、2016 届为 91.5％、2017 届为 92.1％、2018 届为 92％。毕业生对毕业半年后就业现状的满意度不断增加,2014 届为 59％、2015 届为 61％、2016 届为 63％、2017 届为 66％、2018 届为 65％。

学生创新创业能力不断增强。高职院校毕业生创新性思维及解决实际问题的能力不断增强。麦可思有一项关于高职毕业生半年后积极学习能力满意度调查结果显示:2014 届为 84％、2015 届为 84％、2016 届为 87％、2017 届为 88％、2018 届为 89％。积极学习能力是评价创新能力的重要指标,分值越高,创新能力水平越高。高职院校毕业生自主创业的积极性较高。近五年来,高职院校毕业生半年后自主创业比例保持在 3.8％左右,三年内自主创业毕业已达 8％以上。

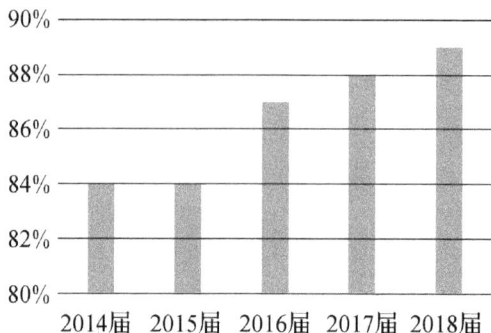

图7　高职院校毕业生半年后和积极学习能力满足度

高职院校毕业生对教育教学满意度逐年提升。2014 届、2015 届、2016 届、2017 届、2018 届高职院校学生对教学工作的满意度分别为：86％、87％、89％、90％、90％；对高职毕业生从事与专业相关工作的高职毕业生认为核心课程对工作的满意度分别为 68％、70％、75％、77％和 79％。近五年,高职毕业生对核心课程的满意度在逐年攀升,2018 届毕业生比 2014 届毕业生提升了 11 个百分点。这表明高职院校教育教学工作质量得到了学生的认可。

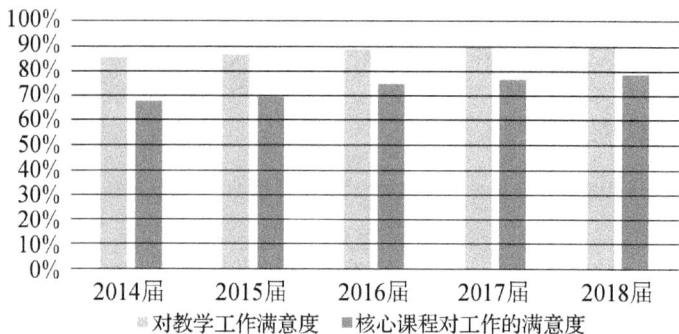

图8　高职院校毕业生对教学工作和核心课程的满意度

4. 对区域经济发展贡献:为区域协调发展发挥不可替代的作用

高等职业教育实现了高等教育资源布局结构的均衡发展。从高职院校的分布来看,高职教育资源满足了地区教育均衡发展的需求。除西藏、青海、宁夏、海南以外,其余各省的高职院校数量都在 20 所以上,院校数量的分布与区域经济发展相匹配,尤其是满足了边远地区、贫困地区高等教育发展需求,促进了高等教育入学机会的均衡。从学校分布的城市类型来看,全国 95％以上的地市都至少有一所高职院校,相当一部分高职院校还是当地仅有的高等学校,少数高职院校坐落在县域中,70%的中国高职院校分布在地级城市或县级城市,使高等教育向地级城市甚至县域城市延伸,并发挥主导作用,对区域经济社会的协调和整体发展作出了重大贡献。

高职院校办学与区域产业布局对接,教学与用人单位对接,对接国家战略和当地新兴产业,提供人才与技术支撑,在服务产业转型升级中实现价值增值,在服务新型城镇化建设中实现共建共享,在服务企业中实现合作共赢。新中国成立以来,高职院校为经济社会发展培养了数千万的高素质技术技能人才。2015—2018年,连续4年,高职院校面向社会发布了服务贡献50强,强化高职院校社会服务功能。

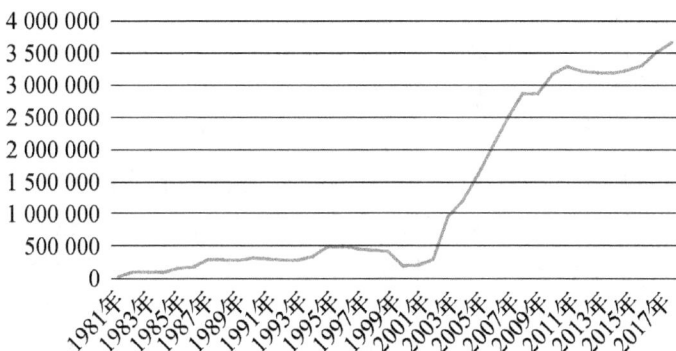

图9 高职院校毕业生人数

全国高职院校学生毕业半年后的调查显示,2011届高职毕业生有35%在院校所在市就业,68%在院校所在省(含本市)就业。这两项比例连续三届均明显高于本科。近年来,高职院校毕业生留在本地就业人数保持增长,占比接近毕业生总数的60%。

全国蓝领职工岗位人均受教育年限由7.4年提高至8.5年。近10年来,全国具有大专及以上文化程度的农民由42万人增加到200万人。全国在300人以下规模企业就业的高职毕业生有近6成,高职院校成为区域产业向中高端发展、推动中小企业产业集聚发展的一支生力军。

高职院校成为制造业技术技能人才的主要供给端。近5年,高职院校为制造业培养和输送了170万毕业生,优化了我国制造业人力资源结构。2018年,高职院校为世界500强和中国500强企业输送了25万余名技术技能人才,进一步拓展了服务中国制造战略的层次和范围。

近年来,高职院校依托技术优势,为乡村发展注入新动能。2018年,全国

250 余所高职院校的近 1 000 个涉农专业点,在校生近 16 万人,为乡村振兴培养了 4 万名技术技能人才。

三、高职教育发展的经验与启示

高职教育的责任和使命就是创新和变革,为中国高等教育贡献改革方案。回顾 70 年来,高职教育从萌芽、起步,到实现历史性跨越发展和模式转型的历程,已发展成为高等教育的新类型,为高职教育可持续发展奠定了坚实的基础,并提供了宝贵的经验。

1. 国家重视顶层政策制度安排,充分发挥资源配置作用

新中国成立以来,中央政府以重大项目为抓手,加快改革发展步伐,逐步建立了世界上规模最大的高职教育体系。

1950 年,政务院颁布的《专科学校暂行规程》对专科人才培养指明方向。1985 年,《中共中央关于教育体制改革的决定》首次提出"积极发展高等职业技术院校,逐步建立起一个从初级到高级、行业配置、结构合理又能与普通教育相互沟通的职业技术教育体系",高等职业教育正式纳入国民教育体系。

20 世纪末,国家实施高等教育大扩招,作出了大力发展高职教育的战略决策。2004 年,教育部出台《关于以就业为导向深化高等职业教育改革的若干意见》。2006 年以来,国家示范、骨干高职院校计划的实施,是全面提高高职教育人才培养质量的重要战略举措。2019 年,启动中国特色高水平高职学校和专业群建设计划,引领高职教育高质量发展。

政策指导和财政投入是我国高职教育大发展的决定性因素。2014 年,教育部、财政部出台了《关于建立完善以改革和绩效为导向的生均拨款制度加快发展现代高等职业教育的意见》,要求地方政府主导,建立完善所属公办高职院校生均拨款制度,到 2017 年,各地高职院校年生均财政拨款水平应当不低于 12 000 元。2017 年,全国所有省份均建立了高职生均经费制度,全国各地高职院校生均公共财政预算教育经费支出平均水平为 15 455.13 元,生均财政经费保障达到政策目标。

国家以重大项目引领高职教育质量提升。2006 年以来,教育部、财政部启动实施国家示范性高等职业院校建设计划,中央财政资金投入 45.5 万元,引领带动地方财政投入 89.7 亿元、行业企业投入 28.3 亿元;2011—2013 年,教育部、财政部联合实施高等职业学校提升专业服务产业发展能力的项目,中央财政投

入资金 40 亿元,带动地方政府、行业企业、高职院校投入 34.28 亿元,支持全国 977 所公办高职院校建设了 1816 个重点专业点;2010—2013 年,中央财政投入 16.67 亿元,支持 715 所高职院校建设了 910 个实训基地;2010 年,国家启动了职业教育专业教学资源库,现已建成了 112 个国家级资源库,注册用户达 304 万人,教学资源 241 万余条;2011 年,启动实施高职国家精品开放课程建设项目。

2. 探索省级政府统筹高职教育发展,调动地方政府办学积极性

20 世纪高职教育的发展完全是一种国家行为,其责任由中央政府承担。2000 年 1 月,国务院办公厅《关于国务院授权省、自治区、直辖市人民政府审批设立高等职业学校有关问题的通知》指出,将发展高等职业教育和大部分高等专科教育的权利及责任交给省级政府。2010 年 12 月,国务院办公厅印发了《关于开展国家教育体制改革试点的通知》(国办发[2010]48 号),启动了一批综合改革与专项改革试点项目,旨在调动地方政府办学积极性,充分发挥省级政府统筹规划作用,调动地方政府办学积极性,在省级层面形成全方位支持高职教育改革发展的政策体系和经费保障机制。

2006 年国家示范高职院校建设计划和国家骨干高职院校建设计划均强调发挥地方财力的作用,两项计划中央财政累计投入专项资金 45.5 亿元,拉动地方财政投入 89.7 亿元,行业企业投入 28.3 亿元,地方政府的投入是中央财政的 2 倍;2015 年高等职业教育创新发展行动计划以地方为主,省级财政投入 264.8 亿元。

3. 高职教育具有高等性和职业性,类型属性得以确立

1996 年《中华人民共和国职业教育法》规定"职业学校教育分为初等、中等、高等职业学校教育"。1998 年《中华人民共和国高等教育法》规定"高等学校是指大学、独立设置的学院和高等专科学校,其中包括高等职业学校和成人高等学校"。2006 年 12 月教育部《关于全面提高高等职业教育教学质量的若干意见》(教高[2006]16 号)明确指出"高等职业教育作为高等教育发展中的一个类型,肩负着培养面向生产、建设、服务和管理第一线需要的高技能人才的使命",这是国家教育行政部门在正式文件中第一次将高等职业教育作为"一个类型"来加以肯定和确认,这就给长期以来在我国盛行的高等职业教育"层次与类型之争"画上了的句号。2019 年,国务院印发《职业教育改革实施方案》,开宗明义提出"职业教育与普通教育是两种不同教育类型,具有同等重要地位",并特别强调"没有职业教育现代化就没有教育现代化",将职业教育的地位提高到了前

所未有的新高度。

高等职业教育是高等教育的重要组成部分,又是职业教育的重要组成部分,具有双重属性。它姓"高",名"职"。"高等性"是其根本属性,"职业性"是其基本属性。同时高等职业教育还是终身教育体系中的重要内容,是一种新型的高等教育。高等职业教育作为一种大学框架下的职业导向教育,具有"高等性"和"职业性"双重属性,既有大学文化的基本内核,又有职业教育的个性特质,坚持校企合作、产教融合,合作办学、合作育人、合作就业、合作发展,重视大学精神和职业精神的熏陶,强化学生职业素养、职业实践、职业道德和职业精神,为不同层次、不同类型、不同需求的学生搭建成长的平台,促进人人成才。

4. 探索校企合作办学体制和工学结合人才培养模式,凸显类型特征

创新产教融合、校企合作的办学体制机制。国家和地方出台一系列促进校企合作、产教融合的政策文件。十八大以来,党中央对高职教育高度重视和关注,将发展职业教育放在更加突出的位置。十九大报告中提出,完善职业教育和培训体系,深化产教融合、校企合作。2017年,国务院印发《关于深化产教融合的若干意见》,将产教融合上升为教育改革和人力资源开发的国家战略高度。2018年,教育部等六部门《职业学校校企合作促进办法》,产教融合、校企合作既有了顶层设计又有了实施路线图。各地也纷纷出台地方法规,促进校企合作落地生效。江苏省、山东省以及宁波市、苏州市出台了地方职业教育校企合作促进条例,实施政府推动、行业引导、校企共同参与办学的一体化运行机制。

产教融合的形式越来越多样化,办学体制机制改革不断向深层次延伸。高职院校广泛搭建产学结合联盟平台,加强产学结合、校企合作内部机制建设,通过改革董事会(理事会)管理体制,改善企业参与的运行机制,创新"校中厂""厂中校"等模式,逐步建立起政府主导、行业指导、企业参与的职业教育办学体制机制。2014年,全国职业教育会议上明确提出职业院校试行混合所有制改革,试点院校爆发出的"混合动能"初步彰显。2015年山东省确定山东海事职业技术学院9个项目确立为山东省职业院校混合所有制改革试点项目。截止到2016年底,全国共有职业教育集团1 406个,职业教育集团化办学已覆盖全国除西藏自治区之外的所有省份,成员单位总量达到35 945个。

创新工学结合、校企合作协同育人模式。国家示范高职院校建设期间,高职院校在人才培养模式方面进行了积极探索,确立了工学结合、校企合作的人才培养模式,摆脱了"本科压缩饼干"的诟病。高职院校紧紧围绕育人的终极目标,以"合作办学、合作育人、合作就业、合作发展"为手段,创新"人才共育、过程

共管、成果共享、责任共担"的人才培养机制,通过校企共建"双主体学院""订单班""校中厂""厂中校""企业学院""内园外站""企业课堂""双岗双职"等多种方式,搭建校企一体化人才培养平台,实施"双员参与、双向互动、双向融合"的管理方式,实现"人才培养、科技服务、双师素质、岗位实践、就业创业"五位一体的合作目标,创新办学体制机制,推进合作办学、合作育人,形成校企协同育人机制,增强办学活力。

教育部于 2015 年和 2017 年分两批遴选了 368 个现代学徒制试点单位,旨在推进产教融合、校企合作的协同育人机制,创新人才培养模式。积极探索现代学徒制人才培养模式。2018 年,高职院校参与现代学徒制试点单位 558 个,覆盖 1 000 多个专业点,合作企业 2 200 多家。4 816 家企业参与现代学徒制省级以上试点专业人才培养,其中试点院校 644 所,试点专业 2 130 个,校企联合开发人才培养方案 2 251 个。

5. 构建内部保障与外部评价协调配套的质量保障机制,提高高职教育办学质量

1986 年,国务院颁布《普通高等学校设置暂行条例》,规定高等专科和高职教育的设置标准。2000 年教育部专门颁布了《高等职业学校设置标准(暂行)》,各省又制定了地方性高职院校设置标准。2004 年《普通高等学校高职高专专业目录(试行)》及其管理办法填补了我国高职教育专业目录的空白,引导人才培养模式改革和教育质量提高。2004 年和 2008 年,教育部分两轮对高职院校进行人才培养水平评估和人才培养工作评估,推动教育行政部门完善对高等职业院校的宏观管理。2016 年,国务院教育督导委员会办公室印发《高等职业院校适应社会需求能力评估暂行办法》,委托第三方机构基于学校相关数据信息和省级评估报告,形成国家评估报告。

2012 年以来,逐步建立和完善了高职院校、省级层面、国家层面年度质量报告,已经形成了国家、省、学校三级发布体系,向社会展示高职教育建设成效和问题,有效提高了高职教育的社会公信力和认可度。

2015 年,教育部印发《关于建立职业院校教学工作诊断与改进制度的通知》和《高等职业院校内部质量保证体系诊断与改进指导方案(试行)》。2016 年,教育部确立了 8 个省份 27 所院校作为首批试点,构建高职院校教学工作内部诊断改进制度,进一步完善职业教育内部质量保证制度体系和运行机制。

四、高职教育发展的困惑与反思

顾明远先生在为彭世华著的《职业教育发展学》序言中写道:"现代职业教育引入我国已经 130 多年了,其发端比普通教育还早。但步履之艰难,远甚于普通教育。"这是高等职业教育改革发展的真实写照。高职教育在传统观念鄙视和现实功利异化的夹缝中处境尴尬,其发展的外部环境与内部体系存在诸多症结。高职教育仍是高等教育体系中的薄弱环节,办学实力和水平亟待提升;高职教育社会贡献、社会地位、社会影响尚未得到应有的重视;高职教育布局结构不尽合理,难以适应经济发展方式转变和产业结构升级的需要。

1. 高职管理体制有待进一步理顺

职业教育办学条块分割、分头管理问题严重,多部门协调机制尚未有效发挥作用,教育部与人力资源社会保障部之间的沟通不畅。教育部与人社部各自拥有规模庞大的自成体系的职业教育,各自发放不同的学历证书,职业资格证书发放权在人社部,二者之间的职业教育体系几乎互不畅通。在这种管理体制下,高等职业教育行政管理各自为政,造成了学校设置不均衡,有限的职业教育投入无法集中使用,教学质量标准难以统一衡量等问题。

2. 办学体制机制有待进一步突破

长期以来,高等职业教育实行以政府为办学主体的一元化办学体制,校企合作机制不畅,企业参与职业教育的积极性不高。尤其是 20 世纪末进行的高等教育体制改革与调整后,随着部门办学、行业办学的消减,行业部门和企业基本不再作为高等职业教育的主要办学主体,一元化办学体制得到强化。然而,高职院校的"科层制"行政体制弱化了办学效率,公办为主的单一办学模式扼制了办学活力,半封闭化的办学格局降低了办学资源势能,"非公即私"的办学理念切断了社会资金,高职院校办学体制机制创新不足限制了高职教育的强劲发展。

3. 资源配置效率有待进一步提高

20 世纪末,在大力发展职业教育政策的引领下,高职院校数量和在校生规模实现了非常规发展,在某种程度上堪称高职教育发展的"大跃进",存在过急、过泛的情境。在现行按照生均规模拨款的体制下,一些民办高职院校及部分公办高职院校在条件不具备、定位不准确的情况下,仓促上马、盲目扩大办学规模,这种前期规模发展的负效应一定程度上影响了高职教育的声誉,高职教育的盘子越来越大,"小、散、低、多、同质化"的问题十分突出。

4. 现代职教体系有待进一步健全

尽管高等职业教育已占据了"半壁江山",但是高等职业教育类型特征不突出,结构层次"残缺不全"、职业教育体系"链条断裂"。完整的现代职业教育体系包括中职、高职专科、本科职业教育、硕士研究生职业教育、博士研究生职业教育。原有的高等专科学校已纷纷升格为本科院校,甚至民办建制的高职院校已打通了层次上升的通道,现有的 15 所公办高职院校在试点举办本科层次职业教育,但规模太小,再加上新建本科院校由传统学术维度向职业维度转型发展的冲击,高职院校生存空间、发展空间以及上升空间受到挤压。

5. 高职经费投入有待进一步增加

"半壁江山"的高职教育没有"半壁江山"的财政投入。高等职业教育已占我国高等教育"半壁江山",而政府财政投入却远远跟不上高职教育规模扩展的步伐,高职院校财政拨款投入的力度滞后于高等教育事业快速发展的趋势。高职教育多渠道筹措经费和财政生均拨款稳定投入机制还不够健全,高职院校总体投入水平仍然偏低,区域间差异较大;财政投入激励高职院校改革的导向作用不够明显,高职教育经费绩效管理基础薄弱。2018 年,全国高等教育经费总投入 12 013 亿元,高职教育经费总投入为 2 150 亿元,仅占 18%。

6. 高职院校专业设置有待进一步优化

在过重的功利主义和狭隘的利益主义导向下,高职院校专业设置缺乏整体规划和科学论证,盲目性较大,主观随意性较强,开设一些"短、平、快"的"快餐式"专业,专业设置的短期行为和市场化倾向比较严重,专业设置的随意性较强,较少有行业、企业、就业市场的充分调研,专家论证不足。高职院校间专业同质化现象比较突出,区域分布和专业设置与技术技能人才市场需求存在结构性矛盾。目前,江苏省高职院校 90%设有计算机应用技术、83%设有会计、65%设有物流管理、61%设有电子商务,财经、制造、电子信息、土建等 4 个专业大类在校生总和高达 63.08%,新能源、新材料、先进装备制造等对接战略性新兴产业的院校及专业偏少。

五、新时代高职教育发展的新使命

新时代,高职教育的发展得到了前所未有的重视和关注。2019 年,国务院印发《国家职业教育改革实施方案》,对深化职业教育改革作出了重要部署,将职业教育的地位提高到了前所未有的新高度;高职院校扩招 100 万人被写入政府工作报告;教育部启动高职院校"双高计划"。今年,堪称高职教育的政策红利年,多项政策频繁密集出台、中央关注度和政策支持度前所未有,为高职教育的大发展提供了千载难逢的大好时机。新时代高职教育发展将发生五大变革。

1. 高职教育地位的大变革

高职教育作为一种特殊的高等教育类型,与高等教育同等重要,并将高职教育作为稳定就业的重要支撑。高职院校扩招 100 万的决策并非权宜之计,是综合分析国内外经济社会发展形势后进行的深邃思考,是国家应对世界局势,深入实施就业优先的前瞻性战略决策,把发展高职教育作为缓解当前就业压力、解决高素质技术技能人才短缺的战略之举,具有服务国家全局发展的重大战略意义,体现了国家对高职教育的认可和期待。

2. 高职教育结构的大变革

高职院校生源结构越来越多元化,传统的应届学龄段学生和各类非学龄段生源并存,高职教育招生考试制度、人才培养模式、课程设置、教学组织方式、教学评价形式、学生管理都将发生大变革;功能结构不断拓展,由原来单一的全日制学历教育向全日制学历教育和非全日制、非学历培训并举转变;学制结构越来越多样化,学年制和弹性学制并行;学习场所也不再局限于学校这一固定场所,教学由教室走向企业现场或田间地头。

3. 现代职教体系的大变革

高职教育已突破专科的藩篱,不再局限于专科层次,将探索本科层次、硕士研究生、博士研究生职业教育,推进应用型本科转型,扩大本科层次职业教育试点和探索长学制,拓宽高端技术技能人才成长渠道;通过 1＋X 证书制度、国家资历框架和学分银行,实现学历证书与职业证书之间的多证融通和学习成果之间的认定和转换;通过校企之间跨界融合协同育人,健全多元化办学格局,调动社会多元要素共同致力于职业教育发展,建立开放性的、终身性的、融通性的、跨界性的现代职业教育体系。

4. 高职教育办学体制机制的大变革

国务院颁布《关于深化产教融合的若干意见》、教育部印发《职业学校校企合作促进办法》,江苏省政府出台《职业教育校企合作促进条例》,旨在促进教育链、人才链、产业链、创新链的有机衔接,遴选产教融合型企业,建设产教融合实训基地,推进现代学徒制、国家示范性职教集团建设、股份制、混合所有制,构建职业教育和产业统筹融合发展的格局。

5. 高职教育发展的大变革

高职扩招数量之大、生源之广堪称空前,是高职教育发展史上浓墨重彩的一笔,吹响了中国高职教育大步前进的号角,体现了高职教育的新占位。高职扩招使普通高中生选择更多样,不再是"千军万马挤独木桥";中职学生有了更多发展机会,实现"就业有优势、创业有本领、升学有通道、终身发展有基础";退役军人、下岗失业人员、农民工和新型职业农民有了更多接受高等职业教育的机会,实现更高质量更充分就业,让更多青年在创造社会财富中实现人生价值。

六、新时代高职教育发展展望

新时代,教育进入深化教育领域综合改革、推进教育治理体系与治理能力现代化的新阶段,高职教育的发展,将从"更明的方向、更高的质量、更优的结构、更顺的体制、更强的保障、更加的公平、更好的开放"七个"更"出发,而要实现每一个"更",都是一场十分严峻的硬仗。

1. 完善高职教育国家制度体系,优化高职教育发展政策

完善国家高职教育制度体系支撑。首先要在政策上给予公平的待遇,取消专科高职院校原则上不升为本科的政策歧视,解除"高职等同于专科"的紧箍咒;其次在教育投入上要公平,本科"双一流"高校建设计划动辄几百亿投入,高职"双高计划"也应有与之贡献相当的财政资金来支持;再次从国家层面确立技术技能型人才所应享有的社会地位,保障技术技能型人才享有公平的入职机会、收入待遇和社会地位。

制定《高等职业教育法》。国家应出台专门的《高等职业教育法》确立高等职业教育的法律地位,进一步明确高职教育的独立类型、社会地位和公共产品属性,设计高职教育法所需调整的社会关系类型和具体法律制度,提高高职院校毕业生的工作环境、收入分配、社会地位、劳动条件、福利待遇,放宽国家公务员在招录时的学历限制。

建立基于学分银行的国家资历框架制度。教育部在启动"学历证书＋若干职业技能等级证书"制度试点的同时,应积极推进职业教育国家学分银行建设,建立国家资历框架,以学分银行为依托,推进职业技能等级证书与学历证书之间互转互换,实现二者之间的衔接融通。

2. 建立相对独立的管理体系,提升高职教育社会地位

遵循高职教育规律,在运行形态及评价标准上,进一步体现高职教育的特殊需要,从国家教育管理层面建立相对独立的管理体系,在教育部下单列高等职业教育司,省级行政部门对应成立高等职业教育处,综合发展改革、财政、劳动就业、人事及行业企业共同谋划、统筹推进高等职业教育发展。

建立独独具特色的职教高考制度。高职教育考试招生制度应逐步与普通本科考试分离,重点探索"知识＋技能"的考试评价方法,为学生提供多样化入学形式。

拓展高等职业教育功能。"三教"统筹,凸显高职教育的职业教育、高等教育、继续教育的功能,优化结构、提升层次,实现职业教育内部中职与高职之间的有效衔接;发挥高职院校的职业技能培训功能,让高职教育成为继续教育和终身教育的主渠道和主平台,打造多元、立体、融通的现代职业教育体系。

3. 优化高职教育布局结构,盘活高职教育资源

建立高职院校合作办学联盟,探索集团化办学。实施资产重组和资源整合,扶持和推动高职教育做强做优,发挥优质高职院校的辐射带动作用,通过"核心连锁""教育联盟""学校共同体"等模式开展协同运作,以契约为纽带构建多层次协作组织结构,以知名高职院校为龙头,通过章程组建合作办学联盟,实现优势互补和以强带弱,整合教育资源,优化教育资源配置,提高办学效率和效益。

借鉴委托管理的模式优化高职院校资源。对于那些办学效益差、力量薄弱、活力不足、办学困难的高职院校,由当地政府或教育主管部门牵头对其资产进行清算与核查,并按照"就近、从优"原则,交托于同一辖区内办学质量高、社会声誉好的高职院校。也可以由办学质量高、社会声誉好的优质民办高职院校委托管理办学效益差、力量薄弱、活力不足的公办高职院校,实行产权与经营权、举办者与办学者、所有权与办学权分离。

4. 探索本科及以上层次职业教育,构建完整现代职教体系

新时代,高职教育发展要加强政府顶层设计,在引导新建本科院校向应用技术型转型的同时,适度放开高职"升本"的禁令,对办学质量高、实力强、有强烈"升本"诉求的高职院校进行评估、遴选并认可举办高职本科的资质,推广和扩大本科高职院校规模;采用专业建设先行制度,允许部分专业特色鲜明的高职院校,探索专业层面举办本科层次职业教育。

新时代,高职教育发展应积极探索本科、硕士研究生、博士研究生职业教育。现有的工商管理硕士、公共管理硕士、工程硕士、教育硕士、法律硕士和临床医学硕士等专业硕士研究生和博士研究生,具有深厚的职业背景和强烈的应用性特征,理应划归现代职业教育体系。

5. 深化教育教学改革,助推高职教育高质量发展

打造高职"金课",推动高职教育课堂教学革命。高职院校应借助人工智能、大数据、云计算等技术,不断创新高职教育资源结构,创新高职教育教学方式,利用微课、慕课、翻转课堂、虚拟仿真课堂、教学资源库、在线开放课程,探索传统教授方法与线上线下一体的混合式新型翻转教学模式,打造以学习者为重心、以职业能力为本位、以任务驱动为取向、以工学结合为突破口、注重工作过程系统化的课程体系,推进课堂教学革命。

高职教育高质量发展要对接国家重点战略、区域支柱产业和战略新兴产业,实施专业集群发展战略,围绕紧缺的学前教育、护理、养老服务、健康服务、现代服务等领域,优化资源配置,形成资源集聚效应,打造以优势专业、重点专业、特色专业为龙头,相关专业为支撑的专业集群;发挥优势专业、特色专业的引领和辐射作用,带动各专业共同发展,打造新的专业格局,升级专业建设内涵,增强服务产业发展的能力。

建立数字化教学资源联盟,形成资源共建共享的运行机制。以国家职业教育专业教学资源库、精品课程、在线开放课程等一系列数字化教学资源建设为契机,高职院校跨院校"共建共享"数字化教学资源,打通各数字资源之间的信息壁垒。

打造具有工匠精神的"双师型"队伍,提升教师执教能力。高职院校将师德师风建设、大国工匠精神、回归教育本质融入师资队伍建设,不断提升教师思想政治素质和职业道德情操;有效利用产教融合发展的校企合作平台、公共技术服务平台、协同创新平台和高新技术转移平台,形成校企协同促进教师创新发展的动力机制;聘请大国工匠、产业教授,吸引企业能工巧匠,多措并举,打造高素质"双师型"教师队伍。

立德树人,以人为本,助力学生价值增值。高职教育教学要研究学生特点、研究学生的需求、研究学生成长规律、研究教育教学方式,实施差别化教学和小班化教学,因材施教,兼顾统一性和差别性;突出扬长教育和特长培养;注重实践操作能力培养,工学结合、知行合一、学做一体;探索"思政导师"和"教学导师"双导师制,辅导员担任"思政导师",负责学生思政工作,专任教师担任班主任,助力学生成长成才,形成全员、全过程和全方位的立体化育人体系。

6.深化体制机制改革,充分激发高职院校办学活力

新时代,高职教育管理体制和办学体制已由政府主导、政府办学向政府推进、政府统筹、社会多元办学转型。政府应进一步深化"放管服"改革,转变政府职能,在资源配置过程中要充分发挥市场机制的作用,鼓励行业企业积极参与高职院校办学,调动和引导社会各界支持和参与办学的积极性,实现资源配置效率的最大化和效益最优化。高职院校应积极完善产教融合、校企合作协同育人的有效机制,创新高素质技术技能人才培养模式;探索混合所有制办学,推进产权制度改革,通过校企共建"双主体学院",建设"产业学院""混合所有制二级学院"等方式,以国有资产撬动民营资本和社会资本参与高职院校办学;探索注册职教集团独立法人,遴选国家示范骨干职教集团,实现职业教育集团化办学的实体运作,发挥资源的集聚效应、规模效应和协同效应。

打造多元共治试验田,提升内部治理现代化水平。高职教育高质量发展应扩大高职院校办学自主权,完善以章程统领的管理制度体系,规范学校自主办学行为,建立权力分配合理、执行有效、监督到位的内部运行机制;充分发挥学术委员会的作用,推进教授治校和科研繁荣;探索建立学校宏观调控、院系自主运行、师生民主管理、教授专家治学、重心下移、权力下放的二级院系管理体系;建立和完善问责制,推进内设机构改革,消除职能交叉、权责不明、职责不清、推诿扯皮的现象,提高决策执行力;完善绩效考核制度,切实推进绩

效工资改革,以结果为导向,激发教职员工的工作积极性和创造性;设立理事会、董事会,鼓励行业、企业、社区积极参与高职院校办学,发挥咨询、审议与监督的作用,实现学校决策的科学化和管理的民主化,形成多元主体共治的良好局面。

　　"百舸争流勇楫者先,千帆竞渡勇进者胜"。发展高职教育,没有人是站在岸上指导的指挥员,我们都是战斗员。新时代,高职教育发展将乘着全国教育大会和"职教 20 条"的东风,以"双高计划"为引领,以势不可挡的磅礴气势,踏着铿锵有力的步伐,一路高歌,续写高职教育新篇章,再创新辉煌!

高职院校内部治理现代化的路径选择①

陈寿根②

摘　要：治理现代化是高职院校改革发展的当务之急。本质上治理现代化是平衡利益相关者价值、权力和利益，优化决策、执行、监督权力结构和运作，推动教学、教育、管理和服务等工作制度化和规范化，深入开发学校治理结构、管理制度和治理文化价值功能的过程。推进治理现代化可以在完善决策、执行和监督体制机制，凸显治理结构功能；厘清管理制度层次、内容、理念、规则、程序和执行内涵，增强治理机制功力；加强价值观管理、领导力提升和人际关系培育，开发治理文化功效等三个方面发力。

关键词：高职院校；内部治理现代化；治理结构；管理制度；治理文化

推进高职院校内部治理现代化时不可待，其一，党的十九大把"推进国家治理体系和治理能力现代化"写入党章，十九届四中全会对国家治理现代化作出全面部署，《中国教育现代化 2035》则将"推进教育治理体系和治理能力现代化"确立为教育现代化的十大战略任务之一；其二，高职院校外部治理改革高歌猛进，"管办评分离""放管服改革"不断深入，回应外部治理变革，建立与之相适应的内部治理结构、制度和文化，是高职院校发展迫在眉睫的任务；其三，大部分高职院校世纪之交自中专学校升格以来，过去的十多年，人们把主要精力集中在人才培养模式创新、教师队伍建设、实践条件改善等主题性改革上，内部治理等保障性改革没有充分顾及，传统管理已经成为高质量发展的桎梏。

高职院校内部治理是在利益相关者共同治理、法人治理和治理均衡器等理论观照下，学校办学自主权配置、运行和制衡的方式。治理强调利益相关者民主参与、平等互利和协商合作，决策、执行、监督职权明确、边界清晰和有效耦合，学校运行依法依规、专业规范和透明公开，治理结构安排、管理制度设计和

---

①　本文在江苏省高等教育学会 2020 年学术年会上作了专题报告。基金项目：2019 年江苏高校哲学社会科学研究重大项目"高职院校治理现代化评价标准研究"（2019SJZDA075）；全国教育科学十三五规划教育部重点课题"高职教育第三方评估的困境与突破研究"阶段研究成果（DJA190340）。

②　作者简介：陈寿根，江苏城乡建设职业学院副院长、研究员，研究方向为高职教育治理、质量保障。

治理文化建设协调统一、理性科学和讲究实效。因此,治理现代化本质上是平衡利益相关者价值、权力和利益的过程,优化决策、执行、监督权力结构和运作的过程,推动教学、教育、管理和服务等工作制度化和规范化的过程,深入开发学校治理结构、管理制度和治理文化价值功能的过程。

一、推动治理结构现代化

治理结构是高职院校决策、执行和监督的机构设置、职权分配和权力运行规则。有没有好的治理结构,直接关系到学校能不能确保正确的办学方向,能不能遵循教育规律办学治校,能不能形成近悦远来的吸引力和百舸争流的学术氛围,能不能形成高水平人才培养体系和追求卓越的核心竞争力。[①] 自《国家中长期教育改革和发展规划纲要(2010—2020 年)》提出完善治理结构、建立现代大学制度以来,完善治理结构成为了高职教育改革发展文件的永恒话题。

(一)完善党委领导、院长负责、专家治学、民主管理、社会参与的决策结构

《高等教育法》《职业教育法修订草案》明确,国家举办的高等学校、公办职业学校实行中国共产党基层委员会领导下的校长负责制,党委领导、院长负责是公办职业院校的根本制度。高等教育、职业教育发展的历史昭示,大学教授携手行业工匠治学,实现学校的民主管理是高职院校有效履行办学使命、走向卓越的基石。利益相关者共同治理则是治理现代化的精髓和标志,是大学治理历久弥新的经验。因此,建立"党委领导、院长负责、专家治学、民主管理、社会参与"的决策结构,是高职院校治理结构现代化的不二选择,高职院校重大决策、重要人事任免、重大项目安排和大额度资金运作应当由党委决策,人才培养、科技研究、服务社会、文化传承创新和国际合作中的面广量大的行政工作应当由院长办公会决定,专业建设、素质教育和科技研究等工作中的学术问题应当由学术委员会拍板,事关教师切身利益的福利、分配方案以及相应的聘任、考核、奖惩办法应当提请教代会审定。

应当学习领会中共中央办公厅《关于坚持和完善普通高等学校党委领导下的校长负责制的实施意见》、教育部《高等学校学术委员会规程》《学校教职工代表大会规定》《普通高等学校理事会规程(试行)》,厘清党委、院长、学术委员会、教职工

二、大学评价的目的、内容、方法与功用

---

① 管培俊.大学内部治理结构:理念与方法[J].探索与争鸣,2018(6):28.

代表大会和理事会的组织性质、成员结构、决策与辅助决策的职权和程序,在此基础上,制定各机构的议事规则,健全相互之间的沟通机制,以合理的机构设置、明晰的职权分配、规范的议事过程、真诚的分工合作,保障学校各项决策的科学性。

(二) 打造专业导向、职责明确、上下通畅、分权制衡的执行结构

我国大部分高职院校以"直线—职能型"设置管理机构(如图1)。直线系统包括党委、院长和二级学院(部)领导班子,他们在职责范围内行使决定、指挥和监控权力;职能系统包括党政管理部门、教育辅助单位和专业(群)教研室,这些是直线系统及其领导的参谋和助手,对下级工作提出建议、进行指导,不能下达命令和进行指挥。专业导向、职责清晰、上下通畅、分权制衡的执行系统是有效落实各项决策的关键。

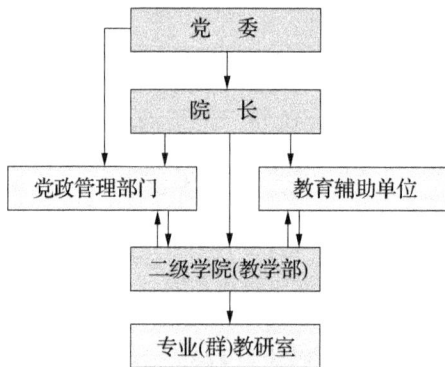

图1 高职院校"直线—职能型"管理机构图
注:党委、院长、二级学院(教学部)是直线管理机构,党政管理部门、
教育辅助单位、专业(群)教研室是职能管理机构。

鉴于高职教育的本质是专业教育,高职院校归根到底是"底盘沉重"的学术组织,高职院校管理机构设置应当以开发对接产业的专业(群)为起点,以专业(群)集聚发展组建二级学院,以有效管理和服务二级学院设立管理部门和教辅单位。要理清学校和学院职责,在学校层面,党委、院长及其管理部门、教辅单位重在建立管理制度和服务规范,以制度和规范对二级学院实施管理和服务;在二级学院层面,领导班子及其专业(群)教研室重在建设专业、教育管理服务学生、组织科技研究、开展社会服务、加强基层组织建设。要理顺校院二级关系,学校要赋予学院充分权力,实现权责匹配;全校上下要敬畏、尊重制度和规范,学院以制度和规范开展工作,管理部门以制度监控过程、评估绩效、规制权力运行,教辅单位则依规范提供服务。

（三）创立统筹协调、技术先进、覆盖全局的监督结构

在每一个群体中都有不顾规范，一有可能便采取机会主义行为的人，也都存在这样的情况，其潜在的收益是如此之高，以至于极守信用之人也会违反规范，组织的规范不能消除机会主义的行为。① 另外，有些拥有权力的人容易滥用权力。克服人性的弱点，防御机会主义、规避权力运行风险，需要建立统筹协调、技术先进、覆盖全局的监督体系。

回应外部治理的要求，高职院校设置了众多的监督机构，质量管理办公室、审计处、纪委和教职工代表大会分别负责教学教育、经济运行、党纪政纪执行和院长行政工作的监督。显然，如果不能整合和规范这些机构的运行，名目繁多的监督难免冲击、甚至扰乱被监督部门的工作。应当制定学校监督工作条例，成立监督委员会，明确监督工作的指导思想、基本原则、内容要素、方法手段和主体责任，强化对监督机构的统筹协调。厘清监督机构的职权边界，推动分工协作、联合监督，避免频繁的监督活动影响正常的秩序。组织监督研究，以分清职权为前提、健全制度为基础、实时监督为形式、信息技术为支撑、追责问责为保证、培养自律文化为追求，创新监督技术、提高监督实效。健全对党委、院长、学术委员会和教代会决策进行监督的制度，健全对监督机构进行监督的制度，消除监督工作的盲点和薄弱环节，实现决策、执行和监督的监督全覆盖。

二、致力管理制度现代化

教育部《全面推进依法治校实施纲要》指出，依法治校是提高学校治理法治化、科学化水平的客观需要，建设现代学校制度的内在要求，实现教育现代化的重要保障。管理制度在学校建设、改革和发展中具有基础性、长期性、稳定性和根本性作用，有效的制度供给和制度创新是大学获取竞争优势的根本，不同的制度安排将会使大学产生较大的竞争力差异。② 一所学校成功与否在于其制度的合理性、适应性和优越性，是制度在制造质量，分隔学校质量的高低。③

---

① ［美］埃利诺·奥斯特罗姆.公共事物的治理之道——集体行动制度的演进［M］.余逊达，陈旭东，译.上海：上海三联书店，2000：61.
② 宣勇.大学能力建设：新时代中国高等教育面临的重大课题［J］.高等教育研究，2018(5)：17.
③ 蒋冀骋，徐超富.大众化条件下高等教育质量保障体系研究［M］.长沙：湖南师范大学出版社，2008：195.

（一）建构层次分明、内容完整的制度体系

大学的制度建设必须首先理清层次，否则，制度缺失、过剩和矛盾的窘境无法改变。[①] 当前高职院校治理中存在的章程成为摆设、办学纲领难以落地，跨部门工作各行其是、实效低迷，制度表述不一、执行者无所适从，部分工作缺乏章法、为师生诟病等问题，其主要原因是制度层次不清、制度内容不全。

犹如国家制度由法律、法规和规章之分一样，高职院校的管理制度包括层次分明、上下衔接的基础制度、基本制度和具体制度。基础制度是学校章程，它上承国家法律法规，下启学校基本制度和具体制度，是学校依法自主办学的"宪章"，重在厘清学校与举办者、管理者、社会组织和市场的关系，宣示学校的成长历史、办学使命、发展理念、治理结构、主体职权、资源管理和文化传承等。基本制度是统筹全局性和综合性工作的制度，其意义在于落实章程精神，保障跨部门工作的统一性和协调性，重在确立学校党的建设、师资培养、财产管理、资源整合、制度建构、精神塑造、专业（群）发展、素质教育、科技研究、社会服务和质量管理等工作的核心理念和重要举措，明确工作的目标、任务、原则、路径和主体责任。具体制度是管理部门和教辅单位履行职责的规范，建立在基本制度之上，指向管理部门和教辅单位的每一项职责，覆盖学校建设和改革的每一项任务，依托实体性和程序性的制度，使学校日常工作及其管理有章可循、有据可依。应当循序渐进推进三个层次的制度建设，建立起科学的制度体系。

（二）建设理念清晰、规则合理的制度规章

制度的基本要素包括理念和规则。理念是制度的灵魂，是蕴含在制度之中的价值追求、学院精神和目标理想；规则是制度的实质内容，通过规定责任、权益、过程和方法等对师生的行为施加影响。理念清晰、规则合理的制度才是高质量的制度。

制度必须承载思想、精神和理想。一方面，制度建设的目的就是为了形成统一的思想，培育集体的精神，实现成长的理想，承载思想、精神和理想是制度的使命和价值所在；另一方面，在保障大学的高水准方面，思想、精神和理想比任何设施、组织都更有效[②]，而制度因超越限制具有公共权威和强制效力，在传承思想和精神、引导人们追求理想上具有得天独厚的优势。因此，高职院校的制度应当充满立德树人、服务发展、产教融合、共同治理、学生中心、教师为本、

---

① 陈寿根.增强高职院校管理有效性的路径选择[J].高等工程教育研究,2016(5):198.

② 李培根.论大学精神与文化[J].国家教育行政学院学报,2015(1):3.

学术自由和民主管理等思想,充满科学、人文、开放和服务等高职精神,充满制度期待实现的目标理想,通过制度的运行达到统一思想、塑造精神和实现理想的目的。

制度必须规则合理,平衡多元主体的价值、利益和权力诉求。制度变迁理论告诉我们,"理性人"对自身利益的关注,传统观念、方式和价值偏好形成的"路径依赖",学校业已形成的组织文化,都会对制度运行产生重要影响。无须赘述,制度执行比设计更为重要,作为一种允许、禁止或命令人们如何为人处事的规矩,制度唯有得到相应人的认可,方能发挥应有的激励和约束作用。为此,制度规则应当做到合法、合理、合情兼容,既要遵循国家法律法规和学校上位制度,又要尊重学校历史传统和利益相关者情感态度,以规则的合理性奠定执行的可行性,从而确保制度的实效性。

(三)建立规范生成、严谨执行的制度程序

制度程序指制度生成和执行的过程环节及其顺序。缺乏完备程序要件的法制是难以协调运行的,硬是推行之,则易于与古代法家的严刑峻法同构化,其结果往往是治法存、法治亡[1],忽视程序对于制度建设来说是一种严重的危害。[2]《全面推进依法治校实施纲要》要求,学校改革发展的重要决策应当进行合法性论证,开展合理性、可行性和可控性评估,要完善职能部门论证、专家咨询、听取教师意见、专业机构或者主管部门测评相结合的评估机制。

应当健全立项、起草、合法审查、征求意见、专家论证、依法审定的制度生成程序,通过拟定制度制定(修订)计划,有计划、有步骤推动学校的制度建设;组建具有公共情怀、熟悉业务的团队起草制度,奠定制度质量的基础;成立由法律顾问、法律专业教师等组成的审查机构,保证制度的合法性和合章程性;召集利益相关者,特别是制度相对人评议制度,掌握不同利益主体的诉求;邀请专家论证制度,提高制度的品质;规范党委会、院长办公会、学术委员会和教代会等法定机构的审定过程,强化制度的权威性。以严肃的态度、严密的过程、严实的作风,保证学校每一项制度的科学性。

应当建立宣传、执行、评估为主要内容的制度执行程序。艾利森指出,在实现制度目标的过程中,方案确定的功能只占 10%,而其余的 90% 取决于有效的执行。[3] 要强化制度宣传,帮助执行主体和相对人认识制度的价值和内涵,增强

---

① 周湖勇.大学治理中的程序正义[J].高等教育研究,2015(1):2.

② 刘献君.现代大学制度中的若干关系[J].大学(学术版),2012(1):43.

③ 张金马.政策科学导论[M].北京:中国人民大学出版社,1992:205.

价值认同和内涵理解;组织执行机构及其人员制定制度执行规程,把制度执行纳入规范化轨道,避免制度执行的随意性和自由调;建立制度适应性和充分性评估长效机制,及时发现、纠正制度本身及其执行过程中的问题,规范制度"立改废释",保证制度的公信力。

三、加强治理文化现代化

治理文化是利益相关者在治理活动中形成的关于学校治理的价值认知、态度情感、思维方式和行为习惯等。实证研究表明,大学治理的有效性与结构、制度以外的文化因素存在着更为密切的关联,在不完善的治理结构和制度下,治理体系依然可以运行,但治理文化如果遭到破坏,治理体系将有可能因为缺乏共识、沟通、聆听和包容而走向失败。大学要实现"善治",就应确保治理过程融汇和传递强大和灵活的治理文化。①

(一) 强化价值观管理

价值观管理指学校各级各类管理者利用人、财、物和信息等资源,将学校核心价值思想内化为师生价值追求的过程。霍金森强调,教育管理应该特别关注"价值"及其在管理活动、管理理论特别是管理哲学中的地位②,因为师生的态度、情感、动机、积极性、创造力以及工作和学习绩效,与价值观内化成显著的正相关,一个学校的生命力和成功依赖于其内在的价值观。③ 高职院校需要通过价值观管理,把师生个人的理想、信念、追求与学校的目标、使命、愿景统一起来,使核心价值观成为他们日常行为的指南,检验工作、学习和生活是非、好坏、对错、善恶和美丑的标准。

应当组建专门团队、组织广大教师和校友梳理学校的文化脉络,寻找学校的文化基因,凝炼学校的核心价值观,诠释核心价值观的内涵。在此基础上,借助主题活动、会议典礼、讲座论坛、口号符号、人文景观、橱窗微信、典型引领和榜样示范等各种形式开展教育活动,将核心价值观内化于师生之心,外化为师生之行,固化成师生之性;将核心价值观沉淀在学校的各项规章制度里,作为评价教师师德、学生素质的标准,评选表彰各级各类先进的条件。定期对核心价值观管理过程、方法和结果进行评估,发现核心价值观及其管理中的问题,赋予

---

① 刘晨飞、顾建民.美国大学有效治理研究的回顾与反思[J].江苏高教,2014(3):8.

② 孙绵涛,罗建河.西方当代教育管理流派[M].重庆:重庆大学出版社,2000:54.

③ 耿加进,施坚.价值观管理:当代高等教育管理的应有之维[J].江苏高教,2015(6):49.

核心价值观新的意义,纠正管理中出现的偏差,真正使核心价值观成为全体师生的集体人格。

(二) 提升管理者领导力

领导力是学校团队管理者所具备的、为其成员普遍感知的管理能力,由进取精神、战略眼光、专业知识、学习自觉、沟通技巧、公平意识、民主作风、关爱下属和关注利益相关者习性等个性品质构成。团队管理者通过自身的态度、知识和技能传递团队行为规范和价值体系的建构,影响下属乃至同僚和上司的信仰、追求、伦理、行为、工作绩效,相同性质和基础、相似环境和成员的团队出现大相径庭的差异,最主要的原因是团队管理者的领导力不同,治理过程的效能和可行性与领导力紧密相关。[①]

领导力提升的基本路径是教育培养和自我修炼。学校应当以领导力模型的建构为抓手,分门别类明确党政领导、学术委员会主任和教代会执委会主任,二级教学单位、行政管理与服务部门领导,专业带头人、骨干教师、普通教师、辅导员和班主任的素质要素及其标准,使得领导力教育培养有方向、自我修炼有目标。依据素质模型健全招聘遴选、入职与岗位培训、能力考查与考核、成效奖励与处罚等管理制度,强化管理者的领导力意识。构建学习交流平台,通过举办培训班、组织研讨会、选送参加校外学术活动等,为管理者领导力发展提供条件。另一方面要引导管理者发现领导力素质的薄弱环节,通过自主学习、交流切磋、课题研究和论文发表等多种措施改造短板,自觉担负起自我成长发展的责任。

(三) 培育相互信任的人际关系

治理危机的深层问题是信任危机,大学治理的不同主体、主体与客体之间缺乏信任,治理无论选择何种结构和制度都难以产出绩效。[②] 事实上,如果党委、院长和学术委员会等决策机构人际关系紧张,善意的提醒被当作恶意的挑刺,或者漠视别人提出讨论的议题,事不关己、高高挂起,期待形成科学的决策只能是一种奢望。决策机构、执行机构和监督机构之间人际关系紧张,决策形成的决议时不时受到执行团队的质疑,监督发现的问题经常被执行团队否定,共治和善治也只能是一种可求不可及的梦想。在治理关系的脉络中构筑起沟通、协商、理解和包容的信任精神至于有效治理极其重要。

---

①　顾建民刘爱生.超越大学治理结构[J].高等教育研究,2011(9):27.
②　刘亚敏.大学治理文化:阐释与建构[J].高教探索,2015(10):8.

　　人际矛盾和冲突的"根"在制度,"源"在文化①,建立相互信任的人际关系,首先应当保证制度的公平正义,在规则合理、程序公正和执行严肃上苦下功夫,增强利益相关者的制度认同和信任。其次要保障师生的参与权、知情权和表达权,按照师生的身份属性和能力特点,吸收他们参与决策、监督和工作创新研究;完善校务公开制度,让广大师生了解学校建设、改革和发展情况,让权力在阳光下运行;畅通渠道,推动领导与群众、管理者与被管理者、服务者与被服务者、教师与学生之间的沟通。再次要完善权益救济制度,实现师生申诉有门、救助有人,合法权益不受侵犯。最后要培养师生的公共理性,借助会议、讨论、交流和新媒体等途径培养师生的公共责任和公共情怀,传递尊重体谅和人格平等,引导师生关注公共利益、宽容他人可能的不足和失败。

　　总而言之,高职院校内部治理现代化是高职教育改革发展重要而紧迫的任务,把握大学治理的内涵和本质,完善决策、执行和监督体制机制,保证治理结构的合理性;致力分清层次、完整内容、渗透理念、合理规则、规范程序、严肃执行,增强管理制度的科学性;强化价值观管理、领导力提升和相互信任人际关系培育,开发治理文化的基本功能,是高职院校治理现代化的应然选择和基本路径。

---

① 刘晨飞,顾建民.大学有效治理视角下的人际冲突及其调和[J].江苏高教,2018(10):56.

三、师生评价的现状
与问题研究

　　教师和学生是高校最主要的两类主体，一直以来批评甚嚣尘上。如教师评价存在教师选聘把关不严、考核评价缺乏整体设计，对教师从事教育教学工作重视不够、重数量轻质量的情况还比较严重等问题；学生评价存在缺乏过程性考核和质量考核，重入口轻出口等问题。随着高等教育改革的发展，师生评价改革也与之同频共振。令人欣喜的是，有关高校师生评价的改革中，分类分层次分学科设置考核内容和考核方式已成趋势，与目前很多高校试点推进的"分类管理"方向相吻合。更可贵的是，高校评价改革坚持用发展的理念，强化对师生的发展性评价，避免了以往"一锤子买卖式评价"的弊端。本部分论文提供了相关高校在师生评价方面的探索与试点，以分享经验、促进交流。

基于应用型院校转型的高校教师
胜任力考评建构研究

谭明贤①

摘　要:高校教师评价主要是教师岗位职责、履职情况、学生评价、价值实现等行为成果的判断和预测。应用型院校转型已经成为新时代高等教育改革的重要内容,众多本科院校都将应用型大学转型作为学校未来改革发展的主要方向,也对高校教师队伍建设提出了新的要求。我国高校现有教师评价考核体系(考评)还存在诸多困境,特别是在教师胜任力考评体系建设中,评价目的错位、评价标准偏差等问题严重影响教师评价体系的科学性和合理性。本文基于应用型院校转型背景,结合高校教师胜任力评价体系的原则和特点,构建符合我国高校教师特点的胜任力评价体系。

关键词:应用型大学;胜任力评价;体系构建

在高等教育大众化的新时代,建立新的教师胜任力和科学的考评体系,是时代发展向高校及高校教师提出的新要求。深刻领会和把握习近平新时代教育思想,是高校转型发展的必然趋势。为此,教育部等六部委出台文件《现代职业教育体系建设规划(2014—2020 年)》,对应用型大学转型做出了顶层设计指导。《规划》明确指出,要进一步鼓励应用型大学转型,提升对地方经济社会服务能力;明确改革发展定位,实施综合性、应用型转型改革。② 新时代下应用型大学转型升级已经成为高校教育教学改革的重点内容和发展方向,而高校教师是否能够适应改革趋势,在教学理念、评价体系和自身能力建设上是否能够满足应用型大学转型的现实需求,这些问题都值得我们深入思考和研究。

---

① 作者简介:谭明贤,中国矿业大学在读博士,淮阴师范学院外国语学院教师,研究方向:教育经济与管理。

② 王润彤,朴雪涛.地方本科高校转型与"双师双能型"教师队伍建设研究[J].煤炭高等教育,2016(6).

三、师生评价的现状与问题研究

一、应用型大学转型引入教师胜任力考评建构的必要性

把胜任力理念引入高校教师评价体系,对其进行不断创新完善,促进师资队伍良性发展,有利于高校教师向更富有社会责任感的方向健康发展,也是对现有评价体系的一种创新和完善。高校教师胜任力评价体系注重的不再局限于一个相对较短时期内教师在工作上所取得的成绩这些外在表现,更关注教师与工作有关的、相对稳定的个性特征,同时涵盖教师个体所具备的专业学科知识、教学科研能力、价值观、责任感和归属感等。

一是特色化定位。应用型大学在学科定位和学科建设上与地方经济发展和产业建设息息相关。学校转型发展往往也依托于地方资源、产业和文化优势,反过来也促进学校不断发展。因此,大学转型发展往往需要走特色化道路,注重差异化发展。评价体系内容将会更加侧重于如何培养应用型人才,评价方式也将会采取理论和实践相结合方式,相互促进。

二是转型实现专业对接优化。应用型大学转型发展,专业学科建设是学校特色办学的核心体现,学校专业设置与地方产业有效结合是应用型大学能够成功转型的关键。[①] 一方面,应用型大学要明确地方产业发展定位,合理优化学校专业设置,对存在与专业体系建设和产业发展结合不紧密的深层次问题予以正视,并采取有效措施加以解决。应用型大学要结合地方产业发展实际情况,深入产业发展一线企业进行调查研究,并围绕调查结果和学校特色专业实际,进行优化创新,打造特色专业集群,重构学科专业体系。另一方面,应用型大学转型需要对课程结构和课程内容进行有效调整,将服务学生作为课程调整根本目标,促进应用型人才培养。应用型大学转型在专业设置和课程内容上进行了优化调整,这就对高校教师提出了新的要求。在课程转型的现实背景下,教师需要重新对课程结构和课程内容进行掌握,还要坚持终身学习。对高校教师胜任力评价体系也要适当进行调整,以适应应用型大学转型需要。

三是转型校企合作模式。在师资队伍建设上,应用型大学直接培养集生产、管理、服务于一身的综合型人才,在实施教育过程中既要求学生能够熟练掌握理论知识,还要求学生具备一定的操作能力。要想让学生获得上述能力,教师就必须具备更加深厚的专业能力和理论知识。特别是随着校企合作的逐步深入,教师不仅要到企业一线进行岗位实习,同时还要对最前沿的成果有所涉

---

① 王树乔.高校双语教师教学胜任力评价体系建构研究[J].高教学刊,2016(2).

猎,在职业能力和教学能力都要有所提升。此外,高校还要聘请一线专家和骨干到学校进行教学交流,对教师队伍进行培养。从这个层面看,对高校教师胜任力评价体系产生深刻影响,对教师的职业能力和教学能力的评价将进行优化和调整,确保评价体系的时效性和科学性。

应用型大学转型对现行的高校教师评价体系将会进行大刀阔斧式的改革是必然的。应用型大学教师评价体系应该与学术型大学评价体系有所区分,应该从注重科研成果数量向注重经济效益和社会效益的评价体系转移。在确保科研成果创新有所提升的前提下,应该将科技成果转化作为重要评价指标,并同企业和地方经济发展建立紧密联系。在提升教师综合素质的同时,为企业和社会培养更多合格人才。从国际经验看,对于教师入职有严格培训和考核要求,并十分注重教师的继续教育。很多一线优秀教师必须具有企业相关工作经验,并与企业存在相互合作关系,为学生实习就业创造广泛机会。同时,也能够保障应用型大学教师随时掌握最前沿的工程,提升教学工作的针对性和实效性。

二、胜任力引入高校教师考评体系的内涵及效能

高校教师评价制度是科学选人用人的基础和依据。构建基于岗位管理的高校教师胜任力评价体系,有助于提高应用型大学转型教师整体胜任力水平及岗位管理实践效率。应用型大学转型是高校教育改革的一次有益尝试,对于应用型大学未来发展将会产生重要影响。将胜任力引入高校教师评价体系,就是要通过设定具体标准,衡量教师能力,坚持能上能下原则,全面提升教师队伍建设。在应用型普通高校教师胜任特征模型实证分析的基础上,针对应用型高校的教育教学、科学研究、社会服务等办学职能要求,形成教师胜任力特征指标集合。一级指标主要有教学示范能力、科技创新能力、团队合作能力、责任意识、服务精神、成就取向等 6 个维度,一级指标共下设 24 个二级指标项目,具体见表 1。

表 1　应用型高校教师胜任力指标体系

一级指标	二级指标(观测点)
教学示范能力	学识水平、职称层次、教学技能、教学质量、教研与教改、实践教学指导
科技创新能力	科学研究、产学研合作、科技成果转化
团队合作能力	团队构建、参与团队、沟通协调

续　表

一级指标	二级指标（观测点）
责任意识	岗位履职、职业道德、诚实守信、忠诚教育事业
服务精神	关爱学生、支持他人、参与校内活动、参与社会服务
成就取向	自我发展、适应社会、大学文化、理性和包容

（一）胜任力的内涵

"胜任力"一词，最早出现在 20 世纪《美国心理学家》杂志上，该刊第一次用胜任力取代传统智力测量，也就是说胜任力最早用于智力测试。通过胜任力测试能够有效区分个体之间的绩效优劣，这种能够直接反映出绩效成果和个体行为的特征被称为胜任力。从概念上看，胜任力是指绩效优秀的个体在一定环境和制度组织下所具备的能够衡量的能力、态度、知识、个性特质等特征，这种特征必须具备区别出绩效工作者的能力水平。[①] 从结构上看，胜任力应该由外显胜任力和内隐胜任力组成。外显胜任力是能够为其他人所了解的能力，诸如知识能力、教学能力、实践操作能力；内隐胜任力则主要体现在个体价值层面，诸如个体价值、动机、性格和态度、终身学习意识等，内隐胜任力更能够将绩效工作者的能力区分开来。

（二）胜任力引入高校教师评价体系的效能

高校教师评价体系引入胜任力，能够有效提升教师评价体系的客观性，对于引导教师个人发展提供良好的引导和推动作用。当前，传统教师评价体系已经很难适应高校对教师的需求，特别是在评价内容和方法上还是"尚欠火候"，急需新的评价依据对传统评价体系进行优化整合。将胜任力引入应用型大学教师评价体系之中，对提升高校教师素质，满足学生现实需求都具有极其重要意义。高校组织管理部门开始运用更为现代化的人力资源管理，对高校教师进行更加科学的管理，将胜任力引入高校教师评价体系就是对教师管理本土化、科学化的表现形式，有利于推进教师心理建设和工作绩效研究。高校教师评价体系引入胜任力是对评价体系的又一次创新和完善，有效丰富了教师与工作相关的个性特征标准，并对教师的专业知识、科研能力和实践操作使用了定量标准，促进了高校教师评价体系理论评价与实践评价有效结合，也恰当地弥补了传统评价体系中的诸多不足。

---

① 刘其涛.应用型大学"双师双能型"教师队伍建设路径探究[J].科技创业月刊,2016,(17).

三、当前我国高校教师胜任力考评构建存在的主要问题

当前的高校教师评价体系,并不能对教师进行全面客观的评价和对教师个人发展提供良好的引导作用,高校教师呼唤基于胜任力的评价体系来解决这个问题。

一是高校对教师胜任力评价体系重视程度"差强人意"。虽然很多应用型大学正在进行转型升级,但相对于教学和人才培养模式转型升级,对教师胜任力评价体系重视程度不够。很多学校虽然将胜任力引入教师评价体系之中,但仅作为参考借鉴,并没有将胜任力作为教师评价体系核心来展开。[①] 这就必然造成很多应用型大学教师评价体系,实际上仍然沿用传统的教师评价体系,根据教师量化考核结果作为教师职称评定和工资晋升的主要依据,对于教师的个性化特征和未来发展潜力,以及道德层面的内容关注较少。

二是高校教师胜任力评价体系在实际操作过程"尚欠火候"。国内许多高校教师岗位管理方面随意性较大,缺乏科学、系统的顶层设计及实践创新,对岗位责任、权利、利益等关系的协调不够清晰,对岗位职责和绩效标准的界定不够明确,缺乏检验教师能力素质是否达到岗位履职标准的胜任力评价体系。传统教师评价体系只需要教师提供相应的理论科研成果,理论层次和期刊等级一目了然,学校只需要很短时间内就能够对教师评价分数计算出来。但对于胜任力评价体系,很多参数指标都属于隐性指标,并不能通过量化方式予以明确表示清楚,需要对教师进行综合手段才能够得出相应结论,且往往还存在主观成分。这就造成很多学校不愿意耗费大量精力和时间用于教师评价考核上。加之,评价导向异化,对教师教学效果很难做出有效判断,更愿意相信论文等科研成果带来的真实数据。

三是高校教师胜任力评价考核体系标准"单一匮乏"。高校教师胜任力是教师个体具备的与完成教育教学、科学研究、社会服务等任务紧密相关的知识、技能、社会角色、个性特质、成就动机等多种特征因素的集合。教师胜任力不仅需要定性和定量的测评,还需要结合岗位管理及职业发展不断培养开发,更需要将个体胜任力有机整合为教师整体胜任力,继而形成高校人才核心竞争力。当前,国家教育部门还没有针对应用转型背景下高校教师胜任力评价体系进行标准统一,很多地区和高校都是按照自己制定的高校教师胜任力评价体系标准进行落实执行。在实际操作中,定性评价和定量评价标准设定很难做到公平、

① 黄怡园,李茂华.高校教师胜任力评价指标体系研究[J].科技经济市场,2015,(10).

公正和客观、科学,导致评价结果并不能用于教师职级评定和工资晋升。

四、应用型大学转型背景下高校教师胜任力考评体系的构建原则和指标内容

应用型大学转型背景下高校教师胜任力评价体系的构建需要遵循一定的原则,按照外显性胜任力和内隐性胜任力划分不同标准(有专家学者划分为潜在和显性),结合应用型大学转型教师的实际特点,并实施动态的管理过程。

(一)高校教师胜任力评价体系设计原则

一是应该坚持指标量化简化原则。高校教师胜任力评价体系作为教师绩效考核和职级晋升的主要依据,在设计过程中要充分考虑教师的过程评价和结果评价,在设计标准上要突出教师主要个体特征,对于可以忽略的小指标尽量进行合并简化,以方便操作[①],坚持量化简化原则。

二是应该坚持理论结合实践、可操作性原则。既要注重教师的理论知识功底,也要注重教师在实践操作层面对于学生的帮助和指导,并针对学校不同岗位的教师,在指标设定上予以区分,对于一线教师和行政人员要有所区分,以提升评价体系的适应性和可操作性。

(二)高校教师胜任力评价体系构建指标

一般学者按照外显性胜任力和内隐性胜任力划分,结合应用型大学转型教师实际特点,坚持量化简化和实际可操作性原则,构建高校教师胜任力评价指标体系。具体指标参见表 2。

表 2　教师胜任力评价指标体系

特征指标	详细特征指标优良中差
外显性特征指标(权重 50%)	教育背景(a1)(权重 15%)
	知识结构(a2)(权重 15%)
	理论教学能力(a3)(权重 25%)
	实践教学能力(a4)(权重 25%)
	身体状况(a5)(权重 20%)

---

① 刘浩梅,颜爱国."应用型大学"转型建设的根本任务、关键和突破口[J].广州化工,2015,(21).

特征指标	详细特征指标优良中差
内显性特征指标(权重 50%)	社会责任感(b1)(权重 15%)
	职业操守(b2)(权重 20%)
	创新能力(b3)(权重 20%)
	师德(b4)(权重 25%)
	学习能力(b5)(权重 20%)

一是外显性指标。主要包含教师教育背景、知识结构、理论教学能力、实践教学能力和身体状况等。这些指标基本能够反映出教师能否具备教学能力,自身素质能否达到教学要求。这些指标能够直观有效地展示教师基本素质。在考核过程中还要充分考虑教师的岗位特点、工作特点和个性指标与群体性指标差异,坚持动态化、过程性考核。

二是内隐性特征指标。主要包含教师的社会责任感、职业操守、创新能力、师德和学习能力等。这些指标多与教师的自身发展和未来规划有关,能够通过自身的言传身教对学生产生潜移默化的影响,培养出具有创新能力和自我学习能力的高素质人才。

探究应用型大学转型背景下高校教师胜任力评价体系的构建设计过程,既需要教育主管部门和高校顶层领导重视,也需要建立科学合理的评价指标体系,并对指标评价量化体系实施动态管理,注重过程性考核,合理扩充评级体系指标量化,提升胜任力评价结果的运用比重和过程。同时,教师评价工作结束后应及时组织校内外专家、行业教师不断进行评估和总结。

三、师生评价的现状与问题研究

刍议当代我国高校学生评价问题的现状与创新措施

涂　聪[①]

摘　要:学生评价是高校评价学生、促进教育教学水平不断提高的重要手段。获取有效性的学生评价是当代高等教育领域的核心工作,也是不断提升高等教育水平的本质要求。在开展学生评价时,既要遵循高等教育的规律性,又要尊重人才多样化发展的现实诉求,这些现实疑难给我国高等教育工作带来挑战。本文通过对我国高校学生评价问题的研究,结合实践,分别从学生评价问题现状、学生评价问题改进、学生评价问题创新等方面进行思考与研究,为新时代中国特色社会主义建设培育英才提供理论参考。

关键词:当代高校;学生评价问题;改进与创新

学生评价是当代我国高校掌握学生兴趣、爱好、愿望和需要,调查教学活动是否满足学生群体需求的一种数据采集手段,在促进学生自我实现和实施教育自我完善的过程中发挥重要作用。我国的高等教育是根据中国特色社会主义建设伟大事业的需要,在促进学生个性的全面发展的基础上,培养社会主义建设者和接班人。因此,决定了我国高校学生评价是通过系统地收集信息,对高等教育活动的社会价值做出判断的过程,它的根本目的是促进我国高等教育与社会的联系,促进我国高等学校教育质量的全面提高。[1]在这个过程中,既要遵循高等教育的规律性,又要尊重人才多样化发展的现实诉求,这些现实疑难给我国高等教育工作带来挑战。高校在处理这些问题时,无法做到面面俱到,导致学生评价的实践操作和理论研究过程中存在一定的问题。本文尝试通过对我国高校学生评价问题的研究,结合实践,分别从学生评价问题现状、学生评价问题改进、学生评价问题创新等方面进行思考与研究,为新时代中国特色社会主义建设培育英才提供理论参考。

---

① 作者简介:涂聪,淮阴师范学院音乐学院党政办公室副主任,讲师,研究方向:马克思主义中国化、思想政治教育。

一、当代我国高校学生评价问题的现状溯源

(一) 高校学生评价制度理论溯源

学生评价即学生评价高校育人各方面工作,反馈的是高校试图通过学生的视角来检验教师教学实践及各方面表现,从而判断高校教师开展的教学实践活动能否达到预期的教学目标和满足学生的发展需要,进而向高校进行反馈以及提出改进要求的行为。[2]学生评价作为高校教学评价的重要组成部分,也是高校教学质量保障体系的重要制度,在改进教学质量、维护和实现学生学习利益、保证和提升高校人才培养质量以及为教学管理制度的改进提供信息等方面发挥重要作用。

高校学生评价制度发源于欧美。20世纪20年代,美国正式建立学生评价制度,是世界上最先开展高校学生评价的国家,如今学生评价已经成为评估美国研究型高校最有效的方式之一。我国的高校学生评价制度起源于20世纪80年代,当时的北京师范大学率先试点在校内开展学生评价活动,推行学生评价制度[3],此举成为我国高校学生评价的先河。随着中国特色社会主义事业的蓬勃发展,高等教育事业也迎来了快速发展的契机,高等教育招生规模不断扩大。在1999年,国务院明确指示鼓励在高校开展学生评价工作,鼓励高校学生以合理方式对高校和教师进行评价。国家政策的进一步明确化,使得高校学生评价制度得以推广和普及,形成了一套完整的理论化体系。

(二) 高校学生评价制度实际缺陷

作为高校调整办学导向和服务学生的理论平台,充分运用好高校学生评价制度,并推动其实施的普遍化和规范化,对于高校自身发展,推动高等教育事业不断进步大有裨益。中共中央、国务院在2004年出台的文件《关于进一步加强和改进大学生思想政治教育的意见》就明确指出:加强和改进大学生思想政治教育的主要任务,一是以理想信念教育为核心,深入树立正确的世界观、人生观和价值观教育;二是以爱国主义教育为重点,深入进行弘扬和培育民族精神教育;三是以基本道德规范为基础,深入进行公民道德教育;四是以大学生全面发展为目标,深入进行素质教育。按照此要求,当代高校学生评价的侧重点应该是考核学生在获得知识的同时,内在思想素质提高的程度与幅度,而在实际操作方面我们看到的却是另一种局面。高校学生给出的评价目的偏离严重,单纯

的学科化倾向让思想政治教育在很多时候失去了它应有的德育功能,这就导致了高校教师教学过多地偏重于知识的传授,教学原本应该是提高素质的载体却成了授课的本身。高校的育人功能被进一步弱化,培养全面型、复合型人才的培养目标成为一句空话,有违高等教育初衷。这种狭隘的学生评价"对于改进高校办学效果甚微,而且难于确保所有(或几乎所有)学生去学会那些被学校认为是最重要的任务,达到教育过程的终极目标"[4]。在这样的评价观的指导下,高校学生评价顶多只能测出学生掌握了哪些政治生活中的基本规则和技能,却忽视了学生的思想改善及进步程度,也就削弱思想政治教育的应有作用,无法取得预期的效果。

当前,我国高校学生评价已经普遍实施学生网上评价制度,涉及学生管理、教学服务等诸多方面。学生网上评价通常包含两种主要形式:一种是通过调查问卷或调查表以封闭式题目对高校教学管理过程的各方面指标进行量化;另一种是通过开放式题目的形式对学生进行个别或集体访谈。[5]国内大多数学者对网上评价持肯定态度,认为其具有比较高的信度和效度,但却忽略学生网上评价制度的实际缺陷。"网评"使学生缺乏积极性和主动性,导致代评和乱评现象层出不穷。评价问题的高度机械化,得出的评价结果并不能得到高校管理者满意的答复,还容易影响改进措施制定的准确性,降低学生评价结果的有效性。

二、当代我国高校学生评价问题的现实困境

(一) 高校学生评价定位不清

高校学生评价是当前我国高校学生教育管理的理论和实践工作面临的一项重要任务,当前我国高校学生评价的理论与实践中存在的问题与矛盾在于既要理解学生评价要从属于、服务于高等教育评价做出判断和调整,又要为促进学生个性全面发展做出贡献,同时还要兼顾促进高等教育的社会功能的实现,高校在实施学生评价具体操作过程中难免捉襟见肘。

高校管理者在开展学生评价活动时,必须认识到:学生评价应当是高等教育评价中"最基本""最重要"的方面,学生评价应当是一项重要的、值得重视的工作,但是事实不是这样。至少在理论层面,从目前已出版的关于高等教育过程中学生评价的著作非常少。有学者认为:"(我们的教育评价)并不否认个人价值的重要性,而只是反对用个人的价值去否定社会的价值。"[6]举例而言,当前高等学校教学工作水平评估中有一个项目为"教学效果"评估,其中的项目有

学生的思想道德修养、基本理论与基本技能、毕业论文(或毕业设计)、体育及社会声誉等。这是和学生评价相关的项目,但是其评价的出发点和方式是从教学这个方面进行的,是作为教学效果的评估,主要的依据是考试的分数等。在评估时,学校按照国家制定的评估指标准备评估材料。这样评估指标是按照重点、一般本科进行粗略划分的,不能体现学校的特色,更难以反映学生个人的状况。

(二) 高校学生评价思路不明

高校学生评价的定位不清晰导致思路不明确,鱼龙混杂。在设置具体的学生评价制度时,却反理论性的指导意见。没有对我国高校学生评价所存在问题深思熟虑。就当代我国高校而言,学生评价存在的主要问题在于:长期以来形成的学生评价制度,过分强调评价的总结性功能和选拔功能,把学生评价局限于为学校管理服务,成为学校控制教师、教师管理学生的主要手段。作为学生,如果没有当学生干部、争优秀、评奖学金的意愿,就会对评价非常漠视。[7]作为评价依据的培养目标和国家的评估指标,存在着只见专业不见个人的情况,导致学生评价仅仅评一些千篇一律、千人一面的项目。学生评价的主体单一,评价过程中随意性大。另外,由于学生群体自身对高等教育评价的研究水平不高,高校没有及时给予缺乏教育学和心理学的理论支撑,导致学生评价出现误评、错评现象比比皆是。从总体来说,我国高校所使用的学生评价方法相对较为单一,思路较为传统,而且革新的速度缓慢。从实地调查研究发现:每所学校都建立有自己的学生评价系统,但使用的方法多以综合素质测评和学生评教为主。同样地,高校在安排教师对学生评价方法方面的指导和培训较为欠缺,有些高校只是发发通知,都没有具体贯彻执行措施,忽略了学生评价制度在高校管理学生过程应发挥出的实际作用,削减了学生评价制度的影响力。由于理论界缺乏对学生评价方法的专门研究,有些高校很多时候对待学生评价制度的思路不够清晰,为了完成上级交代任务,直接照搬西方的学生评价模式。这也从现实上导致西方的一些学生评价模式在我国仅停留在学者研究的层面上,作为一种知识而存在,并没有在实践中得到准确应用,而在我国本土又没有产生有影响的学生评价模式来指导实践。

高校学生评价的主体是学生,主要是面向学生群体,且主要是作为学校迎接评估的一部分,服务于学校的目的。由于高校学生评价思路不清晰,部分学校对学生评价工作的认识始终停留在高校学生评价就是准备一些用于检查的文本和档案,失去了评价本身的目的,没有达到判断、评价、促进学生发展的目的,不能帮助学生在性格、心理、专业爱好、职业倾向上全面了解自己;更无法将学校的培养目标、价值观念渗透到学生的学习生活中,对学生进行引导。

(三) 高校学生评价分工不均

高校学生评价为评定学生的学习状况,帮助学校进行管理和为奖惩提供依据。由此看来,学生评价是一系列过程组成的一个系统的活动。这样的评价要求一支高素质的学生管理队伍参与运作,而不能仅仅由班主任或辅导员来担任。因为无论是班主任还是辅导员,他们的职能都仅仅是学生管理和进行思政教育,较为单一。在很多情况下,由于高校学生评价分工不均,学生评价只是简单的层层落实。导致学生不能全面了解自己和不能理解学校的期望与目标,对于学生的发展极为不利。

事实上,如果学生不能全面了解自己和不能理解学校的期望与目标,那么所谓的鼓励"个性""多样化"的发展,是根本落不到实处的。很多高校在实施学生评价工作时,通常是由学校教务处或高教评估部门将具体文件下发到二级学院,由二级学院遵照执行。二级学院教学院长再将其下发给教务员或具体负责工作的老师,然后再次下发到班主任或辅导员,最终归口到具体学生。高校在坚持为社会主义建设培育人才的方向的同时,对社会发展与学生个性发展、学生各方面素质和谐发展上应该有所关注,明确高校学生评价工作的具体分工,而不是简单的"层层落实"。从现实角度来看,高校的学生评价首要要坚持正确的方向,即坚持以社会的价值观为依据进行评价,但不能否认个人价值的重要性,尤其是在多年来忽视个人发展需求的情况下,我们要认真研究高等教育中的学生多样性、个性化发展的问题,制定相应的学生评价方法。高校学生评价工作具体负责老师要加强对学生的教育引导,不能矫枉过正,导致学生对评价工作产生厌恶情绪,走向另一个极端。

学生评价需要教育学、心理学理论的支撑,需要有大量懂得学生评价的教师进入教育工作的实践中。对于教师来说,学生评价应当是一件随时随地的工作。我们应当改变对学生评价的认识,不能再把学生评价看作是一种管理手段,而应把学生评价作为一种教育手段,应当起到了解学生情况、评定学生成绩、引导学生发展方向、促进学生发展成长等多种作用。

三、当代我国高校学生评价问题的创新探索

学生评价制度是保障高校教学研究质量的重要制度,改进高校学生评价的

制度设置,充分发挥高校学生评价的作用,对于提高高校教师的教学研究质量具有重要意义。高校学生评价应坚持与时俱进的发展思路,实事求是的工作作风。面对当代我国高校学生评价存在的理论与实践层面问题,高校应积极推陈出新,打破常规性的工作思路,坚持实事求是的工作作风,创新高校学生评价方式方法,对现有的体制机制进行相应改革与完善,进一步提高当代我国高校学生评价实际效果,以期达到高校开展学生评价工作的最终目的。

(一)创新高校学生评价工作的引导模式

高校学生评价的主体是学生,高校在开展学生评教的宣传普及工作时,要清楚地认识到:只有当学生能够真正理解调查表中的问题,评价结果的质量和有效性才能得到保障。然而,由于在进入高校之前,学生可能因为较少接触学生评价导致对评价工作目的不清楚,造成对评价活动的轻视随意,影响评价结果的可信度;或因为对评价内容的不理解,造成在评价时盲目作答,影响评价结果的有效度。因此,高校可以在开展学生评价工作之前,首先要做好对学生群体的宣传普及工作,帮助他们了解学生评价工作的实际作用,并对学生评价工作的形式、流程、评价指标进行解释说明。高校的学生评价工作宣传要结合实际,同时鼓励教师在课程开始的第一节课将本门课程的教学目标、教学计划、大纲内容向学生进行说明,一方面可以帮助学生更好地了解本门课程的学科计划及要求,另一方面也使得学生能够有目的地在教学活动中采集信息。注重新媒体、新技术手段的运用,了解高校大学生群体关心关注的热点话题,将学生评价工作融入大学生的日常生活,使学生能够对高校学生评价工作有一个清楚的认识。

(二)适应高校学生评价工作的规律模式

高校学生对不同种类、不同组织类型的学生评价工作采用相应的调查问卷和规律模式在不同的学科存在着较大差异,与之相适应的评价目标、评价计划、评价手段等也不尽相同。这要求在编制学生评价调查表的时候要考虑到不同类型学科之间的差异。如北京师范大学根据课程的特点将学生评教调查表分为通用类、实验类、外国语类、艺术类和体育类等五种。[8]这种分类根据学科之间不同的类型,有针对性地编制学生评教问卷,从而提高了教学评价问卷的适用性。

高校在设计调查问卷时,不仅需要高校管理人员和教学评估中心参与,还要综合考虑教师、用人单位的意见,为不同类型的课程设计个性化调查问卷。

每一科类的调查问卷可采用必选问题和自选问题相结合的方式,教师可依据自己的特长、兴趣和授课风格等,从自选问题中选择自己关注的问题,与必选问题一起构成调查问卷。这种自选问题的设置,不仅可以体现高校对不同授课风格的尊重,更能够有效地向教师反馈自己的授课效果,促进教师的教学改进和创新。调查问卷设计结束后,可以抽取少部分学生进行评价,从而最大程度保证调查问卷的实用性和有效性。

(三) 打造高校学生评价工作的时代模式

高校学生评价应面向高等教育发展,面向新时代中国特色社会主义伟大事业,全面深入地开展高校学生评价工作。在实施学生评价工作的时间安排上要注重学生的利益诉求,学生的出发点是通过评价影响教师的教学活动,从而获得更适合自己的教学。高校如不能满足学生利益诉求,即使学校和老师付出再大的心血也不能让学生满意。可以看出,绝大部分高校只是将学生评价定位为简单的人事管理工具,只是对学校教学服务进行结果性和考核性的评价。高校应该秉持公正客观的态度开展学生评价工作,实事求是地反馈学生评价结果,以利于自身发展和教学改革的深入推进。高校管理者必须认识到:对于教师而言更为重要的不是评价的结果,而是能够根据反馈情况认识到自己的优点和不足,认清自己的改进方向,从而使自己的教学活动能够满足学生的需求。

高校在开展学生评价的过程中要善于总结,注重对问题的发现和解决,针对自身的各种不足及时采取有效手段进行解决,切实发挥学生评价的作用,使自身的教学研究水平再上新的台阶。在开展学生评价工作时,既要遵循高等教育的规律性,又要尊重人才多样化发展的现实诉求。创新学生评价工作方式方法,结合实践,从学生评价问题现状、学生评价问题改进、学生评价问题创新等方面进行思考与研究,为实现中华民族伟大复兴培育英才。

参考文献:

[1] 陈玉琨著.中国高等教育评价论[M].广州:广东高等教育出版社,1993:246-248.

[2] 周继良.高校学生评教行为偏差及影响因素研究[D].南京大学,2015.

[3] 周倾楚.高校学生评教现状分析及其规范研究[J].管理观察,2017(11):118-120.

[4] [美] B·S·布卢姆.教育评价[M].上海:华东师范大学出版社,1987:44-45.

[5] 陈向明.质的研究方法与社会科学研究[M].北京:教育科学出版社,2000.

[6] 陈谟开.高等教育评价概论[M].长春:吉林教育出版社,1987.

[7] 沈玉顺.现代教育评价[M].上海:华东师范大学出版社,2002.

[8] 陈剑启.国内外关于学生评教的相关研究综述[J].中国经济,2008(3):182-183.

混合式学习环境下学习效果评价机制的研究①

邵雯娟　夏吉安　胡光永②

摘　要：为较全面、合理地评估学生的学习效果,提升学生的学习积极性、自主学习能力、协作沟通能力和创新能力,本文首先对混合式学习环境下影响学习效果的关键因素进行分析,基于学习效果的关键指标,提出一种基于结构方程模型的学习效果评价机制,通过学习评价的若干变量来建模,对若干选定的观测变量的测量数据进行分析,使潜变量和测量指标、潜变量和潜变量之间的关系在模型里得以显示,由此来判断学生学习技能的水平与程度,从而得到较为客观的权重,最终得到一个理想的评价模型。作为一种全新的评价机制,本文的研究结果将在智慧教育环境下,为应用型高校改进教学模式与质量提供有效依据,在未来正式和非正式学习中都将具有一定的实用推广性。

关键词：结构方程;学习评价模型;潜变量;观测变量

一、背　景

在教育模式变革的基础上,要支撑当前多模态的互联网+教学模式现状,符合新形态下移动学习、自主学习、泛在学习等特点,应该将利用新的应用技术帮助学习者改善学习方式及习惯视为关键。现有的学习评价机制在内容上需要拓展,在方式上也需要变革,有必要建立一套准确完整的评估体系和模型,对学习者进行科学、合理、精确的评估。近年来,国内研究学者对在线教育学习的

①　基金项目:2019年度江苏高校哲学社会科学研究一般项目:智慧教育视域下基于结构方程模型的学习效果评价的实证研究,(课题编号:2019SJA2059),主持人:邵雯娟;南京工业职业技术大学2020年度高等职业教育研究立项课题(重大):基于TRIZ理论的创新创业教育与专业教育融合的研究与实践—以软件开发类课程为例(课题编号:GJ20-03ZD),主持人:邵雯娟。

②　作者简介:邵雯娟,女,博士,南京工业职业技术大学计算机与软件学院副教授、高级工程师,研究方向:移动社交网络,边缘计算;夏吉安,博士,南京工业职业技术大学计算机与软件学院副教授,研究方向:人工智能;胡光永,南京工业职业技术大学计算机与软件学院副教授、高级工程师,研究方向:软件技术、信息技术与教育融合。

三、师生评价的现状与问题研究

评估方法,进行多视角的研究[1][2][3][4][5][6][7],但混合式教学模式作为一种新型的教学模式,学习效果评价的相关研究较少。

因此,本文对混合式教学环境下学习效果影响因素进行分析,设计了混合式教学环境下学习效果评估的指标体系,能较全面、合理地评估学生的学习效果,提升学生的学习积极性、自主学习能力、协作沟通能力和创新能力。同时,对于该评估指标体系,提出一种基于结构方程模型的学习效果评价机制,用于评价学生学习技能和应用技能。

二、影响学习效果的关键要素分析

基于混合式教学实践开展项目研究,采用混合式教学模式可以很好地促进学生自主学习能力、协作沟通能力和创新能力的提升,可以极大地提升教学效果。通过查阅资料,研究学习评价规范相关的文献[8][9][10][11][12],对相关理论知识进行系统的梳理,研究智慧教育下大学生学习的特征及各种路径,通过梳理影响学习效果的各种关键因素,构建了一种学习效果评估指标模型,如图1所示。

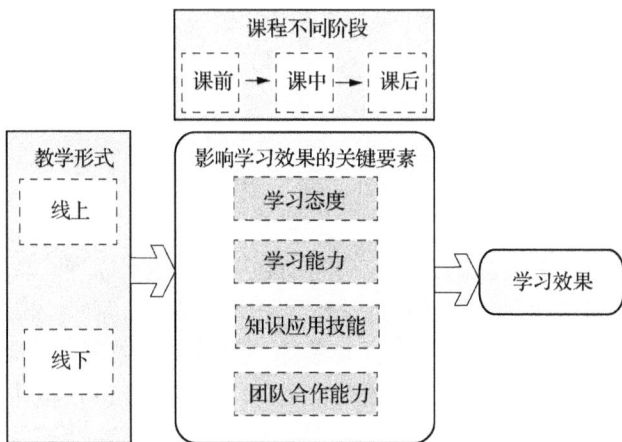

图1　学习效果评估指标体系

三、基于结构方程的学习评价机制的构建

(一) 模型构建思路

首先选取学习效果评价的观测变量,以此作为潜变量,然后设定可测变量,

接着构建结构方程模型,设计并进行学习效果的问卷调查,最后对调查问卷数据进行处理,对模型进行修正和分析。

(二) 潜变量和可测变量的设定

在学习效果评价指标体系的研究基础上,选出 14 个学习效果一级评价指标作为观测变量,5 个学习效果二级指标作为潜变量:学习态度、学习能力、应用能力、团队合作、学习效果,前 4 个为外生潜变量,最后 1 个为内生潜变量,每个潜变量可由一些观测变量来测算,各潜变量与观测变量的对应关系见表 1。

表 1　潜变量与观测变量的对应关系

潜变量	观测变量
学习态度($\xi1$)	课前预习,准备课程相关材料($x1$)
	课中积极回答问题,向老师积极请教($x2$)
	课后及时复习总结($x3$)
学习能力($\xi2$)	查找资源能力($x4$)
	主动思考能力($x5$)
	有效利用信息,解决学习中的各种问题($x6$)
	将已学知识的延伸和拓展能力($x7$)
应用技能($\xi3$)	所学知识的实验技能($x8$)
	所学知识的应用能力($x9$)
	项目实践开发能力($x10$)
团队合作能力($\xi4$)	积极参与小组活动,主动承担团队任务($x11$)
	清晰表达自己的观念($x12$)
	倾听不同意见,接收他人观点($x13$)
	提炼有用信息,形成总体观点($x14$)
学习效果(η)	课程满意度($y1$)
	课程教学质量评价($y2$)
	教学效果评价($y3$)
	完成课程学习目标程度的评价($y4$)

(三) 结构方程模型建模

基于前期学习效果多级评估指标体系的研究成果,本校计算机科学与技术专业大学三年级以上的学生开展学习效果的问卷调查,每个调查项目对应一个观测变量,共计 18 个调查项目,量表采用 likert 10 级量表,共收集到有效样本 94 份。

1. 数据的信度

信度指测量结果一致性或稳定性的程度,对问卷数据的内部一致性进行分析,总体信度系数为 0.982,大于 0.9,说明研究数据信度质量很高,可用于进一步分析。

2. 学习评价模型

结构方程模型是一种考虑因子内部结构,建立、估计和检验因果关系模型的多元统计分析技术。结构方程模型由变量和变量关系构成,其中变量由潜变量和观测变量构成。观测变量可以直接测量获得,潜变量是反映抽象和综合概念的变量,不能直接测量得到,只能通过观测变量的测量和计算得到[13]。

在本学习评价模型中,各学习效果影响因素的潜变量间的关系,通常表示成如下的结构方程:

$$\eta = \boldsymbol{B}\eta + \boldsymbol{\Gamma}\xi + \zeta \tag{1}$$

式中:$\boldsymbol{B}$ 表示内生变量之间的关系;$\boldsymbol{\Gamma}$ 表示外生潜变量对内生潜变量的影响;ζ 为潜变量的残差项。

本学习评价模型所构建的路径如图 2 所示。

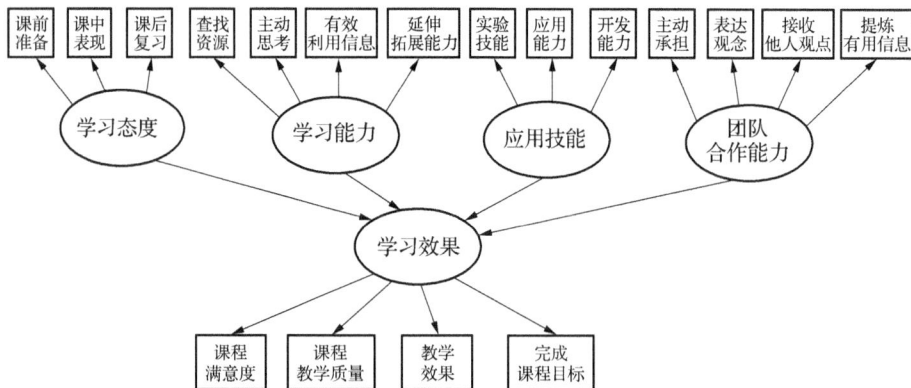

图 2　基于结构方程的学习评价模型

根据模型分析结果，经过 2 次模型修正，获得学习效果评价的最终模型，如图 3 所示，卡方值为 286.824，自由度为 130，显著性概率 p ＝0.000＜0.05，达到显著水平，拒绝虚无假设，路径影响系数为 0.67、0.03、0.02、0.28，修正模型 1 的 CMIN 为 251.836，χ^2/df 为 1.952，三个拟合指数分别是：RMSEA＝0.116、NFI＝0.696、CFI＝0.818，拟合度较为理想。

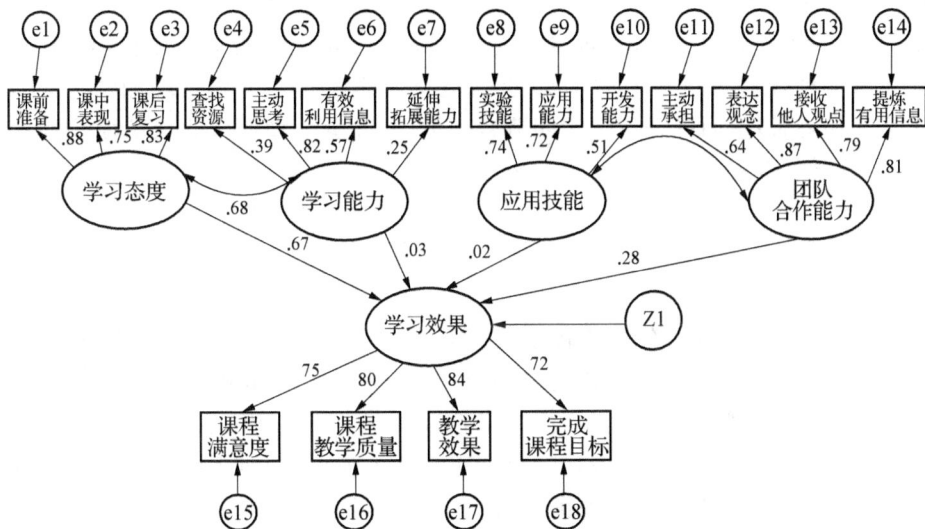

图 3　学习效果评价的最终模型

由回归方程，得到潜在变量之间的结构方程及回归影响系数如下：

$$\eta = 0.67\xi_1 + 0.03\xi_2 + 0.02\xi_3 + 0.28\xi_4 + \zeta \tag{2}$$

（四）模型分析

以上分析说明在当前大学学习过程中，学生的学习态度对于学习效果的影响力超过了学习能力和应用技能，后两项可以在学习热忱的驱动下，学生通过各种实践锻炼，自发地、有意识地提升专项能力。此外，团队合作能力、应用技能的协方差系数为 0.64，说明团队合作能力、应用技能两者关联较大，通过在团队合作的学习过程中，学生应用技能能够得到较大提升。

在混合式教学中，学习效果反映了学习过程的认知、理解、应用、分析与综合六个方面[14]，在本文提出的基于结构方程的学习评价模型中，学习效果偏重于学习态度、团队合作能力产生的效应，而学习态度、应用技能的影响效果依次减弱。随着混合式教学这项新教学模式的引进，学习态度在混合式学习环境中占据着愈加重要的地位。[15]作为一种情感效应,教师期望能通过学习动机有效激发、引导学生积极开展学习,对学习者的全面发展起着不容忽视的推动作用。[16]因此,首先教师在设计教学活动时,将混合式学习环境作为教师期望传递的有效载体,对大学生学习态度在认知水平、行为倾向、情感体验进行有效引导和传递,以期提升学生的学习态度,提升学生综合能力与素质。[17]同时,由于团队的合作学习能有效促进学生学习的参与度,让学生深入参与专业知识的学习,促进知识向能力的迁移和转换,从而更好地运用知识、提高应用技能。[14][17]教师在设计线上、线下各种教学活动时,也应有意识、有针对性地增加团队活动的项目设计,以全面提升学生的团队合作能力,充分显现混合式教学模式的优势,提高学习效果。

四、小 结

本文提出一种基于结构方程模型的学习效果评价的实证研究方法,对若干选定的观测变量的测量数据进行分析,使潜变量和测量指标、潜变量和潜变量之间的关系在模型里得以显示,由此来判断学生学习技能的水平与程度,从而得到较为客观的权重,最终得到一个理想的评价模型,这对于评价学生学习技能和应用技能效果具有重要现实意义:一方面,从教师视角,注重对学习的过程评价和应用实践能力评价,改变了传统的以成绩为导向的单一评价准则;另一方面,从学生视角,获得对个人所获取的技能与成就过程的认可,激发学生内在学习动机的根本。

本文的分析结果,将在智慧教育环境下,为应用型高校改进教学模式与质量提供有效依据。该机制除了给学生评定学习效果评价外,对后阶段学习还具有预测、评估的作用,能确定学生在后继课程中的学习起点。作为一种全新的评价机制,本模型在未来正式和非正式学习中都将具有一定的实用推广性。

参考文献:

[1]牟智佳.电子书包中基于教育大数据的个性化学习评价模型与系统设计[J].远程教育杂志,2014,32(5):90-96.

[2]李振超,陈琳,郑旭东.大数据理念下的发展性学习评价系统设计研究[J].现代教育技术,2015,25(6):108-114.

[3]肖海鹏,刘杰,谢铭瑶.SPOC环境下以"学习评价"为中心的翻转课堂教学模式改革[J].中国教育信息化,2016(10):1-4.

[4]谭伟,顾小清.面向开放教育的混合式教学模式及效果评估指标研究[J].中国电化教

育,2019(2):126 - 130.

[5] Ikeda Y，Higaki Y. Intellectual property online education system based on moodle [M]. Recent Progress in Data Engineering and Internet Technology. Berlin：Springer, 2012：257 - 262.

[6] 戴慧珺,桂小林,张成,张佳庚.基于历史大数据决策树分类的 MOOC 教学评估方法研究[J].计算机教育,2015(22):52 - 55.

[7] George Kuh，Stanley Ikenberry. More Than You Think, Less Than We Need：Learning Outcomes Assessment in American Higher Education[EB/OL]. http://www.learn in gout.com .eassessment.org/documents/fullreportrevise d-L.pdf, 2009 - 10 - 26.

[8] 张仕学,王力,张明富,等.基于就业质量的计算机专业人才培养评价模式[J].计算机教育,2015(10):14 - 17.

[9] 李爽,王增贤等.在线学习行为投入分析框架与测量指标研究——基于 LMS 数据的学习分析[J].开放教育研究,2016,22(2):77 - 88.

[10] 刘华.发展性课堂教学评价指标体系:构建思路及示例[J].全球教育展望,2013,42(3):48 - 56.

[11] 王世勇,刘龙,董玮.基于 TOPCARES-CDIO 的学生学习效果评价[J].高等工程教育研究,2014,No.149(06):189 - 194.

[12] 王艳洁,王雷.培养大学生团队合作精神的博弈论思考[J].时代教育(教育教学版),2011(9):37 - 38.

[13] 吴明隆.结构方程模型——AMOS 操作与应用[M].重庆:重庆大学出版社,2009:8.

[14] Jared M. Carman. Blended Learning Design：Five Key Ingredients [DB/OL]. http://www.agilantlearning. com/pdf/Blended Learning Design.pdf.

[15] 刘冰.基于 SPOC 的混合式学习环境下大学生学习态度研究[J].淮北师范大学学报(哲学社会科学版),2018,39(5):78 - 84.

[16] 刘红霞,赵蔚,王龙静.混合式学习环境下教师期望对大学生学习态度的影响研究[J].远程教育杂志,2014(1):63 - 66.

[17] 沈欣忆,胡雯璟,Daniel Hickey.提升在线学习参与度和学习效果的策略探究及有效性分析[J].中国电化教育,2015(2):21 - 28.

三、师生评价的现状与问题研究

论高校学生评教中的教师权利及其保障

赵爱杰[①]

摘 要：高校学生评教制度中，教师依法享有诸多权利，如公正评价权、知情权、名誉权、学术自由权、申诉权等。但由于评教制度设计理念缺少法纪和权利保障理念，导致评教制度整体失范并走向异化。同时，评教中学生滥用评教权、教师权利救济体系不完善等等各种原因，都极易导致教师合法权利受损。因此，高校必须坚持依法评教理念，构建以学校章程为核心的校内治理体系和有效权力监督制衡机制，科学设计学生评教制度，弥合评教中教师和学生分离状态，逐步完善教师权利救济程序，有效保障教师合法权利。

关键词：学生评教；教师权利；保障机制

高校学生评教制度中教师和学生双方法律地位平等，权利义务关系均衡，这是评教制度生成的法理基础和内在要求。但目前学生评教制度设计过于强调学生主体地位和绝对权利，造成学生和教师在教学关系中失衡、不对等，有损害教师合法权益的风险存在。因此，高校必须明确评教中学校、学生、教师三方权利义务，既保障和实现学生主体地位，也绝不顾此失彼损害教师合法权益。要设置权力制衡机制明确学生、学校权利行使界限，构建以章程为核心的校内治理体系，有效发挥评教制度的监督和制约作用，促进教学质量提升和教师专业发展。

一、评教中教师享有的主要权利

（一）获得公正评价的权利

教师在履职过程中依法享有其所在高校及其他评价主体做出客观、公正价值判断的权利。该权利是教师因履行教学职责而享有的一种特有身份权，它与

---

① 作者简介：江苏大学京江学院教学工作部副部长，教管副研究员。

教师名誉密切相关,会对教师物质、精神等层面产生深远影响。公正评价权利既有客观性,又有主观性。客观性是指评价标准、程序、结果等的客观;主观性是指教师的主观体悟和判断,是教师个体根据学生评教的结果与自我评估预期相比对的结果。如果自我评估预期高而评教结果低,教师会认为未能获得公正评价,产生挫折、失落等负面情绪。因此,是否获得公正评价主要是以教师的个人主观感受为主。影响评教制度公平性的因素很多,如评教制度整体设计水平、参评学生成熟度、参与评教同行所持标准等,都无法保障教师得到公正评价。况且,评教中教师处在被学生和高校监督、考核的被动位置,其获得公正评价的权利极易受到侵害。

(二)知情权

知情权泛指公民知悉、获取信息的自由与权利。[①] 它是公民获取资讯的一项最基本的权利,是公民参与国家政治生活、实现民主权利的必要条件,它兼具自由权和社会权属性。评教中,教师兼具评教当事人和高校管理主体的双重角色和身份,其享有的知情权也表现为两个方面:一方面,教师享有知悉评教制度设立的初衷、评教指标体系、评教程序、评教结果等相关内容的权利。这既保证评教制度能获得组织成员广泛认同,提高成员参与积极性,也能实现制度预期目标的促进作用。另一方面,教师有权了解学校发展动态和重大决策,尤其是与自身利益相关的各种校内规章制度。这是教师行使参与管理权的必要前提和基础,是保障教师个体权利、推动高校健康发展的重要途径。无论哪一种知情权,高校都负有保障该权利实现的绝对义务和职责。

(三)名誉权

名誉权是民事主体依法享有的获得和维持对其名誉进行客观公正评价的一种人格权。评教中教师教学水平和质量与个体名誉息息相关,是教师因职业而享有的独特人格权。高校学生评教制度应具有正当目的,即实现教师专业发展、提高教师教学水平、实现人才培养质量提升。在此过程中,评教制度之于教师更像是一种"外部诊断"手段,是学校对教师教学水平评价的一种辅助手段。它具有查验教师缺陷和短板的功能,这会将教师羞于见人的一面暴露出来。一般来讲,一定程度的曝光和刺激会激励教师及时进行调整和改进自身问题,但如不注重对教师的隐私和名誉保护而过度曝光,则可能使教师产生巨大心理压

---

① 宋小卫.略论我国公民的知情权[J].法律科学,1994(5):14.

力,进而质疑自身职业能力,并产生破罐破摔想法,不利于教师专业发展。因此,维护教师的名誉权既是对教师权利的尊重和保护,也是有效发挥评教制度效果的重要一环。

(四)学术自由权

学术自由权是指学术共同体及其成员在探查、研究、探讨、记录、生产、创造、教学、讲演以及写作等活动中享有的追求、发展、传授知识的自由权。[①] 它是社会成员特别是教师所拥有的一项基本权利,具有公法上的权利属性。大学教师最大的权利实际上就是以学术自由为核心的职业权利,只有让大学教师在其学术活动中充分发挥自己的创造性,给予"忠实于高深学问"所需要的尽可能广泛的学术自由,就是最大限度地保护了大学教师的权利。[②] 然而,当评教成为衡量教学效果的"指挥棒"和"风向标"时,教师教学自由受到学生主观判断和高校人事管理政策的干扰和束缚,教师会改变个性教学行为和教学理念,而不是通过反思教学来提高教学水平。

(五)申诉权

申诉权是一项基本人权,是公民在其合法权益遭到侵害后,得以向有关机关申述理由,提出正当请求的权利。按照权利属性来看,申诉权属于程序性权利,其价值和意义在于保障个体实体权利的实现。学生评教制度中,教师对评教结果或高校依据评教结果做出的相关处理决定不服,认为侵犯其合法权益的,其有权向有关教育行政部门或其他政府部门提出要求重新处理的权利。教师行使申诉权的依据并非已发生权利受损的客观现实,而只是教师按其个人经验做出的主观判断。这是通过赋予教师特殊程序权利来消除和减少评教制度不公,保障教师合法权利的有效方法和途径,避免高校过于倚重学生评教结果,漠视教师在获得不公正评价时享有的权利救济。

二、评教中教师权利受损的原因分析

(一)学生评教制度法治理念缺失

评教制度法治理念缺失是教师权利受损的根本原因。理念是贯穿制度建

---

① 石旭斋,李胜利.高等教育法律关系透析[M].长春:吉林大学出版社,2007:345.
② 石兴中,李硕豪.大学教师权利的制约与保护[J].黑龙江高教研究,2005,(12):107.

设始终的灵魂和内核,是各项制度实现设计初衷的重要保障。目前,评教制度中缺少法治理念尤其是权利保障理念,评教制度运行逻辑表现为高校管理权力强行介入和肆意扩张为特征的权力控制和主导。从学生评教历史看,它经历了最初学生单方主导到学生和教师双方自愿参与再到现在教学行政管理者介入并全面控制的历程。高校以管理权力为主导,致使学生评教制度的泛行政化现象日趋严重,教学行政管理者对学生评教的控制将日趋加强,大学生评教制度的教学品性和促进教学质量提高到的初衷将消匿于简单的以效率和奖惩为主的目标中。① 可以说,学生评教已成为权力主导下高校回应外部质量问责所采取的一项带有明显功利价值取向的管理问责措施。评教中,高校、学生、教师三者权利义务关系不对等:高校全面主导评教体系建构、执行运作以及考核评判,处在权力金字塔顶端,兼具管理者、裁判员和运动员多种角色,权力得不到有效制约而存在滥用的可能;学生则表面享有评教权,却异化为学校实现管理目标的一种手段和工具,学生缺少参与积极性和主动性;教师处于弱势地位,受到高校管理者和学生的双重评价,成为管理权力和学生权利联合博弈和监控的对象,致使评教客体和目的偏离,他们的权利容易被漠视和侵害。

(二) 学生评教制度异化

学生评教制度产生异化是导致教师权利受损的主要原因。我国大学在 20世纪 80 年代后期开始移植借鉴国外教学评估制度,积极构建校内质量保障体系,学生评教制度也包含其中。但由于我国高等教育采取的是一种权力主导下的外延式质量发展模式,高校内外部权力共同主导教学运行。另外,评教制度是典型的"舶来品",国内缺少评教制度发挥作用的制度土壤和机制,如选课制、教师评聘制、司法审查制等,这都导致评教被贴上"管理标签",异化为高校教师管理工具和手段。在指标体系上,过于强调对教师教学行为的规范和框定,忽视学生在教学中的发展与成长,指标体系简单异化为教师绩效考核的工具;在主客体关系上,教师成为评价的唯一客体和对象,忽视评教中教师专业发展和学生个体成长目标,也使得学生成为评教工具;在评教方式和手段上,更凸显出管理效率导向,越来越依赖单一的网络调查,更容易出现学生代评、滥评等情况而影响评教结果;在价值取向上,评教制度非但没有促进学生、教师之间产生良性和谐师生关系,反而有可能滋生教师和学生对立情绪,破坏教学效果和师生感情。可见,异化后的评教制度背离原有价值理念,必须改良评教制度实现科

---

① 孟凡.利益相关者视角下的大学生评教制度研究[D].武汉:华中科技大学,2010:89.

学化、理性化的评教。

(三)学生滥用评教权

学生滥用评教权是导致教师权利受损的直接原因。学生评教中含有一个关键预设:大学生是"理性人",他们理性、客观、公正,具有评价教师课堂教学水平的能力。但现实中大学生生理和心理不成熟,做事感性、易冲动,无法做到公平、客观。因此,评教中屡屡出现学生不知权、不尊权、不懂权,甚至滥用评教权的行为。另外,高校过度推崇学生权利,赋予学生"廉价投票权",享有评教权利却无需承担责任和义务,极易导致学生滥用评教权,损害教师合法权利。学生滥用评价权的行为主要有两种:一是代评行为。部分学生视评教为一种额外"负担",找他人代评而不计后果。但从评教权的权属性质来看,它是一种专属身份权,学生不得随意过渡或转让。否则,评教结果无效。二是报复行为。实践中,一旦有教师的教学或管理行为招至学生反感或厌恶,学生可能会通过评教来报复教师。一项调查显示,50.7%的学生认为在评教时有人因为教师过严而打"报复分"。①

(四)教师权利保障和救济程序不健全

教师权利保障和救济程序不健全是评教中教师权利受损的重要原因。目前,教师法律体系不完善,高校依法治校意识淡薄,教师权利保障和救济程序缺失,主要表现在:一是教师知情权保障程序缺失。教师参与权是保障其知情权的前提。学生评教中,评教指标的制定、评价方式选择、评价程序的实施、评价结果的公开等通常由教学管理部门单独研究制定执行,教师只能被动配合接受,无法真正参与其中。缺少教师参与的评教无法反映出学科、专业、课程以及个体教师特点,无法实现评教目的。二是教师陈述和申辩程序不健全。目前,很多高校没有建立专门的教师陈述和申辩程序,更缺少完善的听证程序。当教师对评价结果产生异议时,他们的陈述和申辩常被视为对学校管理权威的蔑视和挑战,因此只能选择消极接受或退而求次转向"逆向选择",有的甚至会产生厌教心理。三是申诉救济程序存在问题。当前《教师法》虽已规定教师申诉制度,但该制度存在虚化、悬空和自闭倾向,非但没有拓展教师权利救济途径,反而成为教师申请复议或诉讼的桎梏。况且,还存在组织不健全、法治程序化缺失、缺少强制性制度保障等问题,严重制约教师主张和保障权利。

---

① 王玉刚,柳兴国,安强身.学生评教的"廉价投票权"问题及治理[J].高教探索,2015(8):71.

三、保障评教中教师权利的路径和方法

(一) 树立依法评教理念

依法评教是依法治校的具体表现,是保障评教公平、公正以及教师权利的前提和基础。依法评教要求高校、学生、教师都要树立法治意识,严格依法行使权力(或权利)和履行职责(或义务)。首先,高校领导及管理部门要树立依法治教理念。高校要"积极落实教师、学生的主体地位,依法保障师生的合法权利",树立"以人为本""依法治校"的管理服务理念,转变权力主导的传统的管理模式,严格限制自身权力的扩张和滥用,重视学生和教师个体权利,拓展评教中教师参与和监督途径,构建科学合理评教指标体系,遵循正当程序,保障教师知情权、名誉权、申诉权、学术自由权等权利。其次,学生要树立依法评教理念,杜绝评教权滥用。高校要提高学生参与评教的积极性和主动性,通过动员、宣讲等多种形式加强对学生的教育引导,保证学生充分了解自己享有的评教权利以及滥用评教权的后果,增强学生法纪意识,实现依法评教。对滥用评教权的学生,要查清学生滥用评教权原因,对不同情况做出不同处理。对尚未侵害教师权利的行为,给予批评教育;对教师权利造成侵害的,应给相应处分,并重新认定评教结果。最后,增强教师服务意识和权利保障意识。教师要增强教学服务意识,积极履行教学管理职责,不断提高自身教学水平和质量,尊重学生主体地位,加强对学生的指导和服务,尽职尽责做好本职工作。另外,教师还要树立权利意识,保障学生和自身合法权益。教师不得利用在教学中的优势和地位滥用评价学生的权力,而损害学生合法权益;不得因不符合自我预期的评教结果,而恶意报复和伤害学生。教师应提升自身法律意识,通过合法途径和方式反映自身合法诉求、主张合法权利。

(二) 构建高校内部权力制衡体系

构建高校内部权力制衡体系是保障和实现教师权利的关键。该体系的核心是制约高校权力,平衡高校、学生、教师间的权利义务,做到数量上等值,功能上互补,机制上制约。一方面,要为高校管理权划定行使范围和边界;另一方面,赋予教师权利来监督和制约高校管理权。要完善以章程为核心的高校内部治理体系,搭建分权制衡的校内权力框架,明确各方权责利,保障教师合法权利。一是完善章程为核心的高校内部治理体系。章程即为大学之"法律",且是

大学之"根本法"—"宪法",是大学之最高行动纲领与基本行为依据。① 它具有为大学自治与法治提供理性秩序的"法治品格"。② 高校构建以章程为核心的治理体系,重点要划定高校权力清单,明确高校行使权力的范围和界限。如高校超出清单行使则视为权力滥用。另外,章程要突出以人为本的办学理念,健全教师、学生权益的救济机制,突出对教师、学生权益、地位的确认与保护,明确其权利义务,明确学校受理教师、学生申诉的机构与程序。二是搭建分权制衡的校内权力框架。要健全学校董事会或理事会领导下的管理决策机制,完善教职工代表大会制,引导教师和学生广泛参与学校管理。要重点改变评教中教学管理部门主导一切的模式,树立法治理念,保障程序公正和实体正义。三是依合同来保障教师权利。高校应按照自愿、平等、公正原则与教师缔结并履行聘任合同,明确双方权利义务,依法保障教师在聘用、奖惩考核等方面享有合法权益。通过以上做法,提高学生评教制度的可接受性和认同度,减少评教执行阻力,实现评教目的和保护教师合法权利。

(三)构建预防评教制度异化的长效机制

评教制度异化导致其教学品性缺失,损害教师教学积极性和自觉性,损害教师合法权利。因此,要建立防止学生评教制度异化的长效机制。一是回归正确的评教理念。让学生评教制度回归本真,发挥评教诊断促进的正向引导作用,促进教师和学生共同发展,防止评教异化为单纯的教师绩效管理工具。二是完善评教指标体系。要设计多样化评教指标体系,兼顾教学共性特征及专业、课程、教师个性特征,坚持多样化与个性化的和谐统一。要设置类型多样的评教表,如德州大学奥斯汀分校评教表包括基础型、扩展型以及针对不同课型设计的补充型评教表。③ 除此之外,还应该给教师自拟题目的空间,充分尊重教师、教学、课程、学科、专业等特点,增加评教针对性与有效性,保障评教成效。三确立有限公开原则。为最大限度地保障教师的隐私,评教结果应区分评教对象、年龄、课程等因素而实行部分公开,以保障教师隐私和名誉。四是完善教师综合评价体系。评教被异化的一个重要原因在于高校教师评价方式单一、陈旧,教学督导、同行评价等制度被虚化、形式化,从而过度依赖学生评教来评价教师教学水平。因此,要整合多重评价机制,发挥各自优势,要将量化评价方式和质性评价方式、形成性评价和终极性评价有机结合,形成科学综合评价机制。

---

① 湛中乐,徐靖.通过章程的现代大学治理[J].法制与社会发展,2010,(3):110.
② 陆俊杰.大学章程的法治品格[J].中国高教研究,2011,(8):32.
③ 鲍嵘,王洋.美国德州大学奥斯汀分校的学生评教系统及其启示[J].比较教育研究,2011,(5):67.

（四）完善教师权利救济制度

"有权利必有救济",必须健全和完善教师权利救济制度。一是建立校内教师申诉制度。教育部《关于加强依法治校工作的若干意见》中明确规定："要建立校内教师申诉渠道,依法公正、公平解决教师与学校的争议,维护教师合法权益。"要依法设立校内教师申诉委员会,专门处理教师与高校产生的纠纷。申诉委员会应吸纳一定数量的教师代表和学生代表,坚持公平、公正、公开原则,化解高校在管理教师过程中产生的各种矛盾纠纷。二是健全听证制度。在教师对评教结果产生异议时,可选择开启听证程序。由教师和高校主管部门双方共同质证,高校负有出示原始评教数据,说明评教依据及奖惩依据的责任和义务,从而消除教师异议。三是建立内部法律咨询和服务机构。要构建和完善教师权利保障救济机制,建立为教师和学生提供法律咨询和服务的专门机构。主要负责为教师和学生提供法律咨询和援助,帮助教师了解自身权利和义务,提升教师法律意识并进一步保障其知情权。四是立法完善校外教师权利救济制度。修订《高等教育法》《教师法》等申诉内容,明确高校和教师的法律地位和法律关系,充分保障教师在高校中的主体地位,要建立完整、科学、公正的教师权利保障制度,尤其要将申诉与复议、诉讼、强制执行等制度衔接配合,建立内部协调、高效、科学的救济体系,实现对教师权利的全面保护。

成大事者不拘专业，得软实力者笑傲江湖

——高校学生软实力评价的探索与实践①

罗　瑜　张进明②

摘　要：高校在基于"社会效率"的人才培养过程中，过于聚焦专业技术技能而未曾足够意识到软实力的培育在学生职业发展及推动社会进步中所扮演的重要角色。文章基于成果导向的理念，从评价角度切入，通过软实力的评价维度、评价方法以及实施载体的阐述，推进高校学生软实力培养的探索与实践。

关键词：职业；核心能力；软能力；评价；课程

近30年来，中国的大学经历了市场化、国际化、产业化三大高潮，大学的内涵和外延越来越丰富，它既是公共服务，又是产业经营；它既面向社会，又针对个人。人才培养、科学研究、社会服务、文化传承，使其行政管理、评估体系、课程、教师和学生愈发失焦与无所适从。

围绕"人才培养"的教育，究竟是怎么一回事？四种教育意识形态：学术传承（Scholar Academic）、社会效率（Social Efficiency）、以学习者为中心（Learner Centered）和社会重构（Social Reconstruction）也各有阵营。

在这一定位与立场的选择中，"训练学生成为优秀的工作者"（即社会效率），在当下高职院校的领域内却出奇一致地基本可以寻得共识。这让高职院校的评价显得似乎单纯且很简单，我们只需关注学生是否适配社会这家大型公司的各个岗职，能够发挥其应有的功能，保障社会高速且高效地发展。

现实的缺失在于个人软实力在其成为优秀工作者中所扮演的角色及体现的价值，困惑在于"如何评价"？

20世纪90年代初哈佛大学教授约瑟夫·奈首创"个人软实力"（Soft Power）这一概念后，在世界范围内得到积极响应，并从此启动了软实力研究与

① 本文在江苏省高等教育学会2020年学术年会上作了专题报告。基金项目：2019年江苏省高等教育教学改革研究重点课题"高职院校敏捷教学体系的构建"（项目编号：2019JSJG528），主持人：罗瑜。

② 作者简介：罗瑜，昆山登云科技职业学院教务处处长，副研究员，研究方向为教育管理；张进明，昆山登云科技职业学院校长，教授，研究方向为教育管理。

应用的潮流。但是在追求"社会效率"的人才培养上，我们嘴上说"需要"，行动却很"诚实"。突出表现在：

（1）我们的培养方案没有软实力的一席之地；

（2）我们的学业成果中没有软实力的评价导向。

"有为才有位"，本着成果导向，反向设计的理念，指向目标的评价又是为"软实力"争得一席之地的前提。

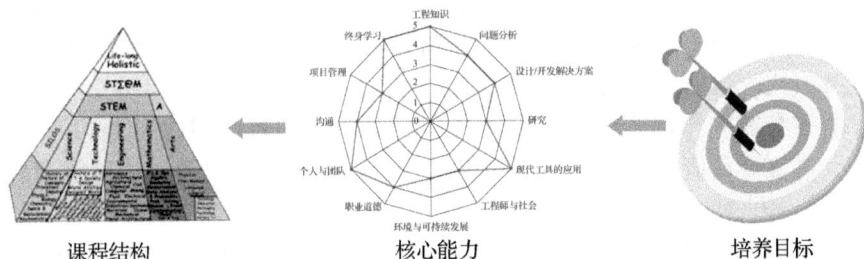

图1　以培养目标为靶，新评价维度为桥梁，反向设计课程结构

借鉴工程教育与工程师国际互认体系对于专业人才培养实质等效之协定，昆山登云科技职业学院基于悉尼协议专业认证的实践经验，在《高职院校敏捷教学体系的构建》的研究基础上，期以探索高校学生软实力的评价与实现载体。

一、软实力的评价维度——核心能力

对于维度的探讨，不如说就是为"什么是软实力？"寻得一个在学界能够求得共识的说明。

从遵循"社会效率"这一教育意识形态的职业教育来说，人的职业能力分为三个层面：专业特定能力、行业通用能力和职业核心能力。专业特定能力是从事某种具体的专业、工种或岗位，必定会有一些对应的能力要求，比如会计、护士、车床工所需特定技能是完全不一样的。行业通用能力可以理解为一组特征和属性相同或者相近的职业群（行业）所体现出来的共性能力，比如金融行业、服务行业、机械行业各有一些通用的能力要求。职业核心能力是适用于各种岗位、行业、职业，在人的职业生涯乃至日常生活中都必须具备的基本能力，是伴随人终身成长的可持续发展能力。它不针对某一具体的行业或职业，但任何职业或行业都离不开它；职业核心能力是关键能力，它在职业活动中起主导作用或支配作用，是职业活动不可或缺的重要因素；职业核心能力是可迁移能力，它可从一种职业情景迁移应用到另一种情景，并激发出人的更高层次的认知、情感和技能。职业核心能力已成为人们就业竞争、职场升迁、事业成功所必备的能力,也是职业教育培养高技能高素质人才的重要突破口之一。①

《国家技能振兴战略》提出八项职业核心能力:与人交流、数字应用、信息处理、与人合作、解决问题、自我学习、创新革新、外语应用。

百度百科对于"软实力"的含义解读是指暂时难以估量的能力,比如思维能力、沟通能力、表达能力、文化修养、学习能力、团队协作能力等。

职业核心能力是否完全对等"软实力",从上述来看可能不尽相同,但其不限于具体行业和职业,有助于职业的可持续可迁移发展,进而在职业活动中起到主导或支配作用的内涵却是高度重合的。

乔吉拉德平均每天能卖出 6 辆汽车,靠的就是出色的沟通能力;史玉柱因巨人大厦破产负债 2 亿,之后凭策划和运作脑白金等项目短短几年再次成为富翁,靠的是出色的思维策划能力。

在工程教育与工程师国际互认体系中,对毕业生能力(即核心能力)的要求虽高低有别,但不论华盛顿协议、悉尼协议,还是都柏林协议,却始终围绕 12 个维度(图 2)。

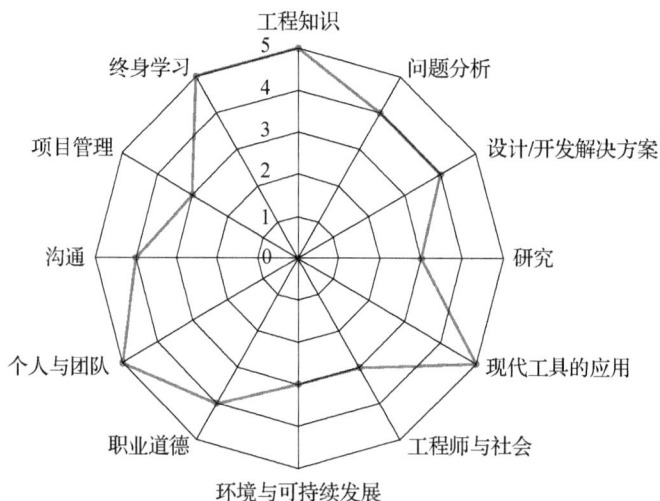

图 2 工程教育毕业生能力要求

在工程教育中列举的 12 项维度基本涵盖《国家技能振兴战略》中提到的 8 项职业核心能力,且不同程度反映了百科带给我们的对于黄金软实力的普遍意

① 沈燕红.基于职业核心能力培养的高职通识教育课程建设[J].社会纵横,2015(30):152-154.

义上的认知。

表 1　工程教育毕业生能力要求与软实力关联矩阵

序号	维度	思维	沟通	表达	文化	学习	协作	等
1	工程知识							
2	问题分析	●						
3	设计/开发解决方案							信息
4	研究	●				●		
5	现代工具的应用					●		信息
6	工程师与社会				●			
7	环境与可持续发展				●			
8	职业道德				●			
9	个人与团队						●	
10	沟通		●	●				
11	项目管理和财务管理							管理
12	终身学习					●		

注：●代表关联。

由上述关联矩阵或可印证个人软实力在应对真实环境中现实问题的重要性，也或可借鉴工程教育认证对于毕业生能力要求打造各领域、各行业、各专业的核心能力以作为学生评价，尤其是作为包含了软实力的学生评价的重要学术依据。

二、软实力的评价方法——评价量规

非技术类的"软实力"有别于"硬实力"（例如知识点的默写、技能点的操作）那样具备外显性且可衡量，"暂时难以估量"成为"软实力"难以实施评价的关键，唯此，我们需要借助科学的方法与工具。

（一）评价工具

评价量规（rubric）是对学生作品、成果、成长记录或者表现进行评价或者等级评定的一套标准。同时也是一个有效的教学工具，是连接教学与评价之间的一个重要桥梁。在评价量规的开发与设计中，需要我们对相关能力和素养的内涵进行清晰表述,只有做到清晰表述,才可能纳入教学内容并进行有效评价。

以口头表达为例,在区分口头表达能力高低的前提下,我们需要先明晰口头表达的内涵,在明晰内涵的基础上,才能分析呈现程度。

表2 口头表达量规(AACU)

	优秀4	良好3	中等2	及格1
组织	组织模式(有引言和结论,在内容中素材有序地呈现和转换)清楚、清晰,富有美感。使讲演内容衔接,流畅。	组织模式清楚和清晰。	在讲演断续体现组织模式。	在讲演没有体现组织模式。
语言	所用语言具有想象力,令人难忘和令人信服,演讲具有有效性。演讲语言恰对受众。	所用的语言具有思想性,基本支持演讲的有效性。演讲语言恰对受众。	所用语言多为平淡的日常语,可以部分地支持演讲的有效性。演讲语言恰对受众。	所用语言不清楚,支持演讲的有效性不够。受众不太接受演讲语言。
传递	传递技术(姿势、手势、眼神接触和声音的表现力)使演讲吸引受众,讲演者显得优雅和自信。	传递技术使演讲有趣,讲演者显得轻松自然。	受众可以理解传递技术,讲演者略显紧张。	受众无法理解传递技术,讲演者显得窘迫。
支持	多种类型的支持手段(解释、例子、插图、统计、类比、权威引用)可作为适当的参考资料或分析,显著支持演讲并树立演讲者对于话题的信誉/权威。	支持材料可作为适当的参考资料或分析,基本支持演讲并树立演讲者对于话题的信誉/权威。	支持材料可作为适当的参考资料或分析,可以部分地支持演讲并树立演讲者对于话题的信誉/权威。	支持材料不足以作为适当的参考资料或分析,不太支持演讲并树立演讲者对于话题的信誉/权威。
要点	中心信息令人信服(准确地陈述,适当地重复,令人难忘,并获得强烈支持。)	中心信息明确并与支持材料一致。	中心信息基本可以理解,但未进行重复,不能令人记忆。	可以推测出中心信息,但在演讲中没有明确说明。

(二) 内涵解析

如何解析内涵,"要素分解"是手段也是关键。

例如对于"终身学习"的评价,从字面的角度,"身"未到"终",仿佛都不足以评价,且如若当真评价出来,对当事人来说也并没有改进的空间与机会了。由此需要我们教育工作者对于终身学习的内涵分解出能够体现个体具备终身学习能力的一些特质与要素,比如说"好奇心"。

心理学认为:好奇心是个体遇到新奇事物或处在新的外界条件下所产生的注意、操作、提问的心理倾向。好奇心是个体学习的内在动机之一,个体寻求知识的动力,是创造性人才的重要特征。

由此内在动机,我们才有理由相信学生处在不同环境下能够探究不了解的事物,从而达成不断学习的目标。

除了"好奇心",可以进一步解析终身学习的内涵。

(1) 能动性(Initiative):完成要求的工作,形成和寻求扩大的知识、技能和能力。

(2) 独立(Independence):培养对课堂外存在且会蓬勃发展的教育的兴趣和追求。知识和/或经验是独立的。

(3) 迁移(Transfer):明确参考以前的学习,并以创新(新的和创造性的)方式应用知识,在新情境中理解和展示此项技能。

(4) 反思(Reflection):回顾先前深入学习(在课堂内外习得的知识),用以揭示有关教育和生活经历的重大观点,即随着时间的推移,为扩大知识成长和成熟提供基础。

(三) 程度描述

如何评价内涵的达成程度?善用"行为动词+名词"的造句方式。

软实力较之于硬实力,很难用数量来呈现达成程度,例如完成相同技能操作所需要的时间长短、相同时间内完成相同难易程度且等量题目的正确率等。软实力的分析量规往往只能用语言描述不同的水平(定性的分析性量规)。每一个个体对于语言的理解都与其本身的认知水平和成长环境密切相关,尤其在中文这样相对追求写意高于陈述逻辑的母语体系下。但人们对于动词的理解弹性相对较小,"行为动词+名词"的方式能够帮助我们就"作用于什么对象完成了一个什么动作"达成一个较为一致的理解。

以创造性思维量规中的能力形成为例:

表3 创造性思维能力形成评价案例

维度	4分	3分	2分	1分
能力形成	反思力。能够运用恰当标准,评价创造的过程和成果。	创造力。能够创造全新物品,提出想法、解决方案。	适应力。能基于榜样改变自己,适应环境的进步。	模仿力。单纯效仿榜样,较好随之行动。

可以看到在不同程度的描述中多数可以找到"行为动词＋名词"的形式。

（四）事先开发

过去,教师等到教学活动完成以后才开发评价,评价往往基于所教授的内容、活动、练习的时间来开发。在基于成果导向、反向设计的理念中,我们建议评价应该事先开发,因为评价是具有导向意义的教学策略,将使学生的学习更好地与标准保持一致。

事先开发将具备如下优势:

（1）增加反馈,过程评价能够及时反映量规设置的合理性以及在受众群体内的适切度,并做出敏捷的修正。

（2）学生可以自我评估。

（3）使教学活动与目标相一致。

（4）帮助学生复习。

（5）使评分结论更快取得共识。

三、软实力的实现载体——课程结构或课程

假设我们已经对个人软实力的重要性与必要性,其内涵与评价达成了某种意义上的一致,在人才培养的过程中,如何实现?

课程是人才培养的最小单位,课程是高校的产品。

也许传统教育往往带给我们这样的错觉,就是:课程＝传授知识,而能力倚赖实践培养。我们当然知道能力是完成一项目标或者任务所体现出来的综合素质,它总是和人完成一定的实践相联系在一起,但与此同时,我们不能忽略"课程"也在工业化教育量产的桎梏下,基于学习理论的发展,基于互联网的崛起,朝向更为多元的形式与方向在发展。

从建构主义、情境主义的学习理论来讲,至少我们也需要为学生创设软实力施展的情境,以帮助其理解先人在软实力研究领域所贡献的方法,能应用这些方法帮助其在应对实际问题中发挥作用。

基于对高职院校学生现状的调研、总结与分析,以及在专业认证中毕业生核心能力的直接评价,昆山登云学院对于学生软实力的关注与实施,在培养方案中着重从以下两个方面开展。

（一）职业核心能力课程

人才培养方案的一席之地。

序号	课程类别	学分	比例
1	公共基础课程（教育部）	14	10%
2	**职业**核心能力课程（校级）	36	26%
3	**行业**通用能力课程（院级）	24	17%
4	**专业**特定能力课程（系级）	48	35%
	岗位证书1（16学分）		
	岗位证书2（16学分）		
	专业实务（16学分）		
5	专业辅修证书（可选）	16	12%
		138	100%

图3　培养方案课程结构

　　鉴于学生对未来发展有限的认知,在现有各校通识课程开设的基础之上,如何帮助学生甄选有利于成就其职业发展的软实力,成为教育工作者不得不深思的问题。结合前面对软实力维度及评价的讨论,昆山登云学院选择了如下课程,作为校级职业核心能力必修课。

职业核心能力	专业能力	统计学——大数据与生活
		心理学——向阳而生　心花自开
		审美学——慧眼洞见美好
	方法能力	成为Office专家
		信息素养——吾将上下而求索
		用Python玩转数据
		学会如何学习
		思维力训练——用框架解决问题
	社会能力	职场礼仪
		成功走向职场
		台湾历史与文化
	生活能力	昆曲艺术
		投资与理财
		大学生就业指导与创业

图4　职业核心能力课程设置

　　为什么是这14门? 简单列举部分课程对于职业核心能力支撑的考虑。

表4　职业核心能力课程创设思考

维度	课程	出发点
思维能力	统计学	在终极的分析中,一切知识都是历史; 在抽象的意义下,一切科学都是数学; 在理性的基础上,所有判断源于统计。
	思维力训练	你能解决多高难度的问题,决定了你值多少钱。思维能力强大的人,能够随时从众人当中脱颖而出。

续　表

维度	课程	出发点
学习能力	学会如何学习	从认知自我到高效学习,学会如何学习是终极生存技能。
文化素养	审美学	吴冠中说:"现在的文盲不多了,但美盲很多。"木心说:"没有审美力是绝症,知识也解救不了。"现在很多人穷的不是物质,也不是文化,而是审美。科技竞争到一定程度拼的是审美。
	职场礼仪	我国素享"礼仪之邦"之美誉,礼仪文化源远流长、博大精深。"礼"表达的是敬人的美意,"仪"是这种美意的外显,礼仪乃是"律己之规"与"敬人之道"的和谐统一。
沟通表达	成功走向职场	自信沟通,形成良好的自我与社会定位,能够用符合社会认知并且理性的方式解决问题和冲突,是我们接近成功的法宝。
工具使用	成为 office 专家	工欲善其事必先利其器。在电脑、网络普及的今天,每个"社会人"都应该掌握基础生产力工具"三剑客"——Word、PPT、Excel。
信息处理	用 Python 玩转数据	数据蕴涵价值。选择合适的工具进行数据分析与数据挖掘是大数据时代的必然。Python 语言简洁强大,是人机交互的不二选择。
解决问题	信息素养	会搜索是一种解决问题的能力。人生中 80% 的问题,早就被人回答过,你只要搜索(Search)就好。剩下的 20%,你才需要研究(Re-search)。
财务管理	投资与理财	理财并不只帮助我们达到某个财务目标,它帮助我们建立一种未来感,强制我们把目光放得更长远(斯坦福棉花糖实验),实现人生目标。

(二) Capstone 课程

基于能力与实践的相辅相生,整合所学以应对和解决现实情境中的真实问题是各项软实力铺陈基础之后的必然要求,也是评价毕业核心能力要求的直接载体,Capstone 课程在培养方案中所扮演的角色与存在价值即于此。

有别于现有执行的毕业设计,其不同之处在于需要团队协作而非个人参与,需要动手做、有实际作品与成果。基于其课程本身整合性的特质,可检视专业性和通用性的核心能力,因此其对于软实力的支撑在于以下三点。

（1）它所设计有待解决的问题本身包含有利益方的矛盾与冲突，需要兼顾社会、文化、伦理，动用思维、沟通、协作等角度予以解决。

表5　Capstone课程设计要求

本科	高职
复杂且整合性问题 （Complex Problem）	实务技术问题 （Broadly-Defined Problem）
● 需较深的知识才可解决的问题。 ● 问题本身是多面向的，或在技术、专业与其他层面上相互冲突的。 ● 是一个实际的问题，没有显而易见的解决方法。 ● 需创新应用专业基本原则及实务上最新研究成果才可解决的问题。 ● 需考虑现实环境的多方限制，如人力、成本、设备、材料、信息及技术等。 ● 问题本身可能对社会及环境有广而远的影响。	● 需专业知识才可以解决的问题，同时强调既有技术的应用。 ● 问题本身是多面向的，或在技术、专业与其他层面上相互冲突的。 ● 是一个常见的问题，且运用 well-proven 的分析技术可以解决的问题。 ● 需考虑现实环境的特定限制，如人力、成本、设备、材料、信息及技术等。 ● 问题本身或许较单纯，但也可能对社会及环境有广而远的影响。

（2）Capstone课程对于教学成效的评价本身就是基于华盛顿协议、悉尼协议毕业生核心能力的12个维度。

（3）课程的组织实施形式必须要实施3～5人的分组，强调团队分工与协作，提供实作成果，进行书面及口头报告，成就学生的团队协作、工具使用、口头表达等软实力。

软实力的培育在学生职业发展及对社会的进步与推动中扮演了重要的角色。伴随着社会的加速发展，产业的兴起与衰落，行业的塌缩周期越来越短，过于聚焦专业技术技能会愈发放大人才培养滞后的短板。亚马逊的贝索斯说："我们只有将战略建立在不变的事物之上才有可能赢得未来。"对于人才培养来说，什么是不变的？什么是未来？成大事者不拘专业，得软实力者笑傲江湖。

四、教学科研评估的现状与问题研究

　　评价的标准是评价工作的难点；具体评价对象和内容的不同，评价的标准也不相同。在高等教育评价中，评价的内容主要有教学和科研两大方面。评价教学，核心是评价教学效果，而教学效果是由教学内容和教学方法共同决定的，其评价存在谁来评价、如何一碗水端平的困境。因此，对于绝大多数人来说，教学基本上是良心活，考验教师的敬业精神和责任感。评价科研需要破除"唯论文"的弊端，需要区分基础研究和应用研究，还要在不同学科之间考虑影响因子和引用率的差异。本部分论文以不同视角来看待教学科研的评估，有"横看山岭侧成峰，远近高低各不同"之观感。

产教融合视野下的工程专业学位研究生创新实践能力培养与评价体系改革探索

——以南京工程学院为例①

朱晓春　谭文轶②

摘　要:面对国家人才供给侧改革要求和高层次人才需求匹配度的不足,建立一套合理、有效的专业学位研究生培养与评价体系一直是备受关注的问题。本文以南京工程学院工程专业学位研究生培养与评价体系改革为例,运用产教融合模式,构建出了研究生培养与评价的理论架构,并做出了有意义的实践尝试。

关键词:产教融合;专业学位;创新实践能力

专业学位研究生教育是研究生教育的重要组成部分,是培养高层次应用型专门人才的主渠道。近年来,在新时代市场经济环境下,许多企业逐步青睐于具有专业技能强、综合素质高且富有创新思维的高层次应用型人才,从而导致各高校专业学位研究生招生规模快速扩大,这也从一个侧面表明了专业学位教育的培养理念正在逐步得到社会大众的广泛认可。截至 2020 年 9 月,专业学位硕士研究生超过总招生数的 60%,其中工程类硕士占比专业硕士研究生总数超过 57%。[1]

工程专业学位研究生以专业实践为核心,重视实践和应用,培养在专业和专门技术上受到正规的、高水平训练的高层次人才。培育创新能力是专业学位研究生教育的核心。技术创新引发的科技革命和产业变革,创造了新的社会和经济发展模式,新经济不仅使专业知识更新加快,也对人才能力提出了新的目标定位与需求。工程专业硕士研究生培养教育,正是为了适应经济发展,培养专业知识和工程实践能力强、创新能力强的高层次复合型专门人才。[2~3]

目前,研究生创新实践能力的培养存在一些问题,尤其是工程专业硕士研

①　基金项目:2019 年江苏省研究生培养创新工程研究生教育教学改革研究与实践课题"专业学位研究生教育产教融合政策实施路径研究"(JGZZ19_056)。

②　作者简介:朱晓春,南京工程学院副校长,教授,硕士生导师;谭文轶,南京工程学院研究生处处长,教授,博士。

147

究生存在创新意识薄弱、教学方法陈旧、实践培养环节流于形式、导师选拔、评价等制度不健全等问题,严重影响研究生的创新实践能力和培养质量。

一、工程专业学位研究生创新实践能力培养存在的普遍问题

1.专业学位研究生培养目标不明确,能力要求不具体

国务院学位委员会和教育部曾联合制订了学术和专业学位的研究生培养国家标准,但是没有具体的明确专业学位研究生人才培养目标,这就导致不少人认为"专业学位"低于"学术学位",再加上现实中很多学校因为缺乏专业学位研究生培养经验,所以在课程设置和实践创新能力培养体系上重视理论知识而轻实践技能的培养。

不仅如此,每个行业或工程领域需要的专门知识千差万别,应用的条件和要求也有很大的区别。而学校是研究生培养的实施主体,由于缺乏经验和社会调查,大多数学校培养目标都比较空泛,比如"要求掌握工程领域的基础理论和专门知识,具有一定的工程研究、设计、实施和管理的能力"。这些空泛的目标不仅无法针对不同的产业领域有的放矢,而且对专业学位研究生能力特别是实践创新能力培养的要求就不具体,这直接使得专业学位研究生培养陷入"拔剑四顾心茫然"的状态。

2.企业参与度不够,校企融合度不高

目前由于多方面的原因,全日制专业学位研究生的培养主要还是在学校里进行,企业参与的积极性不高,参与程度也不高。众所周知,工程实践是实践创新能力的基础,也是专业学位教育的核心,因此工程实践体系的建设和完善将直接影响到研究生实践创新能力的培养。虽然部分学校采取企业和学校"两头跑"的培养方式,请相关企业导师或工程技术人员到学校进行教学或研究活动,组织学生到企业实习,但是时间都比较短,内容浮于表面,得不到应有的效果。这使得研究生实践创新能力的培养浅尝辄止,论文选题也不能有效结合工程实际,从而难以实现培养预期,无法培养符合企业需求的人才,企业无法获得相应的收益。[4]这个过程进一步降低了企业参与的积极性,导致恶性循环的加深。

3.与学术学位研究生培养无差别

在师资配备上,多数学校专业学位和学术型导师上岗基本条件相同,导师

一般同时指导专业学位和学术型硕士。在双导师制方面,很多校外导师参与程度很低,积极性不高,一年见不到几次,有的甚至只是挂名而已。

在课程设置和评价方式上,工程专业学位和学术型硕士课程基本一致,无所差别。一般都包括公共课、专业课和实践类课程等模块。公共课按照相关教指委的要求各个学校基本相同,主要包括政治理论、外语、数学、知识产权、人文素质、创新创业等方面的课程;专业课一般包含是相应学科及专业必备的专业知识课程,分为必修和选修;实践类课程主要是综合实践和毕业论文环节。目前各个学校在课程上仍然以理论课为主,实践性课程所占比重较小,跨专业、跨学科的交叉性、综合性课程较少甚至没有。

很多学校专业学位和学术型研究生最终的考核评价也不尽相同,分数成绩一般都是主要的标准。[5]在专业学位研究生的核心部分综合实践中,各学校缺乏统一规范的价体系和量化标准,有的学校只对综合实践时间有要求,无具体内容的指导,甚至可以用科研论文成果代替综合实践成绩。有些学校虽有严格的要求和实践考核制度,但没有做出具体的、严格的量化指标,综合实践考核中所参照的评分标准亦各有不同,教师主观性大,难以公平、准确地反映出研究生的技能水平,影响培养质量的提高。在毕业条件上,多数学校要求专业学位研究生毕业时必须撰写学位论文,公开发表研究论文或申请专利,和学术型硕士要求也差别不大。

面对工程专业学位研究生创新实践能力培养存在的普遍问题,急需探索一种新的视角来改革工程专业学位研究生创新实践能力培养与评价体系。

二、工程专业学位研究生教育的产教融合

产教融合是产业与教育的深度合作,是高等学校为提高其人才培养质量而与行业企业开展的全方位深度合作。在党的十八届三中全会做出的《中共中央关于全面深化改革若干重大问题的决定》中明确提出"深化产教融合"之后,党的十九大报告又一次对"深化产教融合、校企合作"进行了强调。2017年12月,国务院办公厅《关于深化产教融合的若干意见》把产教融合培养人才作为一种战略性制度安排提出来,认为"深化产教融合,促进教育链、人才链与产业链、创新链有机衔接,是当前推进人力资源供给侧结构性改革的迫切要求","产教融合"已然成为人才培养的关键词。

专业学位研究生是高层次人才,其核心特征是创新,创新离不开实践,产教融合恰恰契合了专业学位研究生教育的发展逻辑:既是工程专业学位研究生创

新实践能力的实现目标和要求,也是其实现的路径和方法。

从我国出台的各类有关政策、文件中,在专业学位研究生教育中"产教融合"的目标上更多的是需要提升我国的产业人才结构和能力,使得高层次人才的供给与社会需求相适应,产业发展中能突破技术人才不足和层次不高的瓶颈,加快供给侧改革。因此,在制定具体的专业学位研究生创新实践能力的目标和要求时,就需要企业、学校和学生三主体参与下,制定发展目标,通过目标遴选、方案计划、实施和评价的过程来确定目标实现。这些目标包括:课程目标,即强化企业早期介入一起设置课程,让课程与研究生创新实践能力的提升一一相互匹配;教学目标,即在"产教融合"的大目标下,研究生所存在的教学活动,不单只在书本里,还有深入到实际产业生产过程中;评价目标,即引导研究生向注重"学习过程"转变,将评价整体从"分数高低"向"能力强弱"转变,综合的、整体的考虑。[6~7]

产教融合也是专业学位研究生创新实践能力实现的路径和方法。通过产教融合融入科研有助于创新与创造,专业学位研究生的科研本身应该侧重于应用研究,应该重视解决实际问题。产教融合将极大地推动应用型研究的深入开展。政府、企业、学校、相关组织的相互沟通与关联,使得产教融合之中的研究富有启发性和针对性。在产教融合中,研究生、企业导师和教学科研人员组合成研究团队,更容易解决实际问题,将极大提升专业学位研究生的培养水平,促进生产问题的解决。

三、创新实践能力培养与评价体系改革措施与办法

南京工程学院自从 2012 年开始招生全日制工程专业硕士以来,针对上述共性问题,结合工程专业学位型研究生培养实际情况,通过更新制定了符合产业发展需求的工程专业硕士研究生创新能力培养目标,建设校企合作平台,重塑了工程专业硕士研究生创新实践能力培养的模式,取得了一定的效果。

1. 编制研究生创新实践能力标准,制定了符合产业发展需求的工程专业硕士研究生创新能力培养目标

依据相关产业发展需求,以及现代科学技术的复杂性、交叉性和集成性,定期与行业龙头企业进行会商,制定了符合产业发展需求、具有行业前瞻性、代表行业 3~5 年发展趋势的工程专业硕士研究生创新能力培养目标,从而实现培养"目标—培养过程—培养产出"的闭环控制,服务国家、地方行业发展。

学校按照"倒推化设计"原则,重构工程专业学位研究生的人才培养方案。根据国家产业发展特殊需求、行业技术要求以及发展趋势,科学编制以四种知识结构、五种能力要求为基础的研究生创新实践能力矩阵。四种知识结构,主要包括:基础知识、专业知识、人文知识和工具性知识。五种能力要求,主要包括:获取知识能力(要求具有从书本、媒体、期刊、报告、计算机网络等一切可能的途径快速获取能够符合自己需求的信息,并善于自学、总结与归纳的能力)、应用知识能力(要求能够综合运用所学的知识,解决工程实际问题;掌握应用适当的理论和实践方法能力,分析解决工程问题)、工程实践能力(要求能够参与项目及工程管理,解决机械产品设计、研究与开发、组织与实施等实际问题)、开拓创新能力(要求能够在工程技术发展中善于创造性思维、勇于开展创新实验、创新开发和创新研究)、组织协调能力(要求具有良好的协调、联络、技术洽谈和国际交流能力,能够高效地组织与领导实施科技项目开发,解决科技开发项目进展过程中所遇到的各种问题)。

2. 迭代建设创新能力培养载体

专业硕士研究生的培养,一般均要求至少半年以上的实践环节,而实践载体一直是制约工程创新实践能力培养的短板。尽管校企合作进行人才培养的模式已经推行了不短时间,但效果一直不太理想。一方面,由于企业的利益得不到充分保障,大部分企业不太愿意接收研究生进行实践;另一方面,企业实践过程存在形式化趋势,没有实质内容,实践效果不明显。面对上述困难,学校积极探索,借助校企共建实验室、深度产教融合的资源优势,将以工作坊和工程训练中心为代表的两代载体,提升为以产业技术研究院为代表的3.0实践培养载体,分别对研究生进行基本工程能力、综合工程能力和创新工程能力培育和锻炼,从而进一步满足了工程专业硕士研究生创新能力培养要求。[8]

项目化工作坊以基本工程能力养成为主,目的是培养学生的工程化概念,激发学生的科创意识。通过"学、仿、做"几个过程分别完成1～2个作品的设计与制作。

零散、缺乏系统性的训练是项目化工作坊面临的最大问题,随着研究生培养的推进,仅依靠原有的被动"菜单式"工作坊很难进行。经过摸索,学校依托工业化工程训练中心为平台,以综合项目训练为突破点,进一步提升研究生的创新能力。综合项目训练是以工程实际为背景,以自主学习为特征,以强化工程实践能力、知识协调、重组、集成能力培养为目标,让研究生面对陌生的工程问题时,能够研究解决方案,制定具体流程,掌握运用所学知识,汇聚相关知识,提高在实践中的整合能力。

通过迭代升级,产业技术研究院的设立,将之前研究生工作站的大部分职能从校外引入到校内,解决了研究生工作站因物理距离等客观原因,研究生无法长期浸入式工作学习,和企业导师实际指导流于形式等问题。从本质上讲,产业技术研究院是一个汇聚各种创新要素的载体,它既为培养研究生提供实践平台,更能为其提供高校与行业企业联合培养的新机制,从而使"需求前置",培养创新型人才。因此,可以将产业技术研究院定位于"创新型人才的孵化载体"。

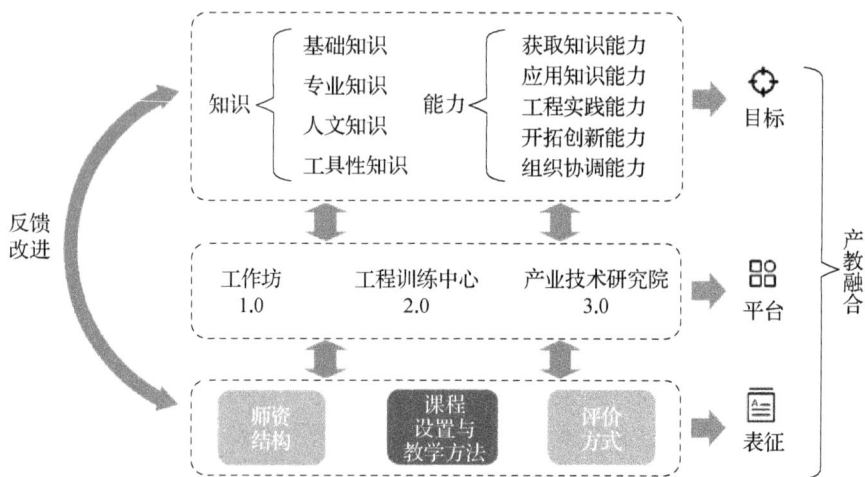

图 1 迭代建设创新能力培养载体

3. 师资结构

依据工程硕士研究生的特征与培养需求,改革师资队伍建设与管理模式,实行教师工程能力常态培养制度,促进教师知识能力多元;通过"导师互聘",在产业技术研究院中形成校企导师相结合的双导师制,实现"专家领衔、导师负责、团队指导"的新模式,强化校内外导师的合作与交流,实现优势互补、资源共享,建立更加紧密的关系网。

4. 课程设置与教学方法

课程是人才培养方案实施的基础单元,也是人才培养质量的重要依托。产教融合就需要打破传统的逻辑课程建构模式,以项目任务为中心来重构课程体系,将理论教育与工程实践有机融为一体。学校结合行业领域发展需求,关注职业能力培养,整合了包括公共基础、专业核心、专业方向、人文及职业素养和工程实践等模块在内的模块化课程体系。在对行业和岗位群进行分析的基础上,将典型工作任务对照专业学位研究生创新实践能力矩阵,划分为一个个相互关联,复杂程度不同的工程项目。根据项目所涉及与包含的知识点不同及逻辑顺序,组织由多学科和校内外成员组成的教学团队,开展跨学科的项目教学。

教学方法侧重创新能力和解决工程实际问题能力的培养,通过实践培养载体积极探索学校教师与企业工程技术人员相结合的案例分析、现场研究、启发式与研讨式教学等新方法。

5.完善评价方式

学校充分注重学习评价对教与学的导向作用,推行三项措施,促进三个转变。三项措施是:① 评价方法多样。将部分闭卷考试改革为现场答辩、研究报告、产品分析等多种方法,将单一毕业论文扩充为工程设计、产品研发、项目方案等多种形式。② 评价主体多元。消除传统单一评价主体的局限性和片面性,实行学生自评、责任导师、企业导师、协作导师多主体评价。提高导师团队成员对学生的关注度以及评价的客观性。③ 成绩构成分段。消除"算总账"考核方法对学生学习的不利影响,明确规定学生成绩由课堂讨论、阶段测评、期末考核三部分构成,按2∶3∶5分配。三个转变是:① 促进课程考核从评价"分数高低"向评价"能力强弱"转变;② 学生学习从注重"期末考核"向注重"学习过程"转变;③ 学位论文从注重"理论研究"向注重"应用创新"转变。

结　语

南京工程学院多年的实践证明,产教融合是工程专业学位研究生培养的有效方法,既是构建与学术型人才相区别的特色化、类型化应用型人才培养模式的有效路径,也能够显著提升工程专业学位研究生培养质量。目前,学校处于产教融合视野下的工程专业学位研究生创新实践能力培养与评价体系改革试点探索期,未来学校将认真总结,创新探索,将更多具有实际意义的内容赋予进去,并通过不断实践进一步检验其适用性。

参考文献:

[1] 蒋静,谭文轶,刘廷凤.中外合作办学视角下"以学生为中心"教学质量保障体系构建的实践研究[J].高教学刊,2020(33):16-22.

[2] 孙丰云,任科法,冯威,杨凤英,左永红,刘永辉.CIPP模式下农业硕士专业学位研究

生培养质量评价研究[J].教育现代化,2020(53):99－102.

[3] 薛亮,刘小玲.区域共享型实训基地运行绩效评价指标体系构建研究[J].理论研究,2017(9):226.

[4] 胡建华,周川等.高等教育学新论[M].南京:江苏教育出版社,1995:204,233－234.

[5] 谭永平,何宏华.项目化教学模式的基本特征及其实施策略[J].中国职业技术教育,2014(23):49－52.

[6] 陈小虎.多元化、多样式产教融合的理论探究与实践探索[J].常州工学院学报(社科版),2008(4):127－130.

[7] Barab,S,A&Duffy,T.M.(2000). Form Practice Field to Communities of Practice. In Jonassen,D,H. &Land,S,M.(2000). Theoretical Foundations of Learning Environments. Lawrence Erlbaum Associates,Mahwah,New Jersey,P.28.36.

[8] 郁汉琪,谢乃军.项目教学训练体系构建下的工程教育培养模式探索与实践[J].南京工程学院学报(社科版),2015(3):81－84.

象限分析视角下省域高校社科学科
结构现状、评价及优化策略
——以江苏省为例

季庆庆[①]

摘 要：运用波士顿矩阵法和偏离—份额分析法，对2015—2019年江苏省高校社科主要科研指标进行研究。通过象限分析学科结构现状，给出有关主导学科、先导学科、支柱学科和弱势学科的评价，并采用内部结构分析和外部结构分析相结合的研究方法，针对交集学科提出优化策略，为进一步优化高校社科学科结构、选择学科建设发展方向提供现实依据。

关键词：社科研究；学科结构；象限；波士顿矩阵（BCG Matrix）；偏离—份额分析法（SSM）

习近平总书记在加快构建中国特色哲学社会科学中反复强调要不断推进学科体系建设和创新。科学的分类和合理的结构是建设学科体系的前提和基础。当前，社科学科分类经社科管理部门和评价机构的认定和推广主要有三类：国家社科基金学科分类（1986年）、全国高校社科统计学科分类（1991年）和"中文社会科学引文索引"（CSSCI）学科分类（1998年），考察三者之间的差异，不难看出后两者学科分类均是建立在国家社科基金学科分类的基础之上，是前者的发展和延续。学科结构建立在学科分类基础之上，客观评价学科结构现状对于学科体系建设具有重要意义。

一、江苏省高校社科学科基本现状

江苏是高等教育大省强省，社科理论工作者近10万人，社科领域教育部"长江学者"特聘教授39人，5个社科类学科进入国家世界一流建设学科行列，

---

① 作者简介：季庆庆，江苏理工学院社会科学处副处长，副研究员，南京师范大学博士生，研究方向为高等教育研究、科研管理研究。

全国第四轮学科评估结果显示,社科类学科中,A⁺等级 3 个,A 等级 10 个,A⁻等级 11 个。自 2010 年,持续实施"江苏高校优势学科建设专项工程",2017 年,省社科院出台《关于加强学科建设的意见》,力争用五年左右时间,建成 3 个左右国内领先的优势学科,培育 10 个左右国内知名、江苏领先的重点学科。[①] 江苏省高校社科学科建设优势比较突出,全国高校社科统计数据显示,2018 年江苏高校社科研究经费投入 12.1 亿元,位列全国省份排名第五,国家社科基金课题立项 363 项,学术著作 1 768 部,学术论文 30 288 篇,均位于省份排名前列。

二、研究方法

近年来,国内用于学科结构的研究方法较多,主要有波士顿矩阵法(BCG Matrix)、偏离—份额分析法(SSM)等,均采用象限分析。如运用 BCG Matrix 从学科特征考察中国参与科技全球化的进程[②],以及学科交叉建设研究的国际比较[③],除比较研究外,BCG Matrix 还应用于竞争力评价研究,分析 C9 高校的科研成果在竞争力、影响力和先进程度方面的表现[④],评价国内一流学科建设综合竞争力[⑤]等。国内也有较多学者借助 SSM 分析学科结构和竞争力,如我国科技力量布局的学科分析[⑥],服务科学、管理与工程学科体系构建研究[⑦],高校合并后学科建设关键绩效指标研究[⑧],以及"双一流"背景下省域学科结构与竞争

---

① 江苏省哲学社会科学界联合会.江苏社科学科学年鉴(2017)[M].南京:江苏凤凰科学技术出版社,2019:3-4.
② 袁军鹏,薛澜.从学科特征考察中国参与科技全球化的进程——基于科学计量学的实证分析[J].科研管理,2009(4):184-189.
③ 杨国富,余敏杰.新工科背景下学科交叉建设研究的国际比较——以计算机学科为例[J].高等工程教育研究,2019(3):57-61.
④ 李煜.中国 C9 高校学科布局及跨学科科研生产力比较研究[D].南京大学,2013.
⑤ 马利凯."双一流"视域下一流学科建设综合竞争力评价实证研究——基于波士顿矩阵和两因素聚类分析法[J].黑龙江高教研究,2017(7):63-65.
⑥ 周照,王元地.我国科技力量布局的学科分析[J].科技管理研究,2006(1):64-68.
⑦ 吴建祖,张兴华,陆俊杰.服务科学、管理与工程(SSME)学科体系构建[J].中国科技论坛,2009(1):21-25.
⑧ 唐宁玉,刘文静,刘文斌.高校合并后学科建设关键绩效指标:软系统方法论的视角[J].科技管理研究,2013(18):77-82.

力评价[1];还有学者先后直接通过 SSM 分析辽宁省[2]、海南省[3]社科学科结构和竞争力。两种研究方法各有其侧重,在分析内部结构和外部结构方面各有所长,前者侧重于将研究对象内部组成部分之间作结构分析,后者侧重于把研究对象视为区域,将其组成部分与上级区域的组成部分作结构分析。现有研究较少将两者结合,或只为说明某方面问题,或数据来源受到制约。通过内外部交叉分析,更能体现出江苏省社科学科结构的全貌。

1. 波士顿矩阵法

波士顿矩阵法,又称市场增长率—相对市场份额矩阵、四象限分析法等。由布鲁斯·亨德森 1970 年首创,将市场增长率和相对市场份额作为研究对象,并应用于企业发展战略制定,在增量和存量的分析上,给予教育学等诸多学科启示,在高校学科建设研究领域,也不乏运用。BCG Matrix 认为增长率和占有率是决定结构的两个基本因素,两者既相互影响,又互为条件,应用于学科结构分析中。增长率低,占有率高的学科预示前景不佳;增长率高,占有率低的学科表示综合实力不强;只有增长率快、占有比高的学科才显示良好的前景和较强的综合实力。本研究将通过 BCG Matrix 确定江苏省高校社科学科分析维度和度量,以结构化的分析描述,进行适度的象限划分,并给予评价。

2. 偏离-份额分析法

偏离-份额分析法由丹尼尔·克雷默 1942 年提出,广泛用于产业的空间分布、结构变化的分析,具有综合性和动态性,能有效揭示区域与类别结构变化原因,是学术界用于分析发展差异和结构分析的基本方法。根据 SSM 基本原理,视学科发展为动态的过程,在时间段内 $[o,t]$,江苏省社科各学科($j=1,2,\cdots,n$)发展指标(b_{j0},b_{jt})以全国相应学科发展为参照指标(B_{j0},B_{jt}),将江苏省社会科学中某一学科发展增长量(G_j)的变动分解为份额分量(N_j)和总偏离分量(PD_j),其中偏离分量又分为结构偏离分量(P_j)和竞争力偏离分量(D_j)。公式表示为:

$$r_j=(b_{jt}-b_{j0})/b_0;R_j=(B_{jt}-B_{j0})/B_0;b'_j=(b_{j0}\cdot B_{j0})/B_0 \qquad (1)$$

① 李韵婷,张日新."双一流"背景下省域学科结构与竞争力评价[J].教育评论,2019(5);9-13.

② 姜春林.偏离-份额法解析辽宁省人文社会科学竞争力[J].大连理工大学学报(社会科学版),2007(3);44-48.

③ 高雯雯,尤春花.海南省人文社会科学学科结构评价研究[J].农业图书情报学刊,2011(10);12-15.

$$G_j = b_t - b_o; G_j = N_j + PD_j; PD_j = P_j + D_j \qquad (2)$$

$$N_j = b'_j \cdot R_j; P_j = (b_{j0} - b'_j) \cdot R_j; D_j = b_{j0} \cdot (r_j - R_j) \qquad (3)$$

（1）式为江苏省与全国第 j 个学科在 $[o,t]$ 时间段内的变化率。

（2）式为在 $[o,t]$ 时间段内江苏省第 j 个学科的增长量构成。

（3）式中，份额分量（N_j）反映的是省内 j 学科如按国家 j 学科的平均增长率发展所产生的变化量；结构偏离分量（P_j）越大说明 j 学科结构对总量增长的贡献越大；竞争力偏离分量（D_j）越大说明 j 学科竞争力对总量增长的贡献越大；总偏离分量（PD_j）反映 j 学科的增长优势。

（三）数据来源

学科指向科研，体现的是一个研究领域，而学科建设几乎就是高校科研的代名词[1]，因此，对于学科结构的描述，实则为对各学科领域的科研现状进行分析，如采用国家社科基金立项项目数作为学科研究现状的分析。其实，在科研经费、项目、成果形成三螺旋的科研生态下，任一支螺旋列都能有效地反映该学科的学科地位与整体学科布局[2]，这也是之前诸多学者只需选取国家级项目数或高水平论文数其中一项指标作为实证分析的原因。鉴于数据的权威性、代表性、连续性、可得性，BCG Matrix 研究数据选取年度科研经费投入指标作为分析对象，数据来源于江苏普通高等学校社科统计资料汇编（2015—2019），SSM 分析数据选取国家社科基金立项数作为分析对象，数据来源于全国哲学社科科学工作办公室国家社科基金项目数据库。

三、江苏省高校社科学科结构分析

（一）内部结构 BCG Matrix 分析

将社科学科编码（表1），根据 BCG Matrix 分析法和统计数据计算得到江苏省高校社科各学科在 2015—2019 年科研经费的构成占比和年均增速，如表2。

---

① 马陆亭.一流学科建设的逻辑思考[J].高等工程教育研究，2017(1)：62-68.

② 季庆庆，李向东，许悦.基于三螺旋理论的高校社科科研绩效评价研究——以江苏省为例[J].黑龙江高教研究，2019(5)：45-49.

表 1 22 个社科学科名称及其相应代码

序号	学科名称	编码	序号	学科名称	编码	序号	学科名称	编码
1	管理学	A	9	艺术学	I	16	民族学与文化学	P
2	马克思主义	B	10	历史学	J	17	新闻学与传播学	Q
3	哲学	C	11	考古学	K	18	图情学与文献学	R
4	逻辑学	D	12	经济学	L	19	教育学	S
5	宗教学	E	13	政治学	M	20	统计学	T
6	语言学	F	14	法学	N	21	心理学	U
7	中国文学	G	15	社会学	O	22	体育科学	V
8	外国文学	H						

表 2 2015—2019 年江苏省高校社科各学科科研经费构成　　单位:万元

学科代码	2015	2016	2017	2018	2019	占比(%)	年均增长率(%)
A	2 436	18 336	19 314	24 606	31 303	30.6%	89.3%
B	745	1 500	2 372	2 750	2 898	3.3%	40.4%
C	427	1 051	871	1 047	830	1.3%	18.1%
D	0	8	55	6	15	0.0%	21.2%
E	24	59	141	73	131	0.1%	52.3%
F	196	1 893	2 830	2 600	3 152	3.4%	100.2%
G	778	1 866	2 183	4 348	4 516	4.4%	55.2%
H	252	803	584	842	862	1.1%	36.0%
I	656	4 674	5 684	5 637	7 915	7.8%	86.4%
J	3 748	4 476	1 653	4 431	2 194	5.3%	−12.5%
K	162	192	1 506	176	1 505	1.1%	74.7%
L	1 626	7 206	9 063	8 417	10 451	11.7%	59.2%
M	323	635	1 035	1 083	1 101	1.3%	35.9%
N	1 295	1 788	2 639	2 806	3 691	3.9%	29.9%
O	705	3 309	5 730	5 016	7 097	7.0%	78.1%
P	50	224	493	804	801	0.8%	100.6%

学科代码	2015	2016	2017	2018	2019	占比(%)	年均增长率(%)
Q	408	759	904	1 383	1 255	1.5%	32.5%
R	256	1 003	1 485	789	2 088	1.8%	69.1%
S	266	3 852	6 886	6 952	12 945	9.8%	164.1%
T	0	581	862	470	829	0.9%	12.6%
U	158	532	447	425	614	0.7%	40.4%
V	146	797	1 215	1 858	3 185	2.3%	116.0%
合计	14 656	55 547	67 953	76 519	99 377	100.0%	61.4%

通过运用 BCG Matrix 分析法中二度量＋气泡矩阵模型[①],选择占有率和增长率两个维度,分别作为纵、横坐标轴,分别以江苏高校社科学科平均占有率4.5%为分界线,平均增长率61.4%为分界线,同时设定气泡大小表示 2019 年各科研经费投入规模,从而看出学科结构更全面的信息,得出战略分析图1。

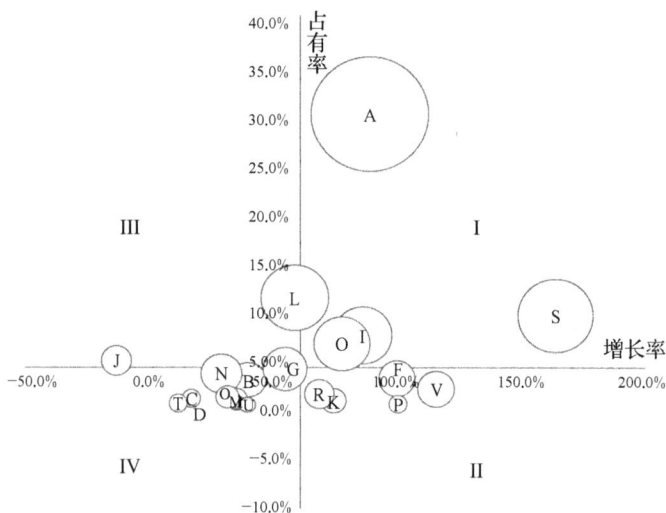

图1　江苏省高校社科各学科内部结构图

根据 BCG Matrix 象限特征,将江苏高校 22 个社科学科划分为四种类型:主导学科(4个),处于第Ⅰ象限,特征是比较规模优势和增长优势均为突出;先

---

①　袁彬悠,吕红波.波士顿矩阵应用扩展研究[J].经营与管理,2012(6):85-89.

导学科(5个),处于第Ⅱ象限,表现为尚未达平均规模,但呈现出发展优势;支柱学科(2个),处于第Ⅲ象限,具有高出平均水平的规模,但增长迟缓或负增长;弱势学科(11个),处于第Ⅳ象限,是既无规模优势,又无发展优势的学科。需要说明的是,弱势学科只是就省内学科发展比较而言,弱势学科数占半,说明江苏高校社科学科发展结构存在较为严重失衡,而这种失衡恰说明主导学科的强势,在有限资源条件的内部结构中,主导学科竞争力越强,占用的资源越多,弱势学科的生存空间越受到挤压。较大气泡出现在Ⅰ、Ⅱ象限说明,江苏高校社科学科发展存在马太效应,学科发展方向明确,发展力量持续积累。

(二) 外部结构 SSM 分析

以全国国家社科基金项目立项状况作为参照系,对江苏省高校 18 个社科学科进行 SSM 分析,时间区间选取 2015 年与 2019 年,相关数据及 SSM 计算结果见表3。

表3 2015—2019 年江苏省高校和全国高校国家社科基金立项数学科分布①

学科编号	江苏省(项)		全国(项)		份额分量	结构偏离	竞争力偏离	总偏离量
	2015	2019	2015	2019	N_j	分量 P_j	分量 D_j	PD_j
A	34	56	341	395	0.47	4.91	16.62	21.53
B	20	28	248	345	0.50	7.32	0.18	7.50
C	22	19	246	214	−0.18	−2.68	−0.14	−2.82
E	4	4	77	92	0.02	0.76	−0.78	−0.02
F	24	25	296	324	0.17	2.10	−1.27	0.83
G	32	23	365	292	−0.60	−5.80	−2.60	−8.40
H	12	14	115	120	0.02	0.51	1.48	1.98
J	16	24	324	358	0.14	1.54	6.32	7.86
K	1	4	39	66	0.01	0.69	2.31	2.99
L	44	46	483	517	0.38	2.71	−1.10	1.62

---

① 根据数据可比原则,以全国社科统计学科分类为基准,合并国家社科基金相似学科数据,马克思主义学科由马列科社、党史党建合并,历史学学科由中国历史和世界历史合并,经济学由理论经济学和应用经济学合并。全国社科统计学科中逻辑学、心理学和国家社科基金学科中国际问题研究、人口学没有交集,且国家社科基金学科中教育学、艺术学、军事学单列,数据缺省,上述相关数据均没有列入分析。

学科编号	江苏省(项)		全国(项)		份额分量	结构偏离分量 P_j	竞争力偏离分量 D_j	总偏离量 PD_j
	2015	2019	2015	2019	N_j			
M	13	12	149	140	−0.03	−0.76	−0.21	−0.97
N	25	30	343	321	−0.14	−1.46	6.60	5.14
O	17	23	212	269	0.25	4.32	1.43	5.75
Q	9	12	137	166	0.07	1.84	1.09	2.93
T	3	5	49	81	0.02	1.93	0.04	1.98
V	6	17	129	168	0.06	1.75	9.19	10.94
P	1	5	212	259	0.01	0.21	3.78	3.99
R	21	16	126	145	0.10	3.06	−8.17	−5.10
合计	304	363	3 891	4 272	1.27	22.95	34.77	57.73

　　根据学科偏离分量分析,以竞争力偏离分量 D_j 为横轴,以结构偏离分量 P_j 为纵轴,建立坐标系图 2;以江苏高校社科学科优势 PD_j 为横轴,以份额分量 N_j 为纵轴,建立坐标系图 3,并将代表各散点的学科在坐标系中标注。

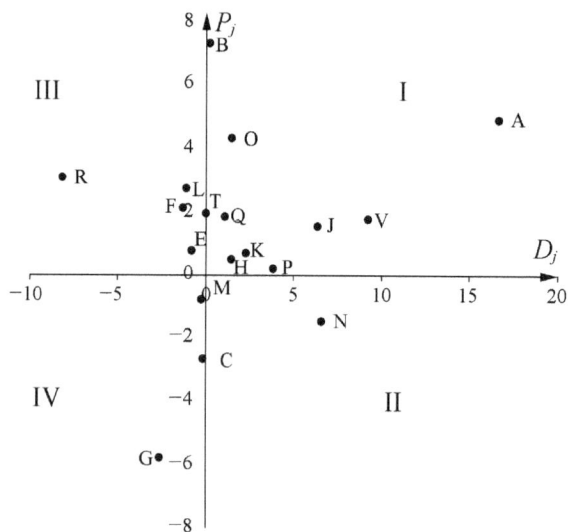

图 2　江苏高校社科学科偏离分量分析图

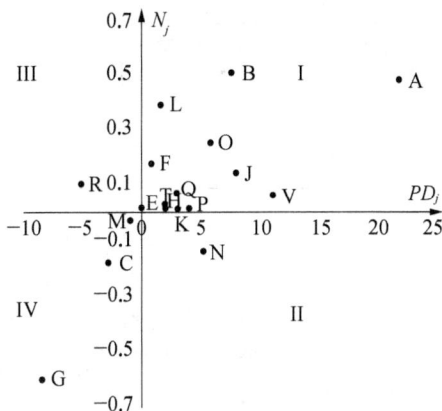

图 3　江苏高校社科学科优势分析图

图 2 所示,较少学科处于第Ⅱ、Ⅳ象限,仅有哲学、法学、中国文学、政治学等四个学科结构偏离分量 P_j 为负值,说明这江苏省高校这 4 个学科发展水平均低于全国高校水平;其余 14 个学科处于第Ⅰ、Ⅲ象限,发展水平均高于全国相应学科。同样,学科竞争力偏离分量 D_j 为负值的学科也不多,经济学、语言学、图情学与文献学、宗教学、中国文学、哲学、政治学得分均为负值,说明这 7 个学科竞争力低于全国相应学科。实际上,大多学科处于第Ⅰ象限,不仅发展水平高,竞争力也强,尤其是管理学遥遥领先于其他学科,成为主导学科中的领头雁。图 3 在图 2 的基础上,综合学科发展速度和学科竞争力得分为学科优势分值,表现为相对于全国学科,江苏优势学科占比 73.2%。但中国文学在第Ⅳ象限中离原点最远,成为弱势学科中的相对弱势,值得关注。

(三) 学科结构综合评价

从观测内外部结构象限的三组数据来看,如表 4,处于第Ⅰ象限的交集学科为管理学、社会学,处于第Ⅳ象限的交集学科为中国文学、哲学、政治学,第Ⅱ和第Ⅲ象限没有交集学科。

表 4　学科结构象限分析表

分析方法	第Ⅰ象限	第二象限	第三象限	第Ⅳ象限
BCG Matrix 分析	A、I、O、S	F、K、P、R、V	L、J	B、C、D、E、G、H、M、N、Q、T、U
SSM 分析(p,d)	A、O、J、B、K、P、V、H、Q、T	N	L、F、R、E	G、C、M

四、教学科研评估的现状与问题研究

163

续　表

分析方法	第Ⅰ象限	第二象限	第三象限	第Ⅳ象限
SSM 分析(pd,n)	A、O、J、B、K、P、V、H、Q、T、L、F	N	R、E	G、C、M
交集	A、O			G、C、M

显然,第Ⅰ象限交集学科管理学在江苏省内外的社科学科中处于绝对优势,具有一级学科博士学位授权点 14 个,省重点学科 25 个(含培育学科 6 个、建设学科 11 个),而社会学一级学科博士学位授权点仅有 1 个,却并无省重点学科,但研究实力位居全国前列。在处于第Ⅳ象限交集的中国文学、哲学、政治学中,中国文学的省重点学科数量多达 10 个(含培育学科 1 个、建设学科 9 个)远高于政治学 5 个(含培育学科 2 个),哲学 5 个(含培育学科 2 个),尚有较大潜力可挖。较少的同象限学科交集说明内外部学科结构存在较大差异,江苏高校社科内部学科结构中的弱势学科其实在外部结构中表现并不弱,BCG Matrix的第Ⅳ象限与 SSM 的第Ⅰ象限交集学科为马克思主义、外国文学、新闻学与传播学、统计学,这 4 个学科仍然具有较强学科优势。而 BCG Matrix 的第Ⅱ、Ⅲ象限与 SSM 的第Ⅰ象限交集学科考古学、历史学、民族学与文化学相较于以上 4 个学科,则更具学科竞争优势。

四、江苏省高校社科学科发展的对策建议

基于江苏省高校社科学科结构现状,在制定学科发展战略时,总的思路是保优势,稳增长,补短板。重点大学综合实力较强,可选择协同发展战略;非重点大学的单兵优势突出,可选择优先发展战略。

(一) 优化江苏省重点学科布局

进一步统筹一级学科博士学位授权点、硕士学位授权点与省重点学科的分配与布局,处理好"强校弱学科"与"弱校强学科"的辩证关系。保持"内强外强"的管理学、社会学等学科主导优势,引领江苏社科学科发展;利用"内弱外强"的马克思主义、外国文学、新闻传播学、统计学等学科的比较优势,扩大学科规模;补齐"内弱外弱"的中国文学、哲学、政治学 3 个学科的发展短板,利用后发优势获得快速增长。

(二) 推动交叉学科融合发展

依托管理学、社会学两大主导学科,推动"管理学⁺""社会学⁺"等交叉学科

群建设,充分发挥具有管理学博士点的南京大学、东南大学、河海大学等九所高校,和具有社会学博士点的南京大学强校强学科的带动作用。历史学发展缓慢,但仍然是支柱学科,且具有较强竞争力,通过"历史学⁺"同样能形成交叉学科群建设。如江苏文脉整理与研究工程、江苏大运河文化带建设等。

(三) 提高学科与产业的吻合度

相关研究表明,较之农学类学科与第一产业,理工类学科与第二产业,人文社科类学科与第三产业的协调度最低。[①] 江苏不仅是经济强省、教育强省,更是文化大省,教育学、艺术学均是先导学科,要提高与文化产业息息相关的教育学、艺术学、文学、历史学等对"文化建设"高质量发展具有直接贡献的学科比重,为率先实现现代服务业的转型升级作出更大贡献。与第三产业紧密相关的,处于第Ⅱ、Ⅲ象限的语言学、经济学、法学、图情学与文献学、体育学等社科类基础学科研究,应适时作出调整,加速成果转化,加强学科影响力,加快提升社会服务能力,只有学科结构与产业结构相适应,才能实现资源配置的最优化。[②]

(四) 增加学科建设经费投入

2018年度全国社科统计数据显示,江、浙、沪三省(市)中,江苏社科研究经费投入最低,而国家社科基金立项数最高,学术论文数最多,说明江苏社科研究整体绩效要优于其他两省(市)。当然在增加科研经费总投入的前提下,还需考虑优先次序,尤其是体量小,增长快,竞争力强的考古学、民族学、文化学与体育学,正处于成长期,要给足营养。而如中国文学、哲学、政治学等弱势学科后发优势显著,也应考虑在列。建设经费投入不足的间接后果还会导致学科带头人流出,江苏近年来这一现象屡见报端,应以高度重视。

本研究力求避免采用不同学科统计口径的差异导致研究结果产生偏差,力求避免使用不同研究方法导致分析过程出现偏差。但不同时期的学科结构却是这一时期时代精神的结构性体现。[③] 学科结构的研究是学科建设的基础,本研究或为省域高校学科结构研究提供借鉴,为高校制定学科发展战略,优化学科结构、明确学科建设发展方向提供现实依据。

① 杨林,陈书全,韩科技.新常态下高等教育学科专业结构与产业结构优化的协调性分析[J].教育发展研究,2015(21):45-51.

② 胡德鑫,王漫.高等教育学科结构与产业结构的协调性研究[J].高教探索,2016(8):42-48.

③ 王战军,张微.新中国成立70年来我国高校学科结构调整——政策变迁的制度逻辑[J].中国高教研究,2019(12):36-41.

高职院校教师教学质量评估存在的
问题及解决策略探讨

高　峥①

摘　要：做好高职院校教师的教学质量评估工作有利于高职院校教育教学改革向纵深发展，有利于促进高职院校整体办学质量的提高。目前我国高职院校教师教学评估存在诸多问题，比如：评估观念不正确，评估对象具有复杂性和特殊性，评估内容存在不确定性和不易测性，评估涉及的对象和范围存在多层次性和交叉性，教学评估价值取向存在偏差等。本文就此进行探讨，以期为高职院校教师教学质量的评估改革提供参考。

关键词：高职院校；教师教学质量；评估

　　高等职业院校承担着为社会培养生产、建设、管理、服务方面具有一定技能的复合型人才的根本任务，在教育强国的改革进程中发挥着巨大作用。目前高职院校规模扩张迅速，其高素质技能型人才的培养特点决定了学校的教育教学必须适应社会、适应时代发展的要求，因此提高高职院校的教育教学质量，培养符合社会要求的高素质人才是所有学校在新的历史时期的首要任务。而做好高职院校教育教学质量评估工作是关键，其中科学合理的教师教学质量评估又是重中之重，这是检验高职院校教育教学效果，提升高职院校教师教学业务能力和水平的重要措施。

　　近年来，高职院校教师教学质量评估工作取得一定的进展。但不可否认的是，在对教师教学质量的评估过程中还存在着一系列问题，比如：评估观念不正确，评估对象具有复杂性和特殊性，评估内容存在不确定性和不易测性，评估涉及的对象和范围存在多层次性和交叉性，教学评估价值取向存在偏差等。这些问题不及时解决，势必影响高职院校教学质量的整体提升。只有充分正视高职院校对教师教学质量评估的认识误区，加强对教师教学质量评估工作推进策略、方法的研究，不断改进和优化高职院校教师教学质量评估的具体途径，才能

---

①　作者简介：高峥，盐城幼儿师范高等专科学校教师。

促进高职院校的可持续发展,促进育人质量的不断提高。

一、对当前高职院校教师教学质量评估现状的反思

关于高职院校教师教学质量评估工作,各级教育主管部门先后出台了相关的指导性文件。这些文件对促进高职院校的教学改革,提高教学质量和办学效益发挥了很好的作用。但现实困难在于高职院校的教师教学评估工作无论在理论上还是实践上还处于初步的摸索阶段,虽然形成了一些较好的可供借鉴的经验和做法,但尚未形成与高职院校发展相适应的评估体系,特别是在评估指标的设计与确定上,科学性以及操作性都显不足。其中的原因比较复杂,概括起来有以下方面:

1. 教师教学行为和教学过程所具有的复杂性和特殊性导致教师教学质量评估难以简单量化

教师的教学行为体现在"课前、课中和课后"诸多环节上面,每一环节又是环环相扣、密不可分的。因此要对教师教学质量进行科学评估,就必须充分考虑教师在每一环节具体的教学行为。教师的教学工作具有特殊性,在不同环节的不同教学行为具有不同的属性和特征,比如课前的教学准备、课中的活动组织、课后的反馈追踪等,影响评估的因素十分复杂,是一个十分复杂的系统工程,因此对教师的教学质量评估绝非是评估指标的简单量化,不能运用统一的量化标准来进行"一刀切"式的评估。同时,学校的教学质量不同于工厂、企业的生产质量。教师教学工作的最终"产品"是学生,每个学生都是各不相同的生命体,具有各自鲜明的个性特征,具有各自独特的自我体验,同样的教学内容、教学方法在不同的学生身上会产生出各种各样不同的反应和效果,这也是教育的特殊性所决定的。对教师教学质量评估的最终标准只能是学生,但学生作为教师教学工作的"产品",其质量的呈现具有滞后性,不是立竿见影的;而且对学生发展水平的评价标准也具有多样性和模糊性,要对学生素质做出科学的合理的评估非常困难。

要做好对教师教学质量的评估工作,首先就要充分认识到教师教学行为和教学过程所具有的复杂性和特殊性,不能想当然的用一纸方案来解决具体的问题。

2. 教师教学工作内容具有的不确定性和不易测性导致教师教学评估价值取向产生偏差

教师的教学工作,哪些内容是质量评估的核心指标,能反映出教师对学习

者产生积极影响的因素有哪些等,要形成统一的标准比较困难。如果再具体到不同专业,那么评估元素又会发生变化,这使教学质量评估变得更为不确定。而同一个教师,同一门课程,同一个课堂,不同的个体学习者效果也大不一样。因为他们的学习基础、学习方法、学习体验等不同,所带来的学习效果也不同,这就是评估主体的不统一带来的评估结果的差异,为我们评估标准的设计带来巨大挑战,也使得高职院校对教师教学质量的评估的认知在价值取向上产生了偏差。一是把教师教学评估过于集中在教师教学工中的得失,而忽视了教师教学评估对促进教师成长发展的作用;二是把教师教学质量评估的重点放在教师教学工作水平高低结论上,注重了评估的选拔功能、甄别功能,而对其诊断功能、导向功能重视不够。

实际上,教师的教学质量评估必须要强化以人为本的重要思想。评估不在于单纯地肯定或否定教师的教学能力和水平,而在于通过肯定或否定形成激励作用,促进教师的发展,这样教师才能更好地扮演好自己的角色,完成自己承担的任务。

3. 教师教学质量评估涉及的对象和范围的多层次性以及交叉性为评估工作整体设计与实施增加了难度

首先,学校的根本任务是为社会培养人才,而教学工作是学校的生命线,各项工作都必须服务于教学。因此,教师的教学质量不仅与学校领导、教学单位或教务处相关,而且与全体人员密切相关。对于教师的教学质量,领导是关键,职能部门是保障,专业科(部)、教研室和教师是基础,学生则是核心主体和根本体现。因此,从人员方面分析,人人都是教师教学质量评估体系的有机组成,既是评估主体,又是被评估的对象。必须做到全员参与,全员管理,每一个成员必须承担好自己的任务,扮演好自己的角色,客观上增加了评估工作的难度。

其次,教师的教学是一个连续不断的全面的过程,它贯穿在整个学校教育过程的始终。它不仅是教师课堂上的表现,更包括教师课前的准备、课后的总结辅导等,整个教学过程的实施情况都能体现一名教师的教学质量,而不能仅靠最后的评价检查得出结论。教师教学质量还涉及各类主体,如领导、教师、学生等,也涉及如教学设施、条件、教材等各类客体,还与高职院校的顶层设计有关,是一个多层次的纵横交错的复杂的系统共同作用的结果。要对其中的核心部分教师的教学质量进行评估,做到全面系统、全方位,难度较大。

二、做好高职院校教师教学质量评估工作的具体策略

高职院校教师教学质量评估是一项操作复杂、技术要求高的工作。大多高

职院校在进行教师教学质量评估时都会出现这样那样的问题,评估方法过于烦琐,工作量过大,评估标准不够严谨降低评估信度,影响评估的顺利开展。对此,本文提出以下对策建议:

1. 推进高职院校教师教学质量评估指标体系的建设

高职院校的教师教学质量评估应是一项常态工作。但目前高职院校的教学质量评估机制还不完善,大多数学校还缺乏一整套规范的、稳定的评估体系。许多学校往往会突击性地进行教学检查,这样的检查往往过于随意,基本上处于"人治"状态,没有真正从制度上推进教师教学评估的科学化。因此必须对教师的教学建立科学的系统的质量评估标准、评估技术和评估方法,构建科学的教师教学质量评估的指标体系,这是高职院校提高教学质量的重要基础。

以盐城幼专为例,教师的教学质量评估指标体系根据重要程度分配比例权重,制定一级指标 5 项,二级指标 19 项。其中一级指标为:教学规范 20%,教学运行 20%,教学效果 45%,教学建设与改革研究 5%,教学成果与获奖 10%。二级指标又具体细分到主要观察点,科学量化,合理赋分。指标体系采用百分制考核,部分单项指标考核在百分制积分基础之上,对应权重以加权分计算。公共教研室考核的结果,报送教务处转发给相关考核学院。具体内容见表1。

表 1 盐城幼儿师范高等专科学校教师教学质量考核评估指标体系

一级指标	二级指标及分值	主要观察点及考核办法	考核部门
教学规范 (20分)	授课计划 (3分)	授课计划符合课程标准要求。根据授课计划撰写质量和执行情况区别赋分。	二级学院
	教学进度 (3分)	教学进度安排合理,能体现教学内容、教学环节有效落实,符合人才培养方案相关要求。根据教学进度表和执行情况区别赋分。	
	备课笔记 (8分)	教学目标明确,内容充分,重难点准确,教学方法和教学设计科学合理。根据备课笔记等相关资料质量区别赋分。	
	教师工作手册(3分)	规范完整记载教师教学工作情况,能够客观反映教学工作过程,体现手册的教学档案作用。根据填写情况区别赋分。	
	作业批改 (3分)	作业布置符合授课计划和教学进度安排,批改和成绩记载及时,批阅质量高。根据批阅质量、次数、及时性等区别赋分。	

续　表

一级指标	二级指标及分值	主要观察点及考核办法	考核部门
教学运行（20分）	日常教学（5分）	严格按照课程标准、授课计划和教学进度施教，认真执行"教学五认真"要求。根据日常教学检查反映的教师实际教学情况区别赋分。	二级学院
	教学纪律（3分）	严格执行《盐城幼儿师范高等专科学校教师教学工作规程》，模范遵守各项教学纪律规定。根据教师遵守教学纪律情况区别赋分。出现教学事故不得分。出现一般教学事故的教学质量考核不得评为优秀等次，出现重大教学事故的教学质量考核为不合格。	
	教研活动（3分）	积极参加院系（专业教研室）教研活动，高质量做好教研计划、总结，认真落实教研任务。根据教师实际参与情况区别赋分。	二级学院（专业教研室）
		积极参加公共课教研室活动，高质量做好教研计划、总结，认真落实教研任务。根据教师实际参与情况区别赋分。	公共课教研室
	教学方法与手段（4分）	注重教学方法研究和创新，营造有效课堂教学情境，注重课堂动态生成，注重运用信息化手段开展教学。实践教学按照课程标准和授课计划正常开展，训练量得到保证。根据日常教学检查反映的教师实际教学情况区别赋分。	二级学院
	课程考核工作（3分）	高质量地完成课程考核有关命题、监考、阅卷及成绩登分等教学工作任务。根据完成质量区别赋分。	二级学院
	课外辅导（2分）	积极利用自习课、活动课到班级为学生义务辅导，或完成学校、院系交给的专项辅导、兴趣小组等课外教学任务。根据实际工作质量区别赋分。	二级学院
课堂教学效果（45分）	学生评估（25分）	根据学生评教结果平均后进行折算。	二级学院
	同行评估（8分）	由各教研室组织同行教师听课评估。根据听课评估表得分折算赋分。	教研室
	督导评估（12分）	院系领导听课。根据听课评估表得分折算赋分。	二级学院
		学校督导听课。根据听课评估表得分折算赋分。	教务处

一级指标	二级指标及分值	主要观察点及考核办法	考核部门
教学研究（5分）	学科建设（3分）	积极参与制定、修订人才培养方案和课程标准，参与专业、课程和教材建设，参与实践教学建设，参与其他建设项目。根据实际参与情况、贡献和工作质量区别赋分。	二级学院
	教改研究（2分）	积极参加教学改革研究项目。根据申报立项情况和参与情况区别赋分。	二级学院
教学成果与获奖（10分）	比赛获奖（5分）	积极参加各类教学比赛。根据参赛和获奖情况区别赋分。	二级学院
	教学指导（5分）	积极指导学生或青年教师参加各类教学比赛。根据参与指导情况和指导获奖情况区别赋分。	

由于教学质量具有较强的后显性，部分评估指标很难量化，因此在教师教学质量评估过程中，要在定量评估的基础上，还要进行定性评估，必须做到定性评估与定量评估相结合，这样才能提高评估结果的科学性。

2. 推进高职院校"以学定教"的教师教学质量评估制度建设

推进高职院校教师教学质量评估制度建设，必须建立"以学定教"的质量评估制度，这是高职院校教育质量观的根本体现。高职院校培养人才的质量高低好坏，是衡量教师教学质量的首要标准。要以国家教育方针为总目标，把德、智、体、美、劳等方面的要求具体细化到每一个学生的素质发展上，以学生的素质水平衡量教师的教学质量，以学生对教师的认同和接受作为教师业务能力考核评估的重要参照。

3. 降低教师教学质量评估重心，发挥二级学院的评估作用

目前高职院校教师教学评估一般均建立了学校、二级学院两级质量监控和评估组织，质评中心、教学督导室协助配合，对课堂理论教学、实践实训教学、学生成绩考核、专业技能鉴定等主要教学环节质量进行规范和监控。这些过程评估都是根据教师教学工作的特点、社会需求、人才培养规格等因素进行的。这些措施和做法在目前的情况下还是切实可行的，但需要进一步强化教师自评和同行互评相结合的评估，特别是不断完善高职院校教师的自评

机制。

在质量评估过程中,还要充分体现各部门的合作与分工。校长从人员调度、经费保障、政策支持等方面确保学校的教学中心地位。在教学校长的直接领导下,教学评估中心、教务处是执行评估的实体部门,起组织协调、分析反馈作用,统筹安排教学评估的各环节。评估中心组织评估专家负责深入课堂教学等现场了解教学情况,指导教学工作,并提出整改意见和建议。各二级学院是实施教学及管理的实体,具体开展教学工作,也是教学质量评估的主要实施者。

4. 以发展性评估促进高职院校教师的专业成长

高职院校教师教学质量的发展性评估不能只把目光盯在奖惩这单一的目标上面,仅仅为了对教师进行分层考核而进行的评估会产生许多负面的影响,会损害教师教学工作的积极性。教师的教学质量评估应该具有多方面的功能,其中最重要的功能是通过对教师教学质量的评估促进教师更快的业务成长,激发教师更饱满的工作热情,让教师对自己的教学工作有更清醒的认识和更准确的判断。

要做好教师教学质量的发展性评估工作,高职院校必须做好充分的宣传发动工作,提高教师对教学质量评估的认识,自觉自发地配合和参与到这项工作中去。要不断增强教师的自我反思和自我发展的意识,引导教师通过评估发现自己在教学中存在的问题,并学会分析原因,寻找对策,采取相应的措施来改进自己的教学。还要进一步树立教师主体性和差异性评估的理念,引导教师在质量评估中提升自我发展的主体意识。对于学校来说,要重视教学质量评估中的差异现象,因为教师是教学活动中动态发展的个体,不同的教师具有不同的特点,个体差异普遍存在于教师之间,在评估实施过程中应该有针对性地制定不同的评估方案,实行差异性评估。

高职院校的教师教学评估工作十分重要,因为这是学校提高教学质量的关键所在,是牛鼻子。同时这项工作也十分繁难,许多环节需要我们通过科研去攻坚,通过实践去探索,而且不会一蹴而就。这需要我们每一所学校都能勇于攻坚克难,在具体的评估工作中不回避矛盾,通过自己的研究和实践,构建起具有中国特色的高职院校教师教学评估体系。

参考文献:

[1] 构建职业院校教学质量监控体系的实践与思考《网络 (https://www.xzbu.

com)》2019.

［2］解太林.构建职业院校教学质量监控体系的实践与思考［J］.文教资料,2013(8).

［3］艾纯志,杨凤翔.高职院校教师教学质量评价的方法与策略［J］.黑龙江高教研究,2012(2).

［4］吁娟,邓忍.高职院校教师教学质量评价指标体系研究［J］.山西广播电视大学学报,2017(3).

［5］刘科建.基于理实一体化教学创新型评价的研究［J］.考试周刊,2015(8).

四、教学科研评估的现状与问题研究

173

资源配置失衡对高校科研效率的影响研究[①]

陈　琢[②]

摘　要:尽管中国的基础研究水平已经取得了骄人的成绩,但背后隐藏着资源配置失衡的严重问题。本文通过 2009—2016 年中国各地高等学校科研活动的数据,建立包含超越对数知识生产函数随机前沿分析模型,考察了科研资源配置失衡等因素对科研效率的影响效果,并对中国各地科研效率进行测算与分析。通过研究发现:中国大陆高等学校的科研效率总体呈现不断下降的趋势;具有较多科研经费投入的东部地区反而科研效率较低,表现出明显的"科研资源诅咒"现象,而西部地区的科研效率相对较高;各个省、市和自治区的科研效率差异较大;科研资源配置失衡降低了科研资源的使用效率,也进一步阻碍了科研效率的提升。因此,国家应该避免一刀切的政策,根据各地的科研特征,给予科研效率更高的地区更多的经费资助,以不断提升中国的高校科研水平。

关键词:科研资源配置;科研效率;随机前沿分析;高校科研活动;影响因素

一、引　言

自从 1978 年改革开放以来,中国经济经历快速增长,取得了举世瞩目的成就,这与生产技术水平进步的支撑密不可分。传统的经济增长理论也认为,技术是保持经济持续增长的动力源泉。因此,提升生产技术水平,增强创新实力对于新常态背景下维持高质量经济增长具有重要意义。在技术进步的过程中,高校的科学研究始终扮演着重要的角色。只有通过不断加大基础研究投入,才

---

①　本文在江苏省高等教育学会 2020 年学术年会上作了专题报告。

②　作者简介:陈琢,就职于南京财经大学高等教育研究所改革发展办公室,主持完成江苏省教育科学"十二五"规划课题重点资助项目,江苏高校哲学社会科学研究一般研究项目,南京财经大学高教研究课题,南京财经大学改革发展研究课题,南京财经大学党建思想政治研究课题等。研究方向为高等教育管理和高等学校科研创新。

可以增强自主技术创新能力,缩短与发达国家的技术差距①。《2018年政府工作报告》也指出要"加强国家创新体系的建设"以及"强化基础研究、应用基础研究和原始创新",这说明中国政府已经高度重视基础研究在技术进步过程中的重要作用。

基础研究是认识自然现象探索自然规律的研究与开发活动,而且无论从科研经费还是研究成果来看,高校的科研活动已经成为基础研究的主要参与者与贡献者。根据美国国家科学基金会(NSF)的报告显示,中国已经超越美国成为世界上论文发表数量最多的国家。在骄人的成绩面前,我们不得不承认在很多领域我们依然与发达国家具有较大差距,尤其是科研资源配置方面。高等学校科研产出离不开科研资源的支持,然而,科研资源分配极其不均衡②。

图1报告了2009—2016年中国大陆各省、市和自治区的科研资本倾斜度,即人均科技研发经费内部支出额与全国平均水平的比值,该比值越大,意味着科研资源(资金支持)倾斜度越高。可以看出,有14个省、市和自治区的人均科研经费内部支出额大于全国平均水平,而剩余17个省、市和自治区则低于全国平均水平。其中,科研资源最丰富的北京市与科研资源最贫乏的西藏自治区相差6.379 5倍。

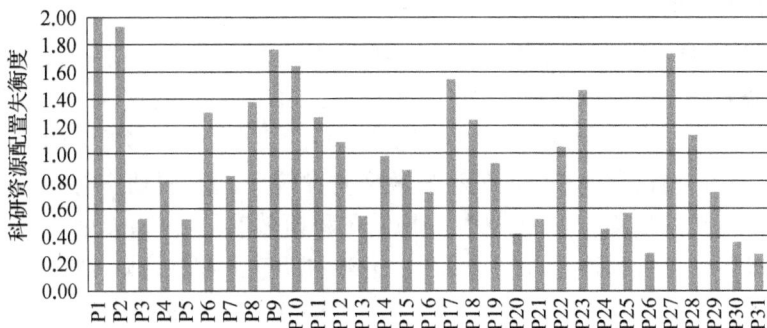

图1　2009—2016中国各地区科研资源配置失衡度

现有研究认为,科研资源配置失衡,整体上将不利于科研产出的提升。③ 一方面这是由于科研资源配置失衡导致科研资源配置效率的下降。一些地区科

---

① 孙早,许薛璐.前沿技术差距与科学研究的创新效应——基础研究与应用研究谁扮演了更重要的角色[J].中国工业经济,2017(3):5-23.

② 张炜,吴建南,徐萌萌,阎波.基础研究投入:政策缺陷与认识误区[J].科研管理,2016(5):87-93.

③ Cherchye L,Abeele P V. On research efficiency: A micro-analysis of Dutch university research in Economics and Business Management. Research Policy ,2005,34 (4):495-516.

研要素产出弹性较低,然而这些要素却过度集中于该地区,造成科研资源浪费严重,因此不利于科研产出增长,而一些科研要素产出弹性较高的地区,科研资源的匮乏也制约着科研产出的增长,同样也不利于科研效率提高,这在一些研究中被证实。[1][2]

另外,在微观视角下,科研资源配置失衡,也容易引起心态失衡,还会进一步影响科研人员的工作热情与科研动力,这同时也会造成科研效率的下降。然而,科研资源配置失衡是否阻碍了科研效率的提升,现有研究尚未进行直接的考察。探索高校科研资源配置制衡对科研效率的影响效果,有助于准确识别当前中国科研资源地域分配过程中存在的不足,进一步可以为后续中国政府对于各地区科研资源的配置与调整方案提供经验参考。

因此,作为政府部门与学术界同时关注的重要话题,本文重点考察科研资源配置失衡对科研技术效率提升的影响。相比于现有研究,本文在研究内容方面的创新性主要体现于以下几个方面:首先,将科研资本和劳动纳入知识生产函数,建立随机前沿知识生产模型,模拟中国高等学校科研活动的知识生产过程,对中国不同地区高校科研效率进行测算与分析;其次,通过建立知识生产的无效率方程,考察科研资源配置失衡等因素对科研技术效率的影响效果,深刻剖析科研效率改善的有利因素与不利因素。

在研究结论方面,本文的创新性主要体现于以下几点:① 中国大陆高等学校的科研效率总体呈现不断下降的趋势;具有较多科研经费投入的东部地区反而科研效率较低,表现出明显的"科研资源诅咒"现象,而西部地区的科研效率相对较高;各个省、市和自治区的科研效率差异较大。② 科研资源配置失衡降低了科研资源的使用效率,也进一步抑制了科研效率的提升;企业以及政府对科研活动的资助行为均对科研效率的提升没有明显的积极影响;博士学位的高级人才比重的提升对于科研效率的改善具有积极影响,国外科技论文的发表尽管会有助于提升科研活动的质量,但会消耗过多科研资源而导致发表数量以及科研效率的下降。

本项研究的后续部分将作如下安排:第二部分将对现有的相关研究进行回顾,主要包含科研效率的测算方法与科研效率的影响因素两大部分;第三部分

---

① Chen Z., Yang Z., Yang L. How to optimize the allocation of research resources? An empirical study based on output and substitution elasticities of universities in Chinese provincial level. Socio-Economic Planning Sciences, 2019, https://doi.org/10.1016/j.seps.2019.04.004.

② Wang D. Performance-based resource allocation for higher education institutions in China[J]. Socio-Economic Planning Sciences, 2019, 65:66 - 75.

将建立基本的实证考察模型,包括随机前沿知识生产函数、技术效率损失方程的设置,以及各个变量的计算方式与数据来源;第四部分为结果讨论,讨论随机前沿知识生产函数、技术效率损失方程的估计结果,以及科研效率的基本演化趋势;第五部分为结论与政策含义。

二、文献回顾

(一) 科研效率的测算方法概述

科研活动是将科研资源进行生产从而实现知识产出的过程,这与企业生产过程具有类似特征,也经历了由科研投入转化为科研成果的过程。[1] 因此,可以综合考察科研资源投入到产出的科研效率问题。较早的一些研究对科研绩效的评价只是简单地将科研成果进行比较,这样更无法体现科研资源投入多少对科研产出的效率差异问题。因此,全面描述由科研投入到产出的科研效率,有利于更准确地把握科研技术的优劣。

对科研绩效的评价,应用较多的就是数据包络分析(DEA)方法。例如Avkiran[2]、Abbott 和 Doucouliagos 等[3]分别对澳大利亚的高校运行效率进行测算与分析。国内学者采用 DEA 方法对科研技术效率的测算也十分普遍[4][5][6][7][8]。

但 DEA 方法的一个劣势为同一截面单元(省市)假设采用固定的潜在科研产出,这就偏离了客观实际。为了更好地解决这个问题,随机前沿分析(SFA)则假设同一截面单元(省)采用随机的潜在科研产出,这样也就更加符合客观现

四、教学科研评估的现状与问题研究

① 杨振兵.中国制造业创新技术进步要素偏向及其影响因素研究[J].统计研究,2016(1):26-34.

② Avkiran N K. Investigating technical and scale efficiencies of Australian universities through data envelopment analysis[J]. Socio—Economic Planning Sciences,2001,35(1):57-80.

③ Abbott M,Doucouliagos C. The efficiency of Australian universities:A data envelopment analysis[J]. Economics of Education Review,2003,22(1):89-97.

④ 王晓红,王雪峰,翟爱梅.一种基于 DEA 和多指标综合评价的大学科研绩效评价方法[J].中国软科学,2004(8):156-160.

⑤ 侯启娉.基于 DEA 的研究型高校科研绩效评价应用研究[J].研究与发展管理,2005(17):118-126.

⑥ 王灵芝.中国高校人文社科研究的绩效评价[J].软科学,2012(4):67-70.

⑦ 乔联宝.基于联合 DEA 模型的"985"高校科研—教学综合效率评价[J].科研管理,2015(1):210-215.

⑧ 李瑛,任珺楠.高校人文社会科学科研效率评价研究[J].科研管理,2016(1):571-577.

实。基于该方法的研究优势,也有研究对德国高校的运行效率进行分析时,采用了随机前沿分析(SFA)方法[1],陈立泰也采用随机前沿分析方法对中国省际高校科研效率进行了估算。[2]

(二) 科研效率的影响因素

作为科研活动支出的两大资金来源,政府与企业对科研活动的资助行为也可能影响科研产出与效率。例如,王俊认为企业 R&D 投入与政府 R&D 资助在产出弹性上具有较大差异[3],白俊红等研究发现政府 R&D 资助对提升技术创新效率具有明显的积极影响,企业的 R&D 投入也有明显的辅助作用[4];然而,李永则得到了相反的研究结论,认为政府 R&D 资助行为挤出了私人投资,抑制了创新效率的提升,而优化研发人员和研发资本的分配方式将有助于提升创新效率[5]。

优化资源配置将有利于提升科研产出与科研效率,现有研究也考察了中国高校科研资源配置方面存在的诸多问题,例如,何光喜等通过研究发现接近 90% 的科研经费掌握在 20% 的科研人员手中,尤其集中于担任行政领导职务的科研人员手中,因此中国科研项目经费分配极度不合理[6];付晔和孙巧萍则认为科研资源配置中最薄弱的环节主要存在信息使用的不便利性以及专家评审体系不规范等问题。[7]

此外,还有很多研究发现其他影响科研效率的因素。近些年海归人才数量急剧攀升,对中国的基础研究活动带来了重要影响。例如,李平和许家云发现海归人才对于本土论文发表产生明显的技术溢出效应[8],而也有研究得到相反

---

① Kempkes G, Pohl C. The efficiency of German universities-some evidence from nonparametric and parametric methods[J]. Applied Economics, 2010, 42(16):2063 – 2079.

② 陈立泰,梁超,饶伟.国际科技交流、校企合作与高校科研效率——基于随机前沿超越对数生产函数分析[J].软科学,2012(10):10 – 14.

③ 王俊.政府 R&D 资助与企业 R&D 投入的产出效率比较[J].数量经济技术经济研究,2011(6):93 – 106.

④ 白俊红,江可申,李婧.中国地区研发创新的相对效率与全要素生产率增长分解[J].数量经济技术经济研究,2009(3):139 – 151.

⑤ 李永,王砚萍,马宇.制度约束下政府 R&D 资助挤出效应与创新效率[J].科研管理,2015(10):58 – 65.

⑥ 何光喜,赵延东,杨起全.我国科研资源分配不均等程度初探——对科研人员经费集中情况的分析[J].中国软科学,2014(6):58 – 66.

⑦ 付晔,孙巧萍.信息公开情境下科研资源配置水平双维度评价[J].科研管理,2016(7):126 – 133.

⑧ 李平,许家云.国际智力回流的技术扩散效应研究——基于中国地区差异及门槛回归的实证分析[J].经济学(季刊),2011(3):935 – 964.

的研究结论,例如,孙早和刘坤认为海归人才的竞争优势相对较大,甚至有可能对本土人才的成长产生抑制效应。[1]

通过以上研究可以发现,一方面,尽管现有研究采用 DEA 方法就中国高校整体或者"985"高校、"211"高校等分别独立进行了科研绩效的评价,但吴延兵发现采用随机前沿分析(SFA)对知识生产效率进行测算比较稳定[2],而且现有研究尚未就中国各地高校科研效率进行测算与分析;另一方面,尽管现有研究已经就科研产出或科研效率的影响因素进行了分析,但尚未直接讨论科研资源配置失衡对科研效率的影响结果。因此,本文将基于随机前沿分析模型,对中国各地高校科研效率进行测算与分析,并同时考察科研资源配置失衡等因素对科研效率的影响效果。

三、研究方法与数据

(一)基本模型设定

为了准确分析高校科研活动的技术效率,参考现有研究的做法,本文拟采用随机前沿分析(SFA)方法对其进行测算。[3] 尽管现有研究已经采用数据包络分析的方法对科研效率进行了估算与讨论,但该方法在准确性上相对较差。相比而言,SFA 方法并不像 DEA 那样采用固定的生产前沿,而是假设每期不同的截面单元采用不同的生产前沿,这样就更加符合高校科研活动的现实特征。另外,DEA 方法估算的结果为相对效率,即当期生产与前期生产的相对比值,而SFA 方法所估算出来的结果是各个科研截面单位当期的绝对科研效率,这样更加有利于跨省跨时比较与分析。更重要的是,在 SFA 的框架下,更加充分地考虑了科研产出过程中的失败可能性(即效率损失),这也就更符合高校科研活动的现实特征。

---

① 孙早,刘坤.海归人才促进还是抑制了本土人才水平的提高?——来自中国高等学校的经验证据[J].经济科学,2014(1):102 - 113.

② 吴延兵.中国地区工业知识生产效率测算[J].财经研究,2008(10):4 - 14.

③ Battese E, Coelli T. Frontier Production Functions Technical Efficiency and Panel Data with Application to Paddy Famer in India[J]. Journal of Productivity Analysis, 1992,3(1 - 2): 153 - 169.

本文将采用随机前沿生产函数来估算不同省市和自治区的科研效率问题。[①②] 通常而言,科研活动的生产函数设定方法可以有柯布道格拉斯(C-D)生产函数、不变替代弹性(CES)生产函数、超越对数(Translog)生产函数等多种形式,由于超越对数生产函数充分反映了不同科研要素的交互关系,而且允许可变的替代弹性,在加入时间变量的前提下还可以更加准确地反映科研产出随时间的变化规律,因此我们将科研活动的生产函数设定为如下形式:

$$\ln Y_{it} = \alpha_0 + \alpha_1 t + \frac{1}{2}\alpha_2 t^2 + \alpha_3 \ln K_{it} + \alpha_4 \ln L_{it} + \alpha_5 t \times \ln K_{it} + \alpha_6 t \times \ln L_{it}$$

$$+ \frac{1}{2}\alpha_7 \ln K_{it} \times \ln L_{it} + \frac{1}{2}\alpha_8 (\ln K_{it})2 + \frac{1}{2}\alpha_9 (\ln L_{it})2 + v_{it} - u_{it} \qquad (1)$$

式中:Y 为高校科研产出;i 为省份截面变量;t 为时间变量;K 为科研资本投入;L 为科研劳动投入(科研人员);v 为随机误差项,为不可控的影响因素,反映具有随机性的系统非效率,且有 $v_i \sim iidN(0,\sigma_v^2)$;$u$ 为技术损失误差项,用以衡量那些在科学研究过程中难以把握的成果损失,且有 $u_i \sim N^+(\mu,\sigma_u^2)$。

在现实生活中,科研人员通过不断尝试才能实现科研成果发表或专利申请,因此科研活动往往难以达到理想的成果水平,其主要受随机噪声和技术效率损失这两个因素的影响。由于 v 是一个白噪声,其期望值为零,因此科研活动的技术效率(R & D technical efficiency,RTE)可由样本中科研人员实际工作的科研成果期望与理想状态下效率损失为零时期望的比值来表示,即:

$$RTE_{it} = \frac{E[f(\boldsymbol{x}_{it},\boldsymbol{\beta})\exp(v_{it}-u_{it})]}{E[f(\boldsymbol{x}_{it},\boldsymbol{\beta})\exp(v_{it}-u_{it})|u_{it}=0]} \qquad (2)$$

在通过 Frontier 4.1 软件进行参数估计并同时计算科研技术效率的过程中,根据现有研究的做法[③],通常可以设定 $\gamma = \sigma_u^2/(\sigma_u^2+\sigma_v^2)$ $(0 \leqslant \gamma \leqslant 1)$,$\gamma$ 表示随机扰动项中技术无效率所占比重,并最后采用极大似然(MLS)方法对其进行估计。

① Meeusen W, Broeck J. "Efficiency Estimation from Cobb-Douglas Production Functions with Composed Error"[J]. International Economic Review,1977,18(2):435-444.

② Aigner D, Lovell C. A. K., Schmidt P. Formulation and Estimation of Stochastic Frontier Production Function Models [J]. Journal of Econometrics,1977,6(1):53-66.

③ Battese E, Coelli T. Frontier Production Functions Technical Efficiency and Panel Data with Application to Paddy Famer in India[J]. Journal of Productivity Analysis,1992,3(1-2):153-169.

（二）随机前沿知识生产函数的无效率方程

科研活动总是需要不断地尝试和努力，而且过程中伴随着失败的风险。因此在传统的随机前沿分析模型中，通过技术效率损失 u 来刻画那些高校科研活动中难以避免的效率损失，通常用一个包含技术效率影响因素的方程来表示，即科研活动的技术效率损失方程（technical inefficiency equation）。

$$u_{it} = \beta_0 + \beta_1 Misal_{it} + \beta_2 Enter_{it} + \beta_3 Gover_{it} + \beta_4 Doctor_{it} + \beta_5 open_{it} \quad (3)$$

式中：$Misal$ 表示科研资源配置的失衡程度；$Enter$ 表示科研活动经费中企业资助所占比重；$Gover$ 表示科研活动经费中政府资助所占比重；$Doctor$ 表示高级人才所占比重；$Open$ 表示科研活动国际化程度。本文之所以选择省际层面的影响因素，一方面这与研究的主题相匹配，另一方面现实数据可得性也限制本文拓展更多的影响因素。就目前的数据可得性而言，还难以将学科或者院校类型作为一个解释变量（即影响因素）去讨论省际高等学校科研资源分配的问题。各个变量的选取理由与计算方法分别报告如下：

（1）科研资源配置的失衡程度（$Misal$）。科研资源的配置效率是影响科研产出的关键因素，本文重点考察科研资源配置的失衡程度对科研效率的影响，即不同省、市和自治区人均科研资本的差距对科研效率的影响。与前文的分析过程一致，本文采用人均科技研发经费内部支出额与全国平均水平的比值来表示，该比值越大，意味着科研资源（资金支持）倾斜度越高；该比值越小，意味着科研资源的倾斜度越低。

（2）科研经费企业资助比重（$Enter$）。企业对高校科研活动的资助是一种重要的经费来源，作为一项重要的投入可能对科研产出具有一定的影响，本文将考察科研经费中企业的资助比重对科研效率的影响，采用企业资金占高等学校科技研发经费内部支出的比重来衡量。

（3）科研经费政府资助比重（$Gover$）。政府对高校科研活动的资助也是经费支出的重要来源，也可能对科研产出具有一定的影响，本文采用政府资金占高等学校科技研发经费内部支出的比重来衡量政府资助对科研效率的影响。

（4）高级人才所占比重（$Doctor$）。科研活动离不开高级人才的支撑，尤其创造性思维（idea）的形成、科技论文的撰写过程中高级人才均扮演着重要角色，本文将采用博士学位人员在所有科研人员中所占的比重进行度量。

（5）科研活动的国际化程度（$Open$）。科研活动过程中中国高等学校与国际化接轨程度对于高质量成果的形成具有重要帮助。本文将采用国外发表的科技论文数量占科技论文发表总量的比重度量科研活动的国际化程度，以此进一步考察科研活动的国际化程度对科研效率的影响。

(三) 研究样本的选择与处理

考虑到数据的可得性问题，本文选择 2009—2016 年中国各地区高校的科研投入与科研产出数据。由于本文所选择的高校 R&D 投入产出数据均来自于历年的《中国科技统计年鉴》，而 2009 年之前《中国科技统计年鉴》尚未公布中国大陆高校的科研投入与产出情况，因此，本文选取的样本区间只能为 2009—2016 年。鉴于本文选择的是 31×8 维的数据，这也适用于采用包含超越对数生产函数的随机前沿分析(SFA)方法，以估算各个截面单元(不同省市和自治区)在各年间的科研技术效率问题。具体科研投入与产出数据的测算方式如下：

(1) 科研产出 (Y)：通常而言，论文发表与专利申请是高校科研活动的两种重要产出，但相较于论文发表数量而言，专利申请数量通常集中于一些理工农医类大学，人文社科类大学则相对较少。如果采用专利申请数量作为省际高校科研活动的产出指标，那么一些拥有较多人文社科类高校的省份的科研产出将被严重低估。然而，论文发表数量则不受该因素困扰，它可以综合比较各个高校的科研产出；而且作为度量科研产出的一个重要指标，论文发表情况直接关系到个人晋升与发展。因此，本文在现有研究的启发下，选择论文发表数量作为高等学校科研活动产出的代理变量[1]。

(2) 高校科研 R&D 资本存量 (K)：考虑到 R&D 经费支出是一项流量指标，参考吴延兵、白俊红等研究的方法[2]，我们用永续盘存法计算高校 R&D 资本存量，具体的计算方法为：$K_{i,t} = (1-\delta) \times K_{i,t-1} + E_{i,t}$，其中 $K_{i,t}$ 为第 i 行业第 t 期 R&D 资本存量，δ 为折旧率，参考 Griliches、吴延兵等研究的处理方法[3]，折旧率取固定值 15%。$E_{i,t}$ 为第 i 省份第 t 期科研经费支出，以 2009 年为基期并按照高校 R&D 经费支出价格指数进行平减，根据现有研究的做法[4]，高校 R&D 经费支出价格指数=0.55×消费价格指数+0.45×固定资产投资价格

---

① Zhang H, Patton D, Kenney M. Building global-class universities: assessing the impact of the 985 Project. Research Policy, 2013, 42(3): 765 - 775.

② 吴延兵. R&D 存量、知识函数与生产效率[J]. 经济学(季刊), 2006(4): 1129 - 1156.

③ Griliches Z. R&D and the Productivity Slowdown[J]. American EconomicReview, 1980, 70(2): 343 - 348.

④ Griliches Z. Patents Statistics as Economic Indicators: A Survey[J]. Journal of Economic Literature, 1990, 28(4): 1661 - 1707.

指数。而基期的科研资本存量 $K_{i,0}=E_{i,0}/(g+\delta)$，其中 g 为样本区间内高校 R&D 经费内部支出的平均增长率。

（3）科研劳动投入（L）：在现有研究的启发下[①]，采用高校 R&D 人员全时当量予以度量。

对于以上科研投入及产出，各个变量的统计性描述如表 1。

表 1　相关变量的统计描述

Variable		Obs	Mean	Std. Dev.	Min	Max
知识生产函数	Y	248	36 589.79	27 335.19	620	118 985
	K	248	94.165 7	105.728 8	0.613 8	669.973 1
	L	248	9 337.895	6 962.282	113	31 941
技术无效率方程	Misal	248	1	0.514 4	0.165 7	2.440 1
	Enter	248	0.271 6	0.126 5	0	0.588 3
	Gover	248	0.650 7	0.131 5	0.067 6	0.957 8
	Doctor	248	0.214 5	0.071 7	0.079 4	0.409 1
	Open	248	0.174 8	0.093 6	0.014 7	0.430 7

四、研究结果讨论

（一）随机前沿分析模型估计结果

表 2 报告了随机前沿知识生产函数的基本估计结果。总体来看，模型设定情况良好，因此估计结果十分可靠。首先，无论从随机前沿知识生产函数或者技术效率损失方程各个变量的系数来看，大多数系数也是比较显著的，模型设定较好。其次，单边 LR 检验值与对数似然函数值为模型的整体诊断性指标，均大于临界值（$\chi_{0.05}=9.49$），说明结果良好。最后，从 σ^2 的结果看，其代表随机干扰项与技术效率损失项的方差之和，模型中 σ^2 的值为 0.049 6，意味着模型较为平稳，波动较小。

---

① Wang E. C., Huang W. C. Relative efficiency of R&D activities: a cross — country study accounting for environmental factors in the DEA approach[J]. Research Policy，2007，36(2):260 - 273.

表 2　随机前沿分析模型估计结果

随机前沿知识生产函数							
变量	系数	标准误	t 值	变量	系数	标准误	t 值
常数项	1.223 4***	(0.119 1)	10.276	$t \times \ln K$	−0.040 4*	(0.021 5)	−1.875 6
t	−0.009 2	(0.038 9)	−0.236 3	$t \times \ln L$	0.050 6**	(0.025 2)	2.003 3
t^2	0.005 8	(0.007 8)	0.738 9	$(\ln K)^2$	0.440 8***	(0.134 5)	3.278 0
K	0.100 2	(0.143 9)	0.696 1	$(\ln L)^2$	0.476 1**	(0.191 9)	2.481 6
L	0.945 8***	(0.183 5)	5.154 1	$\ln K \times \ln L$	−1.010 6***	(0.316 7)	−3.190 9
知识生产的技术无效率方程							
变量	系数	标准误	t 值	变量	系数	标准误	t 值
$Misal$	0.355 1	(0.085 8)	4.137 0	$Doctor$	−1.960 9	(0.556 1)	−3.526 0
$Enter$	−0.054 2	(0.299 5)	−0.180 9	$Open$	1.899 1	(0.375 1)	5.063 0
$Gover$	0.263 1	(0.288 9)	0.910 6	常数项	−0.093 1	(0.252 5)	−0.368 5
相关检验							
σ^2	0.049 6*** (0.004 1)			对数似然函数值	67.22		
单边 LR 检验值	67.55			样本容量	248		

注:括号中是回归系数标准误;*** 、** 和 * 分别表示 1%、5%、10%的显著性水平。

　　从知识生产技术无效率方程的估计结果来看,各个因素也都符合预期。表 2 中描述了各个因素对技术效率损失的影响结果,如果某一因素的系数估计结果为负,意味着对科研效率具有积极影响,反之,则具有消极影响。首先,对于本文的核心解释变量而言,$Misal$ 的系数显著为正,意味着科研资源配置失衡阻碍了科研效率的提升。显然,科研活动需要科技人才与经费支出相互配套才可以提升成果的发表数量,而科研资源配置失衡降低了科研资源的使用效率,也进一步降低了科研效率的提升。因此,后续提升科研资源的均衡配置将有助于提升科研效率。

　　$Enter$ 与 $Gover$ 的系数均不显著,说明无论企业对科研活动的资助行为还是政府对科研活动的资助行为,均对科研效率的提升没有明显的积极影响。这可能是因为对于高校科研活动而言,给予高等学校的资助并没有形成强有效的成果激励,导致资金来源与使用效率并没有太大的关联。$Doctor$ 的系数显著为负,说明具有博士学位的高级人才比重的提升对于科研效率的改善具有积极影响,这是因为科研活动中高级人才扮演着重要的角色,包括科研新观点的诞生、科技论文的撰写与修改等。*Open*的系数显著为正,说明科研活动的国际化会降低科研效率,这是因为相较于国内的科技论文发表而言,国外科技论文的发表过程中由于语言翻译与润色等需要消耗更多的科研资源,因此科研资源的国际化尽管会有助于提升科研活动的质量,但也会导致发表数量以及科研效率的下降。

(二) 科研技术效率测算结果

为了更好地观察高校科研效率的变动趋势,本文将各地区高校科研效率求平均值,并将各年效率水平报告于图2。从图中可以看出,2009—2016年间中国大陆高等学校的科研效率整体呈现下降的趋势。在2009年,中国高等学校整体的科研效率约为0.768 3,而这一数据于2016年下降到0.715 6,年均下降1.01%。根据科研技术效率的计算过程可以发现,造成这一现象的背后原因为科研投入的增长速率远大于科研产出的增长速度。以科研资本投入数量为例,2009—2016年中国大陆各省、市和自治区的平均科研资本投入量增长率高达12.81%,而对应年份的科研产出(论文发表数量)增长率仅为3.21%。由于科研投入的增长速度远大于科研产出的增长速度,因此,整体的科研效率呈现下降的趋势。同时,这也反映了另外一个不可争辩的事实,尽管近些年中国科研实力取得了举世瞩目的成就,但这是凭借高速的科研投入所驱动的,而事实上科研经费投入的利用效率并不高,这反映于科研产出的增长速度远低于科研投入的增长速度。因此,优化科研投入配置效率,提升科研资源的利用效率对于提升中国的科研实力具有重要意义。

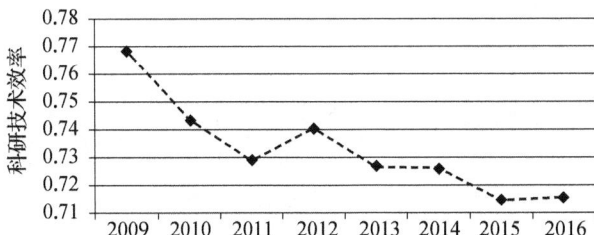

图2 中国大陆高校的科研效率整体走势

为了更好地观察具有不同发展程度的各个地区高校科研效率的变动趋势,本文将高校科研效率按照所在地区求平均值,并将效率水平报告于图3。

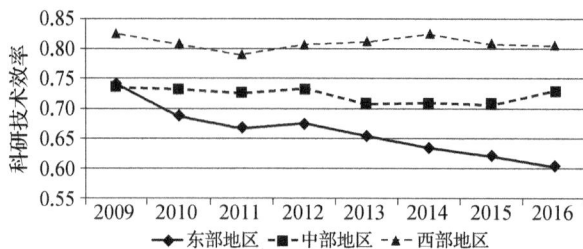

图 3 中国三大区域高校的科研效率走势

为了更好地观察各个省份高校科研效率的变动趋势,本文将高校科研效率按照所在省份求平均值,并将效率水平报告于图 4。可以发现,在中国大陆三大区域中,东部地区的下降趋势最为明显,而中西部地区的科研效率则相对比较稳定。从科研效率的高低来看,发展相对滞后的西部地区科研技术效率反而处于最高水平,而相对发达的东部地区科研效率最低。同样,根据前文的分析思路,这与科研经费的投入密不可分。2009—2016 年间,东、中、西部地区的科研经费投资年均增长率分别为 14.91%、9.69% 和 10.60%,然而科研产出增长率分别为 3.41%、2.52% 和 3.77%。明显地,就东部与中西部地区比较而言,东部地区的科研投入远远高于中西部地区,而科研产出的增长速度却与中西部地区较为接近,导致其科研效率相对较低的"科研资源诅咒"现象。

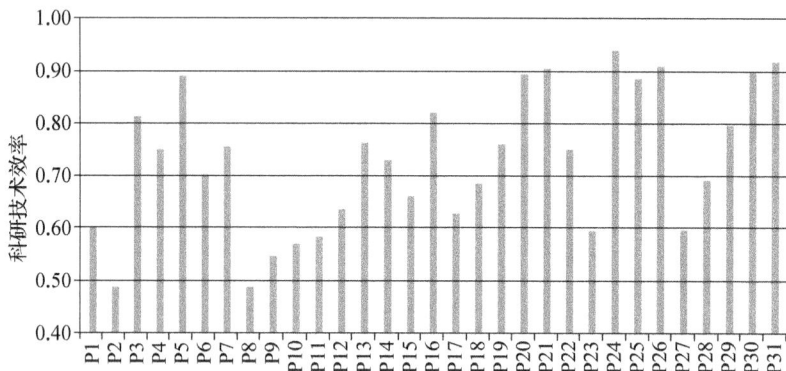

图 4 中国各省高校的科研效率均值

在省际层面上,不同省市自治区的科研效率具有较大差距。天津市(P2)、黑龙江省(P8)、上海市(P9)、江苏省(P10)和浙江省(P11)的科研效率较低,分别为 0.490 5、0.490 4、0.549 6、0.572 7 和 0.586 8,这些省市大多分布于东部地区;而贵州省(P24)、新疆自治区(P31)、西藏自治区(P26)、海南省(P21)和宁夏回族自治区(P30)的科研效率相对较高,分别为 0.941 5、0.920 3、0.911 4、0.906 3 和 0.900 3,这些省和自治区多数分布在西部地区。而且,科研效率的差距较大,比如科研效率最高的贵州省是科研效率最低的黑龙江省的 1.92 倍,因此,给予科研效率较高的地区更多的资源扶持,可以有效提高科研产出与科研效率,而科研效率间的巨大差异也反映出当前科研资源不平衡配置问题亟待解决。

五、结论与政策建议

在中国各地高校科研资源配置严重失衡的背景下,均衡配置科研资源是否有利于提升科研效率,现有研究尚未进行探究。本文通过建立包含超越对数生产函数的随机前沿知识生产模型,考察了科研资源配置失衡等因素对科研效率的影响效果,并对当前各地的科研效率进行对比分析,得到以下结论与政策建议:

(一) 结论

(1)本文首次通过随机前沿分析模型的测算发现,科研资源投入增长速度远大于科研产出的增长速度,导致中国大陆整体的科研效率总体呈现不断下降的趋势,意味着整体层面上的科研资源利用效率不高。根据公共选择理论,在集体决策过程中较大的利益集团会干扰公共决策的结果,造成科研资源分配的失衡与科研效率的下降;在区域层面上,东部地区的科研效率呈现出明显的下降趋势,而中西部地区则相对较为平稳,这意味着具有较多科研资源投入的东部地区反而科研效率较低,表现出明显的"科研资源诅咒"现象,而科研资源相对匮乏的西部地区的科研效率相对较高;具体而言,各个省、市和自治区的科研效率差异较大,科研效率最高的贵州省是科研效率最低的黑龙江省的 1.92 倍,这为教育主管部门后续科研资源调整措施的出台与实施提供了经验参考。

(2)科研活动需要科技人才与经费支出相互配套才可以提升成果的发表数量,科研资源配置失衡降低了科研资源的使用效率,也进一步抑制了科研效率的提升。作为一项公共资源,教育资源的分配涉及公平和效率的问题,许多教育经济学者围绕着教育资源分配过程中的效率与公平两者之间关系已经进行详细的讨论。本文的研究提供了另外一项经验证据,即公平的科研资源分配会促进整体效率的提升,因此,效率与公平两者可以同时实现。通过本文的研究结论可以发现,由于没有形成强有效的成果激励,无论企业对科研活动的资助行为还是政府对科研活动的资助行为均对科研效率的提升没有明显的积极影响,这意味着科研经费使用中的委托代理关系造成了效率低下的现象;博士学位的高级人才比重的提升对于科研效率的改善具有积极影响,这是因为科研活动中高级人才扮演着重要的角色,包括科研新观点的诞生、科技论文的撰写与修改等;国外科技论文的发表过程中由于语言翻译与润色等需要消耗更多的科研资源,因此科研资源的国际化尽管会有助于提升科研活动的质量,但会导致发表数量以及科研效率的下降。

(二) 政策建议

基础研究是推动科技革命与经济持续发展的动力源泉。习近平总书记高度重视基础研究以及高校科研实力的提升,提出"基础研究是整个科学体系的源头,是所有技术问题的总机关"。李克强总理在《2018 年政府工作报告》中指出要"强化基础研究、应用基础研究和原始创新"。因此,作为基础研究活动过程中知识生产的两大核心要素,科研资本与科研劳动的有效分配成为政府部门与学术界共同关注的话题。为了更好地提升高校科研活动的效率水平,根据本文的研究结论,特提出以下政策建议:

(1) 提升科研资源的公平分配。需要在制度层面上,为科研资源的公平分配提供坚实的保障,对科研资源的分配过程进行规范和监管。国家应该给予科研效率更高的中西部省份更高的科研经费资助,这不但包含政府的科研经费资助,还应该通过一些财税减免政策、金融优惠政策等方式鼓励企业对高校科研活动的资助行为。在科研资源相对贫乏的省份试点科研资金多元化政策,拓展高校科研项目融资渠道,鼓励试点地区的金融单位为科研项目提供必要的资金支持,并在资金成本上给予一定程度的优惠。各级政府以及教育管理部门应该注意在科研经费资助过程中形成良好的成果激励,通过高质量成果进行适当奖励的方式促进科研经费使用效率的提升。

(2) 因地制宜的科研支持政策。从教育管理理论中的行政模式来看,科研资源分配较容易产生"一刀切"的政策。根据本文的研究结论,中国的教育主管部门在制定科研扶持政策时,尤其要避免"一刀切",应该考虑各地的差异性,要采取"因地制宜"与"因时制宜"相互补充的策略,针对不同省市的科研效率的具体特征制定不同的资助措施,尤其对于一些科研效率较高但是人均科研资本存量较低的省份给予足够的科研经费支持。这就要求教育主管部门适时对高校的科研绩效进行有效的评估与分析,掌握各地科研活动的资源使用效率,实现科研资源有效分配与均衡分配相统一的双重目标。

(3) 鼓励高学历人才从事高校科研活动工作。依托于马斯洛的需求层次理论，通过提升基础研究工作的社会地位与收入待遇来激励优秀人才从事科研工作，以实现较高层次人才的"尊重需求"与"自我实现需求"。政府应该鼓励高学历人才从事高校科研活动工作，一方面要鼓励本土培养的博士从事基础的研究工作，并提供各种生活补助和科研奖励，为科研工作扫除一切障碍；另一方面要通过优厚待遇等一系列方式吸引外籍高学历人才加入中国的基础研究队伍，不断提升中国高校科研活动的学术素养。此外，还需要加快事业单位改革，进一步扩大职称与职务晋升自主权，推进落实分类考核评价制度等一系列措施，释放科研人员活力，为高校科研的高质量发展提供切实有力的制度保障。

（4）加大高质量海归人才的引进工作，提升科研质量。尽管研究发现海外高质量的论文发表不利于科研效率的提升，但却可以通过海外学术标准的检验提升科研质量。海归人才主要是从世界科技、教育、经济比较发达的国家回来的留学人员，他们在海外求学过程中通常积累了比较丰富的科研经验与科研成果。海归人才具有多样的文化背景，也更了解其他发达国家的科研现状。因此，需要充分发挥海归人才科研创新的引领作用。如同习总书记所提出的"聚天下英才而用之"，在不同学科的科研活动中也应该引进世界各地的高质量人才。因此，政府可以从鼓励高校打造国际化的科研创新团队、适当补助海外高质量论文发表等不同方式入手，提升海外高质量科技论文的发表效率，这样可以实现科研活动在质量与效率上的双赢。通过推进高校科研活动国际化不但有利于国内高校掌握最近的科研动态，还可以通过与海外高校之间的竞争与合作效应推动中国基础研究不断进步。

189

基于科学知识图谱的产学研合作
绩效可视化分析①

鞠　伟　周小虎②

摘　要：使用 CiteSpace 软件对中国知网（CNKI）收录的核心期刊和 CSSCI 期刊中以产学研合作绩效为主题的 1 029 篇文献进行分析，梳理出该研究领域的重要期刊、核心作者及所属机构、热点主题和研究趋势等。研究发现：该领域较为稳定的核心期刊群已经形成，但作者与机构间的深入合作有待加强；热点主题主要包括产学研合作绩效评价、绩效评价的指标选择及方法研究、合作绩效的影响因素分析三大类；前沿研究变动频繁，"协同创新""政策工具""学术绩效"是近 5 年的突变关键词。基于分析结果对未来产学研合作研究提出相应建议。

关键词：产学研合作绩效；知识图谱；CiteSpace；研究前沿

一、引　言

产学研合作最早起源于"二战"时期美国政府实施的"曼哈顿"计划，以美国斯坦福大学为代表，通过承担军方的委托研究和联合开发，揭开了产学研合作的序幕。1992 年由教育部、国家经贸委发起的"产学研联合开发工程"拉开了我国产学研工作的时代篇章。[1]随着经济增长内生逻辑的转变，产学研合作能促进一个国家或地区创新资源整合和科技成果转化，有效推动经济社会转型发展，引起了许多国家的重点关注。[2]党的十八大以来，我国加快建立产学研深度融合的技术创新体系，大力促进科技成果转移转化。产学研合作绩效反映了科

①　基金项目：国家自然科学基金项目"突变环境下战略变革发起到实施的跨层模型——基于变革认知视角"（71672084）；江苏省软科学研究项目"科技人才政策对学者创业模式选择的影响研究"（BR2018026）。
②　作者简介：鞠伟，南京理工大学泰州科技学院副教授，博士研究生，研究方向为科技创新、创业管理；周小虎，南京理工大学泰州科技学院教授，管理学博士，博导，研究方向为战略管理、创新管理等。

学研究对产业发展的贡献度,也是建立"世界一流大学和一流学科建设考核评价体系"的重要依据。如何提升产学研合作绩效是社会关注的焦点,也是各类创新主体面对的难题,激发了学术界对此问题的深入研究。为全面、直观、有效地评估该领域的发展现状,本文借助科学可视化技术软件 CiteSpace,对我国产学研合作绩效这一主题领域的研究现状、关注热点、未来趋势等进行全面展示,完善以往基于定性研究的结论,以期为后续研究提供借鉴,推动我国产学研合作高质量发展。

二、数据来源与研究方法

(一)数据来源

本文选取中国学术期刊网络出版总库(CNKI)中的核心期刊和 CSSCI 作为文献来源,采用期刊高级检索,检索条件为"主题"="产学研合作绩效"OR"学术创业绩效"OR"学术绩效"OR"衍生企业绩效"OR"学术商业化绩效",检索方式为"精确",时间范围是"不限—2020 年",检索时间 2020 年 5 月 30 日。为提高分析有效性,剔除书评、索引、会议通知、新闻等不相关文献,最终获得有效样本文献 1029 篇,其中最早的文献出现在 1993 年。

(二)研究方法

知识图谱,也称为科学知识图谱(mapping knowledge domains),是以知识领域为对象,呈现知识的发展进程与结构关系的一种图形,能够显示出知识单元或知识群之间网络、结构、互动、演化或衍生等诸多复杂的关系。[3]本文使用的科学知识图谱绘制工具是美国德雷塞尔大学陈超美教授使用 Java 语言开发的 CiteSpace 软件,它综合数学、信息科学、图形学与计量学引文分析等方法,能直观地展示科学知识领域的信息全景,识别某一科学领域中的关键文献、热点研究和前沿方向等。[4]

按照 CiteSpace 软件要求,将 1 029 篇文献进行保存和数据格式转换,在 CiteSpace5.5.R2 中设置相应的参数,"Time Slicing"选择 1993—2020,"Years Per Slice"设置为 1,网络节点关联强度选择 Cosine,分别生成作者、机构、关键词等知识图谱,整理出产学研合作绩效研究领域的主要力量,通过关键词统计及聚类图谱分析该领域的研究热点,运用突变词探究该领域研究前沿。

四、教学科研评估的现状与问题研究

三、产学研合作绩效研究领域文献分布情况

(一) 文献发表时间基本概况

图 1 是文献年度分布图,可以看出,研究产学研合作绩效的文献呈波动上升趋势,并分别在 2006 年、2011 年、2018 年出现增长高峰。1993—2005 年是缓慢增长阶段。1993 年 10 月国家颁布《中华人民共和国科学进步法》,1996 年 10 月开始实施《中华人民共和国促进科技成果转化法》,关注产学合作绩效的研究文献开始逐渐增加,但增幅较小,增速缓慢。2005—2012 年是较快增长阶段。2005 年《国家中长期科学和技术发展规划纲要(2006—2020 年)》颁布,明确指出"建立产学研结合的技术创新体系""推进国家创新体系建设"。该政策的出台掀起了产学研合作研究的高潮,对产学研合作绩效评价和分析的研究快速增长,并在 2011 年达到峰值(70 篇)。2013 年以后是高速增长阶段。特别是 2015 年以来,国家修订和颁布了《中华人民共和国促进科技成果转化法》《促进科技成果转移转化行动方案》,促进从修订法律法规、制订实施细则到部署具体任务的科技成果转移转化工作"三部曲"改革,此后相关研究文献不断增加,并在 2018 年达到第三次研究高峰(116 篇)。

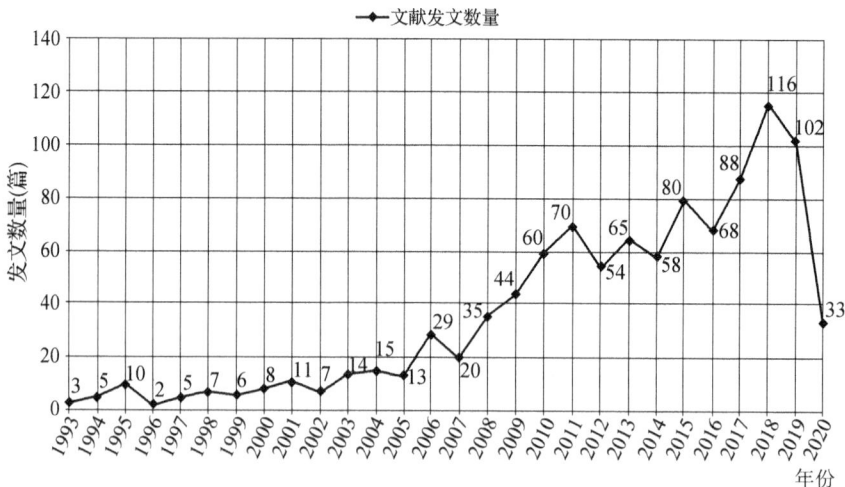

图 1　文献年度分布

（二）期刊分布统计

根据布拉德福定律,将某学科文献刊载量按渐减顺序排列,可以把期刊划分为核心区和与核心区有相同数量论文的几个区。如果将一段时期(通常按 1 年算)某学科载文量的期刊划分为 3 个区,使每一个区包含相同数量的论文,即为全部期刊所发表该学科论文总数的 1/3。[5]据此推断,核心区域期刊数量应为 1 029/3＝343 篇。对期刊发文量进行整理,排名前 5 位的期刊共计发文 352 篇,占样本总文献的 34％,可以初步认为这 5 种期刊属于核心区域的期刊。又由布拉德福定律公式 $n_1 : n_2 : n_3 = 1 : a : a^2$,($a$ 为布拉德福常数,约为 5.0,n 为各区期刊数),求得 $n_1 \approx 33$,而 5(发文量前 5 位期刊)明显小于 33。由此可见,产学研绩效研究领域形成了稳定的发文核心期刊群。图 2 是核心区期刊发文条形图,发文量比较集中的期刊分别是《科技管理研究》163 篇、《科技进步与对策》66 篇、《中国科技论坛》45 篇、《科学学研究》40 篇、《科学管理研究》38 篇,排名前 10 位的期刊几乎都是公认的高水平期刊,合计发文 465 篇,占样本文献量的 45％,呈现出较高的集中性。

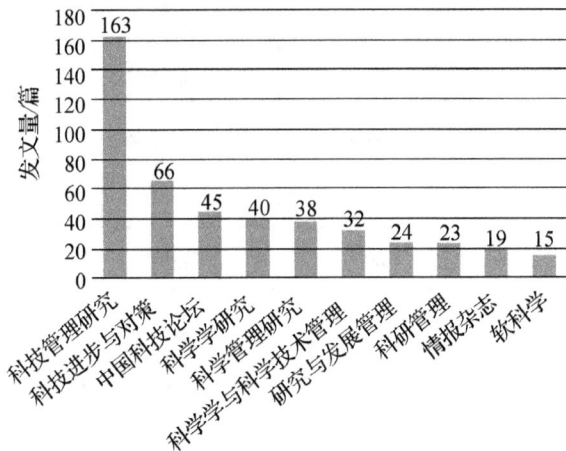

图 2　排名前 10 期刊及发文量

（三）核心作者分布统计

根据文献计量学普赖斯定律,某一研究领域杰出研究者中最低产的作者发文数 m 等于最高产作者发文数 n_{max} 平方根的 0.749 倍[6],公式表述为 $m =$

$0.749 * \sqrt{n_{\max}}$ 。统计样本文献,作者发文量最大为 21 篇,即 m 的计算结果取整为 4,即发文量达到 4 篇及以上的作者可视为该领域的核心作者。满足这一条件的合计 35 名作者,发表文献共计 197 篇,占样本文献的 19%,远低于普赖斯定律所认为的核心作者发文数应该达到全部发文量 50% 的要求。[7]这表明在产学研合作绩效研究领域尚未形成核心作者群。表 1 是发文量排前 20 位的作者及所在机构。

表 1　发文数前 20 位核心作者分布(1993—2020 年)

序号	作者	单位	序号	作者	单位
1	刘希宋	哈尔滨工程大学	11	涂国平	南昌大学
2	喻登科	南昌大学	12	赵捷	中国科技促进发展研究中心
3	张胜	西安交通大学	13	毛世平	中国农业科学院
4	郭英远	西安交通大学	14	彭纪生	南京大学
5	李玥	哈尔滨理工大学	15	陈红喜	南京工业大学
6	朱桂龙	华南理工大学	16	杨水利	西安理工大学
7	赵辉	中国科学院	17	邸晓燕	北京化工大学
8	夏清华	武汉大学	18	张艺	广东海洋大学
9	杨国梁	中国科学院	19	易朝辉	湖南农业大学
10	陈强	同济大学	20	李修全	中国科学技术发展战略研究院

(四) 作者共现分布

作者共现图谱可以发现某一领域的研究者合作密切程度。节点选择"author",阈值设置为"TOP50",使用 Pathfinder 精简网络,得到 115 个节点、81 条连线、密度为 0.012 4 的作者共现图谱。节点为年轮状,节点越大,作者字体越大,说明该作者总体频次越高;作者之间的连线越粗,代表合作共现频次越高。如图 3 所示,哈尔滨工程大学刘希宋、喻登科是此领域最有影响的学者,他们和周荣、涂国平、姜树凯以及哈尔滨理工大学的李玥等人发文数量多且合作紧密,主要研究科技成果转化、知识创新管理;西安交通大学公共政策与管理学院张胜、郭英远等人也形成了比较稳定的合作网络,主要关注科研成果转化及科技人员激励研究;华南理工大学的朱桂龙与广东海洋大学张艺等人也有较密切的合作,致力于大学教师个体(团队)层面产学合作绩效的分析。由图3同样可以发现,此领域尚未形成联系紧密、合作广泛的网络,局部合作较多,主要以同一院校、师生间的合作为主。

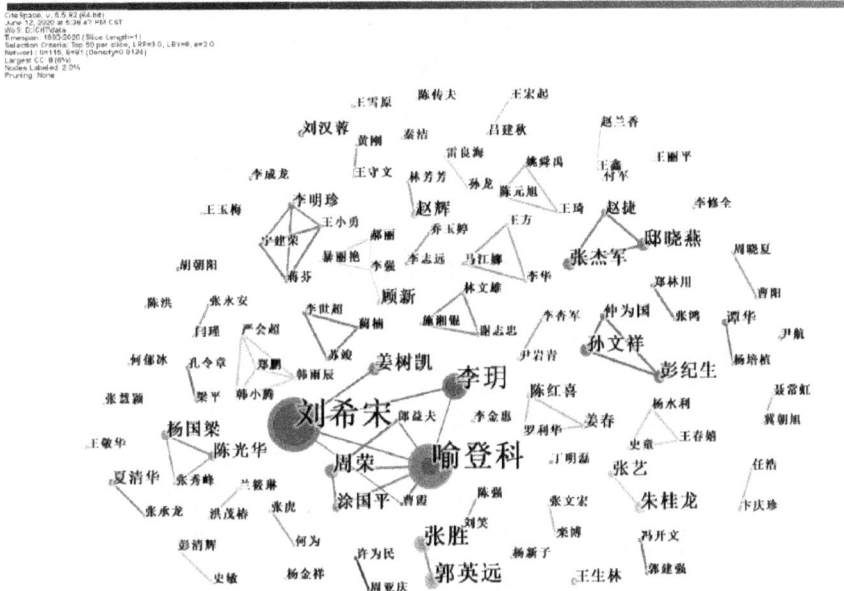

图3　作者共现合作图谱

(五)机构共现分布

节点选择"institution",阈值设置为"TOP50",thresholding(c,cc,ccv)设置为(2,2,20),无精简网络,最后得到 80 个节点、21 条连线、密度 0.006 6 的研究机构图谱。节点越大,研究机构字体越大,说明该机构出现的频次越高。从图4可以看出,排名前 5 位的核心机构分别是哈尔滨工程大学经济管理学院、中国科学技术发展战略研究院、中国科学技术信息研究所、西安交通大学公共政策与管理学院、中国科学院科技政策与管理科学研究所。总体上看,机构之间学术联系并不紧密,以同地域局部合作居多。

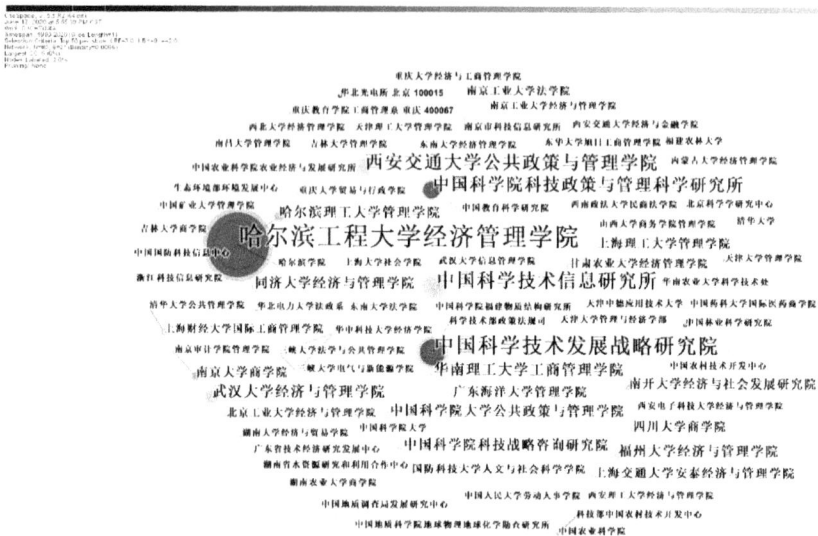

图4 研究机构合作共现图谱

(六) 高被引文献分析

表2是产学研合作绩效研究领域排名前10位的高被引文献(同时也列出了下载次数),被引次数代表文献质量,下载次数反映关注热度。由表2可知,从研究层次看,现有研究主要是宏观、中观层面的分析视角;从研究内容上看,则主要集中于产学合作绩效的评价、影响因素分析、绩效评价指标体系研究等内容;在研究方法上看,以定量分析为主;从文献的来源看,均来自影响力较高的期刊。其中由彭纪生等人2008年发表的《政策测量、政策协同演变与经济绩效:基于创新政策的实证研究》一文被引次数和下载量均较高,作者以技术创新政策为例,分析政策协同演变的路径及其对创新绩效的影响,文章强调加强技术引进、消化吸收和科技成果转化等政策目标之间的协同,有助于技术创新能力的明显提升。

表2 国内产学研合作绩效研究领域高被引文献(截至2020年5月30日)

序号	作者	题名	期刊	发表时间	被引次数	下载次数
1	彭纪生 仲为国 孙文祥	政策测量、政策协同演变与经济绩效:基于创新政策的实证研究	管理世界	2008	334	7 584

序号	作者	题名	期刊	发表时间	被引次数	下载次数
2	李培楠 赵兰香 万劲波	创新要素对产业创新绩效的影响——基于中国制造业和高技术产业数据的实证分析	科学学研究	2014	219	7 783
3	金芙蓉 罗守贵	产学研合作绩效评价指标体系研究	科学管理研究	2009	204	2 929
4	贺德方	对科技成果及科技成果转化若干基本概念的辨析与思考	中国软科学	2011	190	4 736
5	倪星	政府合法性基础的现代转型与政绩追求	中山大学学报（社会科学版）	2006	132	2 612
6	梅姝娥 仲伟俊	我国高校科技成果转化障碍因素分析	科学学与科学技术管理	2008	109	2 208
7	董洁 黄付杰	中国科技成果转化效率及其影响因素研究——基于随机前沿函数的实证分析	软科学	2012	99	2 408
8	孙卫 肖红 原长弘	美国高校科技成果转化的成功经验及其启示	科学管理研究	2006	95	2 671
9	刘家树 菅利荣	科技成果转化效率测度与影响因素分析	科技进步与对策	2010	93	2 321
10	郭英远 张胜	科技人员参与科技成果转化收益分配的激励机制研究	科学学与科学技术管理	2015	92	3 016

四、研究热点分析

（一）高频关键词及关键词共现分析

关键词是文章标题的一种重要补充，它最能说明全文研究的主题及中心内容，反映了该领域的研究热点。节点选择"keyword"，阈值设置为"TOP20"，thresholding(c,cc,ccv)设置为(2,2,20)，使用 Pathfinder 精简网络，最后得到 120 个节点、155 条连线、密度 0.021 7 的共现网络。在共现图谱中，关键词字体越大，说明该关键词出现的频次越高，圈层颜色越深，则表示关键词出现的时间越晚,圈层厚度与该年份的关键词词频成正比。

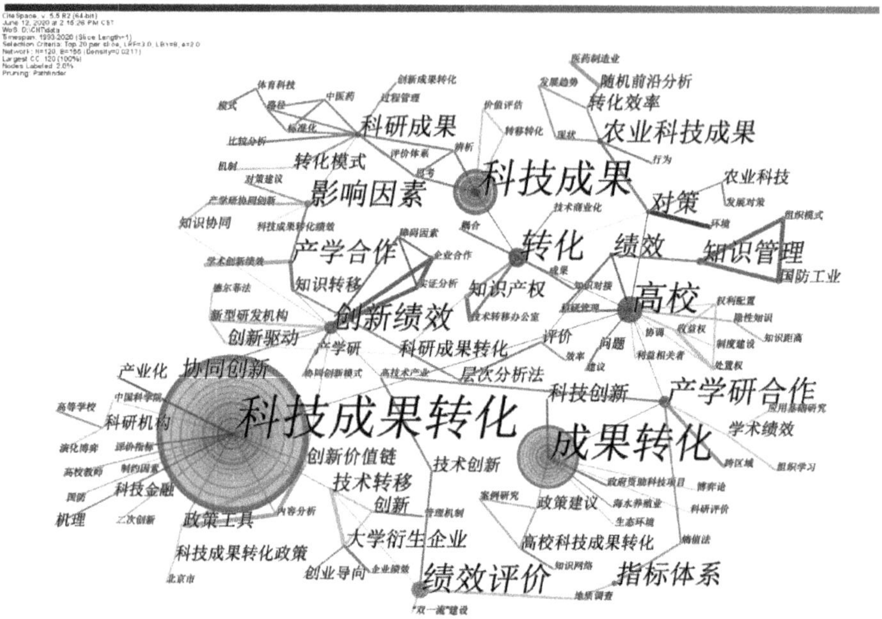

图5　关键词共现图谱

通过整理,列出排名前20位的高频关键词(表3)。从高频关键词看,高校、大学衍生企业等体现为当前研究的主体;(科技)成果转化、(农业)科技成果、创新绩效、指标体系、绩效评价、绩效等关键词则是主要研究内容;影响因素、对策、协同创新等则表明产学研合作绩效的形成机制或作用机理问题也是研究的热点。

表3　排名前20位高频关键词

序号	关键词	频数	中心度	序号	关键词	频数	中心度
1	科技成果转化	248	0.72	7	创新绩效	29	0.46
2	成果转化	111	0.32	8	产学研合作	28	0.59
3	科技成果	87	0.41	9	影响因素	26	0.17
4	高校	48	1.12	10	产学合作	19	0.11
5	转化	45	0.59	11	指标体系	18	0.01
6	绩效评价	39	0.07	12	知识管理	17	0.07

序号	关键词	频数	中心度	序号	关键词	频数	中心度
13	农业科技成果	16	0.19	17	协同创新	11	0.02
14	绩效	16	0.17	18	大学衍生企业	8	0.07
15	对策	15	0.32	19	科技创新	8	0.03
16	科研成果	14	0.4	20	技术转移	8	0.22

（二）关键词聚类分析

为进一步掌握产学研合作绩效研究领域的热点,在上述关键词共现网络参数设置的基础上,选择"LLR"算法实现聚类,得到聚类模块化评价指标Modularity Q =0.795 3(Q 值:聚类模块值,一般认为 $Q>0.3$ 意味着聚类结构显著),Silhouette=0.961 9(S 值:聚类平均轮廓值,一般认为 $S>0.5$ 聚类就是合理的,$S>0.7$ 意味着聚类是令人信服的)的关键词聚类共现图谱(图6)。

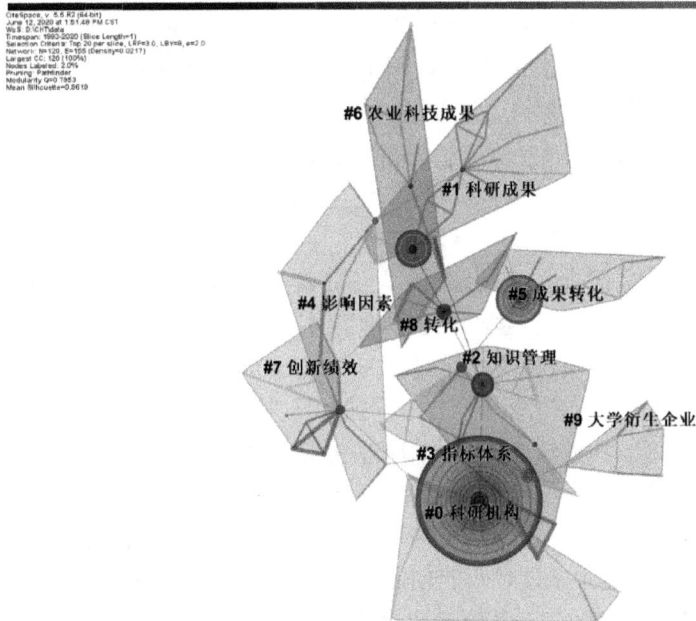

图 6　关键词聚类知识图谱

为提升经济发展质量,我国从 20 世纪 90 年代中期开始出台推动产学研融合发展的政策法律,随后围绕合作成效评估、绩效评价指标构建、绩效影响因素

分析等的研究不断涌现。根据表3高频关键词和图6关键词聚类图谱,研究热点可概况如下:

1. 产学研合作绩效的评价

产学研合作结果多样,包括大学产出绩效(大学技术成果商业化绩效、大学衍生企业绩效和学术绩效)、产业创新绩效和区域创新绩效。[8]代表关键词包括(科技)成果转化、高校、大学衍生企业、创新绩效、绩效评价、农业科技成果等。

(1)大学产出绩效评价。经济发展能级的提升依赖于大学研究成果的溢出,对大学技术商业化绩效的研究受到许多关注。孙林波等[9]以中国64所(含教育部直属"985")大学2009—2013年期间学术商业化活动(如专利活动、产学合作、技术转移、新创孵化等)为依据,应用二阶段关联性网络数据包络法分析了大学学术商业化的创新效率及商业化效率。钟卫等[10]在辨析阐述科技成果转化、转化机制、转化成功标准三个概念的基础上,通过科学提炼高校科研成果转化的投入和产出要素,测算了2010—2012年50所高校的科技成果转化效率。研究思路对高校科技成果转移转化绩效的监测和评价具有重要参考意义。

大学衍生企业作为科研成果商业化的主要途径,其成长性一直是国内外学术界研究的热点。易朝辉等[11]以203家中国大学衍生企业为研究样本,分析了教师创业角色对大学衍生企业创业绩效的作用。张晨宇等[12]基于2007—2016年A股上市企业数据,发现由大学控制的衍生企业会有更多的研发投入,能获得更多的专利授予;其创新水平越高,实质性创新活动越多,企业价值会提升越快。

产学研合作不单是促进技术创新,推动经济攀升,也是一种知识逆向流动的过程,有助于知识重组,凝练科学研究问题。因此,从大学组织出发,分析产学研合作对个体(团队)学术绩效产出的影响也成为学者关注的对象。张艺等[13]以我国研究型大学参与产学研合作的科研团队为研究对象,比较分析三类合作关系(学术交流型、学术参与型、学术商业化型)对学术绩效产生的影响作用,研究结论对引导和提升大学产学研合作行为具有重要启示。

(2)产业创新绩效评价。产学研合作对产业发展的贡献常被视为科技转化为现实生产力的重要衡量指标,对产业创新绩效的评价受到学界的高度重视。李培楠等[14]通过2007—2012年中国制造业和高技术产业数据的分析,发现不同阶段(起步、发展和成熟期)的产业发展具有差异性的创新要素投入需求和绩效产出特征。黄菁菁等[15]发现参与产学研合作将显著提升产业的创新绩效,并会显著提高企业研发投入对创新产出的边际贡献率。肖娴等[16]从技术领域、转化主体和技术类型三个角度分析农业领域科技成果转化绩效,提出应当主要立足市场需求进行成果选择和加强成果转化上下游链条有效衔接的对策建议。

(3)区域创新绩效评价。根据三螺旋理论,产学研合作是有助于一个国家或地区提升整体创新绩效[17],研究者有的从创新投入角度衡量,有的利用专利产出进行评价等。刘家树等[18]运用主成分方法测量我国区域科技成果转化绩效,发现 R&D 经费投入和使用效率对地区科技成果转化绩效的短期波动和长期趋势都会产生明显影响。朱婧祎等[19]选取全国 30 个省份作为研究对象,采用高校和企业联合申请并授权的发明专利数量衡量产学合作创新绩效,揭示区域产学合作创新绩效的空间演化特征。

2. 绩效评价的指标选择及方法研究

为了更客观有效地评价产学研合作绩效,数据指标的建立和评价方法的选择受到学者的普遍关注[20],我国学者纷纷尝试构建有效指标,采取多种评价方法,以期更好地掌握产学合作实施效果。指标选取通常采用专家访谈法、主成分分析法、因子分析法、聚类分析法等[21];量化评价则主要包括数据包括分析,随机前沿、人工神经网络,灰色系统决策和模糊综合评价等方法或几种方法的联合应用[22]。高频关键词主要有产学研合作、指标体系、转化、绩效等。金芙蓉等[23]从准则权重、指标权重、指标得分三个维度构建了可以计算每个产学研合作项目绩效分数的评价模型。陈辉等[24]以高水平理工科高校为对象,结合主成分分析和综合指数法两种评价方法设计科研成果转化绩效评价体系。朱晓俊等[25]从 10 个维度设置评价指标,采用德尔菲法计算指标权重,建立有效评价区域科技成果转化绩效的指标体系。张琳等[26]从投入、过程、产出、效果四个阶段制定绩效评价指标,综合运用层次分析法、极值法等多种方法,创建符合我国农业科技成果转化特点的绩效评价体系。汪静等[27]针对我国国防科工产业特点,设计包括转化环境、科研能力和转化效果 3 个维度组成的指标体系,并使用层次分析法和模糊评价法建立评价模型。该方法将定性与定量因素有机结合,使评价结果更加科学、公正和合理。

3. 产学研合作绩效的影响因素分析

通过深入探究产学合作绩效的影响机制与模式,学者们将影响产学合作绩效的因素主要归为环境因素和过程因素两类[28],其中环境因素主要有地理距离、合作网络或社会资本、政策环境等类型;过程因素包括合作模式或合作结构、知识转移、知识共享、知识创造等因素。主要关键词包括影响因素、知识管理、对策、科技创新等。梅姝娥等[29]认为高校科技成果转化率不高的关键是制度性和机理性的障碍,提出需要提升企业学习能力和集成应用能力,探索更多产学研合作有效模式的对策建议。陈光华等[30]实证检验了地理距离对跨区域产学研合作创新绩效的影响。建议企业提高产学研合作创新绩效,需要考虑合作伙伴地理距离的因素。马文聪等[31]从产学研合作内涵——知识流动和共享的认识视角出发,以 243 个企业产学研合作创新为例,分析产学研伙伴匹配性不同维度对合作绩效的影响机制,揭示了产学研合作绩效不佳的背后原因。易高峰[32]研究发现知识管理战略对高校学术团队创业绩效会产生正向显著性影响。

(三) 突变词及研究趋势分析

为探测该领域的新兴研究方向,运用 CiteSpace 突变词检测功能(burst detection),发现样本文献中的突变词有 25 个。为进一步明晰未来一段时期内可能的研究趋势,选择近 5 年来使用频次增加较快的关键词并加以分析,分别为“协同创新”“政策工具”“学术绩效”(见图 7)。

Top 25 Keywords with the Strongest Citation Bursts

Keywords	Year	Strength	Begin	End	1993 - 2020
协同创新	1993	2.8741	2017	2020	
政策建议	1993	1.9422	2017	2018	
政策工具	1993	2.3201	2017	2020	
学术绩效	1993	2.3645	2018	2020	

图 7 近 5 年突变性关键词

20 世纪 90 年代以来,各种创新理论不断涌现,无论是国家创新系统理论、“模式 2”知识生产模式、三螺旋创新理论、创新生态系统理论等,都强调创新主体间的彼此联系、相互协同。实施开放合作和共享式的协同创新,加快知识融合与扩散,不仅有助于创新主体深度合作以实现知识增值的价值创造[33],而且也是提升产业核心技术创新能力的关键路径。研究协同创新对产学研合作成效的分析成为理论界关注的热点,如分析协同创新视角下产学研合作行为的决策机制和产出[34]、从网络嵌入性视角探究产学研协同创新模式的选择及其对创新绩效的影响作用[35]、基于协同创新的科技成果转化运行机理、途径和结果研究[36]等。

2015 年以来,围绕创新体系建设、技术成果转移转化、知识成果收益分配等长期存在的难点堵点问题,各级政府部门和高校出台了一系列政策。在中国情境下,政策是影响产学合作成效的重要因素之一,研究政策工具如何有效促进科技成果转化成为学者关注的对象。杜宝贵[37]将全国22个省份的科技成果转化政策作为条件变量,以各地方技术市场合同成交额为结果变量,运用定性比较分析方法(QCA),研究发现不同类型的政策工具对提高科技成果转化成效具有差异性影响,提出现阶段要加强政策工具的组合使用,尤其应关注收益与奖励、服务机构两类政策工具。孙龙等[38]以46份上海市科技创新政策为样本,针对"政出多门"、实操性不强和政策合力发挥不足等现实问题,提出应加强政策协同、优化政策设计以及推动政策与不同类型扶持方式综合使用的研究建议。

在"双一流"建设背景下,从学术产出视角分析产学研合作对学术绩效影响的研究越来越多。如分析产学研合作网络对高校学术创新绩效的作用[39]、产学研合作数量与大学学术创新绩效之间的关系研究[40]、产学研合作对学研机构科研团队学术绩效提升问题研究[41]以及与产业界合作与否两类科学家学术绩效的对比分析[42]等。

五、结论和建议

产学研合作绩效是科技管理和创新研究领域关注的热点议题。基于中国知网(CNKI)期刊数据库1993—2020年间的文献,采用CiteSpace软件绘制科学知识图谱,对我国产学研合作绩效研究领域进行了整体性分析,得出主要结论如下:

(1)从研究现状看,受国家宏观政策的影响,国内产学研合作绩效的相关研究分别在2006年、2011年和2018年迎来了三次高峰。该领域形成了比较稳定的发文核心期刊群,《科技管理研究》《科技进步与对策》《中国科技论坛》《科学学研究》《科学管理研究》是发文量排名前5位的期刊,属于核心区域期刊,它们代表着较高的研究水平和较强的学术影响力。

(2)对该领域研究做出突出贡献的核心机构主要包括哈尔滨工程大学、中国科学院、西安交通大学、武汉大学、华南理工大学等。然而,该研究领域的核心作者群尚未形成,研究机构以及作者之间的协同合作有待进一步加强。

(3)通过关键词共现及聚类图谱的分析可知,"科技成果转化""高校""绩效评价""创新绩效"等是这一领域的高频关键词。运用CiteSpace突变词检测,该领域突变词高达25个,说明该领域前沿研究热点变动频繁,近5年使用频次激增的关键词包括"协同创新""政策工具""学术绩效"。从关键词聚类图谱看,该领域的研究热点主要归纳为三类:第一类是产学研合作绩效的评价分析,第二类是绩效评价的指标选择及方法,第三类是合作绩效的影响因素分析。

　　未来,要鼓励研究机构和学者之间加强合作交流,实现区域联动、优势互补,形成一批中坚力量和代表性成果;要加强对协同创新、政策工具等主题的研究,着力调动创新主体的积极性,提升合作绩效;要加强个体层面合作绩效的研究,包括学术绩效和商业化绩效(如授权、许可和创建衍生企业等)。随着科技成果"三权"改革的深入实施,科研人员成为推动产学研合作的关键力量和重点关注对象,基于个体视角客观、全面地了解合作成效及影响因素,可以为产学研工作的理论研究和实践发展提供更富成效的建议。

参考文献:

　　[1] 朱桂龙,张艺,陈凯华.产学研合作国际研究的演化[J].科学学研究,2015,33(11):1669-1686.

　　[2] Fini R, Rasmussen E, Siegel D. Re-Thinking the Commercialization of Public Science: From Entrepreneurial Outcomes to Societal Impacts[J]. Academy of Management Perspectives, 2018.

　　[3] 李杰,陈超美.Citespace 科技文本挖掘及可视化[M].首都经济贸易大学出版社,2016.

　　[4] 侯剑华,胡志刚.CiteSpace 软件应用研究的回顾与展望[J].现代情报,2013,33(4):99-103.

　　[5] 邱均平.信息计量学(四)第四讲文献信息离散分布规律——布拉德福定律[J].情报理论与实践,2000(4):314-315.

　　[6] 邱均平.信息计量学(六)第六讲文献信息作者分布规律——洛特卡定律[J].情报理论与实践,2000(6).

　　[7] 张宝生,祁晓婷.基于科学知识图谱的我国科技管理研究可视化分析[J].科技管理研究,2018,38(7):243-251.

　　[8] 侯伯军.大学产业合作及其对产业创新绩效的影响研究[D].中国科学技术大学,2019.

　　[9] 孙林波,陈劲.学术商业化绩效分析——以中国重点大学为例[J].科学学研究,2018,36(11):2011-2018.

　　[10] 钟卫,陈宝明.中国高校科技成果转化绩效评价研究[J].中国科技论坛,2018(4):41-49.

　　[11] 易朝辉,管琳.学者创业角色、创业导向与大学衍生企业创业绩效[J].科研管理,2018,39(11):166-176.

　　[12] 张晨宇,白朴贤.上市大学衍生企业的研发强度与创新绩效研究[J].软科学,2019,33(9):128-133.

　　[13] 张艺,龙明莲,朱桂龙.科研团队视角下我国研究型大学参与产学研合作对学术绩

效的影响[J].科技进步与对策,2019,36(01):132-141.

[14] 李培楠,赵兰香,万劲波.创新要素对产业创新绩效的影响——基于中国制造业和高技术产业数据的实证分析[J].科学学研究,2014,32(04):604-612.

[15] 黄菁菁,原毅军.基于倾向得分匹配模型的产学研合作与企业创新绩效研究[J].研究与发展管理,2018,30(02):1-9.

[16] 肖娴,毛世平,孙传范,等.农业科技成果转化效率测度及分析[J].中国科技论坛,2015(8):139-144.

[17] Etzkowitz H, Zhou C. The triple helix: University - industry - government innovation and entrepreneurship[M]. Routledge, 2017.

[18] 刘家树,吴佩佩,菅利荣.基于 ECM 的区域科技成果转化绩效实证分析[J].软科学,2013,27(7):88-92.

[19] 朱婧祎,李北伟,季忠洋.区域产学合作创新绩效空间演化及影响因素研究[J].工业技术经济,2020,39(3):10-19.

[20] 贺小刚,徐爽.策略性绩效管理研究评述[J].外国经济与管理,2007(4):24-32.

[21] 王浩,梁耀明.产学研合作绩效评价研究综述[J].科技管理研究,2011,31(11):56-61.

[22] 陈红喜,关聪,王袁光曦.国内科技成果转化研究的现状和热点探析——基于共词分析和社会网络分析视角[J].科技管理研究,2020,40(7):125-134.

[23] 金芙蓉,罗守贵.产学研合作绩效评价指标体系研究[J].科学管理研究,2009,27(3):43-46.

[24] 陈辉,林超辉,夏承鹏,等.基于 PCA 和综合指数法的高水平理工高校科技成果转化绩效评价体系构建[J].科技管理研究,2019,39(22):48-54.

[25] 朱晓俊,赵栩,邢智仓.我国科技成果转化水平的省际比较研究[J].科学管理研究,2018,36(4):21-24.

[26] 张琳,吴敬学,王敬华,等.我国农业科技成果转化资金绩效评价研究[J].中国科技论坛,2014(5):149-154.

[27] 汪静,杨友文,李钢.基于 AHP-FCE 的高校国防科技成果转化评价研究[J].科技管理研究,2014,34(10):48-52.

[28] 王帮俊,赵雷英.基于扎根理论的产学研协同创新绩效影响因素分析[J].科技管理研究,2017,37(11):205-210.

[29] 梅姝娥,仲伟俊.我国高校科技成果转化障碍因素分析[J].科学学与科学技术管理,2008(3):22-27.

[30] 陈光华,王烨,杨国梁.地理距离阻碍跨区域产学研合作绩效了吗?[J].科学学研究,2015,33(1):76-82.

[31] 马文聪,叶阳平,等.两情相悦"还是"门当户对":产学研合作伙伴匹配性及其对知识共享和合作绩效的影响机制[J].南开管理评论,2018(6):95-106.

[32] 易高峰.知识管理战略对高校学术团队创业绩效的影响——兼论数字化知识管理

平台建设[J].中国科技论坛,2018(12):173-181.

[33] 陈劲,阳银娟.协同创新的理论基础与内涵[J].科学学研究,2012,30(2):161-164.

[34] 臧欣昱,马永红.协同创新视角下产学研合作行为决策机制研究[J].运筹与管理,2018,27(3):93-103.

[35] 何郁冰,张迎春.网络类型与产学研协同创新模式的耦合研究[J].科学学与科学技术管理,2015(2):62-69.

[36] 郝丽,暴丽艳.基于协同创新视角的科技成果转化运行机理及途径研究[J].科学技术哲学研究,2019,36(2):120-124.

[37] 杜宝贵,张鹏举.科技成果转化政策的多重并发因果关系与多元路径——基于上海等22个省市的QCA分析[J].科学学与科学技术管理,2019,40(11):3-14.

[38] 孙龙,雷良海.地方政府促进科技成果转化的财政政策研究——基于上海市46份政策文件的量化分析[J].华东经济管理,2019,33(10):27-32.

[39] 李秀坤,张友生,肖广岭.产学合作网络与高校学术绩效——来自清华大学的经验证据[J].软科学,2019,33(1):1-5.

[40] 刘笑,陈强.产学合作数量与学术创新绩效关系[J].科技进步与对策,2017,34(20):51-56.

[41] 张艺,陈凯华,朱桂龙.学研机构科研团队参与产学研合作有助于提升学术绩效吗?[J].科学学与科学技术管理,2018(10):125-137.

[42] 任静静,赵兰香.合作性学术研究及其绩效实证分析[J].科学学研究,2019,37(5):795-802.

高职院校"互联网+"在线教学的现状及对策探讨

张 蕾 陆奎英 高爱俊[①]

摘 要:在新冠疫情的影响下,全国高职院校纷纷采取了线上授课的方式开展教学,将在线教育推向了前沿。与传统面授相比,在线教学面临诸多困难,如何思考对策来弥补时空分离、高职生源分层等问题,充分发挥"互联网+"在线教学的优势,成为当代教育的热点问题。本文从"互联网+"线上教学的影响因素入手,对扬州市职业大学医学院随机抽取的 32 名参与线上教学的教师和 507 名学生开展调研,分析线上教学在教学方式、学生评价等方面的现状及问题,结合线上教学的理论基础和相关研究进行对策分析。

关键词:高职教育;在线教学;教学方式;学生评价;对策

　　为防控新冠肺疫情,各级教育部门部署了中小学"停课不停教、不停学",广大高职院校也积极响应号召和教育部门通力合作,利用优质教育资源和公共网络平台推进在线教学工作。在学校的推动、支持下,高职教师通过"互联网+"的形式,采取多种教学方法和手段,力求各门课程的教学质量不低于传统的面授课程教学质量。[②] 但在师生物理隔离,加之高职院校近几年生源多元化、学生素质分段明显的特殊背景下,在线教学在初试过程也涌现了很多问题急需解决。

　　笔者获得疫情期间校级在线教学评比一等奖,在具备一线在线教学经历的基础上,以在线教学方式的理论基础和影响因素为依据,以扬州市职业大学医学院为例,对疫情期间我院多门专业课程的"互联网+"在线教学状况开展调查,分析在线教学现存的各类问题并提出对策和建议,以期为新时代高职院校

―――――――――

　　① 作者简介:张蕾,扬州市职业大学医学院讲师,从事临床生化检验、分子生物学技术教学及研究;陆奎英,扬州大学附属医院检验科主任,从事临床医学检验一线和教学工作;高爱俊,扬州市职业大学医学院助教,从事临床生化检验、实验室质控教学及研究。

　　② 祝智庭,彭红超.全媒体学习生态:应对大规模疫情时期上学难题的实用解方[J].中国电化教育,2020(3):1-5.

在线教学的可持续健康发展提供参考。

一、在线教学的影响因素

借助"互联网＋"的在线教学实施并非是对传统教学内容的机械回放，而是从教学目标出发，重塑教学内容、重新设计教学结构、重选和创新教学方法，并不断调整完善、渗透互联网思维的教学实践过程。李秉德认为，教学方法是在教学过程中，教师与学生为实现教学目的、完成教学任务而采取的教与学相互作用的活动方式的总和。[①] 教学方式隶属于教学方法，既强调了教学中所"运用的方法"，也包括教学方法得以实施的具体形式，如手段、工具等。教学方式是课堂效率和效果得以保证的决定因素，其选择构建需充分考虑生源特点、教学资源、硬件条件等。

谢幼如等人提出，影响在线教学方式的主要因素有教学目标、教学环境、教师、学生、教学资源、教学活动、教学评价等七方面因素。[②] 高职在线教学与传统教学相比其教学目标一致，但在疫情面前教学环境发生了颠覆性的改变，促使高校教师需快速更新教学理念，创新教学方式，拓展、优化在线教学资源，规范、丰富在线教学活动和采取多元化的教学评价来保障教学目标的实现。[③]

二、在线教学的现存问题

在线教学方式不是简单的"互联网＋传统教学方式"，需要在互联网＋的背景下对传统教育组织模式、教学服务模式和学生学习模式实现推陈出新，才能形成符合当前授课对象和内容，达到最优教学效果的方式。高职院校在线教学的实施初期，我们针对我校医学院 32 名参与在线教学的教师，以及从 31 个班级随机抽选的 507 名学生开展问卷调查，分析出主要存在如下几方面问题：

（一）网络拥堵下的在线教学方式应急预案不足

我校在线教学的主要合作单位有爱课程、超星泛雅、中国大学 MOOC、智

---

① 李秉德.教学论[M].北京：人民教育出版社，1991：183.

② 谢幼如，邱艺，罗胜涛，等.网络学习空间建设应用新范式：知识生成视角[J].中国电化教育，2018(9)：1－6，16.

③ 周榕.高校教师远程教学胜任力培训设计模型构建——基于复杂学习的视角[J].电化教育研究，2017,38(6)：116－122.

慧职教云平台等,虽然已经采取了错峰排课等措施,但在工作日的授课时间段各大平台依旧出现网络拥堵、平台功能无法正常使用的情况,包括直播画面和声音断续,课堂活动无法按时发放,教学资源无法观看,甚至签到无法发放和递交等问题,对在线教学特别是直播类的在线教学进度和效果造成很大的影响,据统计医学院97.3%的师生经历了网络拥堵,67.5%的课程进度因网络拥堵减慢,13.5%的学生认为网络拥堵成为影响在线学习质量最重要因素。以上调查反映了,面对在线教学所遇到的网络拥堵、平台使用能效降低的情况,我们缺少有效的应急预案。

(二) 在线教学方式较为单一

"互联网+"背景下的"同步直播模式"在线教学方式中最为普及,因其授课方式与传统授课最为相似,我院77.3%的老师在实施在线教学活动时主要采用该种方式。关于"在线学习质量影响最大的两个因素"问卷显示,其中"教师在线教学方式过于单一"占到总票数的4.4%;同时开展的另一个《关于在线学习与传统学习效率对比》的调查问卷中,有10.8%的同学认为在线学习方式效率更高。非常巧合的是,选择"教师在线教学方式过于单一,对自己学习质量的影响最大"的同学,皆来自于认为在线学习方式效率更高的同学,占到了其中的50%。由此推论,在线学习效率较高的同学,对教师的在线教学能力要求也更高。

在本次疫情的推动下,将来"在线教学"的方式会更大程度地融入到高等教育的教学过程中,优秀学生的诉求也必然会成为高职教师今后的努力方向。除了"同步在线直播"外,还有题库模式、O2O模式、在线课程异步教学、在线混合多元教学等多种方法模式值得去实践和推广。

(三) 学生在线学习效率低于传统课堂学习

调查显示,99.6%的教师都认为"停课不停学"的开课方式增加了备课、授课的工作量,有30.1%的被调查同学认为在线学习效率等同于传统课堂学习,认为前者优于后者的同学仅占10.8%,即59.1%的同学认为在线学习效率不如传统课堂学习。另一份调查显示,影响在线学习效率的因素中占据前两位的分别为"参加直播课堂容易走神,自觉性不够"(占37.6%)和"课后作业完成质量不高,巩固程度不够"(占29.8%)。说明一方面高职学生自觉性不够,另一方面也揭露了高校教师对在线教学理论的掌握程度、方式方法灵活运用能力、同步的直播课堂设计和异步的课外督学能力还有待提高。

三、创新在线教学方式，提高在线教学质量

在线教学过程所反映的各方面问题中，除了一些客观问题，如条件保障仍需优化、学生素质参差不齐外，都指向一个更为核心的主观问题：教师的在线教学方式、方法单一，应变创新力不够。其根本原因包括教师创新理论和实践的缺乏，促进创新的政策机制有待完善等。为进一步提高在线教学质量，发挥在线教学的优势，有如下几点建议提供参考：

（一）加强教学规范和理论创新的指导

据调查显示，大部分教师为初次开展在线教学活动，普遍存在"在线教学"实践经验缺乏、对"互联网＋教育"理论认识存在偏差的情况。在线教学的开展不等同于是简单的"互联网＋传统教学"方式的开展，各高校应组织教师在线教学实施的初期，首先学习在线教学规范，充分汲取优秀教学案例，加强教师信息化教学设计和在线教学平台功能等方面的指导培训，在在线教学中期，开展同类、相关专业间的在线教学经验交流。另外，还需针对特殊专业和特殊授课对象的教师开展个性化在线教学理论创新指导。

（二）优选教学资源，倡导"互联网＋"混合式在线教学方式

在线教学环境与传统教学相比差别显著，疫情期间师生时间、空间受阻等客观因素不可忽略。选取课程标准中合适的教学内容、匹配符合教学内容和目标的优秀教学资源则尤为重要。在线教学方式的选择上除了以"在线直播"为代表的同步直播式外，还可开展一对一模式、题库模式、在线双师协同教学等多种教学模式和方法。

在近几年高职院校生源多样化的背景下，高职学生综合素质分层明显，授课对象在专业基础知识、理解能力、自觉性等方面不同个体之间差异显著。与单一同步教学方式相比，"互联网＋"混合式在线教学更具"因材施教"的优势。传统的教学和学习过程主要包括课前、课中、课后三个环节，在线教学具有不受时空约束的优点，教师可围绕教学目的和要求充分将预习、讨论、直播、微课回放、练习、测验等教学活动进行有机结合，发挥"互联网＋"优势，汲取优质教学资源。在教学手段方面，亦可综合利用学习平台、直播会议软件、QQ微信群等多种软件开展教学，既能预防授课高峰期的网络拥堵，又能充分实现各类平台的优势互补。据数据统计，82.5％的同学认为"互联网＋"混合式在线教学方式，

在调动学生学习兴趣方面更具优势,能充分将导学、自学、答疑、巩固各环节层层紧扣,达到更好的学习效果。

在线教学将虚拟课堂赋予实际,班级划分不再受教室空间、师生数量的影响,可尝试将"双师"甚至"多师协同教学"法与传统的"分层教学法"相结合。针对授课对象进行评价和分层后,可以开展符合各类生源特点的个性化教学。与传统教学相比,"互联网+"混合式在线教学方式的使用,将赋予高职教育更多的生机和活力。

(三) 开展多元化在线教学评价,促进在线教育教学全面发展

由于打破了空间、时间的局限性,与传统教学相比,在线教学的教学评价途径具备了更加多元化的可能。传统的高职院校教学评价包括:学生评价、校内督导评价、校内教师互评三个方面,主要在校内完成,在融入行业、社会的评价标准方面缺乏可操作性,因此有待改良。

在线教学过程具备公开、共享的特点,在"互联网+"和大数据的应用支持下,其回放功能和共享特点让社会评价的方式得以实现。除了传统的校内评价方式外,可结合校外行业企业专家评价、家校联评等以实现多元化的评价标准。校内外多元化的教学评价方式与单一的校内评价法相比,更有利于推进高职教育中的"工学结合",能更及时地反映教学过程是否符合岗位对人才的需求,并在此基础上促进教学过程的不断自我完善。

(四) 建立健全政策机制,激励在线教学方式创新

各大高校在疫情期间,纷纷组织了指导教师进行在线教学标准和要求的学习,但科研处、院系教学、技术支持和教学督管部门之间的联动机制还不够充分,暂未形成科研驱动、院系实施、技术协调和教学督导相互配合的局面。在线教学过程中各类问题的共享程度,指导方案的及时性依旧不够。建议从高校层面设立各部门的联合指导小组,及时解决阶段性、集中性的在线教学问题,建立定期反馈机制,并定期组织一线教师进行案例学习,同时,对在线教学方式的创新给予政策支持,促进在线教育教学的快速、可持续发展。

随着信息技术的快速发展,在线教学在各类教育中的地位和作用越来越重要,本次疫情更是加快了高校在线教育的发展速度,彰显了在线教育在未来高职教育中得到普及的必然趋势。各类高校管理者和教师应把握时代契机,跟紧现代化教育潮流,鼓励在线教学方式的研究和创新,给予积极的政策支持,推动高校在线教育的健康、可持续发展。

基于"过程—结果"的高职院校
创业教育质量评价研究

祝成林[①]

摘　要:我国高职院校创业教育发展迅速,但创业教育质量评价研究相对滞后。本研究以高职院校学生为调查对象,在 31 个省市共收集有效问卷 28232 份,通过学生自我认知来评价创业教育过程要素和教育成效,并分析教育过程要素对教育成效的影响。结果表明:高职院校创业教育质量评价总体上处于中等偏上水平,且以培养学生创业精神、激发学生创业意愿为主,对提升学生创业技能相对不足;不同背景的学生对创业教育质量评价存在显著差异;教育过程要素对创业教育成效具有显著影响,影响大小依次为政府支持、师生共创、创业竞赛、创业实践、课堂教学、个人资源。建议通过确立创业型技术技能人才培养目标、校企共同构建理实一体化课程体系、扩大师生共创项目制度供给、完善政府和社会的功能定位等措施,深化创业教育发展。

关键词:高职院校;创业教育;评价

一、问题提出

创业教育质量评价不仅能客观地呈现我国创业教育实施的现状,更能有效地促进新时代高校创业教育的深化改革与完善。在我国高职教育快速发展进程中,创业教育获得了迅速发展。众多高职院校将创业教育与专业教育融合,纳入必修课程体系,通过创业竞赛、建立创业园等措施,推动创业教育深入发展。高职院校作为培养创新创业人才重要机构,面临规模扩张后由量变向质变的突破,迫切需要对其创业教育质量评价开展科学而系统的研究。

近 20 年来,我国创业教育研究主要集中在创业教育及教学、中外高校比较、大学生自主创业、大学生创业素质能力培养、创业环境等研究领域[1],较少

---

①　作者简介:祝成林,南京信息工程大学高等教育研究所副教授、教育学博士,硕士生导师,从事高等教育管理与政策、创新创业教育研究。

关注创业教育评价。我国高校创业教育评价的理论和实践严重滞后,高品质的创业教育评价研究非常缺乏,难以满足创业教育持续发展的需求。[2]与普通高校相比,高职院校创业教育质量如何更未引起足够的关注,相关评价研究更加缺乏。本研究基于 31 个省市大范围调查,对我国高职院校创业教育质量评价展开研究,进而提出新时代高职院校深化创业教育发展的建议。

二、文献综述

基于不同的理论视角,教育评价存在"过程评价"和"结果评价"两种范式。前者是对教育开展过程中涉及的教育要素进行评价,考察各要素的基本状况;后者是对受教育者获得的影响进行评价,考察受教育者对知识与技能、情感与行为等方面认知变化,也包括教育推动实践的成效。创业教育评价研究基本围绕这两种范式。

(一) 创业教育结果评价的研究

美国是最早开展创业教育的国家,美国创业教育联盟从促进创业思维的理念、达成创业教育的方式、实现创业成功的责任等三个方面,评价创业教育实施成效。[3]欧盟基于学生评价主体,提出创业教育评价工具和指标项目(Assessment Tools and Indicators for Entrepreneurship Education,简称 ASTEE),通过学生的自我评价,从创业技能(Entrepreneurial Skills)、创业思维(Entrepreneurial Mindset)、创业知识(Entrepreneurial Knowledge)、与教育的关联性(Connectedness to Education)、与未来职业生涯的关联性(Connectedness to Future Career)等五个维度,来评价创业教育成效,其中,与教育的关联性主要讨论学生和老师之间的关系,与未来职业生涯的关联性则讨论学生的内创业行为的偏好和创办企业意愿等内容。[4]在理论研究领域,研究者倾向于从受教育者的创业态度、创业知识和技能、创业行为、自我效能感以及对创业教育项目的总体评价等维度来评价创业教育的成效。[5]相关研究还将创业教育评价工具归为课程层面评价、项目层面评价和聚焦型工具三类。课程层面评价是衡量学生对特定课程或者活动的反响;项目层面评价主要衡量知识、能力、满意度等内容;聚焦型工具则衡量创业自我效能感、创业意愿、创业导向等。[6]职业教育旨在促进学生全面而自由的发展,帮助他们实现自我价值,人人出彩。研究者认为,高职院校创业教育以促进学生实现自我为价值取向,并体现在激发学生的创新意识、培养学生的创业能力、帮助学生认识创业活动三个维度。[7]创业教育的逻辑起点是培养人,创业教育和其他教育一样,要回归人的发展,而不仅仅是实现缓解就业压力、创造社会财富等目标。这已成为创业教育结果评价范式的共识。

(二) 创业教育过程评价的研究

创业教育过程评价主要围绕创业教育要素展开。研究者从创业课程、创业讲座、创业竞赛、创业社团四个方面评价高校创业教育的实施现状及影响。[8]也有研究者采用层次分析法,构建了高校创业教育质量评价体系,评价指标包括课程设置、师资背景、教学方法、实践平台、组织领导、资金支撑、社会协同等。[9]还有研究者提倡按照政策、教学、实践、课程、项目、专题等多要素的要求,模块化设计创业教育实施过程评价指标。[10]依据高职院校创业教育的特征和要素,研究者基于CIPP模型,构建了包括实践平台、师资建设、课程教授、指导服务、实践活动、创新成果、社会效益等维度的高职院校创业教育要素评价模型。[11]此外,相关研究还认为,教师在创业方面的科研成果,如创业企业生命周期管理、技术创新等,对创业教育具有促进作用[12],教师和学生利用科技成果共同创业能极大地深化创业教育内涵发展。近年来,师生共同创新创业项目正在我国高校逐步兴起,师生共创也成为创业教育过程评价的重要因素。这种基于创业教育过程的质量评价观体现了教育质量评价回归本位的趋势,也避免了过分依赖结果评价的弊端。

总体来看,我国创业教育评价研究较为薄弱,尚未形成科学合理的质量评价体系,且已有的创业教育评价研究多以规范研究为主,运用实证方法进行创业教育评价研究的文献乏善可陈。尤其对于高职院校创业教育而言,学生对创业教育的要素及其成效的认知,更是缺乏实证研究提供证据支持。实证研究往往需要以规范研究为依托,规范研究需要实证研究来验证。鉴于已有研究启发,本研究认为,以学生为主体评价高职院校创业教育质量应当立足于创业教育的过程和结果两个方面。对创业教育过程的评价可以从个人资源、课堂教学、创业竞赛、创业实践、政府支持、师生共创等维度进行;对创业教育结果的评价应当聚焦于创业知识与技能、创业意愿与精神等内容。

三、研究设计

首先,本研究在文献综述基础上,构建高职院校创业教育质量评价的理论框架;其次,采用结构化问卷调查方式,自编调查问卷,通过调查高职院校学生的认知和态度,来反映创业教育的实施现状和成效。

(一) 理论框架

从教育的属性看,创业教育质量具有滞后性,即创业教育通常无法产生同步效果。这要求评价高职院校创业教育质量需要考虑其实施过程的教育要素。基于过程的创业教育质量评价既能够保障教育过程符合教育规律,也能够确保从过程开始监控和评价教育以避免失败。然而,创业教育实施成效如何,最终还要回归到对创业教育结果的评价。虽然这种结果具有滞后性,但创业教育可以增长受教育者的知识和技能、培育精神和意识,这在教育学和心理学研究领域已得到认可,并且可以通过受教育者的自我认知和外显行为来评价。基于此认识,结合已有研究成果,本研究依据过程评价和结果评价两种范式,同时对创业教育过程要素和教育成效进行评价,并分析教育过程要素对教育成效的影响。高职院校创业教育质量评价理论框架如图1所示。

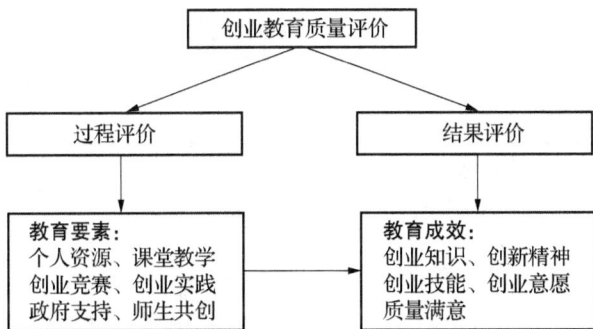

图1 高职院校创业教育质量评价理论框架

(二) 样本描述

本研究借助网络问卷调查平台,在31个省市发放问卷,共收集问卷39 754份,其中有效问卷28 232份。在有效样本中,男生14 803人(52.4%),女生13 429人(47.6%);独生子女11 192人(39.6%),非独生子女17 040人(60.4%);在校期间有创业实践经历6 156人(21.8%),无创业实践经历22 076人(78.2%);父母或亲戚有创业经历6 828人(24.2%),无创业经历21 404人(75.8%);高考前为城镇户口7 626人(27%),农村户口20 606人(73%);高考时家庭所在地为省会城市或直辖市2 453人(8.7%),地级市3 105人(11%),县级市或县城7 686人(27.2%),乡镇3 885人(13.8%),农村11 103人(39.3%);

学习成绩在班级前 25％的 9 490 人(33.6％),中上 25％的 12 161 人(43.1％),中下 25％的 5 317 人(18.8％),后 25％的 1 264 人(4.5％)。

(三) 研究工具

依据高职院校创业教育质量评价理论框架,结合访谈,本研究自编《高职院校创业教育质量评价调查问卷》。问卷分为两个部分:第一部分为基本信息统计;第二部分从个人资源、课堂教学、创业实践、创业竞赛、师生共创、政府支持、教育成效等七个维度,评价创业教育过程要素和成效。采用李克特(Likert)5点计分量表,从完全不同意到完全同意分别赋值为 1～5 分。运用 SPSS 20.0 统计分析数据。首先,进行项目分析,调整量表题项;其次,对剩余题项进行主成分分析,采用最大方差旋转方法提取因子,以特征值大于 1 为提取因子标准,删除因子载荷低于 0.4 的题项,最后保留了 38 道题项。问卷总体信度为 0.984,各维度因子分析及信度分析的结果详见表 1。

表 1 高职院校创业教育质量评价问卷的维度及其信度分析

维度	题目数	问题示例	解释的方差(%)	信度系数(α)
课堂教学	6	创业教育课程类型多样 教师创业教育教学经验丰富	18.435	.940
政府支持	6	地方政府大力支持大学生注册企业 社会经常免费提供创业指导培训	16.325	.952
师生共创	5	师生共创有助于提升专业知识和能力 师生共创有助于了解学科知识的前沿	12.039	.955
创业竞赛	6	创业竞赛对真实创业帮助较大 创业竞赛项目与专业结合度较高	11.954	.956
教育成效	5	创业教育有助于丰富创业知识 创业教育有助于提升创业技能	7.836	.904
创业实践	6	校外专门的创业实践基地资源丰富 创业实践项目与专业学习结合度高	7.738	.950
个人资源	4	家庭具有广泛的社会资源 身边创业机会总体良好	5.149	.821

四、结果与分析

（一）高职院校创业教育质量评价的描述性统计

对样本总体进行描述性统计,结果详见表 2。调查数据表明,高职院校创业教育质量评价总体上处于中等偏上水平,但个人资源维度得分偏低。据《2016中国高等职业教育质量年度报告》显示,2015届高职院校毕业生中,家庭背景是农村毕业生的比例达到 53%。高职教育是农村孩子接受高等教育的重要途径。高职院校学生的家长大多没有显赫的社会地位和丰富的社会资源,选择就读高职院校的学生家庭社会地位及经济收入水平大多较低。由于在本研究中农村生源样本数量最多,占 39.3%,这部分被调查对象家庭并不具有广泛的创业社会资源。因此,个人资源维度得分偏低符合实际现状。

表 2　高职院校创业教育质量评价的描述性分析(N=28232)

	个人资源	课堂教学	创业竞赛	创业实践	政府支持	师生共创	教育成效
均值	2.81	3.45	3.51	3.47	3.57	3.64	3.63
标准差	.833	.866	.844	.886	.868	.872	.868

本研究进一步对创业教育成效维度进行描述性统计,结果详见表 3。调查数据表明,各维度平均得分都在 3.5 分左右,处于中等偏上水平,从高到低依次是:培养创新精神、激发创业意愿、丰富创业知识、质量总体满意、提升创业技能,表明高职院校创业教育对培育学生创新精神、激发学生创业意愿的效果要好于传授学生创业知识和培养学生创业技能。

表 3　高职院校创业教育成效评价维度的描述性分析(N=28232)

	丰富创业知识	培养创新精神	提升创业技能	激发创业意愿	质量总体满意
均值	3.59	3.65	3.56	3.64	3.57
标准差	.944	.921	.994	.923	.932

为了更加直观地反映学生对创业教育的满意度情况,合并“完全不同意”和“比较不同意”为“不同意”项,合并“完全同意”和“比较同意”为“同意”项,图 2 呈现了创业教育成效维度在“不同意”“一般”和“满意”三个区间的人数分布情况。其中,对提升创业技能“不同意”的人数最多,对培养创新精神和激发创业

意愿两个方面感到"同意"的人数最多。

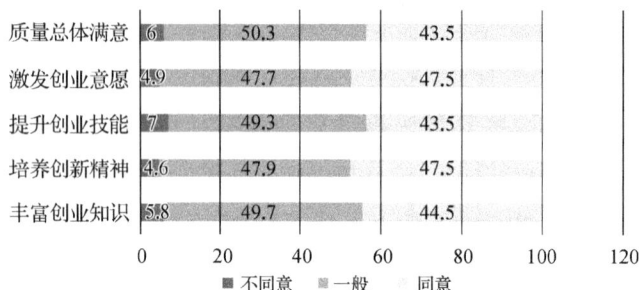

图 2　高职院校创业教育成效评价的分布情况(单位:%)

2. 高职院校创业教育质量评价的差异性分析

本研究采用独立样本 t 检验、单因素方差分析法,检验在校期间创业经历、父母或亲戚创业经历、高考前户口、在校期间学习成绩等不同背景因素的学生,对创业教育质量评价的差异性,结果详见表 4。

表 4　高职院校创业教育质量评价的差异性分析(N=28232)

		个人资源	课堂教学	创业竞赛	创业实践	政府支持	师生共创	教育成效
在校期间创业经历	有 M/SD	3.17 .87	3.67 .92	3.75 .89	3.71 .95	3.81 .92	3.83 .94	3.87 .92
	无 M/SD	2.72 .79	3.39 .83	3.45 .81	3.40 .85	3.51 .84	3.59 .84	3.55 .84
	t	38.42***	23.33***	25.50***	24.31***	24.21***	18.79***	25.35***
父母或亲戚创业经历	有 M/SD	3.19 .82	3.58 .91	3.65 .88	3.62 .92	3.72 .89	3.77 .90	3.76 .89
	无 M/SD	2.69 .79	3.41 .84	3.47 .82	3.42 .86	3.52 .85	3.60 .85	3.58 .85
	t	44.85	14.33***	15.74***	16.15***	16.57***	13.69***	15.20***
高考前户口	城镇 M/SD	2.99 .87	3.52 .93	3.57 .92	3.55 .95	3.65 .93	3.70 .92	3.68 .93
	农村 M/SD	2.75 .80	3.42 .83	3.49 .81	3.44 .85	3.54 .84	3.62 .85	3.60 .84
	t	21.89*	8.47***	7.38***	8.80***	8.91***	6.48***	7.39***

		个人资源	课堂教学	创业竞赛	创业实践	政府支持	师生共创	教育成效
在校期间学习成绩	前25% M/SD	2.92 .89	3.51 .91	3.59 .87	3.54 .92	3.66 .89	3.73 .90	3.71 .89
	中上25% M/SD	2.81 .77	3.44 .82	3.51 .79	3.46 .84	3.56 .83	3.62 .83	3.61 .82
	中下25% M/SD	2.68 .79	3.38 .85	3.42 .83	3.38 .87	3.48 .85	3.56 .86	3.53 .86
	后25% M/SD	2.64 .92	3.31 .95	3.34 .95	3.32 .99	3.43 .95	3.52 .93	3.48 .95
	F	120.43***	41.31***	68.37***	50.89***	61.42***	62.34***	64.35***
	LSD	1>2*, 2>3* 3>4*	1>2*, 2>3* 3>4*	1>2*, 2>3* 3>4*	1>2*, 2>3* 3>4*	1>2*, 2>3* 3>4*	1>2*, 2>3* 3>4*	1>2*, 2>3* 3>4*

注：* 表示 $P<0.05$；** 表示 $P<0.01$；*** 表示 $P<0.001$。

由表4可知,在校期间有创业经历的学生、父母或亲戚有创业经历的学生、高考前户口在城镇的学生、在校期间学习成绩班级排名越靠前的学生,他们对创业教育质量各个维度评价的得分就越高,并且均达到显著差异水平。

（三）高职院校创业教育过程要素对教育成效的影响分析

通过控制背景要素,分析个人资源、课堂教学、创业竞赛、创业实践、政府支持、师生共创等过程要素对创业教育成效的影响,结果详见表5。

表5　过程要素对创业教育成效影响的多元回归分析(标准化系数)

自变量		因变量				
		创业知识	创业精神	创业技能	创业意愿	满意度
背景要素	性别(女生为参考类别)	−.023***	.000	.100***	.015***	.004
	独生子女(非独生子女为参考类别)	.027***	−.011***	−.065***	−.001	.006
	在校期间创业经历(没有为参考类别)	.035***	.014***	.031***	.023***	.008**

四、教学科研评估的现状与问题研究

续　表

自变量		因变量				
		创业知识	创业精神	创业技能	创业意愿	满意度
背景要素	父母或亲戚创业经历（没有为参考类别）	−.001	−.002	−.002	−.002	.002
	高考前户口（农村户口为参考类别）	.003	.000	−.004	−.001	−.006*
	高考时家庭所在地（地级市为参考类别）　农村	.001	.002	.010	−.006	−.001
	乡镇	−.007	−.003	−.001	−.004	.003
	县级市或县城	.000	−.002	−.006	−.006	.000
	省会城市或直辖市	−.004	−.004	−.001	−.008*	.001
	在校期间学习成绩（中上 25% 为参考类别）　前 25%	−.001	.001	.005	.000	−.004
	中下 25%	.001	−.002	.002	.002	.001*
	后 25%	.001	.000	−.003	−.004	−.004*
过程要素	个人资源	−.012***	−.015***	−.008	−.012***	.000
	课堂教学	.037***	.042***	.025**	.032***	.073***
	创业竞赛	.162***	.193***	.174***	.188***	.055***
	创业实践	.049***	.073***	.072***	.037***	.204***
	政府支持	.668***	.669***	.456***	.536***	.406***
	师生共创	.154***	.189***	.232***	.264***	.208***
	R^2	.741	.790	.549	.746	.761

注：* 表示 $P<0.05$；* * 表示 $P<0.01$；* * * 表示 $P<0.001$。

调查数据表明，过程要素对创业教育成效存在显著影响。其一，个人资源对创业知识、创业精神、创业意愿有显著影响。在控制其他变量情况下，学生拥有的个人资源越丰富，对创业知识、创业精神、创业意愿的评价越低。拥有个人资源的学生期待更高层次的创业行动，而当前高职院校创业教育并不能满足这部分学生更高层次的教育需求。其二，课堂教学对创业教育成效各个维度有显著影响。学生对课堂教学评价越高，则对创业知识、创业精神、创业技能、创业意愿和满意度的评价越高。课堂教学仍然是高职院校开展创业教育的基础平台。相比较而言，课堂教学在培养学生创业精神上的作用更大，而对创业技能培养的作用最弱。其三,创业竞赛对创业教育成效各个维度有显著影响。学生对创业竞赛评价越高,则对创业知识、创业精神、创业技能、创业意愿和满意度的评价越高。进一步比较发现,创业竞赛对创业精神、创业意愿的影响要强于创业知识、创业技能。相关研究也表明,大学生在参加创业竞赛的过程中更容易体验到创业乐趣,对创业的积极感知显著提升了个体创业意向。[13]其四,创业实践对创业教育成效各个维度有显著影响。学生对创业实践评价越高,则对创业知识、创业精神、创业技能、创业意愿和满意度的评价越高,并且创业实践对创业精神、创业技能的影响明显大于创业知识、创业意愿。其五,政府支持对创业教育成效各个维度有显著影响。学生对政府支持评价越高,则对创业知识、创业精神、创业技能、创业意愿和满意度的评价越高,并且政府支持对创业技能的影响要小于其他三者。其六,师生共创对创业教育成效各个维度有显著影响。学生对师生共创评价越高,则对创业知识、创业精神、创业技能、创业意愿和满意度的评价越高,并且师生共创对创业技能和创业意愿的影响更大。

总体而言,各过程要素对创业教育成效的影响大小依次排序为:政府支持、师生共创、创业竞赛、创业实践、课堂教学、个人资源。一方面,我国高职院校创业教育的实施与变革多发源于政府的积极主导,政府在创业教育过程中通过权威效应、政策推动、资源供给等手段强力推进和全面调控创业教育工作,在课堂教学、实践活动以及成果评价等环节发挥主导功能;另一方面,实践性强的创业教育组织方式,如创业竞赛、师生共创等,对学生创业学习过程表现出极大的影响力。创业竞赛的教学效果更佳,能够为学生提供真实的创业机会,增强学生的创业认知和创业体会。强化以创业竞赛为代表的创业"活动课程"开发,是高职院校深化创业教育发展的方向。

五、结果与建议

(一) 研究结果

1. 高职院校创业教育质量总体评价良好

高职院校创业教育质量评价总体上处于中等偏上水平,但在个人资源维度上得分偏低,表明高职院校学生在拥有个人创业资源上处于劣势。此外,高职院校创业教育更善于培养学生创业精神、激发学生创业意愿,对提升学生创业技能则相对不足。

2. 不同背景的学生对创业教育质量评价存在差异

学生的背景因素不同,如在校期间的创业经历、父母或亲戚的创业经历、高考前户口、在校期间学习成绩班级排名等,都会影响他们对创业教育质量评价,并且均达到显著差异水平。

3. 过程要素对创业教育成效存在显著影响

过程要素对创业教育成效具有显著影响,影响大小依次排序为:政府支持、师生共创、创业竞赛、创业实践、课堂教学、个人资源。拥有丰富的个人资源的学生并不满足于当前创业教育现状,高职院校应当满足这部分学生更高层次的创业教育需求;创业教育依然离不开课堂教学,课堂教学也更有利于培养学生创业精神;创业竞赛和创业实践已成为高职院校开展创业教育的重要途径,并且对创业精神、创业技能和创业意愿的影响要强于创业知识;政府支持对创业技能的影响要小于创业知识、创业精神和创业意愿;师生共创对创业教育愈发重要,并且对创业技能和创业意愿的影响更大。

(二) 政策建议

1. 确立创业型技术技能人才培养目标,深化创业教育内涵发展

高职院校创业教育目标一方面要统筹考虑"小众"学生创业需求和"大众"学生发展需要,将培养小部分学生创办企业的能力和培养大部分学生岗位创业的能力相结合;另一方面,坚守职业教育是类型教育的特征,为区域经济社会发展培养创新型技术技能人才。建议高职院校创业教育以培养"创业型技术技能人才"为目标,培养具备够用的专业知识、扎实的技术技能和较强的创新意识,在工作岗位上不断钻研、创新,提升个人岗位价值,为任职企业创造更大经济效益的高素质技术技能人才,或者能够应用掌握的知识和技能,组织生产要素创办实体企业。

2. 校企共同构建理实一体化课程体系,增强学生创业知识与技能

创业知识中的很大部分是缄默知识,常规的课程教学很难实现其转移,实践性和体验性教学在创业教育中的作用非常突出,创业教育课程愈发重视理论性和实践性相结合。[14] 由于课堂教学在高职院校创业教育中依然具有重要作用,建议校企共同开发理实一体化创业教育课程体系,融合理论课程与实践课程,提升学生的创业知识和技能。理论课程既要注重培养学生的创业精神和创业意愿,又要与思政课程、专业课程融合;实践课程以丰富学生在校期间的创业经历为导向,不再局限于实地考察企业、举办创业论坛等活动,而是要深度融入校内实训、企业实习,在教师和企业技术人员的专门指导下,依托学生技术技能训练过程,培养他们在工作中的创造力,依托学生参与企业新产品开发、技术革新的实践,培养他们将技术转化成资本的能力。

3. 扩大师生共创项目制度供给,提升创业教育成效

高职院校越来越意识到师生共创对创业教育的重要性,并且对提升学生创业技能和创业意愿具有较大的影响。师生共创能够为技术研发与高度复杂的商业环境之间架起互动的桥梁,是产教融合、校企合作有效工具。师生共创项目由师生共建,是新型教学相长。教师发挥理论指导和技术支持的作用,学生发挥创新能力,将专业知识和技能运用到具体的创业项目中。建议国家或地方政府层面制定《产教融合收支管理办法》《校企合作创客空间管理办法》、高职院校层面制定《师生共同创新创业考核办法》等具体的师生共创制度,调动教师参与师生共创项目的主动性和积极性。

4. 完善政府和社会等主体功能定位,丰富创业教育资源供给

我国政府持续地通过制度驱动、战略引领等措施提高高校对创业教育的重视程度。政府支持虽然对高职院校创业教育成效的影响最大,但政府作为孤立主体主导创业教育,而社会的应有功能尚未发挥,仍将难以推动创业教育持续性发展。社会是创业活动的主体和受益者,多元化、全程化的社会参与能够有效地发挥社会的资源优势,推动创业教育发展。《国家职业教育改革实施方案》(国发[2019]4号)明确提出"经过5~10年左右时间,职业教育基本完成由政府举办为主向政府统筹管理、社会多元办学的格局转变"。因此,需要完善政府和社会等主体功能定位,鼓励社会各界建立多种形式资金融通体系,丰富创业教育资源供给,例如,充分利用校友、学生父母或亲戚的资源,通过提供实践场所、指导学生创业行为等,深化创业实践活动,推动创业成果向市场输出,促进创业教育成果产业化。

参考文献:

[1] 黄兆信,李炎炎,刘明阳.中国创业教育研究20年:热点、趋势与演化路径——基于37种教育学 CSSCI 来源期刊的文献计量分析[J].教育研究,2018(1):64-73.

[2] 梅伟惠.高校创业教育评价的类型与影响因素[J].教育发展研究,2011(3):45-49.

［3］The National Consortium for entrepreneurship education. Assessment rubric for national standards of practice for entrepreneurship education［R］. Columbus，OH：Consortium for Entrepreneurship Education，2015.

［4］Kåre Moberg，Lene Vestergaard，Alain Fayolle，etc. How to assess and evaluate the influence of entrepreneurship education［EB/OL］.（2014－06－30）［2019－04－11］.https：//www.ffe-ye.dk/media/785741/astee-report.pdf.

［5］Duval Couetil，Reed Rhoads，Haghighi. Development of an assessment instrument to examine outcomes of entrepreneurship education on engineering students［EB/OL］.（2010－10－27）［2019－04－11］.https：//www.researchgate.net/publication/224207153.

［6］Duval Couetil，Nathalie. Assessing the Impact of Entrepreneurship Education Programs：Challenges and Approaches［J］. Journal of Small Business Management，2013，51（3）：394－409.

［7］和震,祝成林.高职院校创业教育的价值取向、目标及其实施策略［J］.国家教育行政学院学报,2018(3):83－89.

［8］郑刚,梅景瑶,何晓斌.创业教育对大学生创业实践究竟有多大影响——基于浙江大学国家大学科技园创业企业的实证调查［J］.中国高教研究,2017(10):72－77.

［9］宋之帅,徐美波,乔宁.高校创业教育质量评价体系及实证研究［J］.合肥工业大学学报(社会科学版),2012(5):121－126.

［10］李亚东,朱伟文.高校创新创业教育评价监测研究［J］.中国高教研究,2019(1):52－56.

［11］张淑梅,刘珍.基于CIPP的高职院校创新创业教育评价体系构建［J］.中国职业技术教育,2017(26):53－55.

［12］李集城.基于效率视角的创业教育质量评价体系研究［J］.科技管理研究,2012(15):145－149.

［13］向春,雷家骕.大学生创业态度和倾向的关系及影响因素——以清华大学学生为研究对象［J］.清华大学教育研究,2011(5):116－124.

［14］黄兆信,卓泽林.美国明德学院的社会创业教育及其启示［J］.高等教育研究,2019(1):103－109.

试析知识生产模式的转型对高校科研的影响①

谢　菲　鲁承昊②

摘　要：知识经济时代的蓬勃发展，带动了知识生产模式的转型，而高校科研是实现科学知识生产和创新的重要途径。本文阐述了在知识生产模式转型前，高校科研存在的一些问题，并试析高校科研在知识生产模式转型后，对于高校科研成果应用价值、社会认知度、创新组织的协调和创新平台的构建等方面具有重要的推进作用。

关键词：知识生产模式；高校；科研

一、前　言

国家综合国力的竞争，对知识和技术提出了新的要求，知识生产方式从而发生改变。为推动国民经济的大力发展，就必须以科学发展观为导向，以科技创新为动力，来进一步调整和优化产业结构。[1]进入以知识为基础的知识经济时代，高校教育和企业发展是促进经济发展的主体。产业结构的升级，传统知识生产模式转型，促进了高校的科学研究发展，推动了高校在国家创新体系中的作用。

高校的核心任务和职责是培养具有创新型和实践型的人才，随着高校的发展和变革，高校教育的四大功能为：人才培养、科学研究、社会服务、文化传承。科研是高校四大职能之一，是高校学科建设、人才培养的重要手段，是提升高校社会服务能力的直接因素。科研也是高校教学创新的源头，要鼓励教师科研创新，使教学和科研相互促进，相互影响，提高高校教师的知识创新能力和技术应用能力。

四、教学科研评估的现状与问题研究

---

① 本文由鲁承昊老师在江苏省高等教育学会 2020 年学术年会上作了专题报告。

② 作者简介：谢菲，南京工业职业技术大学副研究员，硕士研究生，研究方向：职业教育；鲁承昊，中国矿业大学公共管理学院博士生，研究方向：教育经济与管理。

二、知识生产模式内涵和特征

20 世纪 70 年代,迈克尔·吉本斯等著名的专家对知识生产方式的产生和改变进行了深入的研究,提出了两种知识生产模式:模式 1 和模式 2。[2]以理论为基础、实验室试验研究、单一学科研究为主[3]、学科内部进行的交流和研究,形成的知识生产模式称为"模式 1"。"模式 2"逐渐取代模式 1,区别在于,模式"2"是以问题为导向,具有超学科性[4],知识生产者的多样性,跨学科进行资源整合,行业企业参与到高校的科研发展中,对学科的建设具有向导作用,将学科和社会进行关联,使得科研得到发展。

2009 年华盛顿大学 Elias G. Carayannis 和克拉根福大学 David F. J. Campbell 在《"模式 3"与"四螺旋":迈向 21 世纪分形创新生态系统》学术成果中,提出了模式 3 是一种复杂的驱动融合系统,是非线性的动态过程,从知识经济、社会和政治等需求为出发点,政策导向加速了创新和发明,形成一种新的创新生态系统。[5]2011 年,他们在"开放式创新外交与 21 世纪分形研究、教育与创新生态系统:基于四、五螺旋创新理念和'模式 3'知识生产体系的构建"学术成果中,四重螺旋是三重螺旋和五重螺旋的结合,是以公民社会的文化需求为基础,进行的多层次、多元文化的创新力。[6]

国内研究学者对模式 3 也有一些研究,武学超(2014)分析模式 3 知识生产中,知识创新的政策战略需要得到公民社会的支持,分析了四种螺旋是大学—产业—政府—公众间的协同创新间的互动。[7]卓泽林(2016)认为大学知识生产需尽快从模式 2 向模式 3 转型,并以此促进国家和区域经济的发展。[8]黄瑶等(2017)从知识来源的角度分析模式 3 发挥了杠杆作用,群体参与到了知识的生产到利用的过程[9]。蒋文昭(2017)分析模式 3 主要内涵是集群、创新网络等,我国大学的学科组织、学术研究等也要随着模式 1 向模式 3 的转变进行相应的变革。[10]

三、知识生产模式转型前对高校科研存在的问题

随着我国经济发展水平的提高,各级政府和教育部门高度重视高校的科研情况,为最大限度地赋予科研人员开展科研的空间,制定了一系列政策增加支持力度。政府、行业企业参与到高校科研的"政产学研用模型"表现形式有(图1):教育部门和财政部门联合以项目制的类型发布项目申报,增加高校的项目指

标,资助项目经费;地方发展改革委围绕国家重点领域,强化技术先进性,培养高校自主创新的能力,依托工程研发平台的建设,联合企业开展技术创新,促进相关产业的创新和发展;行业协会则介于政府和企业之间,是两者之间的桥梁和纽带,协助政府制定和实施行业发展规划,制定执行各类行业标准,为企业做行业培训和咨询服务,为高校的学科建设进行论证,为高校的专业发展提出建设性意见,因此促进了企业和

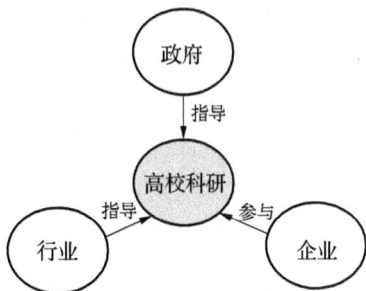

图1 政产学研用模型

高校的合作。但这种知识生产模式中,目前主要存在三个方面的问题。

1. 制度导向的不合理,忽略了知识生产成果的应用价值

高校项目政府发布的各项制度,营造科研氛围,调动教授进行科研的积极性,修改了科研制度。规范了项目申请的流程,加大了项目立项的指标,取消了经费预算科目比例的要求;项目过程管理简约化,技术路线调整的自由化,鼓励跨学科、跨专业组建团队,允许了项目容错机制;专利和论文等研究成果的奖励力度大幅度提高,调动了科研人员做科研的积极性。

在制度的激励下,高校专利、论文、项目等数量有明显增加,但是成果应用的价值没有得到体现,知识产权的保护意识较弱,成果转化和应用率较低。缺乏对专利、项目等隐形成果流失的问责机制。

2. 社会认同度低和目标导向的不一致阻碍了科研的合作

知识生产模式2的组织形式是以成果的产生为目的,高校通过政府、行业这个桥梁加强了和企业的合作,这种身份、价值、目标的一致在合作的过程中存在差异。企业参与的主动性不够,更多关注的是高校是否可以带来经济利益。高校关注的是企业是否可以带来横向项目,增加高校的项目数量和经费额度。教师进行企业的合作,也是从个人利益出发。目标导向的不一致、价值观的不协调,影响了各科研活动主体的合作步伐。合作主体的协同力度不够导致成果价值不高,影响了社会对高校的认同度,缺乏社会的信任,降低了高校在社会文化中的地位。

3. 跨组织的平台建设的迟滞影响了科研创新的动力

知识生产的主体虽然是跨学科、跨专业组成的多群体的创新队伍,二级学院通过学科的整合和科研活力的提升,提高高校理论和实践的整合,攻关重大

227

的科研难点,更好地展现高校科研发展的特色。但是高校缺乏跨学科、多组织形式的科研平台,科研活动场地的分散,各学科进行科研活动时还是局限于本学院实验室,学科特色和专业优势的整合没有得到体现,创新主体的知识没有整合形成合力,从而影响高校科研创新的动力和成果的价值。

四、浅析知识生产模式的转型对高校科研的提升

经济新常态下,科研是驱动发展的主要动力,高校科研的发展需求,加快了知识生产模式的转型,将原先单线条的知识生产模式转型为线性循环的知识生产模式(图2),高校内部和外部需求进行整合重构了高校科研的支持体系,从技术所需源头出发,提高科技转化率的因素既有经济、政策的影响,也有文化、社会原因。知识生产模式的转型是以成果应用为出发点,成果所需的主体融入了社会公众,社会公众具有市场监管的权力,它和企业都是利益的攸关者,将成果和市场紧密结合,增加了科研成果的转化效率和成果应用价值的体现。

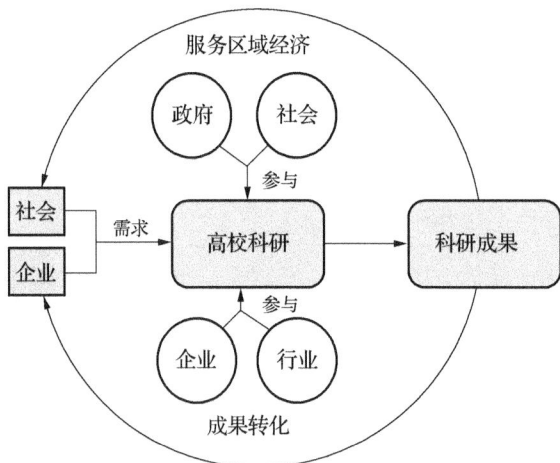

图 2　线性循环的知识生产模式

1. 知识生产模式的转型正确规范了高校科研成果的价值

教育部和地方政府越来越重视高校和企业合作的深度,修订的政策越来越偏向科研成果的落地和实用性。政府和高校及时和社会公众进行有效的沟通,加强公众对科普的认识,在国家重大需求下,进行社会市场的调研,征集行业协会和企业技术需求,政府发布纵向项目指南、企业发布横向项目指南,高校以项

目指南为研究导向,跨学院、跨学科、跨团队、跨平台,使得学科领域进行结合和重组,使现有资源进行整合。企业可在横向项目研发前,对研发团队成熟度进行评价和对技术实施方案提出调整建议。在项目实施过程中,企业和社会参与到过程管理中,对科研成果进行验收和考核,进行了质量把关,减少了科研成果与社会需求的脱节,提高了成果的应用效率。

这种非线性灵活的组织形式,一方面弥补了高校奖励制度的缺失,另一方面降低了研发成果的风险和研发的费用,增加了高校的纵横向项目的项目数和经费,还真正意义上地使得科研成果落地,从而调动了教师做科研的自信和积极性,提高了教师服务社会的能力。

2. 知识生产模式的转型增强了高校在社会中的影响度

恩格斯在《自然辩证法》中说过:"劳动和自然界在一起才是一切财富的源泉,自然界为劳动提供材料,劳动把材料转变为财富。"[11]辩证唯物主义指出:认识的过程是以实践为基础的辩证发展过程。实践是认识的出发点、认识开始于实践。因此如何衡量高校在社会中的影响度,对高校传统教育方式的认知是否有转变,关键是由高校激活教师科研创新和对社会服务的责任感、高校培养学生学用结合和学以致用的水平来决定的。

知识生产模式的转型使得高校教师技术创新的要素来源于社会,根据解决技术需要进行不同学科、不同专业的资源整合和合作,进行知识的生产。以社会人才需求为导向,减少理论和实践脱节现象;以创新项目的形式,引进经验丰富的企业实践老师,联合校内老师在课堂中共同指导;将理论结合实践,培养学生吸收理论知识的同时也提高了学生的动手能力和社会适应度,满足了学生职业发展需求,从而提升了社会公众对高校教师解决社会所需问题的能力和培养人才的满意度。

3. 知识生产模式的转型推进了创新组织的协调和平台的构建

高校科研创新能力的提升和发展是由内外创新组织整合的效率决定的。知识生产模式的转型建立了经济利益和社会利益的平衡,提升了创新组织相互活动的动力和积极性。政府需发挥稳固创新组织和组织间桥梁的作用,根据其他创新组织的需要,发布匹配高校和社会及企业有关的创新政策,促进高校和企业、社会的结合,通过政策来促进各创新组织利益共同体的构建和活动能力的整合,使"调研—知识—创新—生产—应用"这个闭环的知识转变的过程顺利发展。

知识生产模式的转型促成了区域经济和高校优势资源的配置,推进了科研创新平台的构建。高校和企业进行沟通,邀请社会力量参与和投资,在协作共赢的理念下,进行创新平台的构建,将测试仪器和生产设备进行资源整合,形成一个对高校、企业、社会开放的公共服务平台,使得平台得到最大发挥。

五、结语

目前,知识生产模式的转型推动了高校科研的发展,教学和科研对学校的发展同样重要,教学是科研的动力,科研是教学的源头,科研活动需要从教学活动中获得科研灵感,两者对高校的发展都具有重要的作用。高校应对应不同的人群,采取不同的管理和考核政策,激励教师最大化地发挥自身优势,认识教学和科研的内在联系,促进科研和教学共同发展。

参考文献:

[1] 产业结构升级[EB/OL]. https://baike.baidu.com/item.

[2] 蒋文昭,王新.知识生产模式转型与高校科研支持体系变革[J].中国高校科技,2018(8):14-17.

[3] 吕萍.科研项目管理现状、问题与改革对策——基于知识生产模式转变的分析视角[J].北京教育(高教),2018(2):79-82.

[4] 蒋逸民.新的知识生产模式对大学教学和科研的影响[J].中国高教研究,2010(2):16-19.

[5] Elias G. Carayannis ,David F.J. Campbell. 'Mode 3' and 'Quadruple Helix': toward a 21st century fractal innovation ecosystem [J]. Int. J. Technology Management,2009 (46): 201-234.

[6] Elias G. Carayannis ,David F. J. Campbell. Open Innovation Diplomacy and a 21st Century Fractal Research, Education and Innovation (FREIE) Ecosystem: Building on the Quadruple and Quintuple Helix Innovation Concepts and the "Mode 3"Knowledge Production System [J].J Knowl Econ (2011) 2:327-372.

[7] 武学超.模式3知识生产的理论阐释——内涵、情境、特质与大学向度[J].科学学研究,2014,32(9):1297-1305.

[8] 卓泽林. 大学知识生产范式的转向[J].教育学报,2016,12(2):9-17.

[9] 黄瑶,王铭.试析知识生产模式Ⅲ对大学及学科制度的影响[J],高教探索,2017(6):10-16.

[10] 蒋文昭.基于模式3的大学知识生产方式变革[J].黑龙江高教研究,2017(4):34-37.

[11] 恩格斯.自然辩证法[M].北京:人民出版社,2018.

五、研究生论坛

　　自2016年开始，学会联合江苏省高等教育学会高等教育学研究委员会在年会期间举办研究生论坛，面向高等教育学方向的硕士、博士研究生征集论文，并邀请知名导师现场点评，形成导师与学生、学生与学生共论的浓郁学术氛围。迄今研究生论坛已连续举办5届，"桐花万里丹山路，雏凤清于老凤声"，每届研究生论坛都会涌现一批学术新秀繁荣区域高等教育研究。本部分的论文在学术规范、理论掌握、观点论证等方面都可圈可点。

美国高校学生评教发展历程研究

徐艺萌[①]

摘 要:学生评教在高等教育质量保障和高等教育管理中具有重要作用。美国作为学生评教的发源地,自20世纪20年代发展以来经历了萌芽、发展、成熟、反思四个阶段,发展过程中呈现了三个特点,如评教目的由单一变为多元、评教内容由"教"转"学"、评教方法科学化,而美国高等学生评教的发展历程对于我国开展学生评教活动、完善教学质量评价体系提供了宝贵的经验。

关键词:学生评教;美国;发展历程

学生评教最开始起源于美国,自20世纪80年代后开始被引进我国,逐渐被各大高校所运用。然而,学生评教的效果却是不尽人意的,这也使得许多学者质疑学生评教的作用以及合理性。因此本文将采用历史研究法来探讨美国高校学生评教产生的背后原因以及动力机制,以此来重申学生评教的意义,并寻求解决如今学生评教"水土不服"的切实途径。

在高等教育领域,学生教学评价 SET(Student Evaluation of Teaching)是评价教师课堂教学质量最常用的策略。[②] 那么高校学生评教究竟是什么呢? 不同的专家学者对其都有不同的看法。

一、学生评教概念界定

首先,国外许多学者对于学生评教的定义更多侧重于将学生评教看作是评价教学质量的一种工具。Theall & Franklin(2001)认为学生评教是学生在整个学期的课程中,通过观察讲师以及他与学生的互动,然后对于课程内容和讲

---

① 作者简介:徐艺萌,女,武汉理工大学法学与人文社会学院教育学硕士,主要从事高等教育学生评教研究。

② Lin K,Tsai K C. Rethink Student Evaluation of Teaching[J]. World Journal of Education,2012,2(2):17-22.

师的整体教学表现进行评估的做法。①

除此之外,Okpor & Ubong(2019)认为学生评教实际上只是一种营销工具,以确保教师给学生提供更好的服务。② 这是将教师看作是服务的提供者,学生则是服务的消费者。基于高校绩效管理的角度,还有一些学者将学生评教定义为一种具有一套可靠、有效、可辩护的有效教学指标的评分工具,可以用于提高优化教师的绩效。③ Okpor & Ubong(2019)认为学生评教还是大学管理组合中的一种管理工具。

在我国,许多学者更多地认为学生评教是一种价值判断的活动。陈德良就将学生评教看作是学生对于包括教学管理、教学内容、效果等在内的教师教学活动的价值判断。④ 雷敏则将学生评教内容进行了分类,分为教学过程评教和教学效果评教,即学生通过教师的教学活动和学习结果分别对教师的教学质量进行价值判断。⑤ 这一分类扩充了学生评教的内涵,不仅仅是以教评教,还做到以学评教。

总的来说,学生评教是学生通过观测教师在课堂上的表现,并依据一整套有效教学的指标包括课程内容、教学表现以及自身的获得等对教师的教学质量进行的一种价值判断。在一些研究中也被证实学生对教师的评价可能会受到教师职称、年龄等外在条件影响⑥,这说明学生在评价过程中带有自己的主观色彩,因此本文更倾向把它定义为一种价值判断活动。

二、美国高校学生评教发展阶段

(一) 萌芽阶段(20 世纪 20 年代到 50 年代)

高校中的学生评教由来已久,最早可以追溯到博洛尼亚大学。博洛尼亚大

---

① Theall M,Franklin J. Looking for Bias in All the Wrong Places:A Search for Truth or a Witch Hunt in Student Ratings of Instruction? [J]. New directions for Institutional Research,2001(109):45-56.

② Ubong B A O M. Student Assessment of Teachers (SAT):Towards a Basket of Approaches[J]. Asian Journal of University Education,2019,15:78.

③ Stupans I,Stupans I,McGuren T,et al. Student Evaluation of Teaching:A Study Exploring Student Rating Instrument Free-form Text Comments[J]. Innovative Higher Education,2016,41(1):33-42.

④ 陈德良.学生评教的理论与实践研究[D].南京:南京师范大学,2005.

⑤ 雷敏.普通本科院校学生评教质量研究[D].重庆:西南师范大学,2003.

⑥ 李媛媛.美国高校学生评教研究[D].保定:河北大学,2017.

学被称为是"大学之母",是学生大学的典型代表。在当时,学生行会拥有许多特权,其中就包括对于教师教授的内容、时长的评价与规定,倘若教师只教授导言或者有遗漏,将会受到学生处罚,处以罚金。而这种学生来评价教师的形式被认为是学生评教的源头。

然而,学生评教制度的萌芽并不是在中世纪时期,而是从学生评教开始具有一套科学合理的评价调查问卷后才算作学生评教制度化的开端。也就是1915年美国普渡大学制定出的第一份教师教学等级量表,自此学生评教工作开始逐渐规范化。第一份量表的诞生吸引了许多大学的注意,比如哈佛大学在1925年才开始请求学生参与课程评价,还被称作是"秘密的课程导引"[①]。还有一些大学在对教师的评价中开始吸纳学生的意见。但这时各高校还没有充分引进调查量表这一工具。

在评价内容方面,这一时期学生评教主要侧重于对教师的道德以及在教师群体的声誉,而不是对于教学质量的评价。[②] 在评价目的方面,此时美国主要处于注重学生权益的思潮中,学生评教只是为了听到学生的声音,达到教师与学生交流沟通的目的。因此,在这一时期,学生评教制度初步形成,教师和学生都是自愿参与的,可以说是以教师和学生为双主体,具有重要意义。

(二) 发展阶段(20世纪60年代到70年代)

20世纪60年代,美国高等教育处于大发展时期。当时苏联的人造卫星上天引起了美国社会对于高等教育质量的高度重视,在这样的社会背景下,学生评教主要被用于改进课程教学、提高教学质量,并且被人们大力提倡。于是学生评教制度也逐渐被扩展到各大高校,并且还出现了各种专门对于教学效果进行评价的机构。比如美国伊利诺伊大学香槟分校(UTUC)的卓越教学中心就成立于1964年,并在1976年完成了学生评教问卷体系的基本架构。[③] 哈佛大学则在1973年成立了哈佛大学本科生教育委员会,并在1975年设立了第一个课程评价,被称为CUE评价。[④] 不仅仅是学校内部成立的机构,还有各种第三方评价机构的涌现,如美国教育考试中心ETS,都体现了学生评教的迅速发展,

---

① 江珊.哈佛大学教学质量保障体系建设探析——基于学生评教的视角[J].高校教育管理,2016,10(2):86-91.

② 李媛媛.美国高校学生评教研究[D].保定:河北大学,2017.

③ 刘洁,李蔚,段远源.美国大学学生评教工作及其启示——以伊利诺伊大学香槟分校为例[J].中国大学教学,2007(08):87-89.

④ Harvard University. About the Q [EB/OL]. https://sites.fas.harvard.edu/~evals/about.htm. 2021/6/20.

可以说这一阶段是学生评教发展的黄金时期。

关于评教内容方面,在美国50年代中期,美国爆发了大规模的"民权"运动,其在高等教育领域则主要体现为人本主义理论的涌现。人本主义理论提倡以学生为中心,强调学生在课堂教学中的主体地位,具体表现为注重学生的权益,鼓励学生发表自己的观点。在"学生至上"思想的影响下以及社会对高等教育质量的重视,学生评教不仅开始关注教师的教学表现、教学效果,还开始关注学生的感知。如美国堪萨斯州立大学的霍伊特开发了"教学的发展性和有效性评价系统"(简称IDEA),其评教内容主要有对任课教师的评价、对选修课程的评价和对自身学习成果的等级评价。

(三)成熟阶段(20世纪70年代到90年代)

在20世纪70年代之后,伴随着"学生消费至上"的观念,学生的权益受到了重视与保障,也是这时,学生评教开始被用于教师绩效的考察,与教师的任命、晋升和解雇捆绑在一起,也成为了评价教师教学质量的关键要素之一。[①] 自此,学生评教成为了美国各大学对于教师评价的数据中最为普遍且重要的一个环节。

在这一时期,学生评教已经发展到一定程度,学者们开始探讨优化学生评教量表。普渡大学70年代初首创了一种新的学生评教量表工具——自助系统。[②] 自助系统指的是允许教师在一系列量表库中去选择自己感兴趣的题目或指标,从而建构出来一份独特的量表。其主要目的是为了使学生的等级评定能够适应教师个体的需要,以此来获得教师感兴趣的数据,便于改进教学。如美国斯坦福大学是允许教师在中期评教时自行选择评教指标,组成独特的学生评教量表来收集学生数据。麦克卡奇等人则将学生评教划分为教学技能、师生互动、课程结构、教师反馈、作业量、教师热情等六个维度。科利齐(Kolitch)和迪恩(Dean)通过对优秀教师的分析,得出课程组织、行为管理、学生成绩评定和师生关系四个评价维度。

(四)反思阶段(20世纪90年代至今)

在20世纪90年代之后,随着学生评教的逐渐完善,人们开始重新思考学生评教的合理性以及有效性,比如评教的目的是为了改进教师教学,达到有效教学,那么有效教学究竟是什么这一问题在学术界还未达成共识。另外,有关

---

① Vevere N, Kozlinskis V. Students' Evaluation of Teaching Quality. [J]. Online Submission, 2011: 7.

② 陈晓端.美国大学学生评价教学的理论与实践[J].比较教育研究,2001(02):29-32.

于学生评教中的性别偏见、与教师晋升相联系的合法性等都受到了人们的质疑。[1] 因此在这一阶段,人们开始试图探讨可能影响学生评教结果的因素并试图排除减少其影响。

除此之外,由于网络技术的发展,学生评教的方式也从书面调查转向了线上问卷。这可以说更加节省成本,并且也提高了学生的反应率,调查结果的处理也更加科学。而且许多学者开始了将学生评教与新技术结合的探索,并取得了一定进展。如普渡大学的 CourseEval 评教系统可以快速生成个性化评教问卷[2],而且能自动监控学生评教的实施情况。在学生评教后会自动发邮件向学生和教师公示评教结果,还可以针对教师生成其不同时期的评教表现对比表。这可以说是从搜集数据到处理数据再到发布教师个人报告都尽量减少了人员的加入,更能保证数据的真实性。

三、美国高校学生评教发展特点

(一) 评教目的由单一变为多元

美国高校学生评教已有悠久的历史,纵观其整个发展历程,我们会发现美国的学生评教并不是一开始就承担考核教师的目的。它最开始只是作为师生交流的一种媒介而存在,后来受美国社会上下重视教育的大环境的影响下,它开始被用于改进教学,帮助教师提高教学质量。之后逐渐也开始用于评价、考核教师表现,并将其与教师工资、晋升相结合,成为了管理者管理教师的一项指标。在美国实施选课制的背景下,学生评教的结果还可以帮助学生参考,选择适合自己的课程。可以说,学生评教的目的越来越多,那么在这样的情况下,我们如何分清主次,发挥好学生评教的多重功能才是最为重要的。

(二) 评教内容由"教"转"学"

根据前面的阶段梳理,我们也能看出学生评教内容由教师师德、日常作风转向教师的实际教学技能、教学表现,然后转向对于学生的感受和收获。这样的转变也体现了学生评教中"以学评教"的理念。什么样的教学是最有质量的、

---

① Hornstein H A. Student Evaluations of Teaching are an Inadequate Assessment Tool for Evaluating Faculty Performance[J]. Cogent Education,2017,4(1).

② 蒋雅静,陆道坤.一流大学学生评教体系研究——以哈佛、耶鲁、牛津、剑桥等十所高校为例[J]. 高教探索,2019(5):49-54.

五、研究生论坛

237

最有效的,对于这个问题学术界还未能在一套明确可测量的指标方面达成共识。但我们都知道一节好课、"金课"不仅仅要看教师教得怎样,还要看学生通过这节课获得了什么,在哪些方面得到了一定的成长。另外,如何获得更加有效的数据,就主要体现在评教内容是否清晰具体,是否能最大效度地让学生表达出自己的想法。比如,在问卷中问学生教师责任心强,对学生有爱心、耐心,这样的问题是不恰当的。因为它很模糊,并没有准确的指向,学生并不清楚什么样的表现体现了教师的责任心。因此只有站在学生的角度去设定问题内容,学生才能更好地表达自己的感受,学生评教的信度才会更高。

(三)评教方法科学化

在中世纪时期,虽然有学生评价教师表现的形式,但仅仅是学生主观的感受叙述,这种主观的描述并不系统科学。而在 1915 年,学生评教开始使用客观工具——等级性量表来评估学生对于教学的看法,等级性量表是依据一定评价理论来设置可测量的指标来进行测量的,相比于主观表述要科学得多。自此,学生评教工具越来越多,人们越来越重视工具的科学性,比较各种评教工具,以期获得更真实、有效的学生看法。从等级性量表到第三方参与再到 CourseEval 网络评教系统,这个过程中数据的处理越来越透明,相关人员的参与也越来越少,避免了评教结果受到干扰。保证评教方法的科学性对于学生评教数据的真实性、有效性有很大的帮助,进而保证了学生评教工作的有效实施。

四、我国学生评教现状分析

(一)评教内容和工具单一

通过调查发现,许多高校的学生评教量表都是一成不变的,而且许多院系与专业都是共用一个量表,甚至有些高校的学生评教模板也是一样的。这显然很僵硬,并没有做到因地制宜。量表所包含的内容也并不全面,仅仅关注教师的教学规范、教学技能等,而没有考虑到学生的学。所以我们在实际实施中需要个性化定制评教内容,比如加入教师、学生所选取的指标,或者根据专业类型来进行区分等。另外,高校的评教工具也很单一,大多都是通过问卷和量表进行调查。可是问卷调查出来的结果究竟真不真实,是否反映了学生的真实想法,这一切都不可知。那么丰富评教工具,采取多种形式和多种渠道来了解学生的真实想法,这样得到的结果会更加可信,如校园访谈、意见箱、学生会等。

（二）组织实施不恰当

在我国，学生评教是由各高校组织并由学生对于教师教学表现等进行评价的价值判断活动。各高校在组织学生评教时，为了提高学生评教的应答率，通常把学生评教安排在期末，并与考试成绩或选课绑在一起，可以说是迫使学生必须进行学生评教，但是这反而使学生对其感到厌烦。另外，管理层为了追求方便快捷，仅仅在学期末组织评教，但这和改进教学效果、服务学生的目的背道而驰。学生就算在学期末对于课堂提出了改进建议，可这门课也已经结束了，学生并不能享受到改进后的教学。学生评教中学生是作为课堂教学的一分子，作为改进教学的间接受益者，来对于教师进行评价。但是在实际的组织实施中，学生并不能实际受益于学生评教的结果，那么就会导致学生在态度上的不认真与敷衍，从而影响了学生评教结果的有效性。

（三）结果使用不合理

学生评教的结果主要用于改进教学、教师管理以及学生选课等方面。但经过调查发现，学生评教结果的使用大多集中在教师管理方面，如教师晋升、绩效等。在许多高校的晋升评选中，都有对学生评教分数的要求，要求教师的学年评教分数的平均数要在 90 分以上。而这种硬性规定也使得许多老师对学生评教产生了抵触心理，并且甚至产生了分数膨胀的负面影响。而且学生掌握了教师的晋升、管理大权，这严重影响了课堂教学的质量。其一，这损害了课堂上的教师权威。教师不得不通过向学生妥协，不断降低考核要求，才能获得满意的评教分数。其二，权力如果没有一定的限制就会被滥用。学生也是如此，有些学生会因为教师要求太过严格、自己考试成绩不及格等因素对教师恶意评分，这样的评教结果对于教师太不公平。可以说，学生评教结果的异化严重影响了学生评教主体——教师的态度，而教师的不配合将会使学生评教难以开展，教学效果难以提升。因此，我们应该要注意评教结果使用的度，学生评教是评价教师的一个充分但不必要的工具。

五、对我国的启示

我国高校的学生评教活动始于 20 世纪 80 年代，到如今也取得了一定的进展，如各高校几乎都采取学生评教的方式来提高课堂教学质量，并将其与教师绩效、晋升、津贴发放相联系，还会对评教结果优秀的老师予以嘉奖，以鼓励教师注重教学效果的改进。但在我国高校学生评教制度发展过程中也存在着组织实施不恰当、评教内容与形式单一、结果使用不合理等问题,那么美国学生评教历史由来已久,其发展经验对于我国的学生评教发展具有重要的借鉴意义。

(一) 组织实施:延长学生评教周期

在我国,大多数高校的学生评教都是放在期末,要求学生必须评教后才能查看成绩,而且学生评教大多是每门课学期末时才进行一次学生评教。虽然说这样学生可以对教师做一个总结性的评价,但是基于改进教学的目的,学生评教在课程教学过程中似乎更有意义,更能便于教师调整改进自己下一步的教学。实际上,学生评教应该是学生对于教师的形成性评价,而非总结性评价。[①]美国高校会在学期开始的三到四个星期之间进行中期评教工作,主要目的是了解学生对教师教学内容、方法和形式的想法和意见。[②] 而且经研究证明,进行中期评估可以提高课程结束评估的评分,因为学生感受到了教师的反馈,在上课时也会更加积极投入。[③] 总的来说,学生评教周期应被拉长,学生在课程开始对教师提出自己的预期和意见,并在课程结束对教师进行二次评教,这样可以较早地改进教师教学不足,并采取措施,对于课程质量的提升更有效率。

(二) 评教内容:学生评教量表的多样化

可以说没有一份问卷能够普遍适用于所有学校、所有院系甚至是所有课程。[④] 在我国各高校采取的学生评教量表都大同小异,并且没有针对不同教学风格的课程或者院系来设计个性化的量表。这种普遍化的量表其问题设置也自然是浮于表面的,得到的数据代表性也不高。因此从根源解决学生评教的无效性,就需要各高校根据自身的发展目标、培养方案,针对不同性质的学科课程评定需求来设定学生评教问卷量表,以此得到更有针对性、更真实的数据以改进教学,提升学生对课程的满意度。例如,对于注重实践的课程,可以在量表中询问学生的实践时长、教师的指导是否有效等;对于理论学习的课程,则增加有

---

① Ubong B A O M. Student Assessment of Teachers (SAT):Towards a Basket of Approaches[J]. Asian Journal of University Education,2019,15:78.

② 蒋雅静,陆道坤.一流大学学生评教体系研究——以哈佛、耶鲁、牛津、剑桥等十所高校为例[J].高教探索,2019(5):49-54.

③ Young K, Joines J, Standish T, et al. Student Evaluations of Teaching:The Impact of Faculty Procedures on ResponseRates[J]. Assessment & Evaluation in Higher Education,2019,44(1):37-49.

④ Peter Seldin. Using Student Feedback to Improve Teaching[J]. To Improve the Academy,1997,16(1):335-345.

关于学生思考的指标。

除此之外,教师作为学生评教的另一主体,为发挥其主动性,可以让教师选择部分量表试题,以获得学生对于自身某方面改变的看法,用以指导教师继续改进教学。教师主动参与量表题目的选择,其对于学生评教的结果会更期待,也更有提升自身专业成长的动力,会更积极地改进自身教学技能。比如说在伊利诺伊大学香槟分校,其评估指标分为三部分,第一部分是作为必选项的校级指标,第二部分是由院系选择的系级指标,第三部分则是教师结合其学科和课程特点自行选择的指标。[①] 这样设计满足了学校、院系、教师三方的需求,最大限度地保证了学生评教问卷的适用性。

(三) 结果使用:改进学生评教反馈机制

随着学生评教的发展,学生逐渐从主体转变成了边缘人、工具人,对于学生评教的意义并不了解。学生评教应当是学生根据在自己上课学习时的切身感受,对学校或者教师的教学及其他工作提出建议的活动。因此,我们要回归学生主体。

首先,将学生评教的结果向学生公布,一方面便于之后的学生根据此来调整选修计划,并监督教师的改变。从长远来讲,这也有助于学生学业的发展。另一方面,也使学生认识到其评教的意义,端正其评教态度,提升评教数据的有效性。

其次,我们也知道最开始学生评教是作为教师与学生的一种交流方式而出现的,教师与学生都是学生评教的主体,然而随着学生评教的发展,由线下评教到线上匿名评教,由共同交流变成了管理教师,教师也从主动参与转变成了被动接受。这其实不利于教师的专业成长,也并不能真正达到改进教学的目的。目前的许多问题如改进教学功能丧失、教师质疑学生评教的合理性,归根结底就是教师的主动与被动问题。因此,我们要在学生评教中引进教师的反馈机制,归还教师话语权,倘若教师对学生评教结果有异议,可以向管理部门申诉。如此才能使教师真正认同学生评教的结果,并主动采取措施来改进自身教学。

① 刘洁,李蔚,段远源.美国大学学生评教工作及其启示——以伊利诺伊大学香槟分校为例[J].中国大学教学,2007(8):87-89.

评估"恐慌"：中国式学科评估的
问题困境、困境根源与解困导向

李金秋①

摘　要:学科评估事关学科建设发展方向,既是高等教育学科现代化建设成果展示,也对学科进一步发展提供预警、监督、诊断功能。在迎来第五轮学科评估的关键节点,"备战"学科评估成为各高校的关键任务,由于以往学科评估出现了质疑第三方评估主体独立性与公信力、评估方法固化与标准窄化以及评估排名与利益资源挂钩等现象,从而形成评估"恐慌"困境。中国式评估陷入困境根源就在于本末倒置,出现政府管控转变服务过程偏差、评估手段与评估目的倒置、功能理性与价值理性冲突。为突破困境,学科评估应以"立德树人"原则为价值导向,突出人才培育质量价值、注重学科成效贡献价值、强化中国特色价值,多维并行寻求中国式学科评估解困路向。

关键词:学科评估;学科建设;以评促建;价值导向

学科评估是学科建设的关键支点,学科评估不仅为高等教育发展成果提供平台,也在推进高校学科现代化建设的过程中发挥着诊断性、建设性作用。以习近平同志为核心的党中央高度重视学科评估工作,关于《深化新时代教育评价改革总体方案》(简称《总体方案》)指出,改进学科评估,强化人才培养中心地位,淡化论文收录数、引用率、奖项数等数量指标,突出学科特色、质量和贡献,纠正片面以学术头衔评价学术水平的做法,教师成果严格按署名单位认定、不随人走。② 近日教育部学位与研究生教育发展中心(简称学位中心)在深入总结前四轮学科评估经验、贯彻《总体方案》精神基础上,公布了《第五轮学科评估工作方案》(简称《工作方案》)。《工作方案》指出第五轮学科评估要以"立德树人成效"为根本标准,以"质量、成效、特色、贡献"为价值导向,以坚决克服"四唯"顽疾为突破口,对评估体系和方法进行系统性改进升级,着力构建更加科学有

---

① 作者简介:李金秋、南京邮电大学马克思主义学院研究生在读,研究方向:教育管理与教育公平。
② 中央深改委审议通过《深化新时代教育评价改革总体方案》[EB/OL].(2020 - 07 - 01)[2020 - 10 - 30].https://www.eol.cn/news/yaowen/202007/t20200701_1736125.shtml.

效、更加多维多类的中国特色评价体系。① 第五轮学科评估启动工作步入正轨，各高校积极响应的同时也陷入"恐慌"。第五轮学科评估和前四轮评估有哪些改进？中国学科评估如何发展？如何应对学科评估？如何正确看待评估结果？本文将在第五轮学科评估正式启动前，充分分析中国式学科评估现状，发现中国式学科评估存在的问题困境，遵循正确的价值导向，寻求突破困境路向，以提升学科评估有效性，深入推进新时代教育评价改革。

一、评估"恐慌"：中国式学科评估问题困境

学科评估作为学科建设的重要手段，通过以评促建，以评促改，以评促升，实现学科质量保障与提升，因此学科评估自身存在意义与价值。但是 2002 年至今，学科评估是以行政化方式来评判、影响甚至框定学科发展并以此进行资源分配的一种重要手段，因为学科评估结果不仅会影响高校声誉，而且可能与资源分配挂钩，所以"应付"学科评估使高校普遍陷入"恐慌"。中国式学科评估及其结果引发的有关现实问题并未得到充分讨论和科学解释，中国式学科评估及其结果引发的有关现实具体表现在以下几个方面：

（一）第三方评估独立性与公信力质疑

政府政策主导推进高等教育发展是中国高等教育制度的突出特征，也是中国高校学科发展的重要特征。② 毋庸置疑，高校学科在"985"工程、"211"工程以及时下的"双一流"建设这一系列政府政策下实现跨越式发展，因为政府政策不仅引导整体学科发展方向，而且为高校学科发展提供充足的物质资源支持。但随着新时代的到来，学科评估行政化与高等教育学科现代化发展的需求不符。因此政府职能转变是教育现代化改革的必然趋势，需要简政放权，从干预转向引导。"第三方"评估机构在宏观管理、微观放活的总体形势下应运而生。利用第三方来评估，可以使政府摆脱直接干预和控制之嫌，同时缩减政府支出。2015 年 5 月教育部出台了《关于深入推进教育管办评分离、促进政府职能转变的若干意见》提出"在做好内部评估的同时，要主动委托第三方开展全面、深入、

---

① 教育部发布《第五轮学科评估工作方案》[EB/OL].（2020 - 11 - 03）[2020 - 10 - 30]. http：//www.moe.gov.cn/jyb_xwfb/moe_1946/fj_2020/202011/t20201102_497819.html.

② 胡建华."双一流"建设对我国高校学科建设的影响[J].江苏高教,2018(7):5 - 8,13.

客观的评估"。① 从此,"第三方"评估机构的价值得到官方政策明确肯定。第三方评估的价值能否得到实现关键就在于其能否保住客观、公正。没有真正意义上的第三方评估,就无法实现放管服目标,无法分离管、办、评。在实践中,我国第三方主要有非完全第三方评估组织和完全第三方评估组织。首先非完全第三方评估无论是学位中心还是各省市教育评估院发布的评估,都是政府主导下的评估。政府自己建设的评估机构,拥有办学者和评价者双重身份,形成强制性评估,评估"进高校"就使得高校不得不打起十二分精神应对。这样难免受到独立性和公正性质疑。其次,完全第三方评估机构如麦克思数据有限公司和上海智业信息科技有限公司等尽管活跃在市场中独立性得到肯定,但本身由于商业化、营利性特性,评估数据的科学性与真实性可信度较低。可以这么说,在现阶段国内还没有真正的第三方教育评估机构。

(二) 评估方法固化与指标窄化

学科评估结果信效度与公信力很大程度上取决于评估方法与指标是否科学合理。回顾四轮学科评估,学科评估存在两个潜在风险:评估方法固化和评估指标窄化。

所谓方法固化是指评估中局限于一种模式,不知变通以至于无法适应现实发展的需要,从而阻碍学科发展。学科在遵循知识生产模式的基础上不断发展壮大,因此知识生产模式的变化必然会引起学科新发展,这就要求我们的学科评估方法适应新知识生产模式的需要和变化。有学者结合学科知识生产演进历程将学科知识生产模式划分为传统学科知识生产模式、跨学科知识生产模式和超学科知识生产模式。② 超学科知识生产模式是伴随数字时代产生的,在网络信息推动下,学科知识呈现多层次、跨学科、共生共享的增长趋势。目前的学科评估普遍采用综合性评估方法,面对内部封闭的学科环境促使学科无法实现分类式评估,出现评估错误或重叠的现象,无法发挥评估实效,固化的方法不能形成系统联动性评估,从而与新知识生产模式相背离。

所谓指标窄化是指用某一门学科的评价标准来衡量所有学科,采用"一把尺"标准。学科知识体系由众多学科类别组成。不同学科拥有不同特点,无论采用哪种分类方法,各学科之间都表现出明显的差异性。因此学科评估指标体系的建构必须充分把握学科差异特性,根据学科特色采取不同的评估标准,实

---

① 《关于深入推进教育管办评分离、促进政府职能转变的若干意见》[EB/OL].(2015－05－06)[2020－10－30].http://www.moe.gov.cn/srcsite/A02/s7049/201505/t20150506_189460.html.

② 王晓玲,张德祥.试论学科知识生产的三种模式[J].复旦教育论坛,2020(2):12－17.

现"差异性"公平性评估。尽管从目前来看,我国评估指标看似中立,但实质上还是将学科主义作为主要价值引领,在现阶段学科评估中评估主体习惯性按照自然科学学科特征来制定评估标准,如量化性评估。量化性评估明显对于哲学社会科学学科评估不利。借此,哲学社会科学学科的科学性受到质疑,阻碍建设中国特色社会主义哲学社会科学体系进程。此外,中国高校学科评估指标大多效仿西方国家,但我国学科划分相较于西方存在较大差异。我国 2016 年参评的一共有 95 个一级学科,而欧美国家的一级学科划分平均为 35 个左右,因此我国学科评估首要就在于避免"无差别"评估,不能盲目跟随西方步伐,忽视中国特色化学科。

(三) 评估排名与利益资源挂钩

在新制度主义和新时代国家治理能力、治理体系转型影响下,政府逐渐由引导转向服务,高校自主权有所扩大,但是却被评估所困扰,被排行榜所绑架。高校掀起评估"排名化"热潮具体表现在:首先,评估尤其是排名热的出现。由于排名的影响范围越来越大,社会中涌现大量评估机构,开始出现各式各样的学术排行榜。其次,排行榜涉及的范围逐渐扩大,最初的排名标准通常都是以整体水平进行综合性评估。但近年来,排行榜逐渐细化,出现如发文量、引用率等单方面排名。排名从一定意义上代表着学校的水平,影响着高校声誉。声誉是把"双刃剑",为促进高校发展提供动力的同时也加重了高校负担。面对排名,高校之间形成竞争,表面上不在乎一类"排名",但现实又戴上"评估"脚镣而起舞。真正的原因就在于评估排名结果与获取利益资源紧密相关。第四轮评估结果公布后,高校排名前 1‰～3‰ 政府给 800 万,排名前 4‰～10‰ 之间是给 500 万,排名前 11‰～20‰ 给 300 万。[①] 同时正值"双一流"建设初期,第四轮学科评估自然而然地同"双一流"建设联系起来,排名结果意味着能否进入"双一流"行列。在高校管理层看来,根据"985""211"工程经验,进入"双一流"则意味着更多政策和资源的倾斜。排名与高校资源挂钩使得高校意识到评估的重要性。排名靠前的高校担心自己下轮结果,排名靠后的高校则是时刻铆足劲头从其他方面争个前列,所以虽然名义上是自愿参与学科评估,但实质上是不敢不自愿。因此,在利益资源的驱动下,高校将评估视为生死之战,不惜采取一些极端手段,如搞起学科分裂、院系分裂等非理性竞争策略来呈现出"漂亮"数据,以此提高学科评估等级。评估的排名化实质上是评估的功利化,导致

---

① 陈学飞,叶祝弟,王英杰等.中国式学科评估:问题与出路[J].探索与争鸣,2016(9):59-74.

评估结果不是以高校学科发展为目的,而是高校学科围绕排名需要而建设,违背学科自身特性与发展规律,这样必然会造成以评估为中心来建设"双一流"的局面。

二、本末倒置:中国式学科评估困境根源

(一)政府管控转变服务过程偏差

我国政府推出高等教育评估政策初衷是为进一步提高学科建设治理能力,但四轮评估过程中政策初衷无法在执行过程中得到充分实现,导致出现质疑学科评估本身价值的声音。这样的结果与评估主体的行为选择有关,但深层次缘由在于我国学科评估所依托的体制问题。

政府从制度角度出发,将评估作为政策工具,通过下放高校管理权和资源再分配手段的方式,形成一种行政化高等教育学科评估。政府在评估中同时拥有举办者、管理者、使用者和监督者多重身份。[①] 在第三方评估机构尚不健全的情况下,评估机构大多以半官方形式出现如学位中心,无法脱离于政府之外独立自主进行评估,政府在评估中占据管理和监督的绝对优势。因此学科评估引导下的学科建设带有行政管理与学术管理双重性质。[②] 但是政府管控下的学科评估难免会造成过度干预的情况,由于政府目标至关重要,评估作为政府管控高等教育的重要手段,演化成以资源配置激励的评估。高校评估"恐慌"现象直观表现了高校在利益驱使下为消解行政管控压力,采取某些特殊手段迎合行政意志,以非理性手段获取利益最大化。在整个评估过程,评估源与管控制度和强调服务的现代化治理理念不符合,政府没有真正地实现管控到服务的角色转变工作,从而造成评估政策初衷与执行偏差。从根源上讲,评估初衷与执行偏差是政府对高校管理理念转化偏差的表现。学科评估是以服务学科建设为初衷而推行的,可以反映出政府对高等教育从管控到服务转变的理念。在新时代治理水平和治理能力现代化要求下,学科评估为政府角色从管控到服务转变提供了实践平台。但是执行过程中,现实却是由于政府权力优势使得评估以服务之名行管控之实,有转化意愿并不代表执行转型的成功,如果没有评估理念的配合,这种偏差很难避免。只有理念与实践相匹配的政府职能转变,学科评估

---

① 胡钦晓.多样资本视角下新时代一流大学的建设与发展分析[J].内蒙古社会科学(汉文版),2018(3):146.

② 陈学飞,叶祝弟,王英杰等.中国式学科评估:问题与出路[J].探索与争鸣,2016(9):59-74.

才有可能实现最初的价值设想,从而化解偏差现象;只有服务理念的形成,才有可能形成服务型治理逻辑,使得学科评估执行得到有效安排。

(二)评估手段与评估目的倒置

学科评估的重要性有目共睹,众多国家在进行学科评估时都把关注点放在学科发展质量上,评估的出发点和落脚点必须要回归到质量保障上。但更为关键的是为什么要评估。首先需要我们明确评估是学科建设的手段,而不能简单地把评估局限于目的。然而回顾四次学科评估,现在的评估本末倒置,太过于看重评估结果,把评估作为目的而进行。因为正如上文所述,评估结果与利益资源分配挂钩,这样高校内部的职称、编制以及人力资源问题都简单粗暴地借评估结果促进学科发展的名义来分配。于是高校开始出现学科乱整合、瞎拆分,甚至数据材料造假等非理性方式"恐慌"应对评估。看似高效的方式实际上违背学科自然发展规律,不符合学科科学建设要求,使得学科评估手段失灵。

学科评估需要回归本位。手段与目的是连续性的,不能割断二者。正如杜威所解释,手段都是活动阶段性目的;目的实现是下一步活动的手段。① 只有手段和目的实现统一且具有连续性时,才能保证目的持续性实现。学科评估本身是学科建设的手段,如果把评估作为目的并无限制地追求评估目的,就会出现"唯评估"导向。对此作出解释,评估多元主体有着多元目的,并不是统一以学科科学性建设和发展为目的而进行评估的,尤其是高校自身的行为目标有明显的变化。从高校来看,高校有着促进学科建设和资源竞争的双重目标,所以往往笼统地将评估结果聚集在一起,导致"以评促建"效果大大削弱,甚至使得评估这一手段与目的距离越来越远,学科建设这一真正目的越来越不受重视,这样评估行为本身失去意义与价值。

(三)功能理性与价值理性冲突

多元化的学科评估主体对学科评估价值有着不同的理念。对于政府、高校管理层等从实用主义出发,学科评估作为学科管理工具秉承着功能理性观,强调评估指标量化进行自上而下的外部评估,重点从师资力量、科研成果等可视性量化方面开展评估工作,以排名形式公示评估结果,并分配高等教育资源,以此来激发高校学科发展效率,实现资源利用最大化。功能理性主导下的学科评估可以说是以满足外部评估利益主体对效率追求,强调学科功能性价值的一种

---

① 杜威.评价理论[M].冯平,余译娜译.上海:上海译文出版社,2007:50-56.

面向过去回溯性质量评估方式。① 为确保评估结果客观性、准确性的情况下,量化性评估可能陷入盲目"数字评估"的怪圈。"唯"问题的出现本质所唯的就是数字化指标,包括论文、项目、帽子、职称等。"指标-量化"评估模式在技术可实现性路径越来越清晰、可操作性越来越强,但高等教育学科本身具有发展的长周期性、产生效果的滞后性以及个体的差异性等学科特征。以短期成果为指标的评估是否适用于学科评估,其"合理性"受到以高校学术人员的评估主体质疑。高校学术人员作为高校内部成员坚持价值理性,以发挥学科评估分析、诊断和服务的价值为重点,主张学科评估采取自下而上的自我评估和自上而下的外部评估,对学科发展现状、潜力等进行量质结合的全方位、全过程的综合评估。在价值理性主导下的学科评估,将理想信念、爱国主义、思想品德等高等教育基本价值理念融入指标,监测学科发展过程,诊断学科发展问题,整合"技术-价值"二元结构,从而推进学科内涵式发展。

综上所述,新时代学科评估应结合多元理念,形成多元主体共生评估局面,反思治理实践思维,避免忽视价值理性陷入工具主义,忽视功能理性走向空想主义两种极端,主动在功能理性与价值理性之间把握平衡点。

三、立德树人:中国式学科评估解困导向

比较前几轮评估,第四轮学科评估在科学性、准确性取得了很大进步。但也存在许多质疑和批评的声音。结合上文所述,我国学科评估仍然存在问题,尚未突破困境。在现实摸索突破口的过程中,积累了许多经验教训。要想实现学科评估深层次改革必须要有正确的价值导向作为"旗帜",如果把旗帜举错了,搞反了,付出再多的努力都将付之一炬。

(一) 落实立德树人任务,突出人才培育质量价值

习近平总书记在 2018 年全国教育大会上指出,"立德树人"是新时代教育的根本任务,教育要培养的是德智体美劳全面发展的社会主义建设者和接班人。② 新时代高等教育改革应当充分落实立德树人任务,在人才培养上将培育质量放在重要位置。因此《总体方案》明确强调,坚持立德树人,牢记为党育人、

---

① 苏永建.体制化的技术治理与中国高等教育质量保障[J].高等教育研究,2017(3):10-17.

② 习近平总书记在全国教育大会上的重要讲话引起热烈反响:全力推动新时代教育工作迈上新台阶[EB/OL].(2018-09-12)[2020-11-01].http://cpc.people.com.cn/n1/2018/0912/c419242-30287355.html? flag=true.

为国育才使命,充分发挥教育评价的指挥棒作用,引导确立科学的育人目标,确保教育正确发展方向。① 学科评估中坚持立德树人指引,强化学科育人成为学科评估改革的首要任务,也是检验学科评估成效的关键。

为什么要培育人,马克思在这一问题上作出了合理解释。"人是全部人类活动和全部人类关系的本质、基础""历史不过是追求着自己目的的人的活动而已"。② 学科评估作为学科建设活动的关键一环,其行为主体是人,那么对人的理解和把握就成为改革学科评估的逻辑起点。评估的目的就不能局限于学科建设,更要注重培养与时代和社会发展要求相适应的高质量人才。学科评估以人为目的,评估主体凝聚起来,从不同学科角度出发最大限度满足人的个性化要求,实现"人、学科、知识"三者之间互动,将人的发展作为学科发展的首要价值,引导许可建设的同时实现人自由而全面的发展。"一旦人从本体性的目的地位滑落,或者,一旦脱离人之目的地位来把握人,那么人必将沦为工具性的存在、手段性的存在。"③因此高等教育对培养什么人的问题要给予高度重视。第四轮学科评估中对于"人才培养质量"方面已有明确指标体系进行考察,但仍不完善。因此之后的第五轮评估要"下苦功夫",围绕《工作方案》,对"立德树人"进行深入理解,反思现行评估的局限性,注重人才培养的全面评价与过程性评价,积极听取教师评价与学生评价意见,引导学科自由自主性发展,营造"立德树人"教育环境,发挥"立德树人"价值导向,更加重视人才培养质量性。

(二) 破除"五唯"顽疾,注重学科成效贡献价值

学科评估改革必须关注到"五唯"问题,《总体方案》中明确指出要"着力破除唯分数、唯升学、唯文凭、唯论文、唯帽子的顽瘴痼疾,建立科学的、符合时代要求的教育评价制度和机制"④。"五唯"实质是一种单一化、绝对化的外部评价。⑤ 在过去中国教育发展初期,中国为实现赶超式发展,选择"五唯"评估更易于操作,培养标准意义上的人才,对于推动学科历史发展起到重要作用,但却无法培养创新性人才。随着时代的发展,"五唯"作为历史阶段性产物反而演化为制约学科发展与创新的因素,学科评估越来越形式化,本末倒置,效力弱化。因

---

① 中央深改委审议通过《深化新时代教育评价改革总体方案》[EB/OL].(2020 – 07 – 01)[2020 – 10 – 30].https://www.eol.cn/news/yaowen/202007/t20200701_1736125.shtml.

② 马克思恩格斯全集(第 2 卷)[M].北京:人民出版社,2002:118 – 119.

③ 王啸:教育人学——当代教育学的人学路向[M].杭州:江苏教育出版社,2003:243.

④ 中央深改委审议通过《深化新时代教育评价改革总体方案》[EB/OL].(2020 – 07 – 01)[2020 – 10 – 30].https://www.eol.cn/news/yaowen/202007/t20200701_1736125.shtml.

⑤ 周洪宇.破除"五唯"需要积极健康的教育生态[N].人民政协报,2020 – 07 – 15(6).

此,学科评估改革急需破除"五唯"顽疾。

不破不立,破立并行。建立的新学科评估体系,要避免陷入新的"唯"陷阱。因此必须把学科评估落脚到注重评估学科成效贡献价值上,只有推进高等教育做出实质性贡献,才能保证国家各方面的安全发展。一方面,加强学科评估正当性的认同感。①"五唯"主导下的学科评估以外在强制的后果逻辑运行,借用物质奖励的刺激效用,使得学科评价结果与利益资源捆绑在一起,导致高校科研人员对评估正当性、合理性质疑。从内心认同的正当性逻辑出发,建立注重学科成效贡献价值的学科评估,以学术成果的质量、贡献、影响为评估指标,有利于激发科研人员深入研究,探索科学的动力。另一方面,要依据学科差异化特性,增加学科贡献社会评价。当前高校通过校企合作、校政合作等形式,逐渐发挥服务社会功能,将科研成果应用于社会并取得了显著成效。因此"五唯""硬性"指标不能作为唯一标准,有必要把学科服务社会这一"柔性"指标纳入学科评估体系。重点以考察学科成果如何服务地方,技术突破程度,是否推进技术应用率等技术性变化,引导科研人员有意识地将自己的学术成果与国家和社会发展战略结合起来。国家自然科学委员会地球科学部在 2019 年就开始有意识地将这一条件纳入人才项目评审中。第五轮学科评估要进一步注重学科成效贡献价值,从多角度出发对学科服务社会案例进行公平公正评价。

(三) 协同"双一流"建设,强化中国特色价值

学科评估与"双一流"是目前中国高等教育领域的两个关键热点,学科评估与"双一流"建设的关系引起学界热烈讨论。第四轮学科评估邀请函中明确指出,学科评估要服务于《统筹推进世界一流大学和世界一流学科建设总体方案》。第四轮学科评估结果中名列前茅的高校均进入"双一流"名单,这充分说明评估结果被认可为"双一流"评选依据,尽管学科评估并不是为筛选名单而举行的。与此同时,"双一流"建设为学科评估提供了成果呈现舞台,使得学科评估在"双一流"建设下不断改善进步。两者在理念中能够实现双向互动、协同进步的情景。然而现实却仅仅是学科评估服务于"双一流"建设,成为筛选"双一流"名单的工具,忽视"双一流"对学科评估的治理,导致高校将学科评估结果局限于能否跻身"双一流"的指标,偏离评估的实质性目的。② 这也是为何教育部一再强调"学科评估结果只是一流大学、一流学科建设遴选的参考而不与其直接挂钩"。因此学科评估与"双一流"建设应当形成互补共进的互动关系,共同

---

① 周海涛.学科评估认同的基本价值和提升路径[J].现代大学教育,2020(4):4-6.

② 廖婧茜,靳玉乐.学科评估与"双一流"建设的关系[J].现代大学教育,2020(4):1-4.

推进我国高等教育改革和发展。

随着高等教育国际化的逐渐发展,我国高等教育面临着由"国家"到"世界"的发展问题。2018年,教育部、财政部和国家发展改革委颁布的《关于高等学校加快"双一流"建设的指导意见》提出,要以中国特色、世界一流为核心,积极探索具有中国特色的现代高等教育评估制度,努力建成一批中国特色社会主义标杆大学,确保"双一流"建设目标顺利实现。[①] 这就要求学科评估国际视野的扩展。第四轮学科评估中将 ESI 国际学科排名纳入参考,也对"双一流"名单认定产生影响力。但采用直接运用外国评估指标的"拿来主义",会误导科研人员盲目追求发表国外期刊,使学科评估内容脱离中国本土,背离构建具有中国特色的学科体系的初衷,削弱中国在国际上的话语权和影响力。因此,在国际化形势下,学科评估必须扎根中国,从中国国情出发,打造拥有中国元素、体现中国特色的学科评估体系,更好地服务于"双一流"建设,加快打造世界一流学科的步伐。

---

① 三部门印发《关于高等学校加快"双一流"建设的指导意见》的通知[EB/OL].(2018 - 8 - 27)[2020 - 11 - 01]. http://www.gov.cn/xinwen/2018 - 08/27/content_5316809.htm2018 - 8 - 27.

新冠疫情下推进一流大学建设的政策情境、行动逻辑与战略选择

——以 32 所教育部直属一流大学建设高校为例①

仇苗苗　董维春　姚志友②

摘　要:教育改革发展中的不确定性、复杂性和竞争性愈加凸显,统筹推进疫情防控常态化和"双一流"建设成为新时代高等教育治理工作的重难点。策应经济下行压力大、财政收支矛盾突出等新形势,直面资源禀赋制约和治理能力新要求,"过紧日子"成为疫情防控常态化下我国一流大学建设须臾不可离的政策情境。同时,一流大学建设的关键在于优化收入结构和提高投入效益聚力"过久日子",本质是推动我国高等教育持续"过好日子",以政府战略管理引领高校分类治理,建设具有中国特色的世界一流大学和一流学科。无论何时,"过紧日子""过久日子"和"过好日子"都应是我国高等教育现代化治理须坚持落实的发展主线。

关键词:新冠肺炎疫情;一流大学建设;高等教育财政;高等教育治理

一、问题提出

2020 年新冠肺炎疫情对我国高等教育治理能力无疑是一场超时空的压力测试,当前及未来的很长一段时间里,我国高等教育发展都将面临双重挑战、要做好两张答卷:一方面抓紧抓实疫情常态化的防控工作,另一方面加快推进"双一流"建设,两者在一定条件下是有矛盾的,如果只抓好一方面工作,势必制约另一方面的深入改革。那么,面对全球高等教育治理环境更加复杂的不确定性

①　本文已发表于《教育与经济》2020 年第 6 期,第 33-39 页。基金项目:2020 年教育部新农科研究与改革实践项目"新农科建设改革与发展研究";2020 年度江苏省社科应用研究精品工程课题"健全江苏高校'双一流'建设机制研究:行动逻辑与战略选择"(20SYB-032)。

②　作者简介:仇苗苗,女,南京农业大学公共管理学院教育经济与管理博士研究生,研究方向:研究生教育战略治理;董维春,男,南京农业大学副校长、研究生院院长,公共管理学院教授,博士生导师,研究方向:高等教育管理与发展战略;姚志友,男,南京农业大学研究生工作部部长、研究生院副院长,公共管理学院教授,研究方向:教育行政与高等教育战略管理。

冲击,政府如何优化高等教育资源配置以切实推动一流大学建设? 如何推进高等教育战略管理和分类治理?

2020 年 6 月 11 日,教育部率先公布 2020 年度经费预算,根据要求,截至 7 月 4 日,75 所教育部直属高校均在信息门户网中发布了 2020 年度部门预算,总经费同比 2019 年增长 238.95 亿元,10 所高校预算数超百亿元。不可否认,我国高等教育部门预算的总投入力度持续加大,党和国家积极为高校发展提供重点保障和优先支持。但对比 2019 年预算数据,共有 21 所高校预算总经费未增反减,九成高校的一般公共预算拨款也出现不同程度的下滑,同比减少 10% 及以上的有 29 所高校。在疫情防控常态化和"过紧日子"要求下,高等教育财政投入变化如何影响一流大学建设? 直面经济下行压力,一流大学建设如何精准发力?

为此,我们迫切需要借由微观数据分析。本文选取教育部直属高校中公开数据较为全面的 32 所一流大学建设高校为研究样本,探究高等教育财政投入与大学发展的内在逻辑。首先,立足中央疫情防控常态化和高等教育"过紧日子"的政策情境,探析国家财政对一流大学建设的兜底保障作用和扶优扶强导向;其次,着眼高等教育实现内涵式发展的长远性、整体性、战略性工作,从财政投入结构和效益方面探究一流大学如何"过久日子"的行动逻辑;最后,回到治理的根本旨归——"过好日子",以推进高等教育财政治理体系和治理能力现代化为导向,分析高等教育战略管理、分类治理与"双一流"建设的共生发展问题,探讨建设中国特色世界一流大学的战略选择。

二、文献回顾

历史和现实的双重逻辑都表明:国内外学界对政府高等教育财政职能的关注从未中断,既有嵌入高等教育发展宏观视域的研究,也有聚焦一流大学建设微观实践的研究。

首先,从宏观视域探析政府财政对高等教育发展利弊与影响的研究。一方面,部分研究者围绕办学自主权问题,指出过度依赖政府投入会影响高等教育的独立性和大学自治。在国家政策和财政框架的限制下,可用资源被大面积平摊到各个大学,还易使大学表现降低到同一水平[1],进一步加剧"千校一面"的同

---

① MICHAEL GALLAGHER.精英大学在国家高等教育和研究系统中的角色:公共投入与大学发展[A].王琪,程英,刘念才.世界一流大学:国家战略与大学实践[M].上海:上海交通大学出版社,2011:37.

质化倾向。另一方面,部分学者围绕政府社会管理和公共服务职能展开,肯定充足的财政经费对高等教育实现跨越式发展具有重要作用。研究指出,拥有广泛的政府支持是美国较快成为世界头号高等教育强国的一个主要原因①,且夯实投入保障与提供更多高等教育机会、保障高等教育公平、推进高等教育普及化等目标并不冲突。② 另外,基于国情和高等教育管理体制,政府作为大学的管理者和监督者,它始终是我国高等教育资源配置的主导力量,尤其是在重大历史转折点上。③

其次,从微观实践中探究财政投入对一流大学建设影响机理的研究。相关研究着重对国内外一流大学建设的经费规模、收支结构和投入模式等进行比较分析,核心目的是为我国"双一流"建设提供有益借鉴。历史地看,对标美国和日本的一流大学投入模式,我国逐渐形成中央财政为主、重点建设经费支持的特色;④现实地看,对比美国排名前50的一流高校多元化的经费投入结构,我国政府直接拨款的单一化现状仍较为明显。⑤ 当一国的高等教育进入普及化阶段后,世界一流大学越来越主张经费来源的多元化、社会化和可持续性⑥,但并不意味着政府财政投入与高校经费自主权是"非此即彼"的,继续加大政府对一流大学建设的资源支持是必要的⑦,而不是有理由的选择。

综上,无论是高等教育财政的理论分析,还是高校经费投入的实证研究,大多从二分视角探究政府高等教育财政职能的限度和效度问题。但财政统筹与经费自主权之间并不存在"一刀切"的管理模式,二者在不同政策情境下遵循不同的行动逻辑和战略选择。由此,本研究以32所教育部直属的一流大学建设高校为研究样本,从2016—2020年的部门预算、收入结构及国际排名等数据分析中,探究在疫情防控常态化和"过紧日子"大背景下,高等教育财政投入与一

---

① 戴维·拉伯雷,周勇.复杂结构造就的自主成长:美国高等教育崛起的原因[J].北京大学教育评论,2010(3):24−39.

② LANDRY L,Neubauer D. The role of the government in providing access to higher education:the case of government sponsored financial aid in the US[J]. Journal of education and work,2016,29(1):64−76.

③ 康宁.改革开放40年我国高等教育资源配置转型及其发展趋势[J].高等教育研究,2019(4):1−13.

④ 陈丽媛,祁翔.世界一流大学投入模式研究——基于中国、美国、日本与中国台湾地区的比较[J].高等教育研究,2018(9):100−106.

⑤ 周娟,詹文杰,乔为国.我国一流高校建设是否只能靠增加政府投入来支撑?——基于美国高校的对标分析[J].学习与探索,2019(2):151−157.

⑥ 周光礼.中国大学的战略与规划:理论框架与行动框架[J].大学教育科学,2020(2):10−18.

⑦ 由由,吴红斌,闵维方.高校经费水平、结构与科研产出——基于美国20所世界一流大学数据的分析[J].高等教育研究,2016(4):31−40.

流大学建设的内在互动逻辑是什么？一流大学建设如何在世界百年未有之大变局中"过久日子"？在中国高等教育强国战略全局中"过好日子"？这对改进下一轮"双一流"建设、优化政府高等教育资源配置、提升高等教育现代化治理和可持续性发展能力不无裨益。

三、疫情防控下一流大学建设遵循"过紧日子"政策情境

（一）一流大学建设情境：无财不立

1. 财政保障对高等教育发展是必要的

首先，从世界一流大学的发展经验看，虽然高等教育经费结构依各国政治经济体制、办学历史和教育管理机制等各有不同，但持续且大量的公共财政支持无可替代，没有它，获得并维持世界一流大学的地位是不可能的。[①] 一方面，中央或地方（州）政府将充盈的公共教育财政直接拨付给大学基本的教育教学和科研工作，如加州大学 2018 年财政报告指出，美国联邦政府是大学最重要的研究经费来源，尤其是在学生资助、科技创新和医疗项目三个关键领域。[②] 另一方面，政府以科研计划或项目的方式向部分高校提供预算资金，如自 1991 年起新加坡政府通过一系列科研基金计划持续加大高等教育投入，包括投入"国家科技计划 1995"20 亿美元、投入"科学 & 技术 2010 计划"130.5 亿美元、投入"研究、创新与企业 2020 计划"190 亿美元等。[③] 可以说，强有力的财政支持是新加坡国立大学和南洋理工大学迅速跻身世界一流大学行列须臾不可离的禀赋优势。世界高等教育强国无财不立，我国一流大学建设也不例外。

其次，从我国高校"双一流"的建设和实施看，政府积极的教育预算投入对促进高等教育发展是必要的。一方面，"双一流"建设的三大纲领性政策文本均明确了中央和地方政府的经费保障责任，实行央地分类统筹，且资金分配更多考虑办学质量特别是学科水平和特色。另一方面，虽然近年来经济下行压力持续增大，但财政预算上依然优先保障和满足高等教育发展。如 75 所教育部直

---

① ALTBACH, PHILIP G. The costs and benefits of world-class universities[J]. Academe, 2004, 90(1): 20 - 23.

② University of California. Federal Budget[EB/OL]. https://www.universityofcalifornia.edu/support-uc/ucan/federal-budget.

③ National Research Foundation. RIE2020 Plan[EB/OL]. Singapore: Prime Minister's Office. https://www.nrf.gov.sg/rie2020, 2016 - 01 - 08.

属高校的预算总经费 2016 年为 2 979.05 亿元,2020 年已达到 4 487.26 亿元,其中 32 所一流大学建设高校经费占比在 70％左右(图 1),是我国高等教育部门预算的"大户",这也充分体现了财政预算分配注重向重点领域倾斜,支持加快推进一流大学建设。另外,从对数趋势线看,教育部直属高校的财政预算投入总体上仍会稳步增加,但增速可能有所放缓,减速而不减量,体现了稳中求进的总基调。综上,笼统质疑财政投入在高等教育发展中的重要作用等观点是有待推敲的。

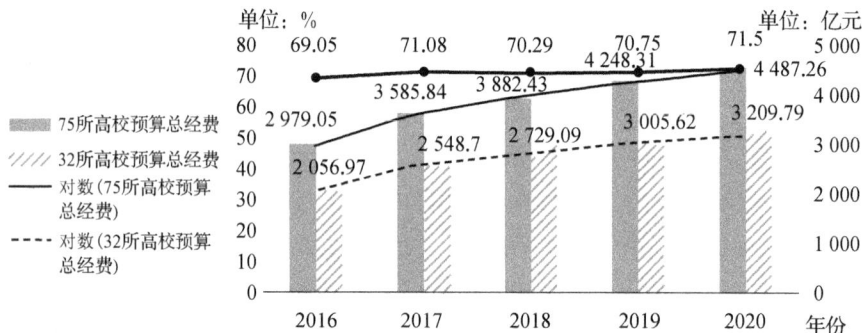

图 1　2016－2020 年教育部直属高校及其一流大学建设高校的年度部门预算

数据来源:75 所教育部直属高校官方网站的信息公开门户。

2.财政支持对一流大学进步是有效的

高等教育领域"一流"话语体系的流行很大程度上依赖于对各种世界大学排名的比较。[1] 一定条件下,有影响力的、国际公认的大学排名能够比较直观地反映高校发展状况和水平。因此,选取国际公认的世界大学排名体系 THES、QS、ARWU,以世界大学 500 强为基准,进一步探究 2016－2020 年 32 所一流大学建设高校在国际排名中的总体表现和一般影响。

从国际排名表现看,政府对一流大学的高投入是有效的,高等教育的国际竞争力整体有较大提升。一是入围三大国际排名 500 强的高校数量稳步增加,如 2016－2020 年期间,我国入选 ARWU 的高校由 41 所上升到 71 所,入选 THES 的高校由 9 所增加至 14 所。二是从总体比重看,THES 和 QS 排行榜中 32 所一流大学建设高校占比达七至八成左右。三是 2020 年 6 月 3 日,THE 发布了第 8 届亚洲大学排名,结果表明中国内地高校在前 50 名中占据主导地位,

---

　① 　王建华.大学排名的风险与一流大学的建设[J].高等教育研究,2019(2):1－9.

共 13 所高校上榜,均为中央部委一流大学建设高校。很显然,除基础保障外,国家财政对大学的生存和竞争也产生了较为深远的影响,部门预算充盈的大学获得积累优势和机会的可能性更大。尤其在政府主导的高等教育战略发展模式下,中国大学的学术水平及国际影响力的快速提升与国民经济发展、政府财力支持是密切相关的。

表 1   2016—2020 年世界三大排名 500 强中国内地高校及其 32 所入围情况

年份\高校数比	THES			QS			ARWU		
	中国	32 所		中国	32 所		中国	32 所	
		数量	比重(%)		数量	比重(%)		数量	比重(%)
2016	11	9	82	24	18	75	41	27	66
2017	12	11	92	21	17	81	45	28	62
2018	12	11	92	22	16	73	51	29	57
2019	14	11	79	24	18	75	58	28	48
2020	17	14	82	25	19	76	71	30	42

数据来源:1. THES:https://www. timeshighereducation. com/world-university-rankings/2020/world-ranking♯! /page/0/length/25/sort _ by/rank/sort _ order/asc/cols/stats;2. QS:https://www. topuniversities. com/university-rankings/world-university-rankings/2021;3. ARWU:https://www. shanghairanking.cn/rankings/arwu/2020。

概而言之,一流大学建设与高等教育强国的关系中有一个重要的驱动器,就是国家对高等教育的财政投入和资源支持水平。反之,只要政府高等教育财政投入持续稳定地增加,是不是就能实现"双一流"战略和高等教育强国建设的总目标呢?这是我们必须回答的一个问题。

(二)资源禀赋制约下"过紧日子"

高等教育深化了我们对知识、人才、智力及科技等资源的认识与联系,促进了经济、政治、文化和社会资源的发展;反之,高等教育治理也受到各种差异化教育资源禀赋的影响。因此,从资源禀赋视角看,"过紧日子"实际上是将高等教育发展过程中所需的各种资源向紧要处配置。究其原因,主要有以下两方面:

1. 优质高等教育资源的稀缺性

当前和今后一个时期,我国高等教育发展仍处于重要战略机遇期,人民日益增长的对优质高等教育的需求和教育资源供给不充分、配置不平衡的矛盾依然存在。同时,国内外高等教育办学环境日趋复杂,高度的不确定性不稳定性进一步加深了两者间的矛盾。时下,面临的挑战有:

一是优质高等教育资源供给的不充分,供需矛盾更突显了这种稀缺。从经济学视域看,资源稀缺是相较于日益增长的需求而言的。新冠疫情大考不仅对传统的教学、课程、学科等资源供给提出新要求,更对优质教育资源的开放、共享和使用带来挑战,尤其是对在线教学、电子数据库及共享平台的更高发展需求。

二是高等教育资源禀赋的不平衡,由客观存在的异质性扩大了稀缺。如我国高校既有外部的区域位置、行政隶属、政策规划等差异,也有发展能级、办学能力等内部差异化的资源禀赋。在全球疫情和经济下行的双重影响下,教育资源禀赋的依赖性、稀缺性和约束性愈加凸显,正因如此,真正"过紧日子"成为推进一流大学建设过程中需要系统解决的现实问题。

值得注意的是,自改革开放以来,我国积极通过机制调整、主体参与、技术改进等改革治理,不仅有效整合并拓宽了高等教育资源的来源渠道,也充分提高了资源的配置和使用效率。然而,优质教育资源的稀缺性仍是发展中的一个常态,这也决定了我国一流大学建设既要"过紧日子"——把控财政预算投入的力度和精准性,更要考虑"过久日子"和"过好日子"的可持续性、根本性问题。

2. 高等教育财政资源的紧张性

当突发性的公共危机把治理环境的不确定性推到面前时,更加剧了高等教育资源分配的紧张状态。受新冠肺炎疫情、逆全球化和经济下行压力加大等多重因素制约,财政收支矛盾突出,减收增支形势较为严峻。具体到高等教育领域,主要表现为高校年度部门预算中一般公共预算拨款收入的变动。据统计,2020 年 32 所一流大学建设高校的拨款收入较 2019 年有明显下滑,其中预算减少 5%~10% 的高校有 14 所,减少 10% 以上的有 13 所,只有华中科技大学和天津大学有所增加,且天津大学收支总量增加主要是因为土地置换和基建项目建设所致。

高校一般公共预算拨款的"急刹车"并不代表国家财政性教育经费总体投入也会大幅降低。自 2012 年来,我国财政性教育经费占 GDP 比例连续 8 年保持在 4% 以上增长,2020 年《政府工作报告》将"要优化投入结构"增补为"要稳定教育投入,优化投入结构",充分说明,即使经济下行压力持续增大,党和政府仍坚持优先保障教育投入。但教育投入占 GDP 的 4% 是否存在压力? 高等教育财政资源投入是否紧张？这些问题也是不容忽视的。因此,高等教育发展仍需做好落实"过紧日子"要求的长期准备,不仅要扎紧高校预算拨款的"钱袋子",关键还在于高校如何管好和用好"钱袋子"。

(三)"过紧日子"对高等教育治理能力提出新要求

实际上,"过紧日子"不仅是当下特殊时期高校管理的实践表征,更蕴含未来高等教育治理工作的基本形势和要求。从哲学上讲,这要解决的是高等教育现代化治理中"需求"和"能力"的问题。新冠疫情的爆发及其防控虽然严重影响了高校正常的教育教学、科学研究及交流合作等,但同时也成为刺激高等教育发展的新需求、新形态、新模式不断涌现的一个契机。比如,"停课不停学、不停教"的工作开展对在线教学、直播课和视频会议等教育新形态需求更加迫切,公共卫生、应急管理和社会工作等人才培养需求不断增加,还包括"疫情后"和"后疫情"时期师生及人民群众的心理咨询、调适和援助的健康教育需求等。

高等教育越是对新需求足够敏感,越是需要与之适切的治理能力。具体到"过紧日子"问题上,预算管理要从规模化转向内涵式,切实把预算执行成效转化为可持续发展的治理能力,尤其是分配中的战略管理思维和科学决策能力、组织中的统筹落实和绩效考评能力、使用中的科研创新和社会服务能力等。同时,将落实"过紧日子"要求融入提升高等教育现代化治理能力的全过程,能够进一步引发高等教育内部治理能力的系统变革,倒逼高等教育治理水平提升,促进高等教育治理从"非常态"到"常态化"再到"新常态"。这既是高等教育改革治理的客观需要,更是遵循高等教育发展规律的内在要求。

四、一流大学建设的精准发力坚持"过久日子"行动逻辑

关于未来发展有组织的、系统的、整体的战略性思考,是新时代高等教育的重要使命之一,特别是直面新冠疫情等重大突发事件,既要有充足稳定的财政教育经费保障,还需要良好的投入和使用机制可以遵循。前者以大学的生存和管理为主,后者强调一流大学建设的精准发力,更加注重高等教育的治理体系建设。因此,随着全球治理环境的不确定性和复杂性渐积,优化高校经费收入结构是一个必然选择,提高教育投入效益则是基本追求。

(一)优化高校经费收入结构是必然选择

2020年《政府工作报告》指出:受全球疫情冲击,世界经济严重衰退,国际贸

易投资萎缩……基层财政收支矛盾加剧。基于这个现实,优化高校预算收入结构愈加成为当前高等教育破局改革的核心任务。前述分析是从整体上把握财政投入对一流大学建设的必要性和有效性,但整体是由部分组成的,在未完全理解各部分实际的内部结构和运行机制基础上,得出"政府充盈的财政投入是实现一流大学建设目标的关键"这一结论,存在"选择性貌似有理"倾向。

因此,本文进一步探究 32 所建设高校预算收入的来源、分布和结构情况,如表 2。首先,从年度收入比例看,一般公共预算拨款整体占比 40% 左右,这是促进我国大学发展的基础保障;近六成的年度预算主要依靠事业收入和其他收入,成为推进高校由大变强的中坚力量。其次,从收入变动趋势看,一般公共预算拨款占比经历了先升后降的过程,从 2016 年的 35.92% 上升至 2018 年的 41.59%,之后呈下降趋势,到 2020 年下降至 34.15%;事业收入虽变化幅度相对较大,但维持在 40% 左右的较高比例,且呈增长趋势;其他收入占比相对较少,从 2016 年的 21.29% 逐年下降至 2019 年的 19.30%,2020 年增长幅度较大,达到近五年预算收入中的最高比例。这表明,整体变化愈加契合推进高等教育投入主体和经费来源的多元化要求,但收入结构仍有待进一步完善。

表 2　2016—2020 年 30 所建设高校年度预算的主要科目及其收入[①]（单位：%）

	2016 年	2017 年	2018 年	2019 年	2020 年	趋势图
一般公共预算拨款	35.92	40.37	41.59	59.28	34.15	
事业收入	43.17	39.73	44.19	61.62	42.71	
其他收入	21.29	19.94	19.83	19.30	23.05	

数据来源:30 所教育部直属一流大学建设高校官方网站的信息公开门户。

面对疫情防控常态化和"过紧日子"的复杂形势,优化经费收入结构是推进一流大学"过久日子"的必然选择。一方面,政府需不断健全高等教育经费保障、投入及筹资机制,财政教育经费分配抓重点关键、聚焦短板弱项;另一方面,高校自身积极拓宽经费来源渠道,通过开展教学、科研及其他辅助活动,获得更

---

　　① 说明:(1)因 2016—2020 年期间中南大学和天津大学某些年份的部门预算数据无法查看,所以数据统计去除这两所高校。(2)由于不同高校收支预算的收入科目分类不同,有些高校年度收入合计除基本的财政拨款、事业收入、其他收入外,还包括事业单位经营收入和用事业基金弥补收支差额等,但本研究只选取其中主要的和共同的三项科目。

多事业收入、社会投资收益及捐赠收入等。继续深入推进一流大学建设和高等教育强国战略,优化预算收入结构是关键路径,既帮助降低对财政投入的较大依赖性,进一步整合并充分发挥多元治理主体优势,又是高等教育治理从"过紧日子"到"过久日子"的实效之举。

(二) 提高投入效益是基本追求

相对于"过紧日子"的算好投入账、扎好钱袋子,"过久日子"的行动逻辑则强调提高教育经费的使用效率和效益,这对一流大学建设的精准发力更具战略性和决定性意义。由于全球疫情仍在扩散蔓延,世界政治格局和经济形势依然严峻复杂,外部治理环境的不确定性、不稳定性不断上升,笔者注意到,2020年《政府工作报告》并没有提出全年经济增速具体目标,而强调"以保促稳、稳中求进",这也决定了高等教育财政预算拨款更加需要从"高投入低执行"转向"稳增长重效益"。

提高投入效益的关键在于激活良性的竞争态势。"双一流"建设的一个重要突破是确立竞争选择、动态管理和优胜劣汰机制。同样,在高等教育财政预算管理中,优化落实竞争性的预算经费投入和分配模式也是现实发展的必然选择。这既为高校找准定位、聚焦特色、强化优势提供了良好生态,也有效撬动了优质教育资源流动和经费多渠道投入。具体需从以下两方面着手:一是讲求高等教育财政预算投入的直接效益,实质是增效。加快预算执行进度,提高资金使用效率,统筹重点支持建设与预算投入精准化,切实做到"花钱必问效,无效必问责"。二是注重预算投入的间接效益,核心是提质。预算投入以实现学校高质量内涵式发展为导向,以绩效评价结果应用为抓手,尤其是贯彻落实到人才培养、科学研究、社会服务、国际交流合作等各项工作中。实质上,"过久日子"即要求构建富有核心竞争力的高等教育财政支持体系,提升高等教育财政治理的可持续竞争力。

五、高等教育"过好日子"的选择:战略管理和分类治理

如果说"过紧日子"是事实使然,是新时代推进一流大学建设须臾不可离的政策情境,"过久日子"是目标使然,是深化治理改革的行动逻辑,那么,"过好日子"则是实质的应然属性,是推进高等教育治理体系和治理能力现代化,建设中国特色世界一流大学和一流学科的战略目标。"办好学"既需要战略管理的固根本和利长远,也离不开分类治理的稳定位和保优势。

(一) 大国助力大学——以战略管理引领分类治理

大国办教育的社会主义制度优势助力中国特色世界一流大学建设。作为高等教育后发型国家,我国高等教育或高等学校甫一出场便与"政府主导""重点建设"等相伴而行。改革开放以来,通过实施"211 工程""985 工程"及"2011计划"等重点建设,我国逐步建成了全球最大规模的高等教育体系,这离不开国家稳定的财政投入机制、充盈的高校预算拨款和切实的教育资源支持。在"过紧日子"和"过久日子"要求下,财政投入成为推进一流大学高质量发展的厚实底气,其重要作用具体表现为三方面:一是资金本身的保障功能,充盈的财政拨款有利于推动高校资源、平台、人才等硬实力建设;二是投入衍生的正向效能,财政资金和项目的明晰指向能够引导大学更好地对接国家战略需求,并反哺区域经济社会和产业发展需要;三是带动市场和社会系统的长效势能,引导多元化资金投入,尤其是对社会捐赠收入增加的深远影响。

政府的高等教育战略管理引领分类治理工作新发展。一定程度上,大学人才培养和功能定位的趋同性正在压倒高等教育的差异化,但是,高等教育系统中整体性和前瞻性的战略管理并不压倒高等教育的分类治理。相反,尤其是在新冠疫情非常时期,面对紧张的财政压力,要把高等教育事业改革和发展的日子过好,更加需要聚焦国家重大战略需求,增强财政宏观调控的战略定力,做好分类建设一流大学和一流学科的战略性政策储备,引导不同层次和类型的大学有序竞争,这尤为重要。而促进大学多样化发展需着力解决分层定位问题,以公共价值为核心的政府战略管理为高等教育分类治理创设必要且有利的选择机制。[①] 统筹高等教育强国建设全局和百年未有之大变局,战略管理不仅使政府不断增强高等教育资源配置的前瞻性、系统性和针对性,而且促使高校更偏好优化和提升核心竞争力以应变局开新局,而不是破坏或原地不动。[②]

(二) 大学铸就强国——以分类治理实现特色一流

大学现代化治理体系和治理能力铸就高等教育强国建设,为实现中华民族的伟大复兴奠定基础。半个多世纪以来,中国一流大学建设有两条相互交织、

① 雷家彬.高校分类管理制度与政策:国外经验与启示[J].中国高教研究,2019(7):47－55.
② Flavin M, Quintero V. UK higher education institutions' technology-enhanced learning strategies from the perspective of disruptive innovation[J]. Research in learning technology,2018,26:1－12.

共同作用的道路，一条是政府主导，另一条是大学自主。① 不可否认，稳定的财政教育投入对大学的生存发展具有重要的保障和支持作用，但要建设更高质量、更高水平、更具特色的世界一流大学，为推进文化强国、教育强国、人才强国建设提供源源不断的科技、人才和智力支撑，仍需遵循大学治理的逻辑延展规律。因此，面对日趋激烈的全球科技和人才竞争，大学与政府之间的张力越来越强调高等教育治理体系和治理能力的改革创新，尤其是在普及化阶段，如何充分发挥中国特色大学治理体系的优势，提升高等教育支撑引领经济社会发展的能力问题越来越关键。概言之，当今及未来，党和国家比以往更加需要优质的高等教育资源、多层次的高等学校类型，大学兴则国家兴，大学强则国家强。

　　无论是世界一流大学和一流学科建设，还是大学内部治理体系建设，核心目标仍是实现特色化高质量发展，重要任务是从不同层面推进大学分类治理。具体而言，一是宏观上，策应经济社会发展和人民群众日益增长的多样化新需求，人才培养如何在高等教育系统和劳动力市场之间实现合理流动、精准对接，仍是目前高等教育供给侧结构性改革的主要任务。二是中观上，不同区域之间及其内部的高等教育资源禀赋差异较大，推进高教强省建设不可能有同一机制或相同模式，实施分类管理是实现省域高等教育特色发展的必然要求。三是微观上，提高核心竞争力是一流大学内涵式发展的重要旨归，关键在于聚力优势和特色学科建设，将科学定位与分层办学、分类指导相结合。因此，通过调动高等教育分类治理的杠杆来引导大学合理定位、克服同质化倾向，在不同领域办出特色，对促进高等教育更深层次的质量改革是必要的。可以说，分类治理是打破"千校一面"格局的重要手段，特色发展是高等教育由大变强的归宿。

六、总结与展望

　　综上，在不同政策情境下，可以看到高等教育治理中不同的行动逻辑和战略选择。

　　首先，在短期变化中，我们看到的是事件——高等教育部门预算经费的危机与新机并存。新冠疫情叠加贸易战、科技战，世界经济增长低迷，国内经济下行压力加大，我国高等教育发展面临前所未有的困难和挑战。因此，在当前及今后较长时期内，落实"过紧日子"要求成为一流大学建设须臾不可离的政策情境，但并不意味着政府对高等教育财政保障和支持责任的弱化，教育优先发展

---

① 别敦荣.大学排名与中国的世界一流大学建设［J］.苏州大学学报（教育科学版），2015（1）：54-64.

的战略地位始终不改变。同时,疫情倒逼高等教育改革创新的契机也不可忽视,尤其是对优质教育资源的规划投入、配置效率和使用效益等新要求。因此,后疫情时代,一流大学建设仍需牢固坚持"过紧日子",厉行节约、开源节流,提升预算执行力和财务治理能力,并贯穿于高等教育现代化治理全过程。

其次,在中期变化中,我们看到的是趋势——稳中求进、持久推进的统筹发展。一流大学建设不仅需要量变、"求生存",更需要追求内涵式质变,世界一流大学和高等教育强国建设也不可能一蹴而就。因此,"过久日子"的行动逻辑成为统筹推进疫情防控常态化和"双一流"建设的题中应有之义,以持续巩固高等教育现代化治理的战略成果。深入地看,在具体实施过程中,强调优化投入结构,做好一流大学建设的整体谋划和精准发力,健全以竞争激励为导向的长效机制,在经费使用管理中提高投入效益,探索更加有效的预算执行监督和绩效评价方案。

最后,在长期变化中,我们看到的是结构——在高等教育战略管理与分类治理的统合互动中实现特色发展。新冠肺炎疫情使世界大变局加速演进,不确定性和不稳定性成为新常态,面对"过紧日子"的政策情境和"过久日子"的行动逻辑,战略管理与分类治理是推进一流大学持续"过好日子"并行不悖的双轴,对加快发展中国特色世界一流的高等教育至关重要。后疫情时代,高等教育的战略管理过程既要落实高校自主管理、教师互动共享、学习者终身学习等新价值形态,也要积极获取法律法规、市场机制、社会服务、家庭参与等多元的支持形态,还要策应智能化、在线化和数据化等新运作形态。

总之,大变局视域下统筹抓好疫情防控常态化和"双一流"建设、学科评估及教育评价改革的工作中,"过紧日子"反映了资源环境和治理能力的时局要求,"过久日子"强调投入结构和效益的布局配置,"过好日子"追求的是战略管理和分类治理的全局目标。

国外高校在线教育的负面评价研究[①]

谭子妍[②]

摘　要:在互联网技术发展的背景下,在线教育作为一种新兴的教育形式引发了一些负面评价,主要表现在"教学质量忧虑、互动性缺憾、技术短板明显、不诚信行为频发、认证不合理"几方面。未来在线教育发展需平衡虚拟与现实的关系,明晰高校与市场的界限,明确教师与学生的立场,厘清大学角色与学位价值。

关键词:在线教育;负面评价;高校;国外

在线教育是一种新兴教育形式,在互联网技术突飞猛进的信息时代满足了现代学习者的需求,适应了学习者的学习习惯。互联网成为教育实现的新空间的同时,在线教育静待时下学习者的加入与适应。如今,在线学习者人数日益增加,他们与教育技术碰撞、磨合——有的人习得了技能、获取了学位证书;有的人"混"得了一份教育经历;也有的人沮丧于糟糕的学习过程……无论是哪一类人,他们都是在线教育的直接见证人。本文对国外高校在线教育的负面评价进行分析归纳,以负评为基,反思在线教育之未来发展。

一、在线教育现状

在线教育(Online Education)顾名思义是以"线上(on line)"为主要教学形式的教育。它的有别于传统学习方式之处,首当其冲体现于"在线"的字面含义:打破单一面对面授课的教学形式,在由一根网线连接而成的网络虚拟环境中完成教育。再是"在线"的延伸意义:在线教育将知识置于网络平台,以最大范围、最快速度传播,促进了教育资源的国际化传播,对教育公平、教育国际化皆有积极影响。正如现代大学褪去"传统",摆脱传统意义上对图书馆、操场、林

[①]　本文为2020年江苏省研究生科研与实践创新计划项目"国外在线学位项目的发展现状及社会评价研究"(KY_CX20_2701)的阶段性成果。

[②]　作者简介:谭子妍,苏州大学教育学院硕士研究生,研究方向为高等教育学。

立的教学楼的限制,高等教育从"现实"跃入"虚拟",国外许多国家或以发展远程教育为由、或以加入"慕课大军"为由,纷纷投身在线教育实践。

目前,在线教育主要表现为"在线课程"和"在线学位"两种形式。在线课程即单一的"课程",提供者将某一门课程的学习内容上传至网络学习平台,学生只进行单门课程的学习。如可汗学院(khan Academy)在视频网站上投放课程录像,慕课平台 Coursera 提供名校专业课程。在线学位指将某一学位要求内的多门课程以在线形式合理组合,供学生修读。其代表有美国凤凰城大学(University of Phoenix)于 20 世纪 80 年代末推出纯在线的学士学位课程,或有2013 年美国佐治亚理工学院与 Udacity 平台、美国电话公司 AT&T 合作开办的计算机科学在线硕士学位项目(Online Master of Science in Computer Science,简称 OMSCS)。从课程到学位,在线教育的实践领地拓展,深入高等教育的方方面面,自然引发众议。好评如佐治亚理工学院计算机学院院长兹维·加利尔(Zvi Gail)说院内开设的 OMSCS 与对应的传统学位"是一样的"。[①] 他认为在线课堂不仅能与传统教育一样好,甚至开设成本也更低。也有参与过在线学习的学生表达:"在线学位项目学的内容和传统学位项目一样。"[②]高水平大学有足够实力保证在线教育的质量,从教师配备到技术实现都不输面授教育。但这三十余年的在线教育实践少有突破,好评多针对技术进步,而非教育,在线教育支持者更像是技术的"拥护者"。在线教育的问题与缺陷暴露,社会反响的质疑声围绕"教学质量、师生互动、学术诚信"等多方面展开。如杰克·威尔逊(Jack Wilson)曾说:"以技术为中心来设计教育是一种愚蠢的行为。"[③]类似"在线学位教育质量不如传统学位教育"的评价不禁让人唏嘘。

二、国外在线教育负面评价

(一) 教学质量忧虑

有关在线教育的负面评价,最多的就是担忧教学质量。类似"在线学位不如传统学位"的表述可从多方面表现出来:首先是学生的参与情况——蜂拥而

① [美]兹维·加利尔.探索高等教育的新模式——以美国佐治亚理工学院慕课硕士学位课程为例[J].北京广播电视大学学报,2014,28(6):22.

② Rene F. Kizilcec , Dan Davis , Elle Wang . Online degree stigma and stereotypes: A new instrument and implications for diversity in higher education[J]. SSRN Electronic Journal,2019.

③ [美]大卫·科伯.高等教育市场化的底线[M].北京:北京大学出版社,2008:196-197.

至地申请在线学位,却中途放弃或达不到毕业要求而辍学,导致数据上的高辍学率和低完成率。根据美国 2013 年出具的在线教育报告显示,大多数的学术领导认为在线课程中的低保留率仍然是阻碍其发展的障碍。① 其次是教学内容与面授内容不相符。尤其体现在在线学位上,如约翰·希利·布朗在《信息的社会层面》中如此描述:"在线学位只能提供传统学位一半的内容,不可能当作百分百的等同学力。"②在线学位理应与传统学位提供同样的内容,但实际情况并非所有学位都做到了"一比一复制",达不到基本的学位要求,学习质量、成果必然与传统学位有差距。英国爱丁堡大学首席信息官海伍德批评本校在线教育:"课程内容和学习量与学位所需的学习量不相符。"③再次,在线学位的入学门槛低,学习难度低。虽有开放、自由,但在质量控制上不稳定、难把控,容易被外界定义为"质量较低的教育"。因此,斯坦福大学拒绝为在线课程提供证书和学分,且对结业证明设立多项限制,如"不能利用非斯坦福的结业证明来申请斯坦福的学位"。或有高校管理者反映有必要对在线课程设立更多的规则与门槛以促进其发展。④

各类举措直接投射出高校对在线教育质量的忧虑。私立机构比公立机构更不愿意接受持有在线学位的学者,具体到院长、主管人不愿意接受新生申请在线学士学位,或不愿意设立在线博士学位。⑤ 麻省理工学院前校长查尔斯·维斯(Charles M. Vest),曾推动过"MIT 开放式课程网页计划(MIT Open Course Ware Project)"⑥,将互联网技术与教育融合,免费提供 MIT 内部课程资料,但他仍表达出对传统学位学习的青睐:"最好的学习方式仍然是在住宿制校园环境中进行面对面的深入交流。"⑦耶鲁大学也在报告中明确提及"我们的

① I. Elaine Allen, Jeff Seaman. Changing Course:Ten Years of Tracking Online Education in the United States[R].Babson Survey Research Group and Quahog Research Group,LLC:6.

② [美]约翰·希利·布朗,保罗·杜奎德.信息的社会层面[M].王铁生,葛立成译.北京:商务印书馆,2003:209.

③ 曾晓洁.从学分到学位:MOOC 与大学的融合[J].比较教育研究,2018(8):81.

④ I. Elaine Allen, Jeff Seaman. Changing Course:Ten Years of Tracking Online Education in the United States[R].Babson Survey Research Group and Quahog Research Group,LLC:29.

⑤ Margaret H. DeFleur , Jonathan Adams . Acceptability of Online Degrees As Criteria for Admission to Graduate Programs[J]. Journal of Computing in Higher Education,2004,16(1).

⑥ 一个免费、开放的教育资源网站,将 MIT 的教学资源供给全世界各地的机构、学生和自学者使用。来自:MIT OpenCourseWare .About OCW[EB/OL].(2020 - 09 - 20).https://ocw.mit.edu/about/.

⑦ [美]查尔斯·维斯特.麻省理工学院如何追求卓越[M].蓝劲松,等译.北京:北京大学出版社,2013:178.

委员会不推荐耶鲁大学的在线学位"①。传统高校似乎仍青睐面授教育,只将在线教育作为传统教育的一种"补充"与"延伸",难入主流。

(二) 互动性缺憾

教育不仅仅是知识的传授,还有品德、性格、价值观、专业精神的培养,这些品质的习得主要是在师生、生生的亲身接触和交往中完成的,在线教学恰恰在这方面显得无能为力。② 不可否认,施教者和受教者在教学过程中的互动性缺憾是在线教育的特性决定的,这一缺点可以说是技术本身的缺点。基于网络技术的在线教育本身即突破时空限制而实现的教育,与面授教育有着巨大的差异。跨省市、跨地区、甚至跨国——空间距离降低了互动概率,上同一门课程的学生,可能直到课程结束都还不能认全自己的同学,更别说与同学互动交流。与教师的交流亦是如此,正如在线学生坦言:"说实话,我能与我的任何老师擦肩而过却永远不认识他们。"③不认识授课老师、不认识同学——这些在面授教育中较难出现的情况却频频出现于在线教育中,缺失了教育过程中重要的互动环节,自然影响教育质量与效果。另外,在线教育的互动内容也有限。比起校园学习中与同伴、老师谈天说地,授课过程中的在线互动更集中于课程内容,少了即时性的"争辩与打断"。课后互动同样如此,虽说绝大多数高校与平台都会为在线学生提供互动与交流的平台,但从实际运用情况来看稍显被动。学生们提到"课堂网站和讨论板内几乎所有的对话都是关于课程的问题"④,不如传统学位学习环境中丰富。他们与同学很少在社交或个人层面上与同龄人有过互动。

有学者评价"在线学习中缺少社交是很严重的"⑤。教育本身就是一项依赖互动而行进的活动,缺失了互动的在线教育只能看作为一种单向的知识输出活动或学习资源接收活动——教育者只负责输出知识,学习者只负责将手头的知识信息储存于大脑,两类活动相互割裂,称不上真正的教育。

---

① Yale News. Report of the committee on online education[EB/OL](2020 - 10 - 30). https://news.yale.edu/2012/12/19/report-committee-online-education.

② 周川,李凤玮,谭子妍.国外高校在线硕士教育的发展现状与趋势[J].江苏高教,2020,(6):28.

③ Barrett Taylor, Karri Holley. Providing Academic and Support Services to Students Enrolled in Online Degree Programs[J].College Student Affairs Journal 2009,28(1).

④ Barrett Taylor, Karri Holley. Providing Academic and Support Services to Students Enrolled in Online Degree Programs[J].College Student Affairs Journal 2009,28(1).

⑤ Jonathan Adams, Margaret H. DeFleur . The Acceptability of Online Degrees Earned as a Credential for Obtaining Employment[J] January 2006Communication Education 55(1):32 - 45.

（三）技术短板明显

对技术的批评也毫不示弱。完善的在线教育技术仍存在于赞赏者的幻想中，现实中有限的技术制约教育行为，直接对教育质量和效果产生影响。美国著名高等教育研究者和政策分析专家凯文·凯里直接批评在线课程（慕课）："本身却很少甚至根本没有人工智能"①，所谓先进的智能技术并没有或几乎很少运用于在线教育，技术者将传统课堂原模原样地"搬"到屏幕上，并没有借助先进技术推动在线教育、实现技术和教育上的创新。还有学者认为参与在线学习的人"分不清受教育者和野蛮人"②，在这个以技术为主导的世界中，人们虽手握海量资源却不懂学习的方法。只是机械地将教学材料发布至平台，没有完成教育真正该做的事情，他们实现的是知识资源的分享传播，而非教育的传递。技术本身引发的"课程平台卡顿、网络连接不畅、电脑突然死机、软件不兼容"等问题是学生和教师常有的抱怨，这类负面体验多了即加深师生对在线教育的不满。

教学受阻，教辅亦然。为保持师生互动，即时给予学生反馈，助教们需要全天24小时盯紧教学平台或邮箱。正如威廉帕特森大学（William Paterson University）的教授 Leonard Presby 抱怨："我必须不停地查看我的邮箱，因为学校规定工作日24小时内或周末48小时内必须给予学生反馈。以往，教师每周需要花费5小时与学生面对面交流，但在在线教学环境中，这个时间翻了一倍。"③在线学习虽然灵活了互动方式、方便了学生，但却耗费了教师更多的心力，延长了教辅时间，占用了教师个人时间。

（四）不诚信行为频发

在线教育引发的"诚信问题"很多，如学生违反学术道德，耍小聪明作弊、抄作业，利用技术漏洞非法售卖课程资源等。一是在学生视角下，学生认为"在线课堂中作弊很容易""在线课堂中比传统课堂更容易作弊"④，或通过网络直接搜索答案，或利用通讯工具与他人分享答案，网络技术在惠及教育的同时也为学

---

① ［美］凯文·凯里.大学的终结：泛在大学与高等教育革命［M］.朱志勇，韩倩，等译.北京：人民邮电出版社，2017：148.

② Jonathan Adams，Margaret H. DeFleur. The Acceptability of a Doctoral Degree Earned Online as a Credential for Obtaining a Faculty Position［J］.The American Journal of Distance education，2005，19（2）：81.

③ Jennifer M. Sakurai. Traditional vs. Online Degree［G］. E-Learning Magzine，2002 august/ September：30.

④ Wren Allen Mills. Academic Dishonesty in Online Education［D］. University of Louisville，2010（8）：89 - 109.

五、研究生论坛

生作弊提供了更多渠道。在学习准备方面,在线学生与传统学生的差距也体现在对在线学习不够重视,学习过程中不够努力等方面。教学过程中师生双方处于不同地理时空,学生身份的真实性难以确保,学习行为也难以通过一台电子设备来进行监督,冒名顶替的现象尚难以从根本上杜绝。[1] 二是从教学视角来看,松散的规章放松了学生对学术不诚信行为的警惕。失当的在线学习/考试管理规则如监考员能随意离开在线教室,允许考生把手机留在室内,或在线监考技术无法营造透明的监考环境。还有课程资源非法售卖等行为惹怒课程提供方,教师花费大量心力设计的课程被非法传播售卖,教师版权受到侵害,在这样不规范的在线教育环境中,原本意愿尝试在线教育的教师变得更加警惕。

(五) 认证不合理

商业慕课平台通常在学生结束学习后由学生缴纳认证费用,再发放课程修读证书,但并不是所有高校都认可此类证书。在线学位项目的毕业证书发放则大多与传统学位一致,并未标明"在线/远程"字样,从而引发争议。国外学位认证过程中,一旦认证机构认证了学术机构的学位,即对该学位的"学术性"进行了"宣誓"。问题在于,在线学位推出之初就面临着认证问题,为了让它变得有价值,机构在认证学历时成立本不具有资质的"专门认证机构",为其开辟出一条学历认证的"新路子",这一举动不得不让人质疑认证方的资质、认证方对在线学位的肯定是否有违学位教育初衷。美国教育委员会(American Council on Education)在对慕课进行认证时打破了"教育机构必须具备三年运营经验"的规定,给予了 Coursera 仅开办一年的课程学分认证。[2] 对于大众而言,教育经验的积累是教育资质的认可前提,从三年到一年,美国教育委员会对在线学位放松限制不得不引发大众对在线教育机构办学资质的怀疑,同时也对在线教育产生"不及传统教育、比传统教育简单容易"的评价。才有学者提出"或许这种形式的认证根本不适合远程教育项目"[3],不合理的认证反而暴露了在线教育的缺陷。

---

① 周川,李凤玮,谭子妍.国外高校在线硕士教育的发展现状与趋势[J].江苏高教,2020,(6):27.

② Robert A. Rhoads. MOOCs, High Technology & Higher Learning[M].Baltimore:Johns Hopkins University Press,2015:47-48.

③ Jonathan Adams, Margaret H. DeFleur . The Acceptability of Online Degrees Earned as a Credential for Obtaining Employment[J]. January 2006 Communication Education 55(1):32-45.

三、高校在线教育反思

高等教育大环境下,在线学位教育作为新的教学形式丰富了现有学位教育。开放的学习环境、完善的教学服务、先进的教育技术等推动高等教育国际化。在学习转移到虚拟空间的过程中,传统意义上的大学不再以实体地缘边界为界限了[①],高校纷纷将在线教育视为发展战略之一。现实舆论环境下的在线学位显现了优势,也暴露了缺陷,在多种评论声音下把握好四对关系,或许对当前在线教育发展能有所启示。

(一)平衡虚拟与现实的关系

技术进步改善了学习者学习环境,在线教育在虚拟环境中形成学习社区,其天然的规模优势为高等教育普及提供现实可能。然而,在线学位的推动者也明白,"虚拟的"学习环境是在线教育相较于"现实的"面授教育存在不少短板。在线教育提供者想方设法增加师生、生生的互动与可接触性。如,为在线学生提供暑期研讨项目或邀请学生参加毕业典礼,或通过 VR 技术增强在线学习实感,让学生感受到"现实",弥补"在线"的缺憾。事实上,现代社会已有虚拟世界和现实世界之分,"两个世界"交融碰撞才有今日在线教育。可以说,在线教育的出现是时代的必然选择,平衡好虚拟与现实也是完善在线教育的必要举措。

(二)明晰高校与市场的界限

在线教育最典型的提供者美国凤凰城大学是一所具有营利性质的大学。传统观念中"利润和市场与服务社会和服务学生是根本对立的"[②]。拿营利性机构创办的学校、提供的教育去和传统高校作比较,本身就存在对立、排斥的一面。或有学者称"逐利性质的虚拟大学将会寻找最廉价、低成本的方式来提供产品"[③],将在线课程、在线学位比喻为产品,直指在线教育的属性与质量问题。但营利或非营利不能断然决定大学的质量,"营利性大学只是高等教育千差万

---

① 王欣.MOOC 的全球化及对高等教育国际化的影响[J].苏州大学学报(教育科学版),2014(3):112.

② [美]理查德·鲁克.高等教育公司:营利性大学的崛起[M].于培文,译.北京:北京大学出版社,2015:9-10.

③ Jonathan Adams, Margaret H. DeFleur. The Acceptability of a Doctoral Degree Earned Online as a Credential for Obtaining a Faculty Position[J].The American Journal of Distance education,2005,19(2):80.

五、研究生论坛

271

别的观念和多种多样宗旨的一分子而已"①。慕课企业（如 Coursera、Udacity）与高校共同开办的慕课受到热捧,反而体现出"营利"的优势。一是商业平台为高校提供先进技术,建立优质的在线学习平台,为在线教育"做宣传、打广告",吸引有志之士;二是校方紧抓在线教育质量,做优质在线教育的实施者,为市场输送人才。高校与市场守住各自界限,发挥各方优势,提升在线教育质量,为高等教育普及作出贡献。

（三）明确教师与学生的立场

虚拟环境中的师生关系实现有赖于一根网线,师生交流互动架设于在线学习平台之上。在线课堂中的教师身兼多职——他们是施教者、课程设计者、技术开发者、雇员,甚至是"营销者",而学生更像是购买知识的"顾客",淡化了"学者/学习者"身份。教师在"教"上全身心投入,使用在线教学工具,在有限的技术内贡献最前沿的知识与最好的教育方式。对学生而言,在线教育让"每一位学生都有权选择适合自己的学习方式"②,在学习上有了更多自主权。相反,独立的学习方式要求学生提升自律性及自学技巧,以在自定步调学习中清晰认知自己的学习水平,判断自己的学习情况。教师"教"的立场与学生"学"的立场互为补充,以此发展在线教育。

（四）厘清大学角色与学位价值

大学的角色不仅仅局限于"提供教育、制造学位的机器",无论是哪一种形式的教育,社会赋予大学的首要任务是尽可能地培养年轻人在智力、文化和科学方面的素质,以备他们将来生活之需。大学肩负高等教育使命,通过授予具备资格的学生学位认可他们的学习能力、品行与追求。文凭并非知识,文凭认可的是一个学习阶段,以及达到一定社会地位或开始职业生活的社会和文化态度。③ 当下在线教育还未达到和传统面授教育一般的认可度,高校唯有秉持原则、坚持立场,在教育过程中缩小在线与面授的差距,以高标准要求在线教育,才能充分展现、发挥在线教育的优势,稳固在线教育的质量,引导大众之评判。

---

① ［美］理查德·鲁克.高等教育公司:营利性大学的崛起［M］.于培文,译.北京:北京大学出版社,2015:9-10.

② Jennifer M. Sakurai. Traditional vs. Online Degree［G］. E-Learning Magzine,2002 august/September:29.

③ 希尔德·德·里德-西蒙斯.欧洲大学史——第二卷:近代早期的欧洲大学(1500—1800)［M］.贺国庆,等译.保定:河北大学出版社,2008:371-373.

六、其他

　　我国高等教育学科的发展建立在改革开放40年来波澜壮阔的高等教育实践基础之上。40年的高等教育学科成长首先体现在制度化的建设上,发展了大学中的学科组织,构建了学科人才培养体系,繁荣了学科研究成果发表平台,组建了学科学术共同体机构。作为学科"基础建设"的理论研究和提升理论研究水平始终是高等教育学科建设的重要内容与努力目标。理论进程集中表现为学科体系的构建、高等教育规律的研究和学科性质的探讨。作为一门社会科学,服务国家高等教育发展战略,影响高等教育观念更新,服务高校人才培养改革实践,展现了高等教育学科研究中的应用性特征,是跨学科研究的典范,是一门"杂学"。在高等教育学包容性的研究框架下,本部分的论文博采众长,以"窄研"实现了涓滴成流、百川到海。

高质量发展背景下应用型本科高校办学定位与发展策略的再审思①

张云雷　毕文健②

摘　要：认清高质量发展背景下，应用型本科院校厘清办学定位的必要性；辨析应用型本科院校与研究型本科、职业院校的区别，明确应用型本科定位于普通高等教育体系，实施的是专业教育，强化学生专业能力培养，服务于广泛的职业。在"十四五"阶段应用型本科要实现高质量发展，需要采取差异化发展战略、系统化升级战略、能力为本战略、开放融合战略。

关键词：应用型本科；办学定位；发展策略；高质量

应用型本科的产生既是社会分工、人才分类的产物，又是学术研究细分化的产物。21世纪以来，随着科学技术的进步、生产方式的变革、劳动形态的改变和社会职业的分类分化，高校人才输出结构与社会经济对人才需求的结构不匹配，生产服务一线急缺承担科学原理向设计方案转化工作的专门人才，而高校的相关培养机制和研发机制尚未完全建立，为此，应用型本科院校应需而生。2017年，为使高等教育布局如何更有效地服务于经济结构调整和产业升级的要求，教育部发布《关于"十三五"时期高等学校设置工作的意见》，将我国高等教育分为"研究型、应用型和职业技能型"，应用型院校（本科）作为区别于研究型大学、高职高专院校的新的院校类型被单独析出③，成为高校三大分类之一。2014年国务院《关于加快发展现代职业教育的决定》提出引导一批普通本科院校向应用技术类高校转变，重点举办本科职业教育。2019年"职教20条"鼓励

①　本文由张云雷院长在江苏省高等教育学会2020年学术年会上作了专题报告。本文系全国教育科学规划课题2017年度教育部重点课题"区域经济社会转型升级背景下应用型本科高校建设方略与运行机制研究"（DGA170290）的研究成果。

②　作者简介：张云雷，南京理工大学泰州科技学院院长，研究员，研究方向：应用型本科高等教育、高等职业教育；毕文健，南京理工大学泰州科技学院发展规划处处长，研究员，研究方向：应用型本科高等教育。

③　教育部关于"十三五"时期高等学校设置工作的意见. http://www.moe.gov.cn/srcsite/A03/s181/201702/t20170217_296529.html, 2017-02-04.

六、其他

大批普通本科高校向应用型转变,应用型本科似乎又被归入现代职业教育体系。2019年全国15所"职业学院"更名为"职业大学",一种新的本科院校诞生。目前,应用型本科院校普遍困惑的是应用型院校是否包括"应用型本科"和"职业本科"? 应用型本科是否属于现代职业教育体系? 因为缺乏清晰的定位和明确的边界,一些应用型本科院校存在一味攀高,盲目走研究型发展道路的倾向;另一些则存在效仿高职,过度依赖合作企业,本科教育有"窄化""高职化"的风险。当前,地方本科院校普遍转型为应用型本科高校,进入谋划"十四五"发展、推动高质量发展的新阶段,但"应用型本科在高等教育体系中的定位、与其他类型教育的差异、人才培养定位"等"元问题"仍是困扰应用型本科院校谋划发展的共性问题,需要重新审视、理性厘清。

一、中国高质量发展新阶段与应用型本科办学定位

党的十九届五中全会通过的《中共中央关于制定国民经济和社会发展第十四个五年规划和二〇三五年远景目标的建议》明确指出,"十四五"时期经济社会发展要以推动高质量发展为主题,这意味着全社会将以高质量来衡量和推动经济与社会发展的各个方面,"教育高质量发展、产业高质量发展、区域高质量发展"是应用型本科高校"十四五"发展的大背景。

(一) 教育高质量发展要求应用型本科高校明确在高等教育体系中的定位,提升人才培养质量

首先,"十四五"期间,高等教育全面进入普及化阶段,高等教育将成为青年进入社会的必经阶段,高等教育因此呈现多样化的类型结构。高等院校将处在一个更加公平的新环境,传统的身份界限被进一步打破,院校无高低之分,各类型院校教育科学定位,各安其位,因此,应用型本科高校需要合理定位,重新把握自身在高等教育体系中的方位。

其次,当前"建设高质量教育体系"成为新时代我国教育发展的主题,高质量教育体系包含各类型教育的质量体系,因此,应用型本科高校需要明确人才培养定位、规格与质量标准。中共中央、国务院印发的《深化新时代教育评价改革总体方案》提出:"探索建立应用型本科评价标准,突出培养相应专业能力和实践应用能力。"这项举措提示了应用型本科的人才培养规格:知识水平应达到本科层次,而高水平应用型本科高校的人才培养水平在同类学校应该是居于上游;培养学生应具有相应的专业能力和实践应用能力。因此,应用型本科高校

应坚持本科办学标准,并研究探索构建各教学环节系列质量标准,建立相应的质量体系。

(二)产业高质量发展要求应用型本科高校明确定位,提升供给水平

"十四五"中国经济由高速增长阶段转向高质量发展阶段,表明未来我国产业发展的基本逻辑就是要实现更高效益、更高品质的发展,产业企业发展的目标方向、价值取向相应做出调整,产业格局和资源条件将进一步优化重组重塑,驱动产业发展的核心生产要素转换到数据和科技等高级生产要素,企业以质量求效益的建设路径将更加明确,为此,对高层次高水平应用型人才需求加大,对应用研发要求提升,要求应用型本科高校调整办学定位,优化办学内涵。

在前不久举行的第七届产教融合发展战略国际论坛上,教育部原副部长鲁昕指出:面向"十四五"时期,地方转型院校(即指应用型本科)要按照习近平总书记在深圳经济特区建立 40 周年庆祝大会上提出的围绕产业链部署创新链、围绕创新链布局产业链,前瞻布局战略性新兴产业,培育发展未来产业,发展数字经济要求,以创新链、产业链布局所需人才设置专业、培养人才、进行改革,以现代产业学院为新型载体、以产教融合为实施路径、以国家"卡脖子"技术攻关与制造为重点,深化改革,搭建新技术平台,承担起服务高质量发展、支撑数字转型、助力成果转化、完善教育结构、培养应用型人才的新使命,积极回应国家发展提出的应对新挑战、创造新优势、建设新格局、重塑产业链、完善供应链等要求。[①] 因此,为推动产业质量变革,应用型本科院校必须向更优水平的人才培养、更深层次的产教融合、更切实用的应用技术研发和技术创新升级,以高质量供给提供创新驱动力,协力产业内涵型增长和质量竞争型企业的打造。

(三)区域高质量发展要求应用型本科高校明确定位,提升服务动能

"十四五"期间,区域从高速度发展阶段(制造业规模扩张成世界工厂、城市规模扩张进入城市社会)向高质量发展阶段(制造业内涵式增长、城市强调辐射聚合能力)转换,在高质量发展阶段,区域将主要依托科学教育、技能培训、高新技术和建设特殊基础设施(新基建)等高级竞争要素来驱动发展,除了通过外部"招才引智",赋能区域发展之外,本土应用型本科院校是区域高级竞争要素的主要支撑者。吴岩司长对应用型本科高校的办学定位描述是:"低重心高地",

① 第七届产教融合发展战略国际论坛举行主场报告[EB/OL].(2020 - 10 - 16)[2020 - 11 - 04].https://m.thepaper.cn/newsDetail_forward_9593989.

六、其他

即扎根地方服务区域的"低重心",成为培养高素质应用型人才"高地"。[①] 因此,进入"十四五",应用型本科应当面向地方经济社会转型、产业结构调整,密切跟踪区域产业转型升级趋势,真正把握住自身的优劣势特点和服务区域的战略契机,寻找自我在区域主导产业链中对接点和服务空间,在真正理解"区域要我做什么"的基础上形成"我能做什么",形成有根基、可持续地发展。[②]

二、应用型本科的办学定位辨析

(一) 应用型本科院校的定位

"应用型本科院校"概念前身是 2014 年《国务院关于加快发展现代职业教育的决定》中提出的"引导一批普通本科高等学校向应用技术类型高等学校转型";应用型本科院校概念的首次提出是在 2015 年的《政府工作报告》,报告提出"引导部分地方本科高校向应用型转变"的决策部属。关于应用型本科院校的专门文件是 2015 年教育部等三部委联合印发的《关于引导部分地方普通本科高校向应用型转变的指导意见》,进一步明确了转型的"重要意义、指导思想和基本思路、主要任务、配套政策和推进机制",但对应用型本科院校的定位未做清晰阐释。

关于应用型本科高校在高等教育体系内的定位,在 1997 年版联合国教科文组织《国际教育标准分类法》中已经明确,该分类法将"大专、本科、硕士研究生教育"分为 A、B 两类,5A 和 5B 的区别主要在于对理论要求程度的不同以及学制上的差异。A 类高等教育强调人才培养需要有较高的理论训练,或者是较系统的学科训练。A 类又可细分为"学术型 5A1、应用型 5A2"(图 1)[③]。应用型本科高校定位为 5A2 类型,归属于 5A(理论型)教育体系而非 5B(实用型、职业型、技术型),强调人才培养需要有较高的理论训练,或者是较系统的学科训练。主要从事服务经济社会发展的本科以上层次应用型人才培养,并从事社会发展与科技应用等方面的研究。此外,欧洲大陆、我国台湾地区构建的"高教体系、职教体系"并行且各自独立的双轨制体系,也将应用型本科高校归属在普通教

---

① 尹明亮.探讨应用型本科怎么建,全国 150 余所本科院校齐聚潍坊科技学院[EB/OL].(2020 - 11 -04)[2020 - 11 - 04]. https://view.inews.qq.com/a/20201104A0EQBF00.

② 翟战平.区域高质量发展的新模式探索[EB/OL].(2020 - 05 - 19)[2020 - 11 - 04]. http://www. hejun.com/page92? article_id=654,,发布时间:2020 - 05 - 19.

③ 潘懋元,董立平.关于高等学校分类、定位、特色发展的探讨[J].教育研究,2009,30(02):33 - 38.

育体系,而非职业教育体系。①

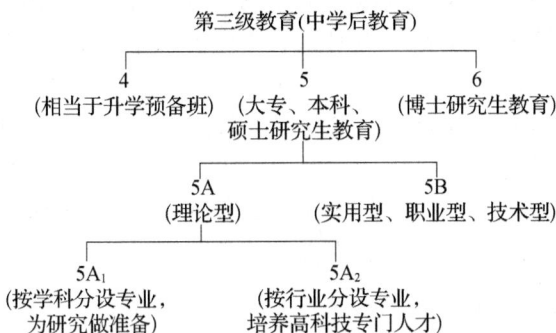

第三级教育(中学后教育)

```
                    第三级教育(中学后教育)
        ┌──────────────┼──────────────┐
        4              5              6
   (相当于升学预备班) (大专、本科、    (博士研究生教育)
                   硕士研究生教育)
              ┌────────┴────────┐
             5A               5B
           (理论型)      (实用型、职业型、技术型)
        ┌────┴────┐
       5A₁        5A₂
   (按学科分设专业, (按行业分设专业,
    为研究做准备)  培养高科技专门人才)
```

图1　1997年版联合国教科文组织《国际教育标准分类法》

　　由此可以判定:应用型本科属于普通教育范畴,是定位于普通高等教育系统内部的一类大学,不属于职业教育体系。应用型高等教育应该有独立的教育体系,依照教育部等三部委《关于加快新时代研究生教育改革发展的意见》"探索高水平应用型本科高校申请开展专业学位人才培养"的政策导向②,应用型高校将是专业研究生培养的重要主体,应用型本科、专业硕士、专业博士构成应用型高等教育的三个层次。

(二) 应用型本科与研究型大学、职业教育的定位辨析

1. 应用型本科与研究型大学的区别

　　关于应用型本科与研究型大学的区别已经较为明确。《教育部关于"十三五"时期高等学校设置工作的意见》对各类高等学校分别进行了界定。其中,① 研究型高等学校主要以培养学术研究的创新型人才为主,开展理论研究与创新,学位授予层次覆盖学士、硕士和博士,且研究生培养占较大比重。② 应用型高等学校主要从事服务经济社会发展的本科以上层次应用型人才培养,并从事社会发展与科技应用等方面的研究。③ 由此可见,应用型本科与研究型大学同属于普通教育序列,二者联系密切,但在定位上存在差异,研究型大学以培养

　　①　郭建如.地方本科高校转型发展中的核心问题探析[J].黄河科技大学学报,2017,19(01):1-11.
　　②　教育部、国家发展改革委、财政部关于加快新时代研究生教育改革发展的意见[EB/OL].(2020-09-21)[2020-11-04]. http://www.moe.gov.cn/srcsite/A22/s7065/202009/t20200921_489271.html? from=timeline&isappinstalled=0.
　　③　史秋衡,康敏.探索我国高等学校分类体系设计[J].中国高等教育,2017(2):40-44.

学术型人才为主,重在将自然科学和社会科学领域中的客观规律转化为科学原理,学生的知识结构主要由基础科学的知识体系组成,研究活动的主要目的是为了探求事物的本质和规律,与具体的社会实践关系不是很直接。应用型本科以培养本科以上层次应用型人才,并开展社会发展与科技应用等方面的研究,重在将科学原理或新发现的知识直接用于与社会生产生活密切相关的社会实践领域,学生的知识体系主要由应用科学的知识体系组成,主要职能是利用已发现的科学原理服务于社会实践,从事与具体的社会生产劳动和生活息息相关的工作,能为社会创造直接的经济利益和物质财富。

2. 应用型本科与职业教育的区别

应用型本科与职业教育的区别,是当前学界讨论的焦点。学者形成的共识是:应用型本科与职业教育两者分属于普通教育体系和职业教育体系,并非同一体系。基于此共性观点,应用型本科与职业教育的区别在于:① 两者逻辑起点不一。应用型本科是基于学科的专业教育,办学"以学科为基础,以应用为导向",所培养的人才主要以科学理论为基础,面向应用进行研发和找到问题解决的方案;职业教育是基于岗位能力、工作过程的教育。学科是应用型区别于职业本科的重要特征。② 两者专业设置思路不一。应用型本科高校的依据是工程或技术领域的分工;职业教育的专业设置的依据是岗位群的划分和要求。③ 两者教学方式与培养流程不一。应用型本科强调在学科理论基础上培养学生的技术开发和技术应用能力,重视实践性教学,这些实践性教学包括实验教学、实践学期、项目教学,强调毕业论文选题来自实习企业项目;而职业本科教育中,职业能力的培养是通过完成系列工作过程来实现,特别强调基于工作过程重构课堂教学,实践教学环节所占比例远远超过应用型高校。④ 两者培养的重点不一。应用型本科高校培养的学生具有相应的专业知识水平和专业能力;职业院校培养的学生具有相应的知识水平和技术技能,差别就在于"专业能力"和"技术技能"。[①] ⑤ 两者培养成果不一。应用型本科院校培养的是运用学科理论和科学方法创造产品或专业服务价值的人才,面对的是不确定的工作问题或是需要整体规划、协调配合的问题;职业院校职业指向强,主要培养的是掌握某些岗位或岗位群上具有工作技能的人才,其面临的工作是可预期或常规性的。

但是,从原理到设计、工程再到技术、技能,其间存在一个巨大的光谱地带,

---

① 孙尧.第七届产教融合发展战略国际论坛发言[EB/OL].(2020 - 10 - 17)[2020 - 11 - 04]. https://www.sohu.com/a/425361409_100226214.

因此,研究型本科、应用型本科教育与职业教育的边界会出现模糊或重叠交叉的情况,三者并非泾渭分明,从广义上说,所有类型的教育最终面临就业,三者存在一定的交融性。①②

(三) 应用型本科的人才培养定位

应用型本科院校所培养的是"本科以上层次应用型人才",因此,首先应达到本科教育学业标准,强调学生掌握系统的专业理论知识,要求理论"坚实"③,就是要求理论的科学性准确、实在,但是不要求太过深厚。同时,强调将理论应用于实践的能力,即专业实践能力和创新能力的培养,如分析和解决工程问题的能力、产品或工程项目开发和设计的能力、工程技术改造与创新的能力等,所培养的人才不仅是技术应用者,而且是技术创新人才。此外,还强调能力素质的综合性,如工程项目组织管理能力、信息获取和终身学习能力、应对危机与突发事件的能力等。

我们可以以工业产业领域为例,借鉴"职业带"理论来审视高水平应用型本科人才培养所处位置。职业带理论是西方国家表示工业职业领域各类工程技术人员规格特点、动态演变及相应教育等关系的人才结构理论。职业带是一个既连续又分区域的职业分布理论模型,对分布带上各种类型的职业进行定位并显示理论知识与操作技能两个方面的能力结构要求。如图 2 所示,每一类人才占有一块面积,左边是技术工人区域,右边是工程师区域,中间是技术员区域。技术员地位居中,称中间人才。图中左上方代表手工操作和机械技能,右下方代表科学和工程理论知识。越靠左边对实践操作技能要求愈高,对理论知识要求愈低;越靠右边的则反之。④ 工程师是依靠所学专业基本理论、专门知识和基本技能,将科学原理及学科知识转化为设计方案或设计图纸;技术师主要从事产品开发、生产现场管理、经营决策等活动,将设计方案与图纸转化为产品;技术工人则主要依靠熟练的操作技能来具体完成产品的制作,把决策、设计、方案等变成现实,转化为不同形态的产品。⑤

① 马陆亭.重新定位现代职业教育[N].中国教育报,2020 - 04 - 28(9)

② 梁国胜,黄达人.准确理解本科应用转型的内涵[N].中国青年报,2014 - 06 - 16(11).

③ 潘懋元.什么是应用型本科?[J].高教探索,2010(01):10 - 11.

④ 杜连森.浅析"职业带"理论对构建现代职业教育体系的启示[J].中国职业技术教育,2013(15):21 - 25.

⑤ 董鸣燕.人才分类与高层次应用技术型人才界定[J].世界教育信息,2015,28(24):65 - 67.

六、其他

技术员(Technician group)

机器操作员的工作

E-G,技术工人通过掌握的手工技能作出贡献

G-F,技术工人的理论知识

斜线上部为手工技能区域

斜线下部为技术知识区域

以工程理论方法从事工程研究分析人员的情况

技工(Craftsman)
技术工人(skilled worker)

工程师(Engineer)
大学层次(university level)

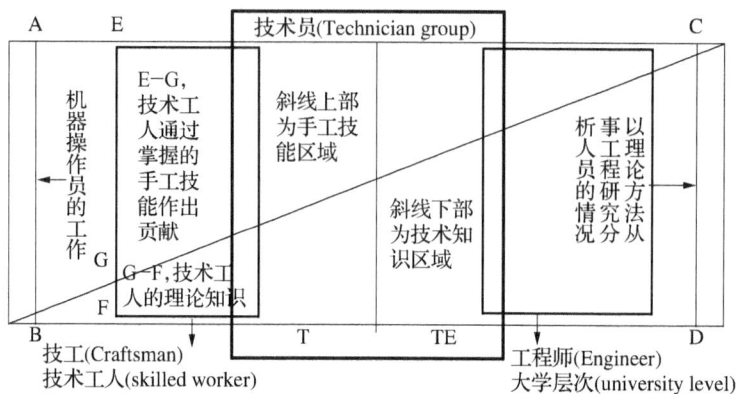

图 2 职业带示意图(以工业领域为例)

对照职业带理论,可以将应用型本科高校的人才培养水平定位在职业带右端——工程师培养范畴,根据华盛顿协议(WA)对工程教育人才培养规格的阐释是:旨在培育未来的专业工程师,其工作主要在工程项目的整体规划,包括规划和设计组件、系统、程序等,且在经济、商业、社会、政治、伦理等重重层面的限制下做"规划"。其中,应用型本科院校的人才培养定点在工程领域的"工程应用",侧重于设计技术、开发技术、工程项目组织的训练与培养,强调使学生具备"提出、设计、组织完成工程任务的基本素质和工程实践能力",未来走上工作岗位,能够从事运用基础理论和技术手段,为社会谋取直接利益的研发、规划、设计、决策等工作,此类人才培养融合了学术与工程两个方面。

同样以工业领域为例,按照在生产活动过程中所运用的知识和能力所包含的创新程度、所解决问题的复杂程度,可以细分出应用型本科院校与职业本科、高职院校所培养的人才规格差异。

表 1 各类型院校人才培养规格区分表(以工业领域为例)[①]

院校类别	应用型本科	职业本科	高职院校
人才类别	工程师	技术师	技术员
工作内涵	应用理论设计产品和生产系统	把工程师的设计理念和思路转换成产品原型	依靠熟练的操作技能来具体完成产品的制作,把决策、设计、方案等变成现实,转化为不同形态的产品

① 夏建国.从三个国际教育协定看工程教育与技术教育的区别与联系[J].中国高等教育,2010(2):39-41.

院校类别	应用型本科	职业本科	高职院校
所处环节	研发、规划、设计、决策等	操作一线环节中的技术岗位和管理岗位,且承担对技术员的指导	生产、建设、服务等实际操作一线环节,主要从事常规化与标准化的工作
知识层面	强调学科知识的深度和系统性,更强调基础知识和基本理论的掌握	突出学科知识的广度和实用性,其深度相对较浅;但相比技能型人才,具有较复杂的专业理论知识与技术	具有与工作过程相关的专业知识
能力要求	侧重于工程科学的研究和工程设计,强调科学研究能力	侧重于生产、建设、管理和服务等方面的技术应用与开发,强调综合应用能力和解决实际问题的能力	侧重于职业岗位的具体操作,强调动作技能和经验技能
工作范围	主要从事复杂工程活动	一般性的技术活动	确定性的技术活动
所处理的问题	复杂性、全局性的问题	一般性、局部性的技术问题	已明确的问题
解决问题的方法	具有很强的创新性和新颖性	在现有知识和材料或操作规范的基础上创新,可以是一种改良	按照操作标准解决问题

三、应用型本科高质量发展方略设计

未来"十四五",科学技术发展迅猛,学科之间、科学和技术之间、技术之间、自然科学和人文社会科学之间日益呈现交叉融合趋势[①];产业变革加剧,新旧产业交叉融合,新兴领域不断涌现。具体到劳动者层面,劳动者所从事的单纯作业总体会减少,生产系统的全系统运行维护和调整工作等兼容性业务会增加,劳动者不仅需要掌握专业能力,而且需要全面提升劳动项目管理与经营能力、合作能力、产品推广能力等。[②] 因此,未来社会,人的发展存在不可预知性,不宜

---

① 习近平.在中国科学院第十九次院士大会、中国工程院第十四次院士大会上的讲话[EB/OL].(2018−05−28)[2020−11−04]. http://www.xinhuanet.com/politics/2018−05/28/c_1122901308.htm.
② Foundation for Young Australians. The new basics:big data reveals the skills young people need for the new work order[R].Melbourne:Foundation for Young Australians,2016.

过早局限于某一职业领域。应用型本科作为定位在普通教育序列、实施专业教育的高校,强调培养学生的专业能力、学习能力、可持续发展力,其培养的人才具有更强的职业适应性和社会适应性,因此,未来"十四五",应用型本科大有可为,其高质量发展的方略设计如下:

(一) 差异化发展战略

所谓的院校归类,是指院校主要的学科专业的类型,并不排斥其他类型并存,因此未来应用型本科可以办成多种办学类型混合的"综合性大学",以应用型学科专业为主,也可以包含个别研究型学科专业、职业教育专业,但主体属于普通本科教育。

在办学类型混合的综合性应用型本科院校,应当实行人才差异化培养,在人才培养层次方面,主要培养本科层次人才,还有一定数量的硕士和少量的博士,也可以兼顾培养一定数量的高职人才。人才培养类型方面,既包括研发工程师、设计工程师,还包括一定数量的生产工程师、服务工程师、技术师和技术员。人才培养途径方面,实行专业教育,同时推行辅修第二专业,培养复合型人才;以培养本科生为主,同时尝试开展专业学位研究生教育。

应用型本科院校应当实行学科专业差异化扶持,以专业认证标准为导向,重点扶持国家级一流专业、省级一流专业建设,打造一流应用型专业;同时以一流专业为引领,打造对地方经济发展特别是对地方产业升级和支柱产业具有人才支撑、技术支撑重要作用的学科专业集群;并且按照"一流专业→一流专业群→学科点建设"的路径,将优势专业集群建设向学科点培育过渡。

此外,应用型本科院校应当实行师资队伍差异化提升。实施教师分类培养,按照"教学为主型""教学科研综合型""科研为主型",铺设不同的成长支持路径和配套机制,帮助教师成长。

(二) 系统化升级战略

应用型本科多数为地方院校,资源有限,其中还有相当比例的"民办本科、独立学院",普遍面临资源瓶颈,因此"质量、结构、规模、效益"相统一的系统化升级战略是应用型本科"十四五"高质量发展的基本思路。

应用型本科院校首先需要夯实质量,以一流专业建设为牵引,以专业认证为抓手,带动专业建设水平的整体提升。其次,需要优化结构,学科专业布局需要紧密对接区域重点产业、支柱产业、新兴产业,并保持动态优化调整;内部治理体系需要向管理重心下移,激活"学术心脏"(二级学院)的系统管理升级。再次,拓展规模,丰富办学类型,拓展继续教育,探索"开环教育",从全日制教育的单一类型向服务区域终身学习升级。此外,增强"自我造血"能力,提升效益,向更有效益、更可持续地发展升级。

(三)能力本位战略

随着高等教育与经济社会发展的联系日趋紧密,以及产业结构转型升级对应用型人才的规格要求不断提高,毕业生必须具有较强理论基础、工程与管理实践能力和技术创新能力的应用型人才,强调先进技术的转移、应用和创新能力,不是简单的技术操作,专业能力成为应用型本科院校毕业生立足社会的根本。对于应用型本科高校自身来说,其人才培养能力、科研及社会服务能力,是其服务国家、区域的根本,也是其价值体现。因此,"能力本位"是应用型本科院校高质量发展的基本原则。

应用型本科院校一是要坚持人才培养能力本位,坚持以专业能力培养为核心,构建培养体系,积极对接社会、行业、企业对应用型人才的需求,坚持本科人才培养规格,设置具有高阶性、创新性、挑战度的模块化课程体系,强化技术应用与创新能力培养,切实增强人才对经济高质量发展的适应性。二是坚持学校发展能力本位,以提高人才培养能力为核心,以提升科研与社会服务能力为两翼,形成"一流专业、一流课程、一流教学、一流科研与社会服务、一流生源、一流效益、一流社会声誉"等的良性质量循环,成为区域产业发展的关键推动力,人才与智力的主要贡献者、技术发明与创新的重要发源地。

(四)开放融合战略

开放共享是应用型本科"十四五"高质量发展的重要模式。一要做好校内融合。推动内部开放,破除学科、院系壁垒,构建实验室大平台、课程资源大平台、教师资源大平台,资源综合使用、集约使用,使跨学科专业的人才培养、社会服务、应用研究成为可能。二要深化"产、科、教"融合。从依托某一领先型企业向拥抱"大行业"升级,联手"高大上"企业(在区域产业链条中居主要地位,或在区域产业集群中居关键地位的企业),从浅层次、简单化的资源互换,走向"以我为主、为我所用、互惠互利、合作共赢",从单一的"协同育人"向"协同育人、协同科研、协同服务"的三协同拓展,服务和引领"中、小、微"企业的人才和技术需求,打造"产、科、教"融合2.0。三是加强校地融合。加强与地方政府、相关主管部门、支柱产业行业、高新技术产业园区、本土院校合作,合力打造区域影响力的先进技术转移中心、科技服务中心和技术创新基地,将区域产业新技术研发中心、生产力培训中心建到学校,将产业优质人才"落户"到学校,将优质的区域资源转化为学校的办学资源,进而转化为学校独特的办学优势。四要拓展校校融合。加强与国内高水平大学、特色工程技术大学、科研院所、本土院校以及高职高专等不同类型高校联动,在学科领军人才和创新团队建设、优秀学生培养、师资队伍建设、优质课程建设、硕士点培育、组建重大项目平台方面形成深度合作关系。

　　2020年9月18日习近平在湖南考察时强调:当前和今后一个时期,我国发展仍然处于重要战略机遇期,但机遇和挑战都有新的发展变化。要准确识变、科学应变、主动求变,更加重视激活高质量发展的动力活力,更加重视催生高质量发展的新动能新优势。① 因此,面向"十四五",应用型本科高校应当识变、应变、求变,在产业、教育、区域高质量发展的背景下,在与高等教育体系的动态发展中找准自身独特的办学定位,用创新的思路和办法应对变化带来的问题,在区域产业升级和技术进步中拓展更为广阔的贡献空间。

---

　　① 习近平谈推动高质量发展[EB/OL].(2020 - 11 - 12)[2020 - 11 - 15]. https://dy.163.com/article/FR7H8FQG0514TTKR.html.

高校地方教育服务与社会服务刍议

——以遵湄时期国立浙江大学为例[①]

张睦楚[②]

摘　要:1940—1945 年间,迁至遵义、湄潭地区办学的浙江大学,积极开展地方教育服务和社会服务活动。其主要活动有四个方面:一是协办和参与 1939—1942 年的黔省中学教员暑讲会,训练中学师资;二是于 1940 年 10 月在湄潭创办浙大附中,助益地方教育;三是于 1940 年、1945 年两次组织学生战地服务团,开展战地服务;四是 1944 年、1945 年,组织农经系学生农村服务队,开展助农服务。这些服务活动注重紧密结合当地实际需求的活动内容、灵活多样的服务方式和严格、科学的管理,有效地提升战时内迁高校"在地化"的教育服务与社会服务能力,也促进了内迁地区教育事业的发展,很好地映射出彼时国立浙江大学在学术研究与社会教育之间、研究理论与社会实践之间的互动状况。可以说,以上种种尝试作为中国高等学府抗战建国教育实践的缩影,极大地振兴了国家尤其是西部地区的教育事业,为战时内迁高校的地方教育服务注入了活力,更彰显了大学所不能推卸、不能弱化的社会责任。

关键词:抗日战争;浙江大学;地方教育;社会服务

长期以来,内陆地区由于地理、历史、经济等客观因素,其教育水平落后于全国,而随着抗战的全面爆发,多所高校内迁客观上也使得西部地区教育事业获得了一个千载难逢的发展契机。战时搬迁至后方办学的各大学,依据教育部 1938 年 5 月所颁《各级学校兼办社会教育办法》及其他教育部法令之要求("本其教育学术研究心得,辅导服务地方"的宗旨),主动承担起为当地教育服务的重要职责,广泛开展了具有"在地化"形式的各种地方教育服务活动与社会服

---

① 该文受益于浙江省档案馆、贵州省档案馆、中国第二历史档案馆/南京相关宝贵史料档案,在此深表谢意!

② 张睦楚,女,云南师范大学教育学部副教授、硕士生导师,云岭"千人计划"青年学者、"联大学者"(青年英才)。国家留学基金委 CSC 公派留学教育学博士(北京师范大学/加拿大多伦多大学安大略教育研究院 OISE、约克大学亚洲研究中心 YCAR),浙江大学教育学院博士后流动站在站博士后(国家重点学科)。主要研究方向为教育史、中西文化交流史、比较高等教育研究。

六、其他

务,从而深化了大学与社会的关系,凸显了高等教育机构的社会责任。但对此问题,以往学界研究甚不充分,相关活动的具体细节并未全面呈现。本文依据有关档案、报刊及回忆史料,主要概述 1940—1945 年浙江大学在贵州所开展的几项颇具声色的地方教育服务与社会服务活动。具体包括协办黔省中学各科教员暑期讲习会,创办附中以助益地方教育,组织学生战地服务团开展战地服务,成立农村服务队开展助农服务等,以弥补相关研究之不足。

一、协办黔省中学各科教员暑讲会

战时,教育部为推动后方各省中学各科教员的进修,其最重要的一项工作,即是要求各省普遍举办中学教员暑期讲习会。1938 年 7 月 7 日,教育部颁发《二十七年暑期中等学校各科教员讲习讨论会办法》,要求川、滇、黔、桂、陕、甘等六省,在暑期举办中学各科教员讲习会。[①] 次年 4 月 20 日,教育部又提前颁布《二十八年暑期中等学校各科教员讲习讨论会办法》,指示川、滇、黔、陕、甘等五省,克期筹备进行。[②] 此后几年,教育部每年均会颁发相关办法,要求按期举行暑讲会。其举办省份,也逐步扩展到宁、青、绥、湘、浙、桂、粤、西康等后方省份。

关于暑讲会的举办方法,教育部历年之规定,实大同小异。主要有:其一,暑讲会的组织,一般由相关的委员会或由所处本区域的师范学院来主持。如果设立相关的委员会,则由各省教育厅厅长担任主任委员,由所在地专科以上学校校长(或院长)及教育部指定的其他人员担任委员。如由所在区域的师范学院主办,则由该校校长提任主任委员,本省及邻近各省教育厅厅长、本地其他大学校长或知名教授担任委员。每届暑讲会,由主办方负责办理各科分组、讲演题目、选聘讲师、经费预算等各项事宜。讲习会所需职员,则从举办地省教育厅或师范学院相关职员中,予以调用,不另支薪。其二,参加暑讲会的学员,一般为中学、师范及职业学校的各科教员。暑讲会结束前,须对所有学员进行成绩考查,成绩合格者,发给证明书。其三,暑讲会举办地点,一般为省会或指定地点,如成都、昆明、贵阳、桂林、兰州、西安等。其四,暑讲会期限,一般为四至六周,于暑期举行。其五,暑讲会所开设的课程,一般分"精神讲话""分科教材教

---

① 《令四川、云南、贵州、广西、陕西、甘肃教育厅检发二十七年暑期中等学校各科教员讲习讨论会办法及表令仰遵照由》,《教育部公报》第 10 卷第 7 期,1938 年 7 月 31 日。

② 《二十八年暑期中等学校各科教员讲习讨论会办法》,中国第二历史档案馆藏教育部档案,档号:5-6915(2),第 64 页。

法"或"学科讲演""教育问题讨论""学术讲演"或"专题演讲""体育活动"等几大类,学时各有比例要求。如 1938 年的办法规定,"精神讲话"和"体育活动"各占学时总数的 10%,"分科教材教法"占 30%,"学术讲演"占 35%,"教育问题讨论"占 15%。而 1941 年的办法则要求:"每日学科讲演四小时,讨论一小时,此外精神讲话、时事讲演、每周六小时;其体育活动、教育问题讨论之时数,由各委员会自行酌定。"其六,暑讲会分组,按公民、国文、英文、史地、数理化、生物、教育、行政等进行分组,一般不应少于三科,相关各科可以合并,具体则视讲师聘请情况而确定。其七,暑讲会各项开支中,仅讲师酬金由教育部供给,学员旅费由学员所在学校支给,学员膳宿费及暑讲会办公费,则由各省库开支。

1938 年 8 月,教育部颁布了《师范学院规程》,在全国确定西南联大师范学院、西北联大师范学院、中央大学师范学院、浙江大学师范学院、中山大学师范学院等五所师范学院,并指定了各自的中等教育辅导区域。同年 8 月底,浙江大学即以原教育系为基础成立师范学院,先后由郑晓沧、王琎担任院长。该师范学院所负责的辅导区,为桂、黔二省。

(一) 参与 1939 年黔省暑讲会

抗战时期黔省的中学教员暑讲会,从 1938 年 8 月开始举办,首届参加学员达 461 人。[①] 但此次讲习会,浙大因尚在江西泰和,故无缘参与。1939 年,尚在广西宜山办学的浙大,已经参与了黔省中学暑讲会。当时黔教厅制订了举办暑讲会的《办法大纲》《预算表》《抽调办法》《参加人数简表》等章程,呈部批准。[②]并组织了暑讲会委员会,由省教厅厅长张志韩担任主任委员,李宗恩(贵阳医学院院长)、欧元怀(大夏大学副校长)、喻任声(大夏大学社教系主任)、彭百川(教育部战区中小学教师贵州服务团团长)、李超英(部派代表)任委员。讲习会会址设于贵阳花溪省立女中,会期从 8 月 1 日至 31 日。本届讲习会分"公民国文""史地""数理化"三组进行,实到学员 103 人,来自黔省 48 个学校。原聘讲师共 20 人,分别来自大夏大学、浙江大学、贵阳医学院、中山大学、国立师范学院、黔江师范学校等学校。如大夏大学派出梁园东(历史)、李青崖(国文)、谌志远(公民)、罗星(数学)、蓝春池(化学)、吴澄华(历史)、王裕凯(教学法)等人;贵阳医学院派出严仁荫(化学)、郭一岑(教育)、缪镇藩(国文)等人;中山大学派出黄敬思(教育);国立师范学院派出谢澄平(历史)、任孟闲(数学)、金兆均(体育)

①《举办暑期中等学校教员讲习会讨论》,《贵州教育》第 1 卷第 1 期,1938 年 10 月 1 日。
②《贵州省政府咨检送本省二十八年暑期中等学校各科教员讲习讨论会各项办法咨请查照见复由》,中国第二历史档案馆藏教育部档案,档号:5-6915(1),第 201—207 页。

三人;黔江师范学校,也派出著名学者曹刍(教育)参加。此外,黔省高等法院、省党部,也各派出 1 人担任讲师。① 浙大方面,原拟派刘永济(国文)、陈训慈(历史)、孙泽瀛(数学)、束星北(物理)、周厚复(化学)、黄秉维(地理)等 6 位教授担任讲师。② 但黄秉维在送部审查时未通过,其余教授则因他事未能前往。故竺可桢校长另派王焕镳、钱宝琮两教授于 8 月前往暑讲会,担任国文、数理化两组的讲师。③

此次讲习会的内容,除学术讲演、精神讲话及共同必修科目(如《教育原理》《教育心理》《教学法》)外,还遵照部颁办法,对学员实行军事管理。当时成立军事大队部,军训教官由省保安处遴选委员担任。据部派代表李超英、彭百川的观察,此次讲习会因各院校所派讲师未能按期到齐,"以致排课参差,殊为憾事",但各讲师仍能努力讲演,学员们的精神状态亦极好。④

(二)参加 1940 年黔省暑讲会

1940 年 1 月至 2 月,浙大从宜山迁往遵义。2 月 9 日、22 日,各年级陆续在青岩、遵义、湄潭复课。⑤ 由此,浙大进入一个相对稳定的状态。

1940 年的黔省暑讲会,仍由省教厅主办。黔教厅长欧元怀为主任委员,委员有齐泮林、林绍文、梁欧第等。⑥ 讲师主要来自大夏、交大、浙大、贵医、湘雅等大学及有关机构。如大夏大学就选派了海维特(外籍教授,英文)、谢六逸、李青崖(国文)、张尧年(英文)、夏元瑮(数理化)、马宗荣(教育)、陈一百(教育)、王裕凯(教育)、顾文藻(生物)等人;贵阳医学院选派了郭一岑(心理学)、杨葆昌(化学);湘雅医学院也选派了白施恩(音乐)、郑爱德(救护)、沈元晖(救护)三位讲师。另有蔡作屏(生物)、刘廷蔚(生物)、喻任声(教育)三名讲师,分别来自遵义蚕桑研究所等机构。⑦

---

① 《贵州省政府咨本省中等学校暑讲会讲师聘金一五六六元已由本府教育厅垫发咨请查照汇发由》,中国第二历史档案馆藏教育部档案,档号:5 - 6915(1),第 59 - 63 页。
② 竺可桢《呈送暑期中等学校教员讲习讨论会讲师名单请鉴核由》(1939 年 5 月 25 日),中国第二历史档案馆藏教育部档案,档号:5 - 6915(2),第 126 - 128 页。
③ 《两年来本校大事记》,《国立浙江大学校刊》复刊第 100 期,1941 年 10 月 10 日,第 13 页。
④ 彭百川、李超英《为呈报奉令协助筹办贵州省二十八年暑期中等学校各科教员讲习讨论会经过祈鉴核由》,中国第二历史档案馆藏教育部档案,档号:5 - 6915(1),第 25 页。
⑤ 李杭春《竺可桢国立浙江大学年谱(1936—1949)》,第 162 - 163 页,浙江大学出版社 2017 年版。
⑥ 《中学教员暑讲会举行委员会议》,《贵州日报》1940 年 6 月 18 日第 3 版。
⑦ 《贵州省二十九年暑期中等学校各科教师讲习讨论会讲师一览表》(1940 年 8 月 4 日),中国第二历史档案馆藏教育部档案,档号:5 - 6916(1),第 234 - 240 页。《贵州省二十九年中等学校各科教员讲习讨论会学员成绩表》,中国第二历史档案馆藏教育部档案,档号:5 - 6916(2),第 124 - 125 页。

浙大方面,竺可桢在 7 月 1 日给教育部的公文中说:"惟查本大学因迁校关系,本学期期间,不得不酌予变更。现定各院学生学业,四年级于八月中旬结束,二、三年级于八月下旬结束,一年级于九月底结束。所有各科教授,正忙于补授功课。是该暑期讲习讨论会时间既有冲突,一时无法抽调赴筑担任暑期中等学校各科教员讲习讨论会讲师。惟既奉钧令,于无办法之中,谨慎选师范学院国文系王焕镳、物理系朱正元、教育系陈剑翛三教授,分别担任各该科讲师。其余各科讲师,仍请钧部另就他校选派。"[①]但 7 月 23 日欧元怀给教育部的报告中,却只提到本年浙大不放暑假、派出讲师困难,而忽略了浙大实质选派三位教授担任讲师这一史实。[②]

此次暑讲会会址设在贵阳花溪私立西南中学校内,参加学员原定 130 人,实际仅到会 89 人,来自黔省公私立 50 余校。计分国文、英语、数理化、生物、教育五组进行讲习,讲习日期从 8 月 1 日至 31 日,贵州省主席吴鼎昌曾两次莅临该会进行精神讲话。9 月 1 日,举行了闭幕式。[③]

(三) 合办 1941 年黔省暑讲会

1941 年的黔省暑讲会,由黔教厅与浙大师范学院合办。欧元怀任暑讲会主任委员,委员有王琎、李相勖、佘坤珊、何增禄、喻任声、马镇国、侯励镇、胡宏模等。大夏、贵医、贵州农工学院(后改称贵州大学)等大学亦派出讲师参加。本届讲习会聘请的讲师总计有 34 人,如谢六逸、李青崖、王裕凯、谢嗣升、杨葆昌、夏元瑮、张永合、卢愚、朱虚白、张尧年、方兴国、蔡作屏、朱凤美、李承祜、孙宗彭、刘廷蔚、王以康、陈淑珠、喻锡章等,皆为各校著名教授。浙大方面,共派出佘坤珊(英语)、费培杰(英语)、丰子恺(国文)[④]、苏步青(数学)、陈建功(数学)、朱福炘(物理)、王淦昌(物理)、李相勖(教育)、王倘(教育)、胡家健(教育)、王琎(化学)等 11 人,占全部讲师的 32%,几近三分之一。本届暑讲会的地址与上年相同,仍为私立西南中学校内。讲习时间仍为四周左右,从 8 月 1 日至 31 日。

---

① 竺可桢《呈明本大学因本学期学生结束期间延长各教授忙于补授功课无法抽调赴筑担任暑期中等学校教员讲习讨论会讲师仅慎选王焕镳朱正元陈剑修三教授前往分别担任讲师情形祈鉴核由》(1940 年 7 月 1 日),中国第二历史档案馆藏教育部档案,档号:5-6916(2),第 161—162 页。

② 《快邮代电浙大本年不放暑假不能派出讲师参加是否可由湘雅医学院选聘讲师乞核示》,中国第二历史档案馆藏教育部档案,档号:5-6916(1),第 76—77 页。

③ 《黔省教员暑讲会昨举行结束式》,《中央日报》(贵阳)1940 年 9 月 1 日第 3 版。

④ 丰子恺并没有出现在黔省教厅给教育部报告时所列的讲师名单上,但《贵州日报》及《贵州教育》均报告丰子恺参加了此次讲习会。见《中学教员讲讨会今日报到增聘丰子恺等教授为讲师》,《贵州日报》1941 年 7 月 29 日第 3 版;《中学暑期讲讨会开课》,《贵州教育》第 3 卷第 6 期,1941 年 8 月。

分组方面,共分国文、英语、数理化、教育、生物五组。

与往届相比,本届讲习会体现出一些新的特点:第一,浙大发挥重要作用。浙大共派出 11 名教授担任讲师,人数为历届最多。浙大教育系主任李相勖,还担任了讲习会教务主任,全程参与各项教学活动的组织。校长竺可桢,也于 7 月 30 日"赶到筑垣,以便主持进行"。[①] 第二,暑讲会特刊的发行。本届黔省暑讲会,在《贵州日报》第四版,专门开辟了"中等学校教师暑期讲讨会特刊"。该特刊前后共发行四期,具体出刊日期为 8 月 8 日、15 日、22 日、29 日。特刊主要登载暑讲会组织者、部分讲师的有关讲话及论文。如李相勖就在特刊上发表《教师的道德律》《怎样做一个优良的中学教师》两文,均为作者在讲习会所讲内容的底稿。第三,讲师来筑不易,学员参加人数未达预期。据李相勖说,讲师的讲课时间均事先于聘书中载明,"不容更动"、不能请假。故各讲师"多于开讲前数日即行动身,有因翻车而致受伤者,有因抛锚中道返去三次者"。学员方面,原拟调集 160 人,但以交通困难及其他原因,实到只有 85 人。因故退会者 11 人,实际最后顺利结业者只有 72 人。[②] 讲师到会的不易与学员的大量缺席,均从一个侧面体现出战时各省举办暑讲会困难重重。

(四)1942 年的黔省暑讲会

1942 年的黔省暑讲会,黔教厅最初因为经费紧张,并不打算举办。当年 4 月 13 日,欧元怀曾向教育部报告说:"本省暑讲会已连办四届,经参加教员颇多。最近交通益感困难,届时学员恐难如期调齐。再查本年是项概算仅奉核列一六〇〇〇元。以现时物价推计,尚不敷暑期学员百人一月之膳费。"鉴于此种情况,他建议"改派各中校校长、教务主任组织参观团,酌往湘、赣、川等省参观,藉资借鉴"。但教育部对此建议予以否决:"查暑期讲习会参加者为各科教员,电呈拟派参观,参观人员为校长或教务主任,似有不通。暑讲会仍仰赓续办理。"[③]因此,黔省只能按照往年惯例,由省教厅与浙大师范学院、贵阳师范学院合办。在组织方面,欧元怀任主任委员,贵阳师院教务长熊铭青任副主任委员兼教务长,委员有王琎、王克仁、喻任声、马镇国、李相勖、熊铭青等。[④] 黔教厅还

---

① 《竺可桢来筑主持暑讲会》,《贵州日报》1941 年 7 月 31 日第 3 版。

② 李相勖《本年贵州中等学校教师暑期讲讨会概况——在浙江大学教育学会演讲辞》,《贵州日报》1941 年 11 月 26 日第 4 版。

③ 《一九四二年各省举办中等学校教员暑期讲习会文书及表册》,中国第二历史档案馆藏教育部档案,档号:5-6918,第 4-7 页。

④ 《中等学校教员举行暑期讲习会教厅浙大师范学院会同筹办》,《贵州日报》1942 年 5 月 26 日第 3 版。

与教育部协商确定了新的讲师酬金标准,每小时提高到 20 元。[①] 本届讲师有来自贵大、贵阳师范学院、大夏、浙大等大学的教授。如梁园东、吴焯、陈鉴、李良骐、姚薇元、袁庄伯、张伯箴、王克仁、熊铭青、梁瓯第、黄宇人、傅志仁、尚传道、姚克方、王鸿儒、乐余唐、韩钟琦、喻任声等。浙大方面派出任美锷(地理)、方豪(历史)、李相勖(教育)、舒鸿(体育)、胡士煊(体育)、蒋新(体育)、高尚志(体育)共 7 名讲师。[②] 另外,贵州省政府各部门的负责人也担任了本届讲习会的特约讲演。会期方面,本届改从 7 月 20 日至 8 月 15 日举行。分组分体育、史地、行政三组。学员方面,预定为 100 人,实际参加者约为 80 余人。[③]

较比前三届,本届讲习会的讲师阵容无疑略为逊色,但因为此次讲习会设立体育组的关系,浙大因此得以派出舒鸿等 4 名体育教师参加,这又为此次讲习会增添了一点新的色彩。总的来说,每一年度各科教员讲习会办得依然有声有色,主要得益于具体课程安排较为得当,如讲习讨论会教务科对讲习讨论会组织委员会、委员任选、各类干事、讲师遴选、人员调用、课程安排、学员往来旅费、日程安排、成绩考察、论文报告要求及出席考勤、参训人员选聘资格与必尽义务等方面均作出了详细说明及严格要求,学员们得以在具体的指导下有目标、有计划地完成培训研修任务。可以说,高水平的培训(讲演)团队、紧密结合当地实际需求的活动内容、灵活多样的服务方式和严格、科学的管理,是遵湄时期的国立浙江大学地方教育服务活动在较短时间内取得较大成绩的重要原因。

总之,1939—1942 年,浙大积极协办、参与了四届贵州省中学各科教员暑期讲习讨论会,总计培训学员约 360 人左右。抗战时期黔省中学约有 100 余校,中学教师总数量在 2 000 余人左右。[④] 浙大参与的这些暑讲会,对于提高黔省中学各科教师的教学水平,发展黔省的中学教育,做出了实际的贡献。另外需要说明的是,1943—1945 三年,浙大之所以未能参加,其原因并不在自身,而是黔省根本未举办中学暑讲会。如 1943 年,因黔省未将暑讲会所需经费列入预算,加之物价飞涨,"财政拮据,增筹维艰",故教育部同意黔教厅提出

---

① 贵州省政府教育厅快邮代电《电请准予如数发给本年暑期中等学校各科教员讲习讨论会讲师酬金五二八〇元祈电示由》(1942 年 6 月 5 日),中国第二历史档案馆藏教育部档案,档号:5-6918,第 89-92 页。另,1939 年时,部定的暑讲会酬金是每小时 5 元。

② 欧元怀《电请准予如数补发本年暑期中等学校各科教员讲习讨论会讲师酬金四五六〇元》(1942 年 8 月 29 日),中国第二历史档案馆藏教育部档案,档号:5-6918,第 259-262 页。

③ 《会务杂记》,《贵州日报》1942 年 7 月 31 日第 4 版。

④ 《从中学教员暑讲会讲起》,《贵州日报》1942 年 7 月 25 日第 3 版。

的"停办"请求。① 1944 年的暑讲会,黔教厅本已会同浙大师范学院、贵阳师范学院认真筹备,决定分理化、博物两组,拟在省立科学馆内按期举办。讵料"兹以由桂经筑赴滇之美空军人员纷请本省政府觅借暂驻地步,市内民房以无可资利用,经指定本厅在省立科学馆内准备办理暑讲会之教室,宿舍暂为借用,本期暑讲会只得暂行停办"②。对此,教育部也只能同意。至于 1945 年暑期黔省未举办暑讲会,则是受上年黔南战事的影响。当时,尽管新任教育部长朱家骅仍催促各省举办,但黔教厅长却在当年 8 月 6 日报告:"因去岁遭受黔南战事影响,本期诸待恢复,大多开学较迟,故暑假期间亦予缩短,或不放暑假。为顾及各学校教学事业计,本年中等学校教员暑期讲习会拟请准予停办。"最后教育部批复:"姑准免办,惟明年应早事筹划,俾能及时举办为要。"③

二、创办浙大附中以助益地方教育

浙大在泰和、宜山时期,为发展地方教育及解决教职工子女入学问题,曾创办过澄江学校和浙江大学实验学校小学部。当时亦欲创办实验学校初中部,以为师范学院学生实习之场所,但因筹备未及而未果。

浙大创办中学的计划,是在遵湄时期得以实现的。浙大湄潭分部所在地湄潭县城,山明水秀,风景优美,原设有县立初中"湄潭中学"。该校与浙大附中合并前,有学生 607 人④,校长为冉懋森。但该校师资总体水平不高,办学设备相当缺乏,校风亦比较松弛,学生升入高中机会渺茫。1940 年初,乘浙大分部迁来湄潭的机会,冉懋森认为籍此可提高湄中的办学水平,故与县长严浦泉商议,欲将此中学与浙大附中合并,"议定在招收学生方面,尽量照顾湄潭籍学生"⑤。1940 年 5 月 7 日,严浦泉就邀集当地各界人士开会,议决与浙大附中合并事宜。竺可桢在当日记载:"膳后开湄潭浙大西移协助委员会,到冉懋森、田孔皆、杨干夫、严持强、何介三、卢炯然(冯开宗、何德明)。由严浦泉主席,卢炯然记录。余

---

① 《贵州省政府快邮代电请准予停办本年暑期中等学校教员讲习会》(1943 年 4 月 26 日),中国第二历史档案馆藏教育部档案,档号:5-6919,第 7-8 页。
② 《贵州省政府教育厅快邮代电》(1944 年 7 月 10 日),中国第二历史档案馆藏教育部档案,档号:5-6920,第 122-124 页。
③ 贵州省政府教育厅《为电复本年举办中等学校教员暑期讲习讨论会困难情形敬祈鉴核准予缓办由》(1945 年 8 月 6 日),中国第二历史档案馆藏教育部档案,档号:5-6921,第 31-32 页。
④ 《竺可桢全集》第 7 卷,第 444 页,上海科技教育出版社 2005 年版。
⑤ 曾庆于《湄潭第一中学史略》,《湄潭文史资料》第 6 辑,第 240-268 页,湄潭县政协文史资料委员会 1989 年版。

及刚复、邦华、厚信、壮予、建人列席。议决：湄潭中学与实验学［校］合并，由严县长征求地方人士意见后呈厅……"①5 月 25 日，严浦泉主持召开湄中合并会议，通过县中与浙大附中合并案。至 5 月 25 日，县政府正式呈文省政府主席吴鼎昌与省教厅长欧元怀，报告合并事宜。当年 9 月 14 日，竺可桢又与新任湄潭县长杨端楷晤谈，再次讨论湄中与浙大附中合并办法："今告以浙大已复教育厅以三点，即县款可以保存作为湄中基金，原在校之学生经甄别后可以留校，但第三点继续招生湄中学生七十余人，则以格于程度不能照办，只能招生补习班学生而已。"②次日，在县府，竺可桢参加了县长主持的浙大迁移协助委员会会议，"湄中合办事，余主张不招湄中新班，如程度不能入一年级而尚可造就者，则入补习班"③。从以上记载中可看出，鉴于原湄中学生程度过低，浙大并不想全部接收这些学生，而是想通过编级考试的方式选拔较优学生，对于未能选上的学生则通过办理补习班来解决。

　　合并一事大体确定后，竺可桢即令湄潭分部筹备主任胡家健负责筹备附中事宜。胡家健（1903—2001），字建人，安徽绩溪人，系 1925 年东南大学教育系毕业。后留学美国哥伦比亚大学获得博士学位。他在战前曾任河南省立一师教员兼附小主任、安徽省立四中校长等职，有较丰富的中学行政经验，是一位比较合适的人选。1940 年 9 月 25 日，胡家健即向竺可桢通报了筹备情况："湄中决合并于实中，实中教员聘书不日可发，月支一千二百余元，而尚缺数、理等教员也。"④10 月 5 日，竺可桢再至湄潭，至附中视察，"知湄潭中学于一号接收并合于实验中学，现定七号报到，十三、四注册。十一起湄中旧生编级考试，十五起上课。教员多已请就，惟数、理、化及体育、音乐、劳作乏人。拟请农院助教兼教。湄中旧教员无一留者，湄中学生 607 人，此次愿编级者预料不过四百人左右，共七班。初中二、三各春、秋两班，一年级春季三班，再加新招之实中初一、高一各一班。湄中旧有县经费全部贮存，作为将来恢复湄中之基金。惟省府津贴每月六百元，则由实中应用。原有校址尚可应用，惟设备则绝无仅有而已。"⑤实际此次通过编级测验的原湄中学生只有 277 人。⑥

　　浙大附中由竺可桢亲任校长，胡家健任主任，实际负校长之责。1943 年胡

　　① 《竺可桢全集》第 7 卷，第 352 页，上海科技教育出版社 2005 年版。
　　② 《竺可桢全集》第 7 卷，第 437 页，上海科技教育出版社 2005 年版。
　　③ 《竺可桢全集》第 7 卷，第 438 页，上海科技教育出版社 2005 年版。
　　④ 《竺可桢全集》第 7 卷，第 444 页，上海科技教育出版社 2005 年版。
　　⑤ 《竺可桢全集》第 7 卷，第 451 页，上海科技教育出版社 2005 年版。
　　⑥ 黄振霞《湄潭县第一中学简介》，《湄潭县文史资料》第 9 辑，第 111 页，湄潭县政协文史资料委员会编辑，遵义市人民印刷厂 1992 年印。

家健辞职后,附中先后由朱正元、胡哲敷、朱希亮等人继任主任一职。该校组织机构相对简单,主任之下只设训导、教导 2 名,分别由吴耀卿、骆匡畴任主任。教职员初期有 20 多人,至 1945 年 5 月,据《竺可桢日记》记载,已有 54 人。附中教员多为避难后方的中学名师,如洪自明(国文)、吴耀卿(英文)、骆匡畴(英文)、周本湘(生物)、江丽君(音乐)、袁箎华(音乐)、柴扉(图画)、王庆英(数学)、张生春(数学)、过雪琴(体育)、周奇阜(教务)、王道骅(地理)、胡士奎(化学)、廖慕禹(英语)、孙振坤(英语)、郜明秋(数学)、孙振堃等。[①] 也有孙嗣良(数学)、张叶芦(国文)、李汝涛等少数浙大毕业生在此任教。

1940 年 10 月 15 日,附中正式开学,初期开办费为 2.5 万元,全年经费 12 万元。[②] 校址在原湄中所在地武庙。校内有四合院三处、花园一处、操场两处、礼堂、饭厅、教室、宿舍具备。原湄中初中通过编级考试的两百多名学生,编为六个班(湄中班),加上新招生的一班初一新生和一班高中新生,全校学生总数达到 480 余人。另据 1943 年出版的《国立浙江大学要览》记载,当时浙大附中有初中、高中、六年一贯制共 11 班,高中生 123 人,初中生 305 人,教职员 49 人。[③] 至 1945 年 5 月,则"有十一班,高中五班,初中六班,高中包括师范一班。共有学生 396 人,其中女生 118 人。籍贯以黔为第一,118 人;浙 57 人,苏 52 人,皖 39 人,粤 23 人,湘 20 人,南京市 19 人,赣 18 人"[④]。因通货膨胀,附中每月经费已达 12 万元,年经费为 144 万元。[⑤]

浙大附中主任胡家健,是一位有思想、有办学实践经验的教育家。他在学校创设之初,即提出 16 字的办学方针:"教导结合,文理并重,手脑并用,知行合一。"[⑥]为此,学校采取了若干办法:首先,确立较全面的课目。其次,聘请一批一流的教师,并要求其教书育人,以身作则。再次,对原湄潭中学程度较差的学生,注重数、理、化基础学科的补习,对初三年级加授化学和代数。第四,对于新招收的初一学生,教学上采用六年一贯制;对于高中一年级学生,则着重主科、减少选科,尤其注重确立数理化的根基。最后,在学校设备方面,"从湄中接收过来的图书仪器,实在贫乏"。为此,学校向教育部特别申请了 13 万元的设备费,并购置了一套《万有文库》和部分急需的图书。学校也曾分别向贵阳花溪防

---

① 《杨志才诗文集》,第 142 - 151 页,2007 年自印版;竺安《对湄潭浙大附中的怀念》,钱永红主编《求是忆念录》,第 110 - 113 页,浙江大学出版社 2017 年版。

② 贵州省政府教育厅编印《贵州教育》,第 73 页,1943 年版。

③ 《国立浙江大学要览》,第 5 - 6 页,1943 年遵义印行。

④ 《竺可桢全集》第 9 卷,第 409 页,上海科技教育出版社 2006 年版。

⑤ 《竺可桢全集》第 9 卷,第 438 页,上海科技教育出版社 2006 年版。

⑥ 《杨志才诗文集》,第 142 - 151 页,2007 年自印版。

空学校、川教厅工厂订购了理化仪器。还"特请本校生物、园艺、病虫害各系代制展览的动物、植物和昆虫标本"①。

在胡家健等历任校长的严格管理和全校教师的努力下,浙大附中"师承浙大的优良学风,并以其较高的教学质量,严格的考试制度,很快赢得了当时大后方贵州三所最好的中学之一的美名(其他的二所是在贵阳花溪的清华中学和贵阳口水寺的国立十四中,后者的前身是南京中央大学实验中学,即现今的南京师院附中)"②。浙大附中之所以声名鹊起,是由于 1943 年该校 30 多名高三年级学生,参加全省中学联考取得了非常优异的成绩,并全部录取升入大学。当年教育部指定黔、赣、甘三省举办高中毕业生会考及升学联合考试。黔省联考于 7 月 15 日至 21 日举行,考试科目有《公民》《英语》《理化》《国文》等。8 月 12 日,黔教厅制定了升入大学的录取标准,决定"升学平均 45 分以上,国、英、数为一类,史地、理化、生物、公民为另一类,二者各占 50% 的分数,并规定国文必须及格(40 分以上),各课成绩无零分"。8 月 15 日,考试成绩发榜。计全部 1 676 名考生中,符合录取标准者有 812 人。计算参加联考的各中学的成绩,则以国立第十四中居第一、私立清华中学居第二、国立浙大附中第三、湘鄂教区联合中学第四、国立第三中学第五、省立平越高中第六、省立贵阳高中第七。其中,国立十四中、私立清华中学、浙大附中三校参加联考的学生,是"全部录取"。当时有专家认为,"浙大附中设在湄潭,一切有大学部在协助推进,成就自然甚大。"如论个人成绩,此次联考的第一、二名,均来自国立第十四中学;第三名则来自浙大附中,名陈毅仁,其各科成绩平均在 70 分以上。③

总之,从 1940 年 10 月至 1946 年 7 月,浙大附中在湄潭办学六年。该校每年均在筑、遵、湄三地进行招生,其录取的学生中,有浙大教职工子弟、失学青年、战争孤儿、从川南和黔北各县来的本地学生几种。以黔籍学生论,该校在开办初期,即招收原湄潭中学的 277 名学生学习;1945 年上半年时,该校黔籍学生仍有 118 人,几占总数的三分之一。可以说,在六年中,该校为湄潭及黔北各县培养了几百名学生(其中如幸必达等部分学生均升入了各大学),从而为发展黔省地方教育,做出了实际贡献。

另外还需要指出的是,在浙大的协助下,1943 年,黔省教育厅创办了"湄潭实用职业学校",校址设在县城外的湄江之滨。该校校长邱璧光为浙大教育系毕业生,茶叶专业课的教师刘淦芝,为中央农业实验所的茶叶专家;蚕桑专业课

---

① 师院述之《附中在跃进着》,《浙大学生》复刊第 1 期,1941 年 6 月。
② 喻克良《浙大附中在湄潭》,《浙江大学在遵义》,第 698—701 页,浙江大学出版社 1990 年版。
③ 慎予《谈贵州联考》,《贵州教育》第 5 卷第 7、8 期合刊,1943 年 10 月。

的教师,则是浙大蚕桑系的老师。该校为湄潭和邻近各县,也培养一些实用人才。①

三、两次战地服务团的组织及活动

抗战时期,以"战地服务团"名义组织并展开活动的各界服务团体,数量众多。如只就高校而言,则不过只有 1937 年底至 1941 年底存在的国立中山大学战地服务团,1942 年 6 月至 8 月开展活动的国立中正大学战地服务团,及 1940 年、1945 年两次组织活动的国立浙江大学战地服务团等三校而已。②

(一) 第一次战地服务团

浙大于 1940 年寒假学校预备由宜山北迁遵义的空闲时期,由该校学生自治会组织成立了第一次学生战地服务团。该团以潘家苏为团长,庄自强为副团长,团员共 77 人,其中有女生 17 人。出发前,全团进行了服务知识的学习,由"校中看护教授教团员们简易的包扎术和医药知识"。

1940 年 1 月 8 日下午,战地服务团在宜山举行出发典礼,竺可桢亲自讲话并授旗。③ 服务团从宜山前往广西大塘、宾阳、迁江、昆仑关、南宁县属等靠近前线地区,开展战地服务。其服务内容,有"救护、宣传、联络军民及歌咏、戏剧"。团员们沿途开展街头宣传、访问农家,并举办抗战漫画展览。初到宾阳时,曾救助过几十个躺在路边无人管的重伤兵,照顾其生活,并安排至邻近的伤兵医院;在迁江时,团员们又与"政治部南路工作队"和著名的"新安旅行团"合组一流动宣传队,开展抗战宣传,并与驻地军民召开联合座谈会、联欢会,协助解决军队的粮草供应问题。到达昆仑关一带后,部分团员被分至距前线仅有 5 里的野战医院工作。当战况趋于紧张之时,在学校的催促下,服务团被迫于 2 月 10 日前后,撤回了宜山、遵义④。但团员戴行钧,因与他人走散,而被小股日军俘虏。后在转运广东途中脱身,辗转香港、上海,于次年始返回浙大。

---

① 幸必达《浙江大学蚕桑系与遵义蚕桑》,《遵义文史资料》第 13 辑,第 10 页,政协遵义市委员会 1989 年版。

② 关于中山大学战地服务团情况,可参见梅海《活跃的中山大学战地服务团》,《中山大学学报》1986 年第 1 期;关于中正大学战地服务团的情况,可参见钟学艳《抗战时期的姚名达与战地服务团》,《史学月刊》2012 年第 5 期。

③ 《竺可桢全集》第 8 卷,第 272 页,上海科技教育出版社 2006 年版。

④ 《浙大战地服务团在南战场》,《东南日报》1940 年 5 月 7、8、9 日第 4 版;《竺可桢全集》第 7 卷,第 296 页,上海科技教育出版社 2006 年版。

1945 年 2 月 25 日,战地服务团在遵义举行了工作检讨会。竺可桢在本日的日记中记载:"据诸生报告,知前方确有大学学生工作之需要。迁江附近人民尚不知有抗日之战,大塘一日间运到伤兵急待包扎者数十人,军民间形势之隔阂,最初大家以为前方无大学生之需要者后乃改变观念云。"[①]此次战地服务团的工作时间虽不长(从 1 月 1 日至 2 月 2 日),但团员们克服了困难,经受了磨练,并用亲身实践,体会到战时大学生的重要责任,这即是最大的收获。

(二) 第二次战地服务团

浙大第二次组织战地服务团,为 1945 年 1 月。1944 年 6 月,日军发动"一号作战",连续攻战我豫、湘、桂多地。11 月,河池失守,贵州危急。在此存亡危机之秋,浙大学生的爱国心被激发出来,"遵义浙江大学的《生活壁报》上贴出了一篇文章,建议学生自治会组织同学慰劳过境南下的抗日军队,立即得到热烈响应"。学生自治会立即通过决议,成立战时服务队,加紧开展抗日宣传与劳军活动。12 月 1 日,独山失陷,浙大校方于次日召开大半天的紧急会议[②],学生自治会主席支德瑜在会上汇报了近期的劳军情况,并提出再次组织战地服务团到前线开展服务的要求。这个请求得到了校方的批准,决定服务团的名额为 60 人左右[③],具体是遵义 30 人、湄潭 15 人、永兴 15 人。

组织战地服务团的决定,在学生中得到了广泛响应。"校中同学签名自愿参加者极为踊跃,以限于经费及团员名额,许多热心同学只好在失望中放弃这个机会。"1945 年 1 月 10 日,战地服务团正式成立。关于全团的实际人数,亲历者后来的回忆并不一致。笔者根据 1945 年 5 月出版的《国立浙江大学战地服务团报告书》所附团员名单统计,实际有 61 人。除助教支德瑜、丁徽分任正副团长外,团员有王侠、于彦人、于子三、于用德、张人信、潘道皑、邵柏舟、皇甫煌、周兴国、李志凤、夏惠白、尤天健、司徒炬勋、常亚雄、陈皓、万迪秀、陆星南、李忠福、杨惠莹、张天虹、葛云英、郑乃祺、马秀卿、曾守中、哈兰文、叶玉琪、温毓凌、陈耀宾、谢福秀、赵祚兰、张承炎、费仲华、严刘祜、王侠、陈尔玉、刘赓书、温邦光、陈明皓、朱葆琦、王湧祥、刘纫笙、蔡南山、李正心、石必孝、黄源荣、张瀚、韦作藩、钟一鹤、张尚情、赵桂潮、雷学时、郑国荣、胡金麟、王志铿、段秀泰、安粤、

① 《竺可桢全集》第 8 卷,第 303 页,上海科技教育出版社 2006 年版。
② 《竺可桢全集》第 9 卷,第 235 - 236 页,上海科技教育出版社 2006 年版。
③ 支德瑜、丁徽《战地服务团出征记》,《红岩春秋》2015 年第 9 期。

顾明训、姜国清、强德华等。①

第二次战地服务团的准备工作,较第一次更为出色。首先,在组织方面,服务团下设秘书处、联络、总务股、服务股;各股之下,又设文书组、联络组、通讯组、资料组、设计组、事务组、会计组、出纳组、交通警卫组、访驻组、救护组、文艺组、戏剧组、音乐组等。全体团员分为两队,每队之下设三个小队,共六个小队。从团长至每个团员,各有所属、各有所司,便于开展工作。其次,在工作原则、目的与内容方面,服务团亦制订了切实的目标:① 根据校长竺可桢等人的指示,工作原则有三:"一是服务以不失学为原则;二是以吃苦不生病为原则;三是牺牲以不伤身为原则。"② 工作目的有二:"一面在激励士气,提高战斗精神;另一面则唤起战区民众的警觉性,发动民众组训民众,使发挥军民合作的伟大力量,阻截敌人,并搜集将士们英勇杀敌的事迹予以报道表扬。"③ 工作内容为:"将成立军人服务部,并在行军必经各地设立军人服务站。"前者旨在推行军中文化、为士兵代写书信及缝洗衣服;后者旨在协助地方政府,供给边境部队茶水稻草,代雇挑夫与协助野战医院救伤、换药、看护。此外,并公演话剧,举行音乐晚会,供给军乐,激励作战情绪。② 再次,在经费方面,服务团也努力筹措。据团长支德瑜后来回忆:"筹措经费是一件大事。开展募款募物活动,得到遵义各界的热情支持,筹集的慰问金和慰问品,十之七八来自遵义各界的捐赠和两次京剧的义演收入。除了学校将团员的公费、贷金、伙食费一起拨交战地服务团外,还得到遵义学生服务处从学生自助金额内拨出的一笔经费,作为团员的生活补贴。"③ 根据《国立浙江大学战地服务团报告书》所列出的"决算表",该团在出发前共筹措经费153万余元,最终开支达到652万元。④ 最后,与第一次战地服务团一样,第二次战地服务团在出发前,也进行了服务训练,如战地救护、战地服务讲座、歌咏练习、剧目排练等。另外,根据预定工作内容,服务团还向同学募集了一些图书、信封等。战地服务团并请校中教授黄尊生和沈思严,分别为团歌作词、作曲。

此次战地服务团的活动日期,约从1月20日至3月1日。其服务地点,则为黔省贵筑县青岩镇、惠水一带,服务对象为第13军石觉部、第193师肖重光

① 《国立浙江大学战地服务团报告书》"附录",《决算表》《团员名单》,浙江大学1945年4月遵义印行。
② 乔青《浙大战地服务团唑出发赴黔南》,《贵州日报》1945年1月23日第3版。
③ 支德瑜《回忆浙大战地服务团》,《湄潭文史资料》第5辑,第159页,湄潭县政协文史资料委员会1988年版。
④ 《国立浙江大学战地服务团报告书》"附录",《决算表》《团员名单》,浙江大学1945年5月遵义印行。

部。服务团于1月22日到达青岩镇后,即开始工作。在青岩的工作内容主要有六项:一是到军队中进行宣传慰问,演出小节目,分发慰问品。二是设立军人服务部,内有图书供军人借阅,并设照片展览、棋类,并帮助士兵代写书信。据当时报纸报道:"该团现在青岩设立军人服务站,为推行军中文化,并设立军中图书室,以供给前线将士精神食粮。惟现有图书较少。"[1]三是访问青岩百姓及各界人士,召开座谈会,推动成立"青岩战时服务委员会"。这一组织的中心工作,是慰劳国军,供给军中所需粮草马料等物品。2月6日,服务团在青岩举行军政士绅座谈会,有团员20多人参加,决定筹组战时服务委员会,在春节期间扩大劳军,由当地政府捐出积谷,并购买肉类劳军。四是开展社教事业,由团员组织知识青年辅导队、儿童训练团及军官英语讨论班等,开展活动。[2] 五是出版《阵中快讯》和《士兵之友》油印小报,通过收听广播消息及自己撰稿,对士兵宣传抗日,鼓舞士气。六是排演话剧,在2月10日青岩军民联欢大会上,进行表演。

除青岩外,浙大战地服务团还于2月13日,派出30团员,赴惠水摆金镇一带,随193师开展工作,担任了士兵文化课的教育工作,并组织小型演出队,下连队进行演出。服务团还开设了一个小型军官训练班,由团员担任教员,"讲一点机械的原理和武器的知识"[3]。2月17—18日,服务团在当地参与一场大型军民联欢会活动。[4] 此外,服务团还办了一所小学毕业生和初中生补习班,为当地学生服务。3月1日,该团离开青岩,返回遵义。

对于这次服务团的活动,支德瑜评价道:"将近六十位同学志愿参加战地服务团,奔赴前线。这是他们爱国热情的体现,是值得称道的具体抗日行动。……战地服务团的组织和活动,对于学校里的同学和老师来说,给爱国救亡思想起了鼓舞作用。"[5]揆诸史实,这样的评价还是比较中肯的。

四、农经系战时乡村服务队

浙大在遵湄开展农村服务,最早始于1943年。当年暑期,浙大三青团组织

---

① 《浙大服务团重视将士精神食粮》,《贵州日报》1945年1月30日第3版。
② 《浙大战地服务团扩大春节劳军》,《贵州日报》1945年2月12日第3版。
③ 支德瑜、丁儆《回忆浙大战地服务团》,《湄潭文史资料》第5辑,第166页,湄潭县政协文史资料委员会1988年版。
④ 《浙大报务团已公毕返校》,《中央日报》(贵阳)1945年3月3日第3版。
⑤ 支德瑜、丁儆《回忆浙大战地服务团》,《湄潭文史资料》第5辑,第169页,湄潭县政协文史资料委员会1988年版。

曾"奉令在暑假期间组织农村服务队,宣传兵役,推行国家总动员,慰问出征军人家属等"①。但由于相关资料缺乏,关于此次农村服务的具体情况,暂不清楚。对于1944年、1945年浙大农经系两次组织的战时农村服务队,现留存下来的彼时资料,则有所披露。

(一)1944年暑期学生战时乡村服务队

浙大农经系创立于1928年,在全国专门以上学校中创系最早。战前,该系就与浙江有关农业部门合作,进行过于浙省农产运销及嘉兴、兰溪等县经济的相关调查。1938年浙大迁至江西泰和后,"本系与赣省当局合办泰和沙村示范垦殖场,开战后创办垦殖场之先声。"宜山时期,1939年暑假,农经系组织学生到广西宜山县莫村开展经济普查。"当时鉴于农村劳力之缺乏,乃立即倡组浙大学生助农收获队,实际辅助刈割禾谷,创国内学生服务之新纪元。"②浙大迁至遵湄后,农经系的办学规模有所扩大。在农学院院长蔡邦华和梁庆椿、吴文晖两位系主任的极力提倡下,农经系继承了以前注重社会调查的优良传统,组织师生在假期开展农村调查与农村服务。曾于抗战时期在浙大就读的杨达寿回忆:"农学院学生在一年级基础课结束后,加授七周暑假课程。二年级开始,分系授课,选定正、辅系,使学生在毕业后加宽受业面。暑假农村调查也是三年级农学院学生的无学分必修课,每个同学必须将课堂上学的理论知识付诸实践,从拟表、选样、实地调查,到资料整理、统计分析、撰写报告,每人都得以实践。"③

1944年暑期,浙大农学院与全国学生救济总会遵义分会联合组织学生暑期农村服务团,赴湄潭农村开展服务活动。该团名誉团长为农院院长蔡邦华,团长为农经系主任吴文晖,副团长为全国学生救济会遵义干事钮志芳。团员为浙大农经系三年级学生,共有16人,分为二队。服务地点为湄潭县庙塘、梭塘二乡,服务时间从7月21日至8月中旬,约20日。具体服务工作,厥分六项:(一)社会教育,如办理农民讲习会,附设民众问字及代笔处、民众阅览处,张贴有关抗战的壁报和标语等。农民讲习会由团员轮流担任通俗演讲,具体讲题有《农村服务的意义》《逢水作坝与发展农田水利》《逢山造林与保护森林的意义》《怎样防治兽疫》《怎样防治病虫害》《怎样增产粮食》《合作社的组织及其利益》《怎样组织农会》《怎样改善农村卫生》《怎样提倡正常娱乐》《什么是公民的权利和义务》

① 李杭春《竺可桢国立浙江大学年谱(1936—1949)》,第261页,浙江大学出版社2017年版。
② 《农业经济系速写》,《浙大学生》复刊第1期,1941年6月。
③ 杨达寿《我国早期生态昆虫学的奠基人——纪念前浙江大学农学院院长蔡邦华110周年华诞》,程家安主编《蔡邦华院士诞辰110周年纪念文集》,第228页,浙江大学出版社2012年版。

《有钱出钱和有力出力》等。（二）农业推广。一方面由团员张贴有关推广的书报和标语，另一方面则向农民介绍、发放优良水稻品种，种子由浙大农学院及湄潭农业推广所提供。（三）提倡卫生。由团员向农民宣传卫生知识，并在农家调查时随时劝导，如提倡开大窗户、清理沟渠、厕房与厨房之隔离、注意饮水与饮食之卫生等。湄潭卫生院还向服务团提供了少量药品，由团员分送农民。（四）举办娱乐活动。团员曾为当地农民举行一次音乐会，并表演话剧。（五）劳动服务，主要是协助征属助收助耕，并代写信件。（六）结合专业知识，开展农家概况调查。[①]

（二）1945 年暑期学生战时乡村服务队

1945 年暑期，浙大农经系继续组织了战时农村服务队，《国立浙江大学校刊》在 1945 年 6 月 16 日、7 月 1 日、7 月 16 日、8 月 16 日均进行了报道。此次农村服务队，仍由浙大农学院与全国学生救济总会遵义分会合组，蔡邦华、吴文晖、陆年青、钮志芳等四人担任指导。队员有徐容章、许国华等 20 余人，主要为农经系三年级学生。竺可桢在 1945 年 7 月 4 日记载："湄潭战时服务队学生徐容章来。……徐容章又谓战时服务队现有款廿万元，定于暑期下乡工作，职员中有徐容章、蔡绳武、向协五、李唤民、王玄经、温毓陵、蔡南山。"[②]服务队设队长一人，下设服务、调查及总务三组。服务时间为 7 月 24 日至 8 月 14 日，服务地点为湄潭县鱼塘乡。服务内容与上年基本相同，计分：（甲）民众教育，如出版墙报、主办短期补习学校、图书及书报展览、召开座谈会等。（乙）医药卫生知识宣传及设立简易诊疗处。（丙）农事推广及病虫害防治宣传。（丁）农村调查，如本乡概况调查（包括农村环境及有关农业经济制度）、个别农家经济调查（包括人口、土地、畜牲、作物及副业之生产借贷、家庭生活费）等。[③]

关于此次服务的成绩，《国立浙江大学校刊》曾提到："战时服务队下乡工作，颇有成绩，见稻子皆被稻苞虫所害，遂亲自下田领导乡人捕捉，乡人异常感激。"[④]时任浙大农经系讲师的赵明强，在后来回忆吴文晖时也说："1945 年 7 月浙大农学院与全国学生救济总会遵义分会合办暑期农村服务调查队，当时农经系主任吴文晖教授在农学院蔡邦华院长领导下，同陆年青教授及学救会总干事钮志芳一起任指导。农经系三年级学生为队员，开展了较有实效的农村服务。

---

① 《浙大暑期服务团出发农村工作》，《贵州日报》1944 年 7 月 24 日第 3 版。
② 《竺可桢全集》第 9 卷，第 446－447 页，上海科技教育出版社 2006 年版。
③ 《浙大暑假农村服务队出发湄潭乡间工作》，《贵州日报》1945 年 8 月 11 日第 4 版。
④ 《湄潭通讯》，《国立浙江大学校刊》第 128 期，1945 年 8 月 16 日。

当时服务的项目有:民众教育、医药卫生、农事推广及病虫害知识宣传等,很受群众欢迎,也颇得社会上的好评。"①

五、余　论

教育乃立国之本,战时西部高等教育之开发及边疆文化之普及,为国之先务,随着抗战的全面爆发,多所高校内迁客观上也使得西部地区高等教育事业获得了一个千载难逢的发展契机。抗战时期,国立浙江大学先后数次辗转播迁终至贵州在遵义艰难办学,为近代以来西部高等教育带来的一次难得的发展机遇,也为西部地区带来一批优秀的师资及丰富的人才培养经验,大大促进了战时内地高等教育的发展。就浙大在西迁数年间开展的教师讲习会来看,几乎每一年参训学员人数均在 120 名至 150 名左右,因此通过数次的暑期讲习讨论会一共培训了当地上千位的在职教员,参加过讲习班的教师占了当地中等师资力量的较大比例,这部分中学教师在短期的讲习培训中极大地提升了教育教学的技巧,也丰富了相关的理论知识,学员们经过严格培训考试毕业返回到工作岗位后,大多担任了中学校长或成为地方骨干教师,有的甚至成为省级、市级或县级教育行政部门骨干行政人员,从而带动了西部地方教育的发展,也为地方教育事业改进做出了一定程度的贡献。

本文从暑讲会、附中、战地服务团、农村服务队等四个方面,概述了遵湄时期浙江大学服务地方教育和社会的主要活动。浙大师生当时参与的地方教育服务和社会服务,当然远不止此。以地方教育服务来说,国立浙江大学还做了一些工作,尚有办理浙江小学、举办中学辅导会议和史地教育展览、担任家庭教师辅助家庭教育、办理中学教员进修,以及协助黔教厅,办理保送本省各县"从事小学或国民教育服务成绩优良之师范或高中毕业生"升入浙大师范学院等。②可以说,国立浙大师范学院对于内迁时当地中等师资的一系列培训,是充分考虑到了地方的需求,并与地方发展的智力需要紧密相结合。如结合了当时黔省中小学师资水平不高、缺乏专业训练以及社会教育匮乏等时机,适时开展了与现实需求相结合的中学教员暑期讲习会、小学教员进修班、民众社会教育服务等工作,在一定程度上推动了黔省地方师资的建设。以社会服务来说,另有演出戏剧、举办音乐会和运动会、街头宣传与募捐、慰劳过境军队、筹集禁烟经费

---

① 赵明强《怀念吴文晖教授》,《吴文晖教授纪念文集》,第 21 页,《吴文晖教授纪念文集》编辑组 1992 年印。

② 《教育厅选送师范学生入联大浙大肄业》,《贵州日报》1941 年 8 月 16 日第 3 版。

创办戒烟所等。限于篇幅,本文无法一一细述。应该说,这些社会服务或地方教育服务活动,是师生们在正常的教学、科研之外,不畏艰苦,克服交通不便、经费短缺、百姓文化落后等困难后得以完成的。

可以说,遵湄时期国立浙江大学所开展的一系列地方教育服务活动,秉承了"精进地方教师之学术、养成教育服务的精神"宗旨,既体现出了内迁高校积极在当地开展教育服务事业的积极风气,彰显了高等院校勇于承担社会责任的精神,也为战时内迁高校的地方教育服务注入了活力。抗战时期国家处于危难之中,面临着经费的支绌与办学资源有限的现实难题,但在"战时须作平时看"的教育方针下,各大高等院校对地方师资培育提升的事业却毫无懈怠,仍然积极承担起对地方师资培育、助益地方初等教育、开展战地及助农服务等重要使命。尤其在战时国家经济文化建设事业呈现低迷、教育事业得不到充分发展的历史背景下,战时内迁高校对于地方教育服务与社会改进的种种难能可贵的尝试,作为中国高等学府抗战救国教育实践的缩影,种种尝试极大地振兴了国家尤其是西部地区的教育事业,镌刻了战时高等教育"作育地方人才服务、增进战时教育之效"的理想,其中所彰显的大学所不能推卸、不能弱化的社会责任,与师生参与社会教育的服务精神,难道不是我们今日高等院校建设所应重视并与之回应的吗?

产教深度融合背景下高职
"课程思政"的研究①

杨　玲②

　　摘　要:"产教深度融合"与"课程思政"具有内在契合性,是立德树人和实践育人的一体两面,是高职人才培养的两大任务。产教深度融合将课堂教学延伸到课堂之外,这赋予了"课程思政"新的特色与活力。本文从产教深度融合背景下开展课程思政的研究,提出相对的践行路径,探索出更高效的教育方式,为社会培养高技能、高素质的高职人才。

　　关键词:产教深度融合;课程思政;立德树人;实践教学

　　新时代高职教育的任务与使命即"产教深度融合"和"课程思政",这也是高职人才培养的两大任务。产教融合的提出,将课堂教学延伸到课堂之外,注重实践学习的重要内涵,使思想政治教育方式更加多元化,这赋予了"课程思政"新的特色与活力。习近平总书记指出:"其他各门课都要守好一段渠、种好责任田,使各类课程与思想政治理论课同向同行,形成协同效应。"[1]

　　产教深度融合是系统化的知识体系,也是融知识、观念、精神于一体的独特文化形态,因其"产教深度融合"的理性精神而有生命,因其"课程思政"的文化自信而历久弥新。"课程思政是一种课程观,是将高校思想政治教育融入课程教学和改革的各环节、各方面,实现立德树人润物无声,充分挖掘专业课知识点中的思政元素,并不是增开一门课,也不是增设一项活动,而是课程承载思政,思政寓于课程,真正做到"润思政"而细无声"。[2]

---

　　①　基金项目:江苏省高等教育教改研究课题(课题编号:2019JSJG421)阶段性成果;校级"习近平新时代中国特色社会主义思想专项研究课题"(课题名称:产教协同视域下高职院校实践教学体系的探索)阶段性成果。
　　②　作者简介:杨玲,女,江苏海事职业技术学院副教授,研究方向:课程改革和职业教育。

一、"产教深度融合"与"课程思政"的内在契合性

"产教深度融合"和"课程思政"两者具有内在逻辑联系,分别从高职教育的本质和现代育人理念两方面阐述。

(一) 高职教育的本质上,两者是有机统一、相辅相成、缺一不可的

"产教深度融合"是指在产业部门和教育部门之间、实际生产经营过程和教育教学活动过程之间建立密切联系,发挥学校和企业双方优势,把以课堂传授间接知识为主的教育环境与直接获取实际经验能力为主的生产环境有机结合起来,进而达到培养高质量人才的目的。

"课程思政"以学生素质提升为目标,构建了全方位、立体化、分阶段、多渠道的学生素质培育体系。在产教融合各个利益主体之间真正实现有机融合,要从"物理变化"到"化学反应"的长期过程,需要地方政府从政策或制度层面不断加强供给和创新,全面提升职业教育治理能力和水平,持续激发职业教育改革发展的生机和活力。

因此,从高职教育的本质上,"产教深度融合"与"课程思政"两者都是培养高质量高职人才,"产教深度融合"注重从实践方面提升学生的素质培养,"课程思政"是理论方面提高学生的素养。两者相辅相成、缺一不可、是有机统一的整体。真正做到"知行合一,以知促行,以行求知,正所谓知者行之始,行者知之成"。

(二) "产教深度融合"与"课程思政"是践行现代育人理念的一体两面,即立德育人和实践育人

1. 立德育人

在党的十九大报告明确指出:"要全面贯彻党的教育方针,落实立德树人根本任务,培养德智体美劳全面发展的社会主义建设者和接班人……"[3]这一重要论述明确指出了立德树人是新时代高校教育的根本任务。

立德,是"明大德,严私德,守公德";树人,是"为共产主义奋斗终生"。"立德树人"是课程思政的根本价值追求,是"怎么培养人"的基本出发点。产教深度融合需要用"立德育人"的视野来关照产业的发展,这是专业教师从课程思政开展教育的立足点,也是落脚点。"立德树人"的开展不仅仅是理论教育,更要

采取多元的方式,将每一个学生都融入具体的实践之中。教育为本,德育为先。落实这一根本问题要求教育不仅仅传授知识给学生,培养技能,更要能够通过教师、教学过程、教学环境等多方面因素影响学生,引导学生树立正确的世界观、人生观和价值观。因此,从"立德树人"的视域下实现人才培养的育人路径是为解决"只教书不育人"的问题,让高等教育重归培养人的本位上来。

2. 实践育人

马克思所言,"生产劳动同智育和体育相结合,不仅是提高社会生产的一种方法,而且是造就全面发展的人的唯一方法。"[4]将人文素养和职业素养教育纳入人才培养方案的制订中,使学生能够于内心真正理解并在实际行动中真正践行"实践育人",引导学生刻苦提升自身专业技能,促成职业技能培养、职业精神和人文素养的养成和融合。通过产教深度融合,更好地培养高职学生的团队合作和技术应用能力。

产教深度融合是指育人方式上的融合和育人内容上的融合,是教育教学过程与生产工作过程的融合和生产与教学的融合。实践育人是为了实现职业精神和职业技能培养的高度融合,造就德才兼备的社会主义生产者和劳动者。进而实现教育育人、人的发展和经济社会发展的统一。

二、"产教深度融合"背景下高职"课程思政"的学理之思

"产教深度融合"政策的出台,让学生走出课堂,走进实践,增强了"课程思政"的灵活性,加深了学生对"立德树人"深层次认识。

(一) 由个体到共同体

产教深度融合是知识、信息和观念的重组,是知识和智力的发展,把大量多变的细节变成一个轴心,使各种经验和知识变得井井有条,这样对知识的重组是有生命力的,因为它和需要联系在一起的,它表现于行动,又在行动中重新调整,永远不会停滞。柏拉图曾说过,"教育的任务在于发现各人的特长,并且训练他尽量发展自己的特长,因为这种发展最能和谐地满足社会的需要。"

产教深度融合需各行各业协同完成,实现精准合作和协同共享。我们要引导学生各行其是,有了规则的约束,社会不会陷入无秩序的混乱之中,产教才能深度融合,要遵守规则,保持理性,分清是非。加强产教融合各主体的自律意识,发扬其奉献精神,自觉地提升高校产教深度融合的动力。行为主体相互影

响,相互渗透,又相互促进,共生融合,使得各不相同的异质的行为主体相互信任,相互交流,构成拥有共同目标的生命共同体。政府对产教深度融合全过程的介入活动日益全面和主动,政府从总体上对产教深度融合进行规划和指导,并亲自参与其中。在产教深度融合中,企业也担负着"立德树人"的重要角色,企业的指导老师要和教师一同担负起育人的工作,要帮助同学们在实习中深化自己的道德修养。

(二)由分立型到一体化

党中央始终高度重视高校思想政治工作,但在实际执行的过程中,却出现重视学科专业教育,轻视思想政治教育,还有部分教师认为,价值引领是思政课的义务和思政课教师的责任,专业课程负责的是知识传授和能力培养,是学生安身立命的重中之重,应该压缩思政课教学时间。因此,在教育理念上,缺乏对价值引领与知识传授关系的正确认识,存在思想政治教育与学科专业教育相分离。专业教育重视抽象的理论知识,忽视具体的情境创设、实践互动的参与式课程。

片面强调专业知识与技能教育现象,素质教育实际在高职人才培养过程中是被严重忽视的维度。"教师—学生"双主体在实践教学过程中的互动与耦合,不仅可以传达理性,而且可以促进道德成长,还对学生以后的德行培养会产生重要影响。"无论是从思想政治理论课教学还是从学科建设的需求来看,对教师队伍的知识结构都有新要求,要求来源于其他学科的教师能在知识结构多元集聚的基础上做出与马克思主义理论学科发展要求相应的新的分化、整合与超越。"[5]

由分立型到一体化即产业、行业与高职教育共同作为人才培养主体。对学校人才培养来讲,不仅是教育主体、课程体系、教学体系的"产教融合",而且也是校园文化、专业文化、课程文化、行业文化的"产教融合"。职业院校的人才培养必须紧跟行业需求和市场需要,企业在人才培养过程中扮演着很重要的角色,高职院校都在积极进行产教融合、校企合作,而且合作方式也越来越多元化。

(三)由价值中立到价值相关

习近平指出,"培养什么人、怎样培养人、为谁培养人"是教育的根本问题,强调了教育要服务于人的价值取向。思想政治教育曾经历过,是为了"人"还是为了"物"的问题上出现过分歧。哲学家罗素在科学与价值之间划出了一条明

六、其他

309

显的界线,曾说,"科学家只是关注事实而不是价值"诸如此类的命题。斯诺所描绘的"两种文化"导致"人的单向度"的片面发展,使"人"不是一个完整的理性的"人",而且"他们的想象力受到严重限制,使自己变得非常贫乏"。

工具理性和价值理性的争论,产教深度融合在人文领域的价值危机爆发,与缺乏必要的价值导入是有关系的。"产教深度融合"背景下高职"课程思政"必须由价值中立到价值相关,不仅是一个系统工程,更是一种跨界思维。从专业到产业、从教学到生产、从学校到企业、从学生到职业人,具体表现在学校文化与企业文化的融合、院校制度与企业制度的融合、创业与就业的融合、技术价值与企业价值的融合等各个方面。"产教深度融合"背景下高职"课程思政"教学从"单向灌输"向"合作协商"转换,其价值导向由"中立"到"相关"转换,对教学赋能提出了更高的要求。

三、"产教深度融合"背景下"课程思政"建设的原则

"产教深度融合"是一项长期性、艰巨性的国家战略任务,需要从宏观层面进行整体的部署,如何精准把握"产教深度融合"背后所蕴含的思政元素,把思政教育潜移默化地融入"产教深度融合"背景中,将思政元素嵌入到产教深度融合中而不破坏整个知识体系的整体性,使"产教深度融合"与"课程思政"同向而行,必须坚持以下原则,才能确保其良性发展。

(一) 坚持教育引导与实践养成相结合

在《民主主义与教育》一书中,杜威认为"教育就是生活、生长和经验改造,生活和经验是教育的灵魂。离开生活和经验就没有生长,也就没有教育"[6]。

产教深度融合是行动性与实践性相结合的先进教学理念。将产教深度融合理念下沉到课程,通过一系列改革,将企业现实项目的最新生产标准,技术流程的所具有的创新思维及方法,创业项目的内容设计,企业创业"元素"不断地融入教学设计,丰富、规划、制作行动导向的教学方法,培养学生独立思考的能力,不断提高实践的教学效果,提高学生的动手参与度与获得感,使学生真正参与到产教深度融合之中。将原本零散的、杂乱的、碎片化的、抽象的想法进行教学化改造与提升,拓展实践环节的教育教学功能,激励和支持学生广泛参与到产教深度融合之中。

在产教深度融合过程中,通过概念而学习,与"从做中学"是相反对峙的,通过概念而学习是注重教师应有的主导地位达到学习迁移的效果。从"做中学"

获得的间接经验远远赶超直接经验，从"做中学"中获得启发和成长对学生的实践能力培养更有益处。而且，学生能够在自主学习的过程中找到与未来工作之间的结合点和创新点，能更好地从容面对将来遇到的问题，实现教育引导与实践养成相结合的原则。

（二）坚持育人与育才相统一

习近平总书记说过，"人才培养一定是育人和育才相统一的过程，而育人是根本。"现代性无法抵御"经济人"的欲望和经济理性，功利主义给出的基本原则是"最大幸福原则"。在我国哲学体系中，重视"物"，但是"人"的地位被严重"遮蔽"，人的价值立场得不到主流哲学的辩护。由对经济价值的片面关注转变为对生态价值、社会人文价值的全面关注，在不同的价值维度空间，保持"必要的张力"。

"产教深度融合"背景下"课程思政"建设必须坚持育人与育才相统一，必须使产教深度融合中的"利润最大化"向"价值最大化"转向，产教深度融合与价值问题密不可分，它是由负载着价值取向的主体来实现和完成的。将人文素养和职业素养教育纳入人才培养方案的制订中，形成门门皆是思政课、人人皆是思政教师、个个都做思政工作的育人氛围。坚持"职业性"和"教育性"相统一，使高职教育越来越接近"人的全面而自由的发展"。育人与育才相结合，融合共生，相伴共长。以人的理性发展为目标，激发学生的学习兴趣并真正做到学做合一。

（三）坚持理智和道德的生长相统一

目前产教深度融合过于强调它的专业性，过于排斥一切，也就是说，过于注重技能或技术方面，而牺牲它所蕴含的价值和意义。教育的本质不是要助长于这种倾向，只教书而不育人，而是要预防这种倾向，"真正的教育就是智慧的训练"。因此，在产教深度融合过程中要坚持理智和道德的生长，即知德合一。杜威提到，"道德的目的是各科教学的共同的和首要的目的。""知道如何把表现道德价值的社会标准加到学校的教育教学中，这是十分重要的"。产教深度融合来源于社会生活中真实的情境教学，联系到具体的社会生活中，学生会更能感同身受体现到对实践的意义，这样产教深度融合就成为德育的重要组成部分了，"就具有积极的伦理内涵了"。[7]

"生活的道德"向"道德的生活"转变。道德的生活，就是把道德真正奠基于生活世界的基石之上，以生活世界为基点来考察和描绘道德，让道德紧紧围绕在生活世界中,"产教深度融合"背景下"课程思政"建设原则,要结合生活世界,通过生活世界来进行教育,最终实现或者达到预期的道德效果,实现向素质教育转变。坚持理智和道德的生长相统一要充分提炼其蕴含的价值基因,通过隐形渗透等方式,开展包含精神指引在内的综合素质教育。

四、"产教深度融合"背景下高职"课程思政"的实践路径

通过对"产教深度融合"和"课程思政"学理性分析和逻辑性建构,需是现实中践行具体路径,推动"产教深度融合"背景下高职"课程思政"研究。

(一) 强化专业知识与价值引领的"交融点"

"产教深度融合"背景下高职"课程思政"的视野必须从"知识性学习"转向"实践",将学生从"受教者"转向为"实践者"。强化专业知识对价值引导的"交融点",提供智慧的支撑、精神的导向、整体的理解与恒久的价值观。树立技术人文教育理念,方可避免"工具人"培养和"技术主义"倾向,培养全面自由发展的应用型技能型人才。

强化专业知识对价值引导的"交融点",在产教深度融合过程中,润物细无声的渗透马克思主义所秉持的科学精神、批判精神等,提升对错误思想的辨别能力,积极推进"知识体系向方法体系和信仰体系转变"。产教深度融合是蕴含着价值取向的实践活动,因此对其评价不仅是"认识论"的,也是"价值论"的,实现从概念到现实的转变,使"课程思政"教育内在化,融入学生的整个学习生活,面向生活,面向实践,将学习和做人融入一体,不仅要面向课本、课堂和老师,更要面向自然、生活和实践。

在产教深度融合过程中,把企业精神、价值观念、行为准则、道德规范潜移默化地融入"课程思政"中,比如联想的"创业创新、诚信正直"的企业文化,作为重要的思政元素融入课堂,提升"课程思政"的实效性,也可以让企业的员工参与"课程思政"建设,让学生在学校更直接更深入地了解企业文化,加速学生职业素质的提升。强化专业知识与价值引领的"交融点",加强实践教学力度,也可以引导青年大学生价值取向,在专业学习中培养学生脚踏实地的、务实的优良作风。

(二) 精准合作和协同共享的"教育命运共同体"

习近平指出,要"把思想政治工作贯穿教育教学全过程,实现全程育人、全

方位育人"[8]。构建协同育人的体制机制,深度挖掘专业教育课程和思政教育资源,统筹优化,形成思政课、专业课等课程由内而外的有机统一的课程教育体系。"课程思政"建设中专业课教师的主体责任,加强校内外资源整合,通过政府、企业、行业、高职院所形成的四螺旋互动合作模式,为高职院学生提供更宏观层面的资源和渠道。构建高职院校与政府、企业、行业"教育命运共同体"的建设。"教育命运共同体"中各行为主体相互影响,相互渗透,又相互促进,共生融合,使得各不相同的异质的行为主体相互信任,相互交流,构成"精准合作"的生命共同体。共同体中的每个组织的思想、才能与资金组合在一起,而且这些组织元素以正确的方式混合在一起,便于各组织元素之间相互发现与连接,共同创新,共同碰撞创客的火花。

加强对教师和企业导师的马克思主义理论培训。在"课程思政"的大背景下,每位老师都担任着"立德树人"的任务,企业导师不能仅仅满足于知识和技能的传授,要将德育理念渗入到专业课程之中,要充分发挥思政课教师与企业导师的共同指导作用。思政教师还必须了解专业、钻研专业,这就要求教学团队要相对固定,思政教师要根据自身优势,对接一个或多个专业。"产教深度融合"背景下高职"课程思政"的开发必须坚持多主体,教学过程是师生在情境中合作开发、共同建构知识的过程。

(三) 形成具有行业文化特色的"课程思政"教学内容体系

形成具有行业文化特色的"课程思政"教学内容体系,其价值取向则应该"坚持以实践知识为本位而非书本知识为本位、以实际工作过程为本位而非课程考试为本位、以实践教学为本位而非课堂讲授为本位的价值取向"。将企业项目的创新思维及方法,创业项目的内容设计,企业"思政"元素不断地融入课堂教学设计,丰富课程思政的教学方法,培养学生创新思考、创业实践等能力,不断提升课程思政的教学效果,激发学生的创造性思维,真正参与到运用创造新知识的过程中。产教融合就是要将校企两种文化融合,在校企利益共同体层面形成集体文化。对教学改革的大环境进行构建,确立教学本质与价值观取向,在教学改革中逐步融入产教融合理念。

产教深度融合是职业教育成功的基石,这对于指引高职院校人才培养瞄准产业链和价值链的中高端,将资源配置和人才培养的重心转移到内涵建设上,将起到及时、强大的导向作用。形成具有行业文化特色的"课程思政"教学内容体系,产业、行业、企业与高职院校共同作为人才培养主体,在专业技术技能传授的同时,进行企业文化精神与行业价值观的正确引导,对学校人才培养来讲,不仅是教育主体、课程体系、教学体系的"产教融合",而且也是校园文化、专业文化、课程文化、行业文化的"产教融合"。

(四)以多样化的教学模式拓展师生"互动空间"

高职"课程思政"形成了专题化、问题链教学以及理论教学与实践教学深度融合的教学特色,将自己课程中的重点转向课程思政教学,让学生们分享更多的对专业的社会责任,更多校企合作教学中的协作与创新。构建课前、课中、课后"一体化"课程思政教学模式,线下与线上相结合,课前、课中、课后三者串起来,开展混合式教学提升信息时代的教育质量,形成课前、课中、课后三者"贯通性"的高效课堂质量。

从"知识的隔离"到"知识的整合",产教深度融合背景下的高职"课程思政"是强调"教与学""理论与实践"和"教学与研究"的一体化,通过教学课程的设置,要求学生主动参与到教学过程,注重学生创新精神和能力,培养学生的职业能力、社会适应能力、终身学习能力、认知能力、团队协作能力和创新能力,引导学生养成严谨专注、敬业专业、精益求精的品质。

从"系统性"到"开放性",产教深度融合背景下的高职"课程思政"注重创新性,突出学生创新精神、实践能力和社会责任感的培养。注重综合性,注重基本理论的学习积累和学生复合型知识结构的形成,突出学生的全面发展以提高适应社会变化的能力。"做中学""学中做"的教育模式,不仅有利于学生理解深奥抽象的概念,更重要的是培养了学习者综合运用多学科知识的能力,注重了对高职人才综合素质能力的培养,包含了积极乐观向上的生活品格,教会其做人、做事的态度。

从学习"知识"转化为"实践智慧"的学习,产教深度融合背景下的高职"课程思政"开展立体式实践教学研究,通过对原有课程的改造与重组,推进"将知识转化为实践智慧的学习"理念,促进了"知—情—意—行"的"四环联动"和"理实一体"。

五、总　结

"产教深度融合"与"课程思政"都是新时代高职人才培养新的要求,最终目标都是为了实现职业精神和职业技能培养的高度融合,造就德才兼备的社会主义生产者和劳动者。

在"产教深度融合"背景下的高职"课程思政",同学们可以感受更为真实的教学情境,为高职思想政治教育提供了实践教学场所。"实践育人"和"立德育人"两者结合、一体两面、相辅相成,为社会培养高技能、高素质的高职人才。

参考文献:

[1][3] 习近平在全国高校思想政治工作会议上的讲话:把思想政治工作贯穿教育教学全过程,开创我国高等教育事业发展新局面[N].人民日报,2016-12-09(1).

[2] 高德毅,宗爱东.课程思政:有效发挥课堂育人主渠道作用的必然选择「J].思想理论教育导刊,2017(1):31-34.

[4] 马克思恩格斯选集(第1卷)[M].北京:人民出版社,2012:147.

[5] 徐蓉.思想政治理论课教师队伍建设的新态势与新使命[J].思想理论教育,2018(4).

[6][7] 杜威.民主主义与教育[M]. 王承绪,译.北京:人民教育出版社,2001:9,23,377,13.

[8] 习近平谈治国理政(第2卷)[M].北京:外文出版社,2017:376.

六、其他

我国高等教育评价与实践的
女性主义教育学反思①

敬少丽②

摘　要:教育评价的实质是价值判断,高等教育教学过程中知识的认知方式和知识的获得方式以及知识实践等过程都受到认知者的"境遇性"影响。当代女性主义教育学的最大贡献之一就是对知识生成、知识性质和知识实践的反思和批判,她们认为传统知识认同和获得途径无论在内容范畴方面,还是在知识的生成方法与知识实践上都充满了男性权威的思想、观念和意识,忽略并无视女性在知识掌握、知识认同以及知识创造中的重要作用。因此,本文基于女性主义教育学理论,通过对人类知识获得和知识建构中的性别问题以及对知识性质的二元划分论、客观主义、知识认同方式等方面的反思和批判,给我国当代高等教育评价的发展和研究以重要的方法论启示。

关键词:知识论;教育评价;女性主义教育学

一、引　言

在古希腊的哲学中,有关知识的生成、知识的获得以及知识的实践等问题已经引起了当时人们的广泛关注和重视,如苏格拉底关于知识的基本思想就是将伦理和道德构建于知识的基础之上,他的名言"美德即知识"则充分反映了他的知识论的基本思想;而柏拉图首先提出了什么是知识的问题,并在《泰阿泰德篇》中给出了知识的定义,认为知识就是得到了证实的"真"的信念。近代社会,西方哲学的发展方向开始了"认识论转向",笛卡儿、斯宾诺沙、洛克、莱布尼茨等都将关注的焦点集中于知识论上,自此,开始了有关知识论问题的研究。③

---

①　基金项目:教育部人文社会科学研究一般项目(编号:19YJA720004)

②　作者简介:敬少丽,南京师范大学教师,教育学博士,硕士生导师,研究方向:高等教育与性别教育。

③　笛卡儿的《第一哲学深思录》、斯宾诺沙的《知性改进论》、洛克的《人类理解研究》、莱布尼茨的《人类理解新论》等著作,都是研究和讨论认识论或知识论的重要著作。

自 20 世纪 60 年代始,女性主义教育学研究者和实践者就在学术界以其独有的研究视角和研究方法,对有关现代教育的一些主张、论点、影响乃至现代教育的不足进行了深刻的剖析、探索和研究,提出了她们自己的教育主张和教育观点。女性主义教育学不同于一般学校教育所要求的统一化、标准化、一致化、客观化等以男性经验为主的知识与真理标准,致力于将不同的声音、经验、生命体验、生活体验、成就贡献以及历史贡献纳入教育教学实践活动中,从而强调当代教育评价领域不平等的权力关系的认知,创造一个指导教师进行公平教育教学和教师如何进行教育教学的理论脉络。

二、传统教育中的知识观

(一) 知识是如何生产的?

康德在其著名论著《纯粹理性批判》中强调知识论是研究有关认识的起源、范围和客观的有效性,也就是从研究认识的起源——感性和理性开始,到研究认识的有效性——知识的普遍必然性和客观有效性等,并以此来断定认识的范围是否是在可见的现象、经验的范围之内。[①] 而笛卡尔式的教育哲学认为任何知识的产生必须要有合理的基础,所有知识都必须要预设前提和条件。这种知识产生的理论认为知识能够呈现出具有一定基础和上层建筑的结构,坚信存在永恒不变的知识基础和知识框架,以此确定理性、知识、真理、正义、善恶的性质。由于人的感觉是人与外界的唯一联系,因此直接产生于感知觉的某些基本信息就是自明的,无须进一步辨明,这些基本的感知信息就成为最终的辨明基础。所以无论学者们从何角度去解释知识论,他们都是围绕着共同的主题——知识的本质、范围、结构以及标准等问题来进行探讨,所以,知识论实质上就是关于知识的起源、知识的性质、知识的范围、知识的结构、知识的标准以及知识产生的规律等问题的研究。[②]

(二) 知识具有客观性吗?

从知识评价的角度看,客观性有两方面含义:一方面是指某一理论真实反映了现实世界的本来面目,这一反映不受人的主体性、主观愿望以及各种欲求所影响;另一方面是指要想获得真正的知识(真实世界的本来面目),认知者必

---

① 康德.纯粹理性批判[M].北京:商务印书馆,1960:74-85.
② 金岳霖.知识论[M].北京:商务印书馆,1983:1-10.

须凭借自己的理智,才能获得真实或真正的知识,并且在这一获得真实知识的过程中,认知者的感知觉和情感丝毫没有发挥任何作用,同时必须要摆脱情感的干扰才能完成知识的建构并获得真正的知识。同时,传统知识论认为知识是价值中立的,任何科学理论和科学知识是不受社会运动和社会价值影响的,也不对任何非认知对象进行价值判断,更不为任何特殊的非认知价值服务,当然知识也就是非政治性的。因此,强调要遵循理性证明和客观研究方法来阐释知识、知识产生过程,以及解释真理。

(三)什么是知识的范式?

传统的教育哲学将知识论中的命题知识看作是知识的范式,主张所有的知识都必须要有合理的基础,而且所有的知识必须能够坚定地基于某一组预设前提或条件,并且认为任何具有基本认知能力及感官的人都可以平等地获得这些知识;以普遍的有效的方法探究世界的真实面貌,追求客观事实。同时,传统知识论所主张的客观的、理性主义的认知模式,以及以普遍的、价值中立的客观性作为最高目标;要求认知者排除所有的主观的、境遇的、价值的个人因素。

(四)知识是如何体现女性的?

自笛卡尔以来的知识论就认为女性没有理性,社会结构中只有男性才是重要的;只有男人才是知识的创造者和主体。因此,主客二元分立模式的日益强化,使事物被人为地分成对立的两方,如客体与主体、客观与主观、理性与情感、男性与女性等,并赋予客体、客观、理性、男性要比主体、主观、情感、女性以更高的社会地位和价值。在教育知识论上,认为客观知识优于主观知识,理性优于情感,男性优于女性。由于这些对立的方面是相互联系的,不仅客观、男性、男性气质和理性是相互联系的,而且主观、女性、女性气质和情感之间也存在着一种对应和隐喻关系,使得与男性相对应的范畴成为主流社会所肯定、赞扬和接纳的品质,而与女性相对应的范畴在成为主流社会否定、批判、贬抑的对象。

三、女性主义教育学有关知识论的反思对高等教育评价发展的影响

高等教育评价的过程在本质上是一种社会价值判断的过程,依据高等教育评价者的立场、观点、价值理念、思维范式等,对高等教育教学的各种现象所呈现出的各种社会价值进行判断和推理;采用多方面的科学技术、科学方法和手

段,对高等教育教学活动或高等教育教学现象进行价值判断,并为优化我国高等教育发展的决策提供合理的依据。为了促进个体的全面成长及其学业的学习,女性主义教育学鼓励学生积极挑战社会传统文化的价值系统、鼓励学生努力寻找各个学科内容与个人经验的联结和关系,在广泛的社会参与观点的社会情境下支持并帮助每一位学生的学习参与和成长,以检视教与学的互动过程,以使每一个学生的认知学习与情意发展能有所结合并发展。

(一) 对高等教育评价模式的影响

基于女性主义教育学从不同的角度、不同的方法、不同的层次,对知识评价进行了反思和批判,因此也就形成了不同的女性主义教育学思想和观点,特别是后现代主义女性主义教育学。后现代主义女性主义教育学运用后现代主义的思想观点,认为任何知识的基础尽管来自于共同的历史、传统、文化,但知识来源并没有任何一个固定的基础。她们认为知识是多元的、知识是异质的,且人们获得知识的途径也是多元的。[①] 因而,女性主义教育学者否定对个人知识获得的认同持有固定不变的、统一的观点,女性主义教育学者认为人们有权利可以选择从其自身文化、民族、种族、阶层、社会性别等观点去思考,来认同知识的获得。女性主义教育学对知识的评判,其核心议题就是探讨社会性别是以何种方式来影响知识的产生和知识的获得,又以何种方式影响人们的认识主体、主体认同与认识实践的。女性主义教育学者认为,从事教育研究工作的任何人都应该有责任通过对传统知识论的反思与批判,努力对知识概念、知识性质和知识的实践方式进行有效改革,从而使这些知识概念和知识实践服务于女性及社会边缘群体的利益;同时,女性主义教育学者指出女性研究者要用自身特有的经验和认识能力去证明并争取自身作为研究者的合法地位,从而改变知识界中的社会性别歧视和社会的不平等。因此,在女性主义教育学对知识生成和获得途径的反思和批判中,学校教育工作者应该清醒地意识到学习者对知识的真正理解只能是由学习者自身依据自己的经验背景和认知取向而建构起来的。女性主义教育学强调教育评价要对教育社会现象的多元化、异质性的理解,放弃对同一性、统一性的追求,学习过程中不同的学生出于不同的个人经验、不同的认识立场、不同的种族、民族以及不同的文化,对同一事物和现象的理解是多元化、多样化的。多元化的知识建构在一定程度上弱化了科学知识的权威性,不同类型、不同性质的知识之间应该具有平等的关系,因而,学校的教育评价模

---

① [法]让·弗朗索瓦·利奥塔尔著.后现代状况——关于知识的报告[M].车槿山译.生活·读书·新知三联书店,1997:14-20.

式和教育评价指标也应该向着多元化和人性化的方向发展。所以,高等教育评价的内容要丰富,高等教育评价的指标要多元,不仅关心大学生的真理知识的掌握,还应该关心大学生的幸福生活。

(二)对教育评价标准的影响

女性主义教育学者认为,教育之所以传递着那些不利于女性和弱势群体发展的"男性化""男性中心"的知识和知识结构,原因有二:一是因为对知识的产生的观念不同。传统的知识论认为,知识是由男性创造的,只有男性的历史、经验才是真正的客观的知识,而女性的历史、经验是主观的、情绪化的,所以理性优于情感。二是女性主义教育学者认为知识的产生、知识创造和知识实践都是带有一定的境遇性的。认知者总是依据一定社会的、历史的、文化的、社会价值的观念,在自己的理解与解释的框架中认识世界,形成对世界的知识,认知者以及认知过程都是处于一定的情境之中,而认知者是认知过程和认知结果的组成部分。[①]所以,女性主义教育学认为学生认识世界的过程、获得知识的过程以及知识认同的过程,都与他们/她们的情感、态度、兴趣、个性、价值、世界观等密切相关。因此,在高等教育教学中知识的传递要联系大学生的个性、情感、兴趣、态度等。与此相联系,高等学校的教育教学评价的理念和价值不应再把知识学习和知识获得看成是学校教育唯一的目的和任务,也不应再将学校的教育教学视为一个学生获得知识和认识知识的唯一的过程。高等教育教学评价的重要意义和作用就在于为每一个学生创造一个与知识相遇的情境,在这一情境中教师耐心帮助学生以知识作为探究的起点去认识世界,掌握真理。高等教育教学评价更应关注每一个大学生的健康发展,帮助大学生在对知识的掌握、理解和创造过程中去追求做人的自由和精神。

(三)对教育评价内容的影响

女性主义教育学者认为,高等学校中的课程设置和课程内容大都是围绕符合男性中心的价值体系而设置的,整个学科专业课程知识的选择模式主要是由男性创造和规定的,从高等教育研究领域、内容、方法和手段等方面来看,注重男性所关注的问题领域,而忽视或排斥了女性和其他边缘群体所拥有的经验和感受,因而课程中几乎看不见有关女性世界和其他边缘群体的内容,课程所选择的内容与父权制的社会文化之间结成了某种内在的联盟,它直接体现了父权

---

① Worley Sara, *Feminism*, *Objectivity*, *and Analytic Philosophy*, in Hypati, Bloomington: Summer 1995, p.138 - 150.

制社会的思想、意识和观念。关注社会性别平等的女性主义教育学者也研究发现,大学中所使用的专业学科教材、课程大纲、课程选择和学生的学业成绩都体现并渗透了男性中心的价值。因此,在学校课程体系中有关具体学科的选择上所存在的性别上的差异,在一定程度上不仅对女生的学习成绩有不良的影响,而且也会抑制女生在学习上的期望。不仅如此,女性主义教育学者还认为,任何历史文明过程都积累了大量的文化知识、观点和价值,但是学校却只选择了其中代表着主流文化的一部分,而主流文化是男性文化。因此,高等学校教育教学的内容也只是选择社会主流文化的一部分,即学校里选择的是以男性文化为中心的知识、观点和价值,所传授的知识也都具有男性化的特点。

小 结

女性主义教育学对个人经验的重视源自于对已经被广泛接受的父权思想与真理的质疑和思考,这也是女性主义教育学的重要信念。由于个人经验与情感是知识学习和知识掌握过程的重要因素,为了能提供给学生更加真实、更加纯洁的学习经验,女性主义教育学强调个人经验及情感是知识的来源,积极寻找教学过程中的情感和意识。因此,教育评价要打破学校教育过程中教师是知识的控制者,学生是知识的被动者这一现象,使得课堂和校园为每一位学生提供独立性、自主性和自由的想象空间。

参考文献:

[1][美]约瑟芬·多诺万.女权主义的知识分子传统[M].赵育春译.南京:江苏人民出版社,2003:48-52.

[2][美]贝尔·胡克斯.女权主义理论:从边缘到中心[M].晓征、平林译.南京:江苏人民出版社,2001:59.

[3][美]罗斯玛丽·帕特南·童.女性主义思潮导论[M].艾小明译.武汉:华中师范大学出版社,2002:175.

[4]阿普尔.意识形态与课程[M].黄忠敬译.上海:华东师范大学出版社,2001.

[5]Weiner, G(1994). Feminism In Education:An Introduction. Bristol:Open University Press.

六、其他

一核三链:影视类专业群综合实践教学体系建设

——基于南京传媒学院教学实践评价改革的思考[①]

谢　蓓　于丽金[②]

摘　要:基于对南京传媒学院自办学以来综合实践教学体系的改革经验,思考并归纳了影视类专业群"以协同育人"为核心,以"素质养成、跨专业学习、创新创业"为实现路径的"一核三链式"综合实践教学体系建设方案。对影视类专业群建设逻辑和综合实践教学体系的构成进行梳理,进而总结了教学理念与评价体系的创新。为新文科背景下的影视专业建设、教学改革和特色化、差异化人才培养方案的制定提供一种参照。

关键词:一核三链;影视类专业群;综合实践教学

南京传媒学院贯彻国家和江苏省关于本科教育工作精神,坚持立德树人,坚持"以本为本、四个回归",以服务区域经济社会和学生全面发展为根本要求,构筑能够促进学生素质、知识、能力协调发展的教育体系,深化专业综合改革,优化专业结构,推进新工科、新文科建设,改造提升传统专业,打造特色优势专业,加强专业集群建设。

南京传媒学院影视类专业群以影视产业集群理论、影视产业链和专业人才需求为设置依据,包含广播电视编导(江苏省一流专业)、戏剧影视文学(校级一流专业)、动画(校级重点建设专业)、戏剧影视导演、影视摄影与制作、数字媒体艺术六个专业,以广播电视编导专业为核心,引领和凝聚其他专业的建设与发展,整合专业建设资源,提高办学效益,适应影视产业融合发展需求,更加有利于学生全面发展。

---

①　本文在江苏省高等教育学会 2020 年学术年会上作了专题报告。

②　作者简介:谢蓓,南京传媒学院科研处处长,副教授,中国传媒大学广播电视新闻学博士,南京大学新闻传播学院博士后;于丽金,南京传媒学院戏剧影视学院副教授。

一、影视类专业群的建设逻辑

互联网＋时代的影视产业链呈现出多层次、多渠道、网络化、信息化的综合市场格局，制作、发行、宣推等环节逐渐融合，影视人才迫切需要输送新鲜血液，注入新的活力。传媒类高校专业群建设须依托产业链结构而立，南京传媒学院围绕互联网＋时代影视产业生态环境，整合创意策划、文本写作、编导摄录、剪辑特效、宣发营销等课程资源，多年来蓄力积累，强化师资团队建设，精耕实习实践平台，注重整合各类网络教学资源，构建符合办学定位和培养目标的品牌化、特色化的影视专业集群。

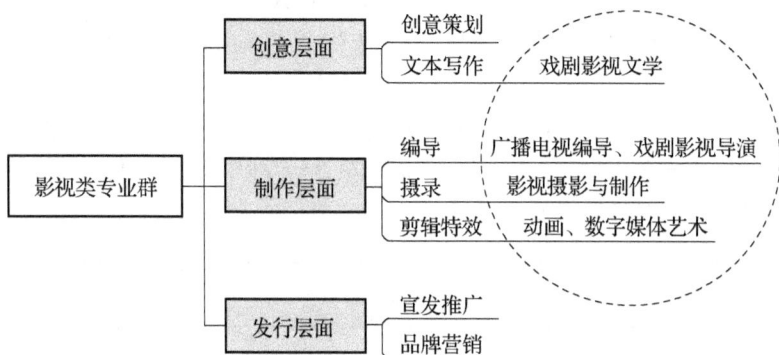

图1　南京传媒学院影视类专业组群逻辑

广播电视编导专业下设电视编导、文艺编导、网络视听节目编导三个方向，2019年入选江苏省一流本科专业，已初步形成了具有国内本领域专家领衔，师资职称与学历结构合理、教学和业界经验丰富的团队，具有长期、紧密的媒体行业资源，形成了示范性"教产学一体化"的实践教学模式。

戏剧影视文学专业注重人才培养的多元化和前瞻性，如开设网大网剧、网络综艺、短视频、教育戏剧、影视策划等与行业动态紧密相关的教学内容。拥有资深编剧/作家杨利民、王阿成、张嘉佳等领衔实践教学师资团队，选拔学生进入"名家大师班""名人工作坊"等进行创作实践。该专业2019年入选南京传媒学院校级一流专业。

动画专业培养具备深厚的文艺素养、影视创作理论知识，能够从事各类动漫创作的专业人才，其中尤其重视动漫原创能力的培养，课程涉及二维动画、三维动画、动画衍生产品的创意开发、前期设计、中期制作、后期发行等。教学中注重引导学生结合市场动态与自身特长，完成动漫短片或造型的开发与创作，具备较强的市场竞争力。该专业 2019 年入选南京传媒学院校级一流专业。

戏剧影视导演专业立足于培养通晓视听语言,具备剧本写作与影像叙事能力,能够在新媒体时代从事电影、电视剧、纪录片、戏剧等编导工作的复合型创作人才。毕业生活跃于影视创作领域,已取得了明显的成绩,正逐渐成为影视行业的生力军。

数字媒体艺术专业培养具备深厚的文艺素养、影视创作理论知识,能够从事各类视频、影视特效和交互产品创作的专业人才,其中尤其重视影视特效制作能力的培养。课程涉及特效影片前期策划、中期拍摄、后期合成与特效制作等。

影视摄影与制作专业有电视摄影、航空摄影、照明艺术三个专业方向,培养具备摄影与照明专业技能,并符合时代发展与市场需求的应用型、创新型人才,结合国际摄影教学的多方经验力量,着眼影像艺术未来发展趋势开展教学实践活动。

以上六个专业,从人才培养和就业岗位上能够相互支撑,联系紧密,优势互补,形成以"协同育人"为核心,以"素质养成、跨专业学习、创新创业"为实现路径的"一核三链式"综合实践教学体系。

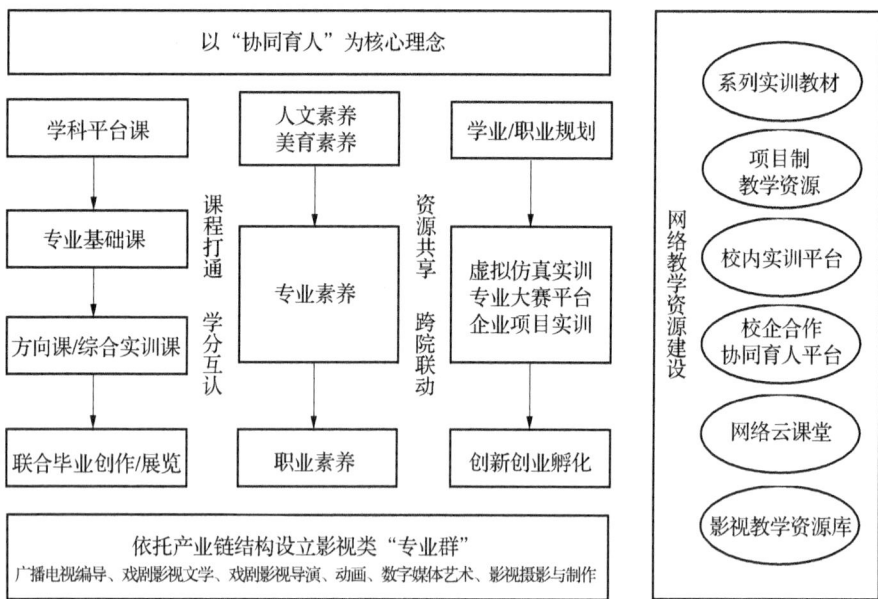

图 2　影视类专业群"一核三链"式综合实践教学体系

二、影视类专业群综合实践教学体系的构成

(一)专业群人才培养目标

南京传媒学院作为江苏省内唯一一所传媒艺术应用型大学,始终坚持应用型人才培养理念,着力构建产教融合、校企协同育人机制,面向传媒和艺术领域,培养具有社会责任感、较高的综合素质、全媒体视野和实践创新能力的应用型创新人才。影视类专业群在此基础上,结合各专业特色、优势及市场需求,设定了专业群总体人才培养目标和定位,并在校院两级中远期发展规划中予以贯彻及落实。

专业群注重培养学生具有艺术学、戏剧与影视学和新闻传播学的交叉复合知识结构,掌握戏剧影视传播的基本理论与影视节目制作的专业技能,拥有社会责任感、国际化视野和较强的全媒体实践能力,为广播电视媒体、影视公司、视听网站、文化艺术演出团体等机构,输送各类影视节目策划、编写、摄录、导演与制作的应用型、复合型、创新型高级专业人才。

(二)培养体系

1. 课程设置

专业群采用学科平台课、专业基础课、专业选修课和公共选修课的模式,在学科平台课、专业选修课、公共选修课实现课程打通和学分互认;精选共享的专业群公选课,既兼顾群内专业宽度,又体现专业群特色的深度,同时考虑不同专业学生的差别分别制定课程大纲和教学计划。专业群各专业课程实践、集中实训、素质拓展及创新创业课程总学分平均为 51.16,占总学分比例 31.98%(表 1)。

表 1　影视专业群各专业实践学分结构及占比(2019 版培养方案)

实践教学环节		第一课堂			第二课堂		总　计
		专业必修课	专业选修课	集中实践环节	素质拓展	创新创业教育	
广播电视编导	学分	16	12	13	6	4	51
	占比	10%	7.5%	8.1%	3.75%	2.5%	31.87%
戏剧影视文学	学分	22	8	13	6	4	53
	占比	13.75%	5%	8.1%	3.75%	2.5%	33.13%

六、其他

续　表

实践教学环节		第一课堂			第二课堂		总　计
		专业必修课	专业选修课	集中实践环节	素质拓展	创新创业教育	
戏剧影视导演	学分	24	0	13	6	4	47
	占比	15%	0%	8.1%	3.75%	2.5%	29.38%
动画	学分	16	14	13	6	4	53
	占比	10%	8.75%	8.1%	3.75%	2.5%	33.13%
数字媒体艺术	学分	16	13	13	6	4	52
	占比	10%	8.1%	8.1%	3.75%	2.5%	32.5%
影视摄影与制作	学分	27	11	13	6	4	51
	占比	16.87%	6.87%	8.1%	3.75%	2.5%	31.87%

专业群建设着力打造又专又精的专业基础课程和综合实训课程,并对群内其他专业开放资源共享,设定为专业选修课程(表2)。如剧作基础课为戏文专业基础课程,可作为编导、动画专业选修课程等。

表 2　影视类专业群实践课程资源共享情况(2019 版培养方案)

课程名称	广播电视编导	戏剧影视文学	戏剧影视导演	动画	数字媒体艺术	影视摄影与制作
视听语言	★	★	★	★	★	
镜头分析与应用			★	★		★
摄影与摄像	★	★	★		★	★
画面编辑	★					★
非线性编辑	★	★	★		★	★
影视特效与制作	★		★	★	★	★
影视音乐音响		★	★	★	★	
录音技术	★		★		★	
照明技术	★		★			★
纪录片创作	★		★			★
电视节目策划	★					★
剧本写作	★	★	★	★	★	★
导演类课程	★	★	★			

课程名称	广播电视编导	戏剧影视文学	戏剧影视导演	动画	数字媒体艺术	影视摄影与制作
表演类课程	★	★	★	★		
舞台美术类课程		★	★			
大师工作坊	★	★	★	★		★
毕业综合实训	★	★	★	★	★	★

2. 培养过程

专业群在人才培养过程设置上采用"1＋2＋1"模式,即大一为人文素养和美育素养教育阶段,大二大三为专业素养教育阶段,大四为职业素养教育阶段,拓宽专业能力培养的时空资源,实施"全过程、全环节"培养,积极培育"青春向上、求是尚美"的大学文化,坚持"德育为先、能力为重、全面发展、尊重个性"的育人导向,重视人文素养教育和美育素养教育,提升学生的审美素养,激发创新活力。

3. 学年专业考核制

各专业在第 2、4、6 学期设计一门具有综合评价效果的实践类课程,作为学生本学年专业考核课程,该门课程须与前修课程具有紧密衔接关系,并能将同学期其他课程知识和技能综合运用于最终结课作业中,作品类型、合格标准均有明确要求和量化评价指标。

4. 联合毕业设计

专业群均设有综合创作的联合毕设课程,由各专业教师进行联合授课,开题阶段由各学院遴选优质选题,包括剧情片、纪录片、广告片、微视频、动画等形式,推选优秀学生进入联合毕设团队,跨学院形成联合毕设指导教师组,指导学生完成策划、文案、摄制、宣推等全流程毕设创作环节。每年 5 月举行校级联合毕业展,并向行业推荐优秀作品和优秀毕业生人才。

(三) 师资建设

专业群骨干师资实现跨界发展,业界师资进入课堂,本校师资进入实践,建构教学—实践"直通车",充分发挥合作媒体、互联网企业资源优势,聘请媒体业务骨干担任兼职教师,包括资深编剧/作家杨利民、王阿成、张嘉佳,《东方时空》

六、其他

327

《焦点访谈》栏目制片人刘爱民,著名摄影师焦波、钱元凯,著名导演李文岐,著名演员陶慧敏、程愫、王洛勇、张国强,著名摄影家解海龙、著名演员阿米尔·汗、西班牙巴塞罗那大学教授 Alfonso de Castro、法新社高级编辑 Christophe Loviny、德国纪实摄影师 Michael Ende、日本 NHK 电视台导演铃木肇、当代漫画泰斗千叶彻弥、好莱坞顶级动画大师 Max Howard 等,通过名师工作坊、小学期实训教学和专题讲座等形式,始终保持教师团队的专业知识和实操能力与一线业务发展同步。

学校设置专业群带头人,统领专业群建设及师资队伍管理,专业负责人和骨干教师不仅在教学上有亮点,还要在社会服务上有影响力,课堂中是教书育人典范,课堂外思政引领,实现全方位育人的同时,服务于当地传媒经济发展,创造社会效益和经济效益。

在师资考核及奖惩制度上,对参与专业群组共建项目和课程改革的教师给予相应的工作量认定,对联合创作、联合毕设作品获奖的教师给予适当奖金鼓励和职称晋升优先权。

(四) 教学资源建设

1. 实践课程教材建设

《视听语言》《摄影构图和用光》《电视文艺节目编导》《广播电视节目策划》《纪录片创作实训》《广播文艺专题节目编辑与制作》《照明语言与技法》《电子游戏创意构思与实现》《电子竞技游戏用户需求分析》等多部实践课程教材已完成出版。

2. 项目制教学资源

采用三种项目教学形式:

虚拟仿真项目,专业实践课程中设置诸如模拟媒体节目制作、网络综艺节目创作等。

专业赛事项目,专业实践课程中组织学生参与大学生广告节、各类短视频大赛、电影节等。

真实业务项目,专业实践课程中直接引入媒体、互联网公司、短视频公司、影视公司等内容创作,铺设出一条"项目成果—作品—毕设—就业"的实训路径。

3. 校内实习实训平台

学生从课堂到课外,在专业工作室、"三七电影节""十二月影像季"等校园活动、杰出校友论坛、校院媒体中心、寒暑假小学期实践、读书观影活动等各类实践领域,积极踊跃锻炼,实现综合素养的提升。

4. 协同育人平台

与华夏视听、英皇娱乐、爱奇艺、梨视频等几十家国内知名传媒与文化艺术机构建立了战略合作关系;在华东地区地市级以上广播电视台布局了产教学研合作平台和教学实践基地,设立了爱奇艺内容研创中心、戏剧影视研究所、航空摄影研究所、融合媒体研究中心等教改及科研机构;与义乌文化共建短视频创意制作研发中心,聚焦短视频相关领域人才培养、技术支撑、创意产出,达人素养培训;与江苏省美术馆、北京市怀柔区融媒体中心、江宁区融媒体中心、原力、西西里传媒、朗辉光电、唯优印象传媒、江苏中天龙传媒等公司共建专业,实施订制式、嵌入式培养,坚持植根传媒、开放办学,以产教学研合作推进行业资源整合和社会服务,扩大专业群影响力,促进招生、教学与就业的良性循环发展;对接国家级、省级双创大赛"创青春",师生团队申报国家级大学生创新创业训练计划项目,获得相应的场地、投资和政策扶植,实践教学以创业带就业,以产业创新倒逼教学改革,实现共建双赢。

5. 网络教学资源

与超星共建"一屏三端"智能教学平台和影视专业教学资源库,提供课程资源上传、下载、检索、浏览功能、教师作品评价功能,教学过程数据统计和用户使用数据统计功能,实现专业群教学资源共建、共享、共用,同时资源管理平台与网络教学平台打通,使资源更好地应用于教学;与影视公司、动漫公司共享云课堂教学资源,辅助专业课程教学,定期进行师资培训,充分利用互联网资源共享优势,进一步扩大优质教学资源覆盖面。

三、影视类专业群综合实践教学的理念与实践创新

(一) 提升定位,优化培养目标

影视人才的培养目标是一个动态的概念,应随着数字技术的革新、影视产业的变化而适当调整。跨屏时代的到来,颠覆了业已成型的影视美学,从根本上冲击了影视教育的理念,召唤影视人才培养模式的全速更迭,需要我们站在时代的前沿进行具有前瞻性和预见性的人才培养目标的设定。当前新文科建

六、其他

设的背景,为影视人才的培养提供了全新的专业促进和拓展的契机。

南京传媒学院具有灵活的办学机制,拥有良好的影视专业生态环境和专业氛围。在此基础上,对全校影视类专业群综合实践教学进行交叉组合、融通建构,明显提升专业定位,切实优化应用型、复合型、创新型的人才培养目标。

(二)服务社会,反哺影视行业

跨屏时代背景下,影像的叙事模式、影像的呈现方式、影像的认知体验都在发生着极速的变化,触及到影视创作、生产与接受的全过程。在本方案中,行业前沿课程为学生提供了开阔的前瞻性的视野,创新创业实践课程为学生提供了影视行业职业素养和技能,订制式校企合作项目为学生创造了提前熟悉行业的契机。

专业群构建起"跨界联动、平台共享"的实习实践资源,打通影视专业人才输送渠道,提高专业对口就业率,切实为影视行业提供持续、稳定、优质的专业人才,体现了影视类专业群长远发展的根本动力和生命力。

(三)强化管理,提升培养质量

基于影视产业链"全环节"的思路,在综合实践教学中贯彻"全流程"人才培养的教学过程,强化目标管理和过程管理。本方案制订了一系列适合、实用的实践教学管理制度,以平衡艺术类学生个性张扬、思维发散的特点,解决影视实践教学过程中过分强调个性培养和自由发展,却对规范的教学制度管理存在不理解和执行难的情况。例如实践教学管理制度、校企合作项目管理办法、选派教师赴媒体实践的管理办法、校外教学实践活动安全管理制度等。

(四)科学评价,增强创作成就

影视类专业在实践教学过程中,过于依赖"师徒制""传承制"的方式,实践指导教师"既是教练员又是裁判员",习惯性以最后的作品作为唯一结果进行评价。往往容易出现评价标准不清晰、评价结果相对单一、局限性较大等问题,既挫伤了学生创作的积极性,也不利于增强教师的实践教学热情。实践教学评价结果不是为了惩戒学生或者教师,而是为了提升实践教学的质量,遴选优质、专业的作品推向更高的平台,增强师生创作实践的成就感,真正实现"学生作业——专业作品"的转化目的。在实践体系建设中,我们采用多重多元评价机制有效地解决上述问题。

1. 四维评价机制

学生之间互评、教师交叉点评、业界专家评议和第三方观众评议,充分利用网络教学资源平台的互动性,对每个学生的实践作品进行不同形式的线上展映,扩展评价的维度,通过数据,更全面、客观地体现实践作品的水平。

2."三位一体"实践教学评价体系

(1) 课堂即时评价:日常教学目标的分解与落实,及时解决日常教学过程中出现的问题。

(2) 学年阶段评价:本学年理论/实践知识的整合运用。实践教学是一个循序渐进的过程,对学生在实践创作中反映出来的情况进行阶段性考察,可以根据学生的差异性和个性进行因材施教,更有利于学生在实践创作中发挥优势、补足短板。

(3) 毕业综合评价:人才培养目标的最终检验。对毕业设计的要求既严谨又灵活。毕业设计的来源形式多样,有跨学院联合毕设、校企合作项目、创新创业项目等,做到严格把控毕业设计的过程管理和质量。

四、成果建设进度与推广应用效果

(一) 实践阶段

南京传媒学院(原中国传媒大学南广学院)始建于 2004 年,2012 年 6 月经教育部批准,南广学院自主颁发毕业证书和学士学位证书,自此进入具有民办高校鲜明特色的"应用型"创新人才培养的探索、建设时期。

(1) 起步阶段:2004—2012 年,初步形成具有专业特色的人才培养模式和框架,奠定实用型、复合型人才培养的思路和理念。

(2) 积累阶段:2012—2018 年,人才培养方案的持续更新和迭代,进行专业集群的探索与尝试。

(3) 提升阶段:2019—2024 年,专业集群初具规模。以 2019 年,广播电视编导专业入选江苏省首批一流本科专业建设点为契机,全面加速推进影视类专业集群的建设和创新。

(二) 在教书育人方面取得显著成绩

近三年本专业群报考人数逐年递增,平均录取率为 4‰～6‰,居全校艺术类专业前列,社会各界对专业评价及认可度高。2011 年 11 月,据江苏省教育厅委托第三方数据调查机构——麦可思公司进行的《高校毕业生就业跟踪调查报告》,学院毕业生"就业竞争力指数"位居江苏省同类院校第 1 位。每年平均有

65％左右的毕业生就业于影视文娱大传媒行业,毕业生专业与就业领域匹配度较高。

在教学、教改项目、课程建设、教材建设、专业竞赛、科研项目多个方面形成了专业集群优势,教师团队能够跨院、跨专业合作,在行业内形成了有影响力的系列成果。专业群共建设校级教学改革项目 7 项,校级"金课"9 门,发表教学改革论文 20 余篇,相关纵向科研项目 22 项,横向科研项目 15 项。

近年来,各专业均推出一批有传播影响力和办学品牌效应的获奖作品,如:

广播电视编导学生张楠作品《埃及老太太纳迪亚与她的合唱团》,入围开罗电影节纪录片单元;学生王璕作品《烈日灼人》,获上海白玉兰最佳长纪录片奖、中国纪录片学院奖最佳长纪录片奖;师生团队创作的纪录片《伞匠》入围 2019 中国纪录片学院奖;学生朱元坤作品《潮涌海岸》获 2019 年中国影视学院奖二等奖;学生任洁作品《飞鸟与雾霭》入围提名意大利米兰国际电影节最佳外语片奖。

戏剧影视文学专业徐洋编剧/导演首部电影长片《Sunset Blue》获第五十届休斯敦影展最佳剧本金奖、最佳新导演白金奖;戏剧影视文学专业郭敖(代表作品《北纬以北》《归藏图》《公车大劫案》等)、戏剧影视导演专业沈沁源(代表作品《别那么骄傲》《飞行少年》)、戏剧影视导演杨潇(代表作品《动物园》《榴莲榴莲》)、戏剧影视导演专业张新阳(代表作品《饿死诗人》《浊风浪游》《伤寒杂病论》)等逐渐在影视行业崭露头角。

动画专业教师联合创作短片《姜根福》获得釜山国际环境艺术节银奖;数字媒体艺术专业赵立立老师带领学生团队罗佳宜、陈姝钰、郑丽婕创作影视广告获得中国大学生广告艺术节学院奖金奖;动画专业同学梁宇浩作品《奇幻冒险》、夏凡作品《阳光里的小日子》入围中国国际动漫节"金猴奖";动画专业学生王旭瑞雯作品《遗失的乐章》、数字媒体艺术专业学生党宇飞作品《互联通讯时代》入围"金熊猫"奖国际大学生影视作品评选;动画专业教师黄森带领学生团队李海阳、高蕊、石冠凡创作游戏《少儿编程大冒险》获得中国大学生游戏设计大赛虚拟现实设计大赛金晨奖三等奖;动画专业同学杜玉龙、汤维维作品《无间盗》、王晓雷、温若旭、韩路、沈晨、杨雨作品《最后的相册》获得第十三届北京电影学院动画学院奖优秀作品奖。

影视摄影与制作教师徐晨、殷乐希老师作品《亲爱的阿基米德》荣获中国国际女性微电影年度展最佳影片奖;学生李亚楠摄影作品《展望》斩获 2015 美国国家地理中国赛区人物类三等奖以及 2015 美国国家地理全球摄影大赛人物类优秀奖。

（三）媒体宣传及第三方评价

南京传媒学院立足影视行业的实践教学，探索了高校校园艺术创作与市场对接的新路子，提升了学院各专业的服务能力和社会影响力。

各专业教学实践品牌活动"歌剧美影""十二月影像季""三七电影节""南京小微动漫节""不老爱情"公益影像系列活动等开展以来，中国新闻社、中国江苏网等媒体到达现场予以采访报道，中国网、中国青年网、凤凰网、新浪网、南京日报、中交资讯、大众网、东方网、长江网、网易新闻、齐鲁网、华夏经纬网、和讯网等多家主流新闻网站、商业门户网站、地方新闻网站予以大量转载。

学校与英皇娱乐共同打造的"英皇南广演艺学院"、日本漫画泰斗千叶彻弥漫画创新研究中心、知名作家/跨界影视人张嘉佳工作室等先后获得中新网、新华报业、江苏广电荔枝新闻、现代快报等多家媒体莅临现场报道。

据艾瑞深中国校友会网发布的《2020中国大学评价研究报告》显示，我校蝉联校友会2020中国艺术类独立学院综合实力首位。据艾瑞深中国校友会网近期公布的2019中国艺术类大学一流专业排行榜和2019中国艺术类大学各本科专业排行榜，我校共有7个专业以5星级（及以上）在中国一流独立学院专业排名中列居前位，其中戏剧影视文学荣列"中国一流独立学院专业"。

（四）成果初具示范效应

本成果建设相关教改课题《基于混合式教学的影视专业教学资源建设》获得2019年江苏省高等教育教改研究立项。基于本方案的校级教改项目《戏剧影视导演专业的创作实践类课程体系优化与创新》，先后在2015年5月中国高校影视学会青年学者论坛、2019年第四届影视教学高端论坛做过延续性主题发言，获得与会专家的积极评价与反馈。

影视专业群综合实践教学体系在同类传媒院校中已初具示范效应，河北传媒学院、武汉传媒学院、金陵科技学院、四川音乐学院、浙江越秀外国语学院、上海体育学院、苏州科技大学、徐州工程学院、成都体育学院、西北大学人文学院、北京科技大学天津学院、上海杉达学院等二十多家本科院校同行来访交流，相关调研报告成为他们专业建设、教学改革和特色化差异化培养的参考依据。

后　记

　　江苏省高等教育学会2020年学术年会围绕"高等教育现代化：评价改革与高等教育发展"的主题，吸引了300余位代表莅会。会议收到学术论文近80篇，《江苏高教评论2020》从中择优遴选了部分论文。年会共设有开幕式、主旨学术报告、书记校长论坛、特邀学术报告、研究生论坛、专题分论坛等30场次报告，《江苏高教评论2020》在有限篇幅内展示了部分报告的菁华。江苏省高教学会会长丁晓昌教授对论文的评选和全书的编撰提出了重要的指导意见。江苏省高教学会秘书处组织部分学术委员会成员形成了论文评审专家组。借此机会，衷心感谢专家评委的无私奉献和热忱工作，他们是：学会学术委员会副主任委员、南京大学龚放教授，学会学术委员会副主任委员、南京师范大学胡建华教授，南京大学教育研究院院长王运来教授等。

　　全书由江苏省高教学会秘书长、南京信息工程大学高教所所长吴立保教授统稿。江苏省高教学会副秘书长黄榕博士具体负责书稿的汇编，江苏省高教学会秘书处赵亚萍、南京师范大学研究生么佳丽等参与了书稿的整理与联络工作。

　　本次年会承办单位江苏经贸职业技术学院和南京大学出版社对本书的出版给予了大力支持，在此一并表示衷心感谢！

江苏省高等教育学会

2020 年 12 月 30 日